Die Menschheit
an der Schwelle ihrer Befreiung

Monsignore Ottavio Michelini

Die Menschheit an der Schwelle ihrer Befreiung

Offenbarungen Jesu an Priester und Gläubige

durch Msgr. Ottavio Michelini

PARVIS-VERLAG
CH-1648 HAUTEVILLE/SCHWEIZ

Einführung

Am Ende dieses 20. Jahrhunderts befindet sich die Menschheit noch immer auf der Suche nach einem irdischen Paradies, das in dem Maß vor ihr entflieht, in dem sie sich krampfhaft bemüht, es zu erringen, denn alle gängigen Ideologien haben ihr bisher nur Enttäuschungen gebracht. Auch der erreichte Wohlstand der wirtschaftlich mehr entwickelten Länder läßt keine Freude in die Herzen entstehen.

Der Mensch kann sich in der Tat nicht voll entfalten, wenn er nicht bereit ist, Gott in sein Leben aufzunehmen, der unablässig an die Türe seines Herzens klopft. Niemals wird ein Atheist wirklich glücklich sein, da er sich von der geistigen Dimension abgeschnitten hat, die das notwendige Gleichgewicht der Persönlichkeit gewährleistet.

Die Verhärtung der Herzen, der anarchistische Sturm, der die christlichen Strukturen in den Völkern des Westens vernichtet, und die Tyrannei der kommunistischen Regime oder gewisser Diktatoren haben den Menschen unserer Zeit aus der Bahn geworfen, ihn alle Lebensweisheit verlorengehen und häufig genug zum Sklaven fauler Kompromisse und niedriger Leidenschaften gemacht, nicht zuletzt auch durch die Orientiergunslosigkeit vieler kirchlicher Verantwortlicher.

Auf diesem düsteren Hintergrund und angesichts der zunehmenden Gefahr einer weltweiten Auseinandersetzung unter den Nationen gab unser Herr von 1975 an einem Priester aus der Diözese Carpi, Monsignore Ottavio Michelini, der zu jener Zeit Seelsorger von Körperbehinderten in Modena war, innere Einsprechungen, in denen er das Böse in all seinen Formen audeckt, aber auch die Heilmittel nennt zur wirksamen Gesundung der Seelen. Don Michelini empfing diese «Mitteilungen» in seinem Herzen. Er hinterließ bei seinem Tod am 15. Oktober 1979 umfangreiche Weisungen für unsere Zeit mit der Ankündigung einer nahen Erneuerung der Kirche und der ganzen Menschheit.

Ich bin überzeugt, daß die vorliegende, thematische geordnete Neuausgabe in einem Band ein besseres Verständnis ihres Inhalts ermöglicht und zur Wiederherstellung der durch die Sünde zerstörten Ordnung und Harmonie beitragen wird. Alle Christen, die die Ursachen für die tragische Situation der heutigen Menschheit zu ergründen suchen und sich dafür einsetzen, eine Welt aufzubauen, die den Absichten ihres Schöpfers, ihres Erlösers und des lebenspendenden Heiligen Geistes mehr entspricht, werden die Lektüre dieses Buches als geistige Verpflichtung erkennen, da nach dem heiligen Apostel Paulus «jede von Gott eingegebene Schrift nützlich ist zur Belehrung, zur Widerlegung, zur Besserung, zur Erziehung in der Gerechtigkeit» (2 Tim 3,16).

Am 8. Dezember 1989, André Castella

1. Schöpfung: Staunenerregende Ordnung

Ich bin die Vollkommenheit, ich allein kann die unendliche Vollkommenheit sein. Meine Vollkommenheit strahlt wider im ganzen erschaffenen Universum, in der sichtbaren und in der unsichtbaren Welt. Sie liegt im Ursprung aller einzelnen und in der Gesamtheit aller Dinge. Sie erzeugt eine staunenerregende, ihres Schöpfers würdige Harmonie in einer nicht weniger staunenerregenden und nicht weniger bewunderungswürdigen Ordnung, in der jedes Ding stets auf seine eigene Art den Lobpreis des Schöpfers singt.

Dann folgte die Erschaffung geistbegabter, freier Wesen, fähig, das Gute zu tun und ebenso fähig zum Bösen. Aber die natürlichen Gaben, mit denen sie ausgestattet sind, waren die gleichen für alle, so daß alles zusammenspielte, um sie auf das Gute auszurichten und hinzuweisen.

So sollten sie bleiben für eine vom Vater, dem Schöpfer und Herrn aller Dinge, vorausbestimmte Zeit, und nach dieser Wartezeit hätten sich vor ihnen die Pforten des Himmels geöffnet zur Teilnahme an der unendlichen Herrlichkeit und Glückseligkeit des Vaters.

Doch das schönste und mächtigste aller Geschöpfe nach Gott wurde wegen seiner Macht und seines Glanzes hochmütig und sündigte, da es Gott gleich sein wollte, und lehnte sich gegen Gott auf. Es rief die gesamte Welt zur Auflehnung auf, deren Folgen von einer Tragweite waren, sind und sein werden, die kein menschlicher Geist je erfassen kann.

Störung der Ordnung: die Sünde

Die Harmonie der Schöpfung wurde derart gestört, daß sich die festgelegte Ordnung grundlegend veränderte. Das ganze Universum wurde einbezogen in diese Veränderung, und selbst die Natur seufzte unter der Last der Sünde.

Der Auflehnung der unsichtbaren Welt folgte die Auflehnung der Menschheit in Adam und Eva. Dadurch wurde die Zerstörung der festgelegten Ordnung noch größer; sie wurde Anlaß zum Bösen in der Welt, einer unerhörten Katastrophe, und das Leiden, die Kriege, die Krankheiten, der Haß, die Verbrechen, die Gewalt, die Grausamkeit wurden zum Tribut jeder Generation an Satan.

Es genügt, mein Sohn, die Erinnerung an die verdammten Seelen oder der Gedanke an die, die noch verlorengehen. Der Verlust einer einzigen Seele wiegt schwerer als alle Kriege, alle Seuchen, alle Revolutionen, als die Übel aller Zeiten. Ihr könnt dies nicht leicht verstehen, weil ihr nicht begreifen könnt, was eine Ewigkeit von Qualen bedeutet.

Wiederherstellung der Ordnung: Kirche und Priestertum

Mein Sohn, ich, die Liebe, konnte eine solche Zerstörung der menschlichen Natur nicht erlauben. Darum erfolgten die Menschwerdung und die Erlösung, vollzogen vom Wort, deren Zweck die Wiederherstellung der zerstörten Ordnung und die Möglichkeit des Heiles für alle Seelen guten Willens ist.

Mit der Erlösung kam die Kirche, das Sakrament des Heiles, und in der Kirche das Priestertum, um in ihm meine Priester, das heißt, meine Mitarbeiter heranzubilden, die das Rückgrat meines mystischen Leibes darstellen.

Priester wird man nur durch Berufung

Mein Sohn, wie die Menschen in ihrer Welt sich Mitarbeiter wählen, so wähle auch ich, das Wort Gottes, das Mensch wurde, meine Mitarbeiter. Wehe darum den Eindringlingen, den nicht Berufenen, wehe jenen, die wie Judas menschlicher Gründe und menschlicher Interessen wegen sich einschleichen unter meine Berufenen... Priester wird man nur durch Berufung; jeder andere Weg wäre nicht nur sündhaft, sondern ein Sakrileg. So stellt sich, mein Sohn, das Problem der priesterlichen Berufung.

Wie auf der Ebene der Vorsehung mein Vater in das Herz der Menschen verschiedene Vorlieben und Neigungen legt, damit die große, menschliche Familie in ihren Gliedern sich ergänzt und sich in die festgelegte Ordnung einpaßt, so lege ich in meiner Kirche in das Herz der Auserwählten den kostbaren, erhabenen Keim der Berufung, den kostbaren Keim, der umschlossen, behütet, beschützt und entwickelt wird sowohl von dem, der auswählt, als auch von den mit den Berufenen verbundenen Personen, Eltern, Erziehern...

Viele Berufungen zerbrechen durch die Schuld jener, denen es obliegen würde, sie zu schützen; sie werden es verantworten müssen. Es ist bekannt, daß heidnische und glaubenslos gewordene Personen oft Berufungen, die ich vielen Seelen gegeben habe, unterdrücken zum großen Schaden meiner Kirche. Welch fürchterliche Verantwortung!

Genug jetzt, mein Sohn. Ich segne dich; bete und opfere deine Leiden auf, damit viele Arbeiter in meinen Weinberg gehen.

23. November 1976

2. Der Mensch war ein vollkommenes Geschöpf und hat durch eigene Schuld sich der Auflehnung angeschlossen

Der Mensch ist eine kleine, aber staunenerregende Verbindung der drei Bereiche des Universums, ein wahrhaftiger Mikrokosmos. Als er von der unendlichen schöpferischen Allmacht Gottes erschaffen wurde, war er nicht so, wie er heute ist. Er war ein herrliches, vollkommenes Geschöpf; seine Seele spiegelte den Atem der göttlichen Allmacht wider. Er war frei und verantwortlich für sein Tun und fähig, die Materie zu beherrschen, sich in den unendlichen Horizonten der göttlichen Herrlichkeit zu bewegen, in diese einzudringen und über die Grenzen der menschlichen Natur hinauszutreten, um mit seinem Geist die unendlichen Herrlichkeiten und Freuden der göttlichen Dreifaltigkeit zu erreichen und zu berühren... Und das alles während seiner Wartezeit bis zum Eintritt in das Haus des gemeinsamen Vaters, in das Paradies.

Doch am traurigsten aller Tage wurde er umnebelt von der aus Haß und Auflehnung bestehenden Finsternis der Hölle. Durch seine eigene Schuld wurde er hineingerissen in die Auflehnung und in den Haß, aus denen er nie mehr hätte hinausfinden können, wenn ihm die Liebe Gottes, des Schöpfers, nicht die Rettung versprochen hätte durch das Werk einer Jungfrau, der Mutter des ewigen Wortes, des Erlösers der Menschheit.

Auf das Versprechen folgte das Kommen des Erlösers

Der herrliche, vollkommene und glückliche Mensch hörte auf, so zu sein, weil er sich willentlich mit Schuld beladen hatte. Er wurde aus seiner lichtvollen Wohnung vertrieben und zur Arbeit gezwungen, die ihn nun während der ganzen irdischen Lebensdauer bis zum Ende der Zeiten begleitet.

Wie aber schon gesagt wurde, erbarmte sich Gott seiner und verließ ihn nicht. Auf die Verheißung der Erlösung folgte das Kommen des Erlösers nach einer tausendjährigen Vorbereitung, die nach dem göttlichen Willen unter dem unfehlbaren Beistand des Heiligen Geistes, dem Licht und sicheren Führer aller, beschrieben wurde, die den Weg des Heils gewollt, geliebt und dem düsteren Weg des Verderbens vorgezogen haben.

Wenn du die gegenwärtige Menschheit ohne Vorurteile betrachtest, so siehst du, mein Sohn, einen Zustand, der im stärksten Gegensatz steht zum Zustand, wie er bei richtigem Gebrauch des Lichtes der Vernunft und des Glaubens sein müßte.

Die göttlichen Hilfsmittel der Erlösung, die in einer Fülle und einem Reichtum vorhanden sind, die jede Vorstellung übersteigen, müßten vernünftigerweise benützt werden zur Erreichung der Übermacht des Guten über das Böse, des Friedens über den Krieg, der Wahrheit über den Irrtum, also zugunsten eines positiven Zustandes; welche Wirklichkeit siehst du aber, wenn du sie objektiv betrachtest?

Warum sind die Menschen, die Christen und meine Diener, obwohl ihnen machtvolle, übernatürliche Mittel zur Verfügung stehen, in das gegenwärtige Chaos geraten? Warum, mein Sohn?

Bewußte und gewollte Auflehnung gegen Gott

Zum Verständnis der gegenwärtigen Lage der Kirche und der Völker genügen nicht die der Menschheit geschlagenen Wunden der Erbsünde, aus der die Neigung zu den Leidenschaften und zum Bösen stammt, und der Eingriff der finsteren Mächte der Hölle auch nicht! Dazu kommt noch die menschliche Verantwortung jedes einzelnen und der Völker: Diese Verantwortung darf nicht unterschätzt werden, denn ohne sie ist unmöglich zu begreifen, was geschieht.

Gott ist gerecht und würde nie eine unverdiente Strafe zulassen; hingegen bildet die seit alter Zeit angekündigte Stunde der Reinigung den schlagenden Beweis für die Verantwortung der Menschen, der einzelnen, der Nationen und der Kirche, den Beweis für die bewußte und gewollte Auflehnung gegen Gott.

Mein Sohn, betrachte diese Menschheit in ihrem verschiedenen Aussehen:

— Betrachte die Kommunikationsmittel, die Mittel zum Verderben sind. Fernsehen, Zeitungen, Radio, alles ist Fäulnis, und mit dem Vorwand, zu informieren, verbildet und verdirbt man die öffentliche Meinung, verbreitet man die Ansteckung durch das Böse, ermutigt man zu Gewalttätigkeit, Verwahrlosung und bewirkt dadurch die Zersetzung der Gesellschaft.

— Wer kann die Verbreitung des Bösen unter der Jugend ermessen durch die in die Familien eingebrachten pornographischen Schriften, sei es durch die Eltern selbst oder durch irgendwelche Apostel des Bösen aus Lust am Bösen.

— Schau, die Prostitution ist wie der Ehebruch, wie die Abtreibung und wie andere Sünden wider die Natur zur allgemeinen Gewohnheit geworden. Man fordert öffentlich die gesetzliche Anerkennung dieser Laster und bedient sich dafür der Kommunikationsmittel und des Kinos, das übrigens nichts anderes ist als eine Schule der Gewalttätigkeit, der Räuberei, der Erpressung und vieler anderer Bosheiten.

— Beobachte andere Seiten der Gesellschaft: Die Mode und ihre Aufreizung zur Sinnlichkeit; sie ist die Ursache vieler Sünden, deren Gewicht niemand zu ergründen vermag. Diese Mode hat überall Eingang gefunden, in den Familien, in der Kirche sogar, denn es wird erlaubt, in den Kirchen Minibekleidung und Bluejeans zu tragen. Es ist eine wahrhaft teuflische Mode, vor der sich die Knie beugen und scheußliche Zugeständnisse gemacht werden.

— Richte einen Blick auf die Politik, der sozusagen immer als Hebel der Wille nach Macht zugrunde liegt. Die Loyalität nimmt nur einen geringen Raum ein, und um zum Ziel zu gelangen, wird oft zum Verbrechen gegriffen. Heuchelei und Falschheit herrschen in ihr bedenkenlos.

— Beachte auch die Welt der Kunst in ihren verschiedenen Äußerungen, die die Quelle stets aufzeigen, aus der sie sich nährt... Sie ist ein in Verwesung verfallener Körper, aus dem sich nichts anderes als ein ekelhafter Geruch verbreitet. Nie kann ein Mensch das ausdrücken, was er nicht hat und nicht fühlt. Darum sind die überspanntesten und unbegreiflichsten Dinge das sogenannte künstlerische Produkt einer vom Materialismus durchdrungenen Gesellschaft. Diese Kunst kann heute nichts anderes zum Ausdruck bringen als den Materialismus, ja, einen stets verdorbeneren Materialismus.

Eine große Schuld für die Kirche ersteht aus ihrem schwachen Widerstand

Mein Sohn, du könntest alle Ansichten des modernen Lebens durchgehen; das Bild, das dir geboten würde, wäre beinahe stets das gleiche. Doch ich, Jesus, möchte deine Aufmerksamkeit auf meine Kirche lenken und auf ihre Verantwortung in allen Bereichen des modernen Lebens.

Ihre große Schuld besteht darin, daß sie sich nur schwach der großen Lawine des Materialismus entgegenstellt, der nichts anderes ist als Heidentum.

Die junge Kirche ließ sich durch den heidnischen Materialismus nicht beeinflussen. Sie schenkte uns ihre Märtyrer. Die gegenwärtige Kirche hat sich in allen Belangen beeinflussen lassen und zeigt uns Fahnenflüchtige und Verräter; sie weist Irrlehren über Irrlehren auf, Übel über Übel..., für all das hat sie aber keine gültige Rechtfertigung.

In der Kirche wie in den Nationen der Erde haben sich die mit den besten Gaben ausgestatteten Menschen — von ehrenwerten Ausnahmen abgesehen — am schlechtesten verhalten. Sie sind darum am meisten für das Zersetzungverhalten auf geistigem, moralischem, bürgerlichem, künstlerischem und literarischem Gebiet verantwortlich.

Wie viele hochmütige und anmaßende Menschen rühmen sich als Erfinder einer rein materiellen Zivilisation ohne irgendwelche Geistigkeit. Was nützt aber dem Menschen auf seinem Erdenweg die Überschallgeschwindigkeit, die Raumfahrt, das Fernsehen..., wenn er schließlich als König der Schöpfung in die Hölle gelangt?

Das ist eine Wirklichkeit, über die der Mensch in seiner törichten Blindheit, mit der er heute geschlagen ist, lacht; aber es ist eine Wirklichkeit voller Tragik. Die sogenannten großen Menschen sollten nicht nur den materiellen Fortschritt fördern, sondern ebenso voranschreiten auf den Wegen des Geistes!

Welch völlige Umwälzung, mein Sohn! Diese wirklich dämonischen Menschen haben, statt die moralischen, geistigen und künstlerischen Werte mit größtem Eifer zu fördern, aus diesen Werten Mittel des Verderbens, der Verwahrlosung, des Todes und der Gewalttätigkeit aller Art gemacht... Es sind nicht mehr Menschen, sondern vom Geist des Bösen durchdrungene Ungeheuer, die sich mit dem Schein des Guten umgeben.

Mein Sohn, diese von der Welt als Wohltäter verehrten Männer sind die größten Feinde der Menschheit; sie sind Söhne der Hölle, von der Hölle unterstützt und beschützt und in der vom grenzenlosen Haß erfüllten Kirche Satans organisiert. Das ist die gewaltigste Täuschung und die ungeheure Umgarnung der Menschheit und meiner Kirche.

In diesem Licht kann man eines Tages den Sinn der Läuterung besser begreifen. Genug jetzt; ich segne dich und wie immer sage ich dir: Schenke mir deine Liebe, bete und sühne.   *13. November 1978*

3. Absage an Gott

Zwei Ereignisse fassen die ganze Menschheitsgeschichte zusammen. Das erste ist die Erschaffung des Menschen und seine Absage an Gott. Diese Absage begründet eine furchtbare Katastrophe von riesenhaftem Ausmaß, deren verheerende Folgen durch die Jahrhunderte bis zum Ende der Zeiten fortdauern.

Die Menschen, von den finsteren und geheimnisvollen Mächten der Hölle aufgehetzt, vermaterialisiert, sind sich dieser ungeheuren Tragödie, die die menschliche Natur durcheinander gebracht hat, nicht mehr bewußt. Diese wurde sogar geschwächt, tödlich verwundet, und der wunderbaren Gaben, womit sie ausgestattet war, beraubt.

Ja, die Menschen sind sich der ungeheueren Tragödie, deren Gegenstand und Opfer sie persönlich und gesellschaftlich sind, nicht mehr bewußt.

Kriege und Revolutionen, Epidemien, Überschwemmungen und Erdbeben, Erschütterungen, Leiden, Schmerzen haben hier ihren Ursprung. Was sind schon die einzelnen menschlichen Wechselfälle im Vergleich zu dieser Tragödie, wodurch die ganze Menschheit ewig verloren war.

Das zweite Ereignis, das ebenfalls die ganze Menschheitsgeschichte umfaßt, ist das Geheimnis der Menschwerdung, des Todes und der Auferstehung des Wortes Gottes: Das Werk der Heiligsten Dreifaltigkeit, von ihr gewollt als wirksame Antwort, um das Zerstörungswerk Satans zu begrenzen und einzudämmen und die Menschheit durch die Erlösung aus der Tyrannei des Bösen zu befreien.

Gott allein konnte ein solches Erlösungswerk vollbringen. Die Ungeheuerlichkeit dieses verkehrten Geschlechtes besteht darin, das wunderbare Werk der Erlösung, durch das auch die unendliche Liebe Gottes zur Menschheit sichtbar wird, wissentlich verkennen zu wollen.

Mein Sohn, konnte ich ein größeres Zeugnis für die Rettung der Menschheit geben als meine Menschwerdung, meinen Tod und meine Auferstehung? Konnte ich ein erhabeneres Zeugnis für die Verewigung des Geheimnisses des Kreuzes geben als das heilige Meßopfer?

Gibt es in der Geschichte aller Völker ein Ereignis, das diesem vergleichbar ist? Braucht es Beweise, um glauben zu können? Sie verlangen gar nicht danach. Wie viele habe ich gegeben! Etwa eucharistische Wunder? Wie viele habe ich doch in der Vergangenheit und in der Gegenwart gewirkt!

Mein Sohn, sie wollen nicht glauben. Sie fürchten, glauben zu müssen.

Ein riesenhafter Kampf

Die Absage an Gott, der die Liebe ist, ist eine derart schwere Sünde, daß im Vergleich zu ihr alle menschlichen Dinge und Ereignisse nichts bedeuten. Das Gefäß ist voll; es läuft über. Nur meine Geduld und Langmut, die Gebete der Guten, die Fürsprache meiner Mutter und die Tugenden der Heiligen haben den Lauf der göttlichen Gerechtigkeit aufgehalten. Dieses Geschlecht von Materialisten verkennt die Bedeutung dieser beiden Ereignisse, die die ganze Menschheitsgeschichte umschließen, oder sie erkennt sie nur dunkel und ungenau. Die Menschen von heute wissen nicht, daß sie als Gegenstand und Opfer im Mittelpunkt eines riesenhaften Kampfes stehen.

In diesen Zusammenprall zwischen Licht und Finsternis, zwischen ewigem Leben und ewigem Tod, zwischen Gut und Böse, zwischen Wahrheit und Irrtum, zwischen Rettung und Verdammnis sind alle Menschen hineingezogen.

Dieses verkehrte Geschlecht nimmt sich nicht einmal die Mühe, zu erkennen, was Gott der Schöpfer, das menschgewordene Wort, der Heilige Geist, der Heiligmacher, vollziehen, um es vom ewigen Unheil und der ewigen Verdammnis zu erretten.

Alle Vermittlungen meiner und eurer Mutter haben sie verkannt und verkennen sie noch immer, diese materialistischen Menschen. Ebenso meine Vermittlungen! Sie fürchten und schämen sich, darüber zu reden, auch meine Diener.

Die Menschen dieses verkehrten Jahrhunderts verweigern die kristallklaren und reinen Wasser der Wahrheit. Sie lieben es vielmehr, ihren Durst mit den stinkenden Wassern der Verderbnis, der Sinnlichkeit, der Vergnügen zu stillen, so daß sie selbst den Begriff von Gut und Böse verkennen, ein Begriff, den ich in die menschliche Natur eingepflanzt habe.

Mein Sohn, wie lange wird man meine Geduld noch mißbrauchen?

Siehst du, warum ich von dir Akte der Liebe, der Sühne erbitte! Siehst du, warum ich dich zum Beten aufmuntere! Laß keine einzige Stunde deines Tagewerkes vergehen, ohne mir Akte des Glaubens, der Hoffnung, der Liebe, der Reue, der Demut und der Sühne aufzuopfern.

Dadurch wirst du mir ein wenig Freude schenken. Verweigere mir diese kleine Freude nicht!

Liebe mich, mein Sohn. Ich segne dich, und mit dir segne ich alle Menschen, die dir lieb sind und für die du betest.   *6. August 1975*

4. Heilige Furcht Gottes

Wenn ich meine Lehre ändern wollte, wäre ich nicht Gott. Mein Wort ist unabänderlich; es verändert sich nie. Es ist ewig wie Gott! Nun habe ich aber den Menschen eine Lebensregel gegeben, das Gebot der Liebe, und gesagt, daß die Liebe zu Gott mit der Furcht Gottes verbunden sein müsse.

Da die Liebe eine Gabe ist, muß beständig um sie gebetet werden. Eine ebenso große Gabe ist die Furcht Gottes. Fürchte den Herrn, der vorübergeht! Doch die Menschen dieser wahrhaft verdorbenen Generation haben alles umgeworfen und versuchen, alles zu zerstören.

Von der Furcht Gottes spricht man heute nicht mehr. Wenn man von der Liebe Gottes spricht, so nicht von der Furcht, weil man sagt, daß die Furcht sich nicht mit der Liebe verbinden lasse. Wie man im Hochmut Barmherzigkeit und Gerechtigkeit nicht vereinen kann, so meint man auch, die Liebe zu Gott und die Furcht Gottes seien unvereinbar. Man nimmt also an, was der Bequemlichkeit dient, und weist zurück, was unbequem ist.

Dieses sinnlose Verhalten, das Hirten, Priester und Christen Gott gegenüber bezeugen, ist offensichtlich eine List des Feindes, der Gott in den Seelen der Menschen auslöschen will und sich dafür ihres Hochmuts bedient, um das Gebäude der Kirche zu vernichten.

Wer spricht noch von der Gottesfurcht? Wer spricht noch von der göttlichen Gerechtigkeit? Wer spricht noch von der Gegenwart Satans in der Welt, der mit seinen rebellischen Horden den Kampf gegen Gott und Menschen führt und bei letzteren Mittäter findet bis hinein in die Reihen der Gottgeweihten, Bischöfe nicht ausgenommen?

Wehe denen, die Gottes Zorn herausfordern

Gott ist schrecklich in seinem Zorn. Wehe denen, die den Zorn Gottes herausfordern durch die bequeme Auffassung, daß Gott nur Liebe und Barmherzigkeit sei.

Wie sehr würden die Verdammten ihre Auffassung ändern, falls sie zurückkehren könnten, jetzt, da sie die täuschende Umgarnung Satans und seine grausame Bosheit klar sehen und verstehen.

Bei euch herrscht der Wille des Sich-gehen-Lassens, was den Abscheu des Herrn für sein untreues Volk deutlich erklärt. Kriege, Revolutionen, Epidemien, Erdbeben und unzählige andere unheilvolle Ereignisse stammen vom Satan, sind aber von Gott zugelassen für die weisen Pläne seiner Vorsehung.

Die siebzig Jahre babylonischer Gefangenschaft wurden zugelassen wegen des Abscheus, den die vielen Sünden des hebräischen Volkes hervorgerufen hatten. Die Vernichtung Sodomas und Gomorrhas kam nicht von Gott; kein Übel ist jemals von Gott gekommen; es stammt immer und allein aus der Hölle und der Mitschuld und Liederlichkeit der Menschen. Sodoma und Gomorrha und unzählbare andere Züchtigungen waren Strafen, die von Gott nicht veranlaßt, sondern zugelassen wurden, um in den Menschen Reue zu erwecken. Auch die allgemeine Sintflut wurde von der Hölle und der Mitschuld der verdorbenen Menschen ausgelöst.

Die Liebe kann den Ruin der Menschheit nicht erlauben

Die Menschen erklären, Gott nicht zu fürchten; das ist eine schreckliche Gotteslästerung, deren böse Folgen sich auf dieser Erde und über das irdische Leben hinaus wie in früheren Zeiten auswirken werden.

Zeiten der Blindheit, Zeiten der Verfinsterung, weil Zeiten des Hochmuts! Der Mensch, der weniger ist als ein im Staub der Erde kriechender Wurm wagt es im Hochmut auf seine Wissenschaft und Technik, während der Dauer eines Tages, den Schöpfer und Herrn des Universums herauszufordern! Wie lange noch, mein Sohn?

Ich bin die Liebe. Die Liebe kann den von Satan gewollten Zerfall der Menschheit nicht zulassen. Ich bin die ewige und unveränderliche Liebe, deshalb kann ich das ewige Verderben der Seelen nicht wollen.

Die Hölle wird besiegt werden. Meine Kirche wird erneuert werden. Mein Reich, das Reich der Liebe, der Gerechtigkeit und des Friedens, wird Frieden und Gerechtigkeit der von den Mächten der Hölle unterjochten Menschheit bringen; die Hölle wird von meiner Mutter vernichtend geschlagen werden.

Eine hellere Sonne wird über einer besseren Menschheit aufleuchten. Darum Mut und keinerlei Angst!

Bete, sühne, bringe dich selbst zum Opfer dar und liebe mich. Ich segne dich.   *10. Dezember 1976*

5. Das Geheimnis der Erlösung

Ich bin der eingeborene Sohn des Vaters, der in der Fülle der Zeit Fleisch wurde im Schoß der Gebenedeiten unter allen Frauen, die mit mir, dem Erlöser, Miterlöserin der ganzen Menschheit wurde und diese aus der Tyrannei der Hölle und Satans befreite, nachdem sie diese im irdischen Paradies mit List und Lüge für sich gewonnen und des übernatürlichen Lebens der Gnade, dieser herrlichen, unverdienten und unvergleichlichen Gabe Gottes, beraubt hatte.

Im irdischen Paradies wurde von den Stammeltern unter der Mithilfe Satans das göttliche Gnadenleben vernichtet. Auf der Höhe von Kalvaria habe ich in Gegenwart und unter der Teilnahme meiner Mutter, den Triumph des Lebens über den Tod erwirkt und die Absicht meines Vaters verwirklicht, der aus mir, seinem fleischgewordenen Wort, in innigster Vereinigung mit meiner Mutter, das Herz der ganzen Schöpfung, den kosmischen Christus, den Mittelpunkt des ganzen Universums machen wollte.

Satan suchte in seinem unüberwindlichen Haß in Adam und Eva Rache an der ganzen Menschheit zu nehmen. Er unterwarf sie der Erbsünde. Auf Kalvaria habe ich, Christus, der neue Adam, in geheimnisvoller Vereinigung mit Maria, meiner und eurer Mutter, mit meinem Opfer die Erlösung bewirkt. Mit der neuen Schöpfung versöhnte ich in mir die Menschheit mit dem Vater und gab sie ihm.

Warum, mein Sohn, komme ich mit großer Eindringlichkeit auf einen Gegenstand zurück, über den ich schon gesprochen und über den schon sehr viel geschrieben wurde? Weil es alle deutlich und klar verstehen müssen, daß das Geheimnis der von mir bewirkten Erlösung — ich wiederhole — unter dem geheimnisvollen Mitwirken meiner Mutter vor sich gegangen ist. Die Erlösung ist der Mittel- und Höhepunkt der ganzen Geschichte des Menschengeschlechtes. Sie wird heute in ihrer Natur und infolgedessen auch in ihren Wirkungen von vielen Priestern, Bischöfen und Theologen angezweifelt.

Wenn man die Wirklichkeit der Dämonen ablehnt, leugnet man die Erbsünde, leugnet man die Erlösung in ihrer Natur und in ihren übernatürlichen Wirkungen.

Mein Sohn, wenn man dies leugnet, leugnet man das Geheimnis des Kreuzes als Höhepunkt der ganzen menschlichen Geschichte und als Erhöhung und Verherrlichung der verlorenen und enterbten Menschheit selbst.

Mit der Erlösung ergoß sich ein neues Licht über die Menschheit. Ich bin das Licht, das in die Welt gekommen ist; aber man will heute dieses Licht auslöschen, und es ist ungeheuerlich, daß die finsteren Mächte der Hölle Verbündete und eifrige Mitarbeiter in Hirten, Priestern und vielen hochmütigen Theologen für ihr zerstörerisches Werk gefunden haben. Wie lange, mein Sohn, soll ich einen solchen Greuel noch dulden?

Hirten, Diener und Theologen der «neuen» Kirche kennen nicht mehr die Lehre, aus welcher die göttlichen Vorschriften ihre Wurzeln haben.

Es wird die grundlegende, wesentliche Aufgabe der erneuerten Kirche sein, darzulegen, was alles über die Schöpfung, die Versuchung und den Fall der Stammeltern und der folgenden Erlösung in der Offenbarung geschrieben steht.

Ohne die Kenntnis der Wahrheit, in der die Moral ihre Wurzeln hat, ist keine gesunde Moral möglich. Die Seelsorge im besonderen ist gegenwärtig, von wenigen Ausnahmen abgesehen, wie aus den Angeln gehoben; sie gibt sich mit unwesentlichen Dingen ab und läßt den wichtigsten Teil im dunkeln. Darum sind die Seelen verwirrt und laufen große Gefahr, sich zu verlieren.

Ihr Zweck: Satan Seelen entreißen

Der Zweck der Erlösung ist immer, Satan, dem Menschenmörder, Seelen zu entreißen, um sie Gott, dem Schöpfer, Heiland und Heiligmacher, zurückzugeben. Der Grund, warum heute in der fieberhaften Dynamik irriger Geschäftigkeit weniger an den hauptsächlichsten Zweck der Seelsorge gedacht wird, ist der Hochmut, der alleinigen und stetigen Wurzel aller Übel.

Der Hochmut erzeugt im Menschen Abscheu, Ekel für die Dinge Gottes, für das Gebet, und er lähmt vor allem jeden Fortschritt im innerlichen Leben der Gnade. Er verfinstert den Geist, schwächt den Willen und erleichtert dadurch die Verwirrung der Seele, die langsam in eine wachsende, verderbliche Loslösung von Gott gerät und gleichzeitig sich den Gütern dieser Welt und den Gelüsten des Fleisches zuwendet. So gelangt sie wie durch einen furchtbaren Zwang zur völlig materialistischen Auffassung des Lebens.

Mein Sohn, die beginnende Reinigung wird alles von diesem Materialismus säubern, von dem meine Kirche und die ganze Welt so schrecklich angesteckt sind.

In meiner erneuerten Kirche muß man sich vergegenwärtigen, daß die anerkannte und geliebte Wahrheit die Seele zur Demut anleitet und daß der eingeschlagene Weg zur ewigen Seligkeit führt. Die Bischöfe müssen den Katechismusunterricht als ihre wesentliche Aufgabe betrachten. Sie müssen Katechistenschulen gründen mit vertrauenswürdigen, erfahrenen und heiligen Priestern, die aus den reinen Wassern der Offenbarung schöpfen und sich stets bewußt sind, daß Einer allein der ewige und unfehlbare Lehrmeister ist, dessen Lehre sich nicht verändert noch je verändern kann, weil sie göttlich ist.

Die Kirche ist aus meinem geöffneten Herzen hervorgegangen. Sie ist die Lehrmeisterin der Wahrheit, weil sie Bewahrerin und Hüterin des Erbes der Offenbarung ist. Sie wird ihren Platz als Führerin der Völker wieder einnehmen, gestärkt durch meinen göttlichen Auftrag.

Die Unkenntnis der göttlichen Wahrheiten, die Verdrehung und Leugnung der Geschichte des Heilsgeheimnisses, war und ist die schreckliche Waffe, mit der der Feind das Chaos und die Anarchie in meine Kirche und in die Welt getragen hat.

Er wird sie aber nicht überwältigen! Schon sprießen die Keime des angekündigten Frühlings überall auf, und die Ankunft meines Reiches und der Sieg des unbefleckten Herzens meiner Mutter stehen vor der Türe.

Ich segne dich, liebe mich.   *7. November 1977*

6. Erlösung: Heiligung für alle

Der Vater, Schöpfer und Herr aller Wesen, leitet mit Weisheit, Güte und unendlicher Liebe alle Menschen und alle Dinge zur Verwirklichung des besonderen Zieles in der Harmonie des Universums.

Auch in meiner Kirche, die als menschliche und göttliche, irdische und himmlische Gemeinschaft aus meinem geöffneten Herzen hervorgegangen ist, ist alles in Harmonie und Eintracht mit dem Vater. Die Seelen werden gerufen, sich ihr anzugliedern, damit alle und jede ihr Ziel erreiche: Ihre Heiligung auf Erden und ihre Herrlichkeit im Himmel an dem ihnen zugewiesenen Platz.

In einer Gemeinschaft können nicht alle das Gleiche tun, sondern jeder folgt der eigenen Neigung, besser gesagt, der eigenen Berufung. Jeder hat seine Aufgabe zu erfüllen, den vom höchsten Ordner gewollten und vorherbestimmten Beruf zum Wohl aller. Auf diese Weise fügt sich das Geschöpf, selbst wenn es sich dessen nicht voll und ganz bewußt ist, in das Ganze ein. Die einzelnen ergänzen sich gegenseitig in einem Akt der Liebe, der für das Zusammenleben und das Überleben der menschlichen Natur wesentlich ist. Natürliche und ursprüngliche Liebe muß vorhanden sein für die feste Zusammengehörigkeit, um aus allen eine einzige Familie, eine einzige Gesellschaft zu gestalten, deren verschiedene Glieder nicht auf ihr persönliches Wohl hin handeln dürfen, sondern allein für das soziale Wohl aller.

So hat der Vater es angeordnet, so ordnet er die menschliche Gesellschaft.

Aufgabe meiner Kirche

Wer sich gegen die Absichten des Vaters, des Schöpfers und Herrn, des höchsten Ordners aller Dinge und aller Geschöpfe auflehnt, bricht das göttliche, natürliche Recht und sündigt schwer gegen Gott und seine Brüder, also gegen die Gesellschaft; er wird so zur Ursache vieler persönlicher aber auch gesellschaftlicher Zwietracht von ungeheurer Tragweite.

Aus der gegenwärtigen sozialen Ordnung der kapitalistischen und kommunistischen Völker und auch aus der Ordnung meiner Kirche steigt ein Schrei der Rache zu Gott auf. Die Menschen, auch die Christen, verstoßen gegen die festgelegte Ordnung, verletzen Recht und Gerechtigkeit. Gott kann dies nicht weiterhin dulden; diese Menschen werden zermalmt bei der Begegnung mit Christus, dem Befreier und Erlöser.

Meine Kirche ist grundsätzlich nach besonderen Regeln gestaltet, nach denen sich die große menschliche Familie ausrichten muß. Meine Kirche unterscheidet sich von allen anderen menschlichen Gesellschaften in ihrer Anlage als vollkommene Gemeinschaft, in der das Menschliche und das Göttliche sich begegnen, sich durchdringen und vereinen. Sie erhebt sich über die Familie der Völker, über die anderen menschlichen Gesellschaften durch ihre geheimnisvolle Natur, die ihre Bestimmung bezeichnet: Zu führen und zu orientieren mit dem Licht ihrer Wahrheiten, deren Bewahrerin und Hüterin sie ist. Sie muß die Völker auf den Weg des ewigen Heiles lenken.

Keine Gesellschaft außerhalb meiner Kirche hat eine ähnliche Aufgabe, Würde und Heiligkeit. Man muß sich aber klar sein, daß die Größe meiner Kirche nicht in ihrer Prachtentfaltung, nicht im Reichtum, nicht in ihren Äußerlichkeiten begründet ist, sondern immer und allein im Geheimnis ihrer menschlichen und göttlichen Natur, in ihrer Sendung in der Welt, die Menschen und Völker in das himmlische Vaterland, das Paradies, zu führen.

In der Kirche kommt dem Priestertum ein Platz von höchster Bedeutung zu

Das ist die edelste und schwierigste Aufgabe, die der Zeit anzupassen ist. Das Geheimnis der Kirche erstreckt sich auch auf das Priestertum, das in seinem hierarchischen Aufbau einen Platz von höchster Bedeutung einnimmt.

Aus meinem Priestertum entspringt das Königtum; ich bin der höchste und ewige König. Durch mich ist alles erschaffen worden, und alles gehört mir. An diesem Königtum und ewigen Priestertum gebe ich denen Anteil, die von Ewigkeit her von meinem himmlischen Vater auserwählt sind.

Der Auserwählte, ein menschliches Geschöpf, wird mit meiner göttlichen, königlichen, priesterlichen Würde bekleidet, mit einem Auftrag in meiner Kirche; er wird mein unmittelbarer Mitarbeiter und Miterlöser für die Verwirklichung des Geheimnisses der Erlösung. Mein Sohn, erkläre dir mit menschlichen Worten die menschliche und göttliche Größe der Natur, der Macht, der Würde des Priesters. Es ist nicht möglich, denn eure Worte, eure Ausdrucksmöglichkeiten können das Göttliche, das Übernatürliche, das Ewige und Unendliche nicht erklären... Wenn aber meine Priester aufmerksam über das Mysterium, an dem sie teilnehmen, nachdenken, kann das mithelfen, daß sie sich ihrer großen Verantwortung bewußter und in der Erfüllung ihrer Aufgabe eifriger werden.

Mein Sohn, für heute genug! Wir werden unser Gespräch wieder aufnehmen, denn es ist noch in keiner Weise erschöpft.

Ich segne dich, und mit dir segne ich alle, die dir besonders teuer sind. Liebe mich und opfere mir deine Leiden und Gebete für die Bekehrung vieler meiner Priester auf. *26. November 1976*

7. Die Erlösung wird vollzogen

Es ist wohlbekannt, daß es in Gott keine Widersprüche gibt und geben kann; Gott ist unveränderlich: Ich, Gott, der Eine und Dreifaltige, bin unendlich einfach. In mir gibt es keine Merkmale, die vollkommener oder weniger vollkommen sind. Ich bin die Wahrheit, die Weisheit und die Macht, die Gerechtigkeit und die Barmherzigkeit, das Licht und das Leben. Die Hölle, die für die Verworfenen geschaffen wurde, widerspricht nicht der Barmherzigkeit. Sie entspricht der Gerechtigkeit. Ich, wahrer Gott und wahrer Mensch, habe alle Sünden der Menschheit in meiner schrecklichen Passion und in meinem Tod auf mich geladen und so der Gerechtigkeit und der Barmherzigkeit Genugtuung geleistet. Das Geheimnis meiner Menschwerdung ist ein Akt unendlicher Barmherzigkeit; das Geheimnis meines Leidens und Sterbens ist ein Akt unendlicher Gerechtigkeit.

Ich bin das Haupt meiner Kirche; ihr seid deren lebendige, freie und verantwortliche Glieder. Ich habe dem Willen des Vaters in einem Akt unendlicher Barmherzigkeit entsprochen. Ihr bildet mit mir einen einzigen Leib.

Das Geheimnis der Erlösung vollzieht sich weiter. Die Tatsache, daß die Glieder wie das Haupt Leiden zu erdulden haben, steht nicht im Widerspruch zur Barmherzigkeit.

Ferner ist von großer Bedeutung: Meine und eure Mutter, die Mutter der Barmherzigkeit und der Spiegel der Gerechtigkeit, hat wiederholt die Menschheit gewarnt, daß eine schreckliche Strafe über die Nationen kommen werde, wenn die geforderten Bedingungen der Buße und der Umkehr nicht erfüllt werden.

Sie hat euch darauf aufmerksam gemacht, daß viele Seelen in die Hölle kommen. Kann nun ich, die unendliche Liebe, hinnehmen, daß die Anzahl der Seelen, die verlorengehen, beängstigend wächst, um den Preis meines unendlichen Leidens?

Wenn die Barmherzigkeit und Liebe in ihnen nichts erreicht hat, kann ich dann bewirken, daß das durch ihre Sünden verursachte Leiden und das Chaos, das sie selbst erzeugt haben, von mir zur Rettung einer Menschheit, die im Zusammenbruch begriffen ist, verwandelt wird? Nein, meine Söhne!

Schon hat die schreckliche Stunde der Reinigung begonnen, aber die Blindheit der Menschen hindert sie, das zu sehen. Der Atheismus ist tiefe Blindheit. Die Stunde naht. Sie wird unvermeidlich kommen, allein wegen der Hartherzigkeit dieser ungläubigen Generation, die den Irrtum liebt und die Gerechtigkeit ablehnt, die überall verletzt und beleidigt wird.

Ich will eine erneuerte Kirche, in der Gerechtigkeit, Friede und Liebe in einem nie gesehenen Glanz aufleuchten. Ich will dem Verlust der Seelen, die verlorengehen, ein Ende bereiten. Ich will die gestörte Ordnung wieder herstellen. Ich will, daß mein Volk wiederum ein Volk Gottes werde, und ich werde es erreichen, indem ich mir die Dummheit und Bosheit der Menschen dienstbar mache.

Ich werde den Generationen zeigen, wie gut und barmherzig ihr Gott ist.   *3. Januar 1976*

8. Mein Leiden dauert an

Wie weit entfernt sind jene von der Wahrheit — und es sind nicht wenige —, die an das Geheimnis meiner Menschwerdung, meines Leidens, meines Todes und meiner Auferstehung wie an ein im Lauf der Jahrhunderte versunkenes Geschehen denken!

Wie weit entfernt von der Wahrheit sind auch jene, die an mich denken als den im Himmel Verherrlichten, der am menschlichen Geschehen nicht interessiert ist! Das sind Verirrungen eines schwachen, kranken und von Unkenntnis angesteckten Glaubens.

Ein Christ muß von meiner Gegenwart im Himmel wie auf der Erde wissen. Christen müssen sich bewußt sein, daß ich auf Erden bin bis zur Vollendung der Zeiten. Kein Geschehen bei den einzelnen Menschen oder Völkern, seien sie klein oder groß, kann meinem erbarmungsvollen Herzen fremd sein. Ich wäre nicht Gott, wenn es nicht so wäre!

Christen müssen ebenfalls wissen, daß ich, auch wenn ich physisch nicht mehr leiden kann, im Geist äußerst betrübt bin über die Kälte und Undankbarkeit, den Verrat und die schrecklichen Gotteslästerungen, die mich unaufhörlich beleidigen.

Die Judas-Seelen haben sich ungeheuer vervielfacht. Die Liebe findet kein Echo mehr und wird oft mit Feindseligkeit und Beleidigungen aller Art vergolten, ein Leiden, das die Menschen in ihrer Herzenshärte nicht verstehen können.

Wie weit entfernt sind jene Menschen von der Wirklichkeit, die eine so vernebelte Schau vom Geheimnis der Erlösung haben. Das Kreuz ist ein wirkliches Geheimnis, das in seiner schrecklichen, wenn auch unblutigen Grausamkeit weiterdauert. Mein Blut fließt wahrhaftig weiter für die Vergebung eurer Sünden. Mein Leib wird wahrhaftig als Speise gegeben zur Nahrung eurer Seelen. Ich bin wirklich das meinem Vater dargebrachte Opfer, und in mir, dem göttlichen Opfer, begegnen und versöhnen sich in unendlichen Liebe Menschheit und Gottheit.

Hier ist der allmächtige Gott

Mein Sohn, wenn meine Priester wenigstens die feste, unverrückbare Überzeugung hätten, daß ich, der Sohn Gottes, wahrer Gott und wahrer Mensch, der Begegnungspunkt der sündigen Menschheit mit meinem himmlischen Vater bin, daß ich stets mit euch bin, mitten unter euch, Tag und Nacht im Zustand des Opfers.

Wären sie wenigstens überzeugt, wenn sie mich zwischen die kleinen Wände des Tabernakels einschließen, daß ich auch da der allmächtige Gott bin, der Schöpfer des Himmels und der Erde, der Erlöser und Heiland, dann könnten sie den Pulsschlag der Liebe für mich empfinden. Aber für solche Überlegungen ist kein Platz in ihrem Geist.

Sie haben meine Wege, meine Pfade verlassen, sie haben keine Zeit, mich in meiner bescheidenen Wohnung zu besuchen. Nur ein lebendiger, wirklicher, von Stunde zu Stunde in beständiger Hingabe gelebter Glaube vermag in meiner Kirche einen läuternden Brand zu entfachen und die göttliche Barmherzigkeit zu besänftigen sowie den Verlust der ins Verderben eilenden Seelen aufzuhalten.

Welch eine schreckenerregende Verantwortung für meine Priester, die die Möglichkeit und die wirksamen Mittel besitzen, um mit mir für das Heil der Seelen zusammenzuarbeiten, aber wie viele interessieren sich nicht mehr dafür.

Vertrauen in den Arzt

«Was tun, Herr, denn wir Priester müssen in uns selbst gehen? Wir müssen aus der Dunkelheit heraus, die uns umgibt, uns loslösen aus der Gleichgültigkeit, in die wir versunken sind. Wir müssen uns selbst helfen, aus der Krise herauszukommen, in der wir uns befinden!»

Ihr müßt euch in aller Demut vom Bösen überzeugen, an dem ihr leidet. Kein Kranker, der sein Übel nicht kennt, kann das Bedürfnis haben, geheilt zu werden.

Der Kranke muß volles Vertrauen in den ihn behandelnden Arzt setzen, um rasch geheilt zu werden.

Keiner meiner vielen, von der Glaubenskrise befallenen Priester, der von seinem Übel nicht überzeugt ist, wird das Bedürfnis haben, sich geistig heilen zu lassen.

Keiner meiner in der Krise des innerlichen Lebens steckenden Priester, der kein Vertrauen in mich, den Arzt der Seelen, hat, der ich in meinem Stellvertreter gegenwärtig bin, wird die Kraft finden, sich aufzuraffen.

Ich habe durch meinen Stellvertreter Anspielungen über die Ansteckung gemacht, an der der Klerus dieses materialistischen Zeitalters leidet und die Ursachen und die Heilmittel dafür klar genannt. Aber wer hat meine Worte ernst genommen?

Abgesehen davon: Bin ich nicht der Weg, die Wahrheit und das Leben?

Habe ich nicht klar gesagt: Wer mir nachfolgen will, nehme sein Kreuz auf sich und verleugne sich selbst? Ist dies nicht eine überaus klare Weisung für alle Menschen, im besonderen für meine Priester?

Ja, mein Sohn, hier ist der Schlüssel und die Lösung für alle aus der Glaubenskrise stammenden Probleme: innere und äußere Abtötung.

Welcher Gegensatz zu dem Leben, das man führt: Kino, Fernsehen, Autofahrten, ohne irgendwelche pastorale Begründung, eifrige, doch unfruchtbare Geschäftigkeit, wenig Bereitschaft und Neigung zum Gebet!

Von da aus ist der Schritt zur inneren und äußeren Auflehnung gering. In dieser Anarchie verglimmen die letzten Funken des Glaubens, und das Leben wird völlig von der heidnischen Zivilisation dieser Zeit geprägt.

Legt ohne Zögern die Axt an die Wurzeln, schlagt ab, was entfernt werden muß, und ihr werdet in meinem erbarmungsvollen Herzen alle Mittel finden für den steilen, aber gangbaren Weg der Tugend.

Ich segne dich, mein Sohn. Liebe mich!   *30. September 1975*

9. Ich bin gegenwärtig als Erlöser, Heiland und Haupt meiner Kirche

Ich, das von Ewigkeit her vom Vater gezeugte Wort Gottes, das Fleisch geworden ist im reinsten Schoß meiner und eurer Mutter, wende mich noch einmal an dich, den ich zu meinem Werkzeug für einen großen Plan der Liebe und des Heiles auserwählt habe.

Ich bin unter euch im Geheimnis des Glaubens, wahrhaft lebendig gegenwärtig in meinen beiden Naturen, der göttlichen und der menschlichen, als Erlöser, Heiland und Haupt meiner Kirche. Ich wiederhole: Meiner Kirche, dem Ziel des ungeheuren Hasses Satans, der sie stets bekämpft. Ich bin das Haupt meiner Kirche, weil sie aus meinem Blut, aus meinem durchbohrten Herzen hervorgegangen ist. Ich bin in meiner Kirche gegenwärtig, wo so viel Ehrgeiz herrscht, so viele gewollte finstere Anschläge unternommen werden zur Befriedigung der Begierden des Geistes und des Fleisches, Gelegenheiten für viele Sünden, Entweihungen, Sakrilegien, die man mit dem Deckmantel des Gewähren-Lassens, der Heuchelei und des Egoismus' schändlichster Art zudecken will.

Sehr oft haben ich und meine Mutter eingegriffen mit deutlichen Mahnungen an jene, die die großen geistigen Wirklichkeiten der Schöpfung und der Erlösung vergessen zu haben scheinen. Ich sagte dir in einer Botschaft, daß viele meiner von der Irrlehre der Geschäftigkeit angesteckten Gottgeweihten in dieser zersetzenden Betriebsamkeit gleichsam ersticken. Durch ein solches Verhalten und ohne sich darüber Rechenschaft zu geben, entfernen sie sich mehr und mehr von dem immer neu belebenden Brunnen des göttlichen Lebens.

Sie wollen es nicht zulassen, daß ich mich ohne ihre Zustimmung
an jene wenden kann, die glauben ...

Ich habe diese nicht ohne ihre eigene Verantwortung und Schuld blind gewordenen Seelen eingeladen, sich an mich, den Gekreuzigten, zu wenden, nach Kalvaria, den Weg des Meisters, hinaufzusteigen, um die Seelen mit den Lehren meines Leidens, meines Todes und meiner Auferstehung vertraut zu machen; ich habe alle Gottgeweihten aufgefordert, mir nachzufolgen auf dem Weg des Verzichts, der Demut, des Gehorsams und der Armut, einen Blick zu werfen auf den ans Kreuz Genagelten und zu überlegen und zu betrachten. Es hätte genügt, in ihnen reinigende Reue zu erwecken, den fast völlig verlorenen Glauben wiederzufinden, und das beinahe erloschene Feuer der Liebe wieder zu entfachen ... sie haben es nicht getan!

Manche haben meine Botschaften nicht der geringsten Aufmerksamkeit gewürdigt, weil sie in ihrem anmaßenden Unglauben nicht zulassen können, daß ich, wahrer Gott und wahrer Mensch, der ich in meiner Kirche bin, mich an jene wende, die an mich glauben, wo, wie und so oft ich es will. Ich sollte sie, ihrer Anmaßung entsprechend, um Erlaubnis fragen, zu den mir kostbaren Seelen sprechen zu dürfen!

Es ist wahr, daß ich ihnen höchste Würde und Macht verliehen habe, doch zum Wohlergehen der ganzen kirchlichen Gemeinschaft, nicht um ihren Durst nach Macht, Reichtum, persönlicher Geltung zu befriedigen. Wenn ich ihnen also Macht und Würde verliehen habe, so habe ich es getan, um sie in den Dienst meiner ganzen Kirche zu stellen.

Beachte den Hochmut, mit dem sie ihre Untergebenen behandeln. Mein Sohn, du weißt wohl, und sogar aus eigener Erfahrung, daß alles, was ich dir sage, nicht eine Frucht deiner Phantasie ist; wäre Demut in ihnen, so hätte es keine heftige Reaktion gegeben, die, wie wir feststellen, beständig anschwillt. Sie bestätigt dir, obwohl dies nicht mehr nötig ist, die traurige Wirklichkeit, in der die Kirche lebt.

*Wenn ich dir Leiden verursache, so sind sie die offensichtliche
Bestätigung der Wahrheit, die ich dir kundgetan habe*

Mein Sohn, ich habe dir vorausgesagt, daß man dich als verrückt betrachten wird. Meine Mahnungen erfolgten nicht irrtümlich. Was hindert sie, diese Feststellung zu machen? Der Hochmut! Mein Sohn, nie habe ich dir anderes versprochen für dein Erdenleben als Leiden. Sie wissen nicht, daß diese dir verursachten Leiden eine offensichtliche Bestätigung der Wahrheit sind, die ich dir kundgetan habe. Laßt euch aber nicht beeindrucken; mit mir vereint habt ihr nichts zu befürchten.

Mein Sohn, während meines ganzen irdischen Lebens habe ich meine Macht nie dazu gebraucht, meine Feinde zu demütigen, zu kränken oder zu verletzen. Wenn ich einige Beweise meiner Macht gegeben habe, so nur deshalb, um die von mir gelehrte und gepredigte Wahrheit zu bestätigen. Ich habe auf Erden weder Verherrlichung noch Ansehen gesucht, sondern im Gegenteil nur Demütigung; keine bevorzugte Stellung, keinerlei Wohlergehen, sondern Armut; keine Autorität, sondern Gehorsam bis zum Tod.

Mein Sohn, ich habe intensives innerliches Leben verlangt. Ich habe Demut, Armut, Väterlichkeit, Festigkeit verlangt; was habe ich erreicht? Bete und rege zum Beten an; sühne, bringt alle eure Mühen zum Opfer dar, damit die Waagschale auf der Seite des Bösen nicht überfließt.

Ich segne dich, mein Sohn, und mit mir segnen dich meine allerheiligste Mutter und der heilige Joseph. *5. Juni 1978*

10. Die großen Wahrheiten

Aus dem Mund der Weisheit ist die Mahnung ergangen: «Gedenke der letzten Dinge, und du wirst in Ewigkeit nicht sündigen.»

Der Heilige Geist wollte vor eure Seelen vier große Wirklichkeiten stellen:

Tod — Gericht — Himmel — Hölle!

Die Realität des Todes ist eine sehr konkrete, von der ihr indirekt alle Tage eure Erfahrung macht: Eines Tages werdet ihr sie auch persönlich erleben.

Und doch, mein Sohn, scheint es nicht wahr zu sein, denn tatsächlich kümmert sich niemand darum. Man lebt mehr oder weniger fröhlich dahin, als müßte man überhaupt nicht sterben.

Wer ist es, der die Menschen, die Christen, die Priester daran hindert, der Einladung des Heiligen Geistes Folge zu leisten, über den Tod, dem keiner zu entfliehen vermag, nachzudenken?

Es ist Satan! Er ist es, der die menschliche Seele mit seinen Ränken und Verführungen, mit seinen Lügen umgarnt: Sicut leo rugiens, quaerens quem devoret. (Wie ein brüllender Löwe, suchend, wen er verschlinge.) Ihr seid gewarnt worden! Es wurde euch gesagt, daß er brüllt, aber er kann euch nicht beißen, außer wenn ihr euch willentlich seinen Angriffen aussetzt.

Zu diesem Thema besitzt ihr viel Licht.

Die Heilige Schrift, das Leben der Heiligen und der Märtyrer ist eine Geschichte furchtbarer Kämpfe zwischen dem Menschen und dem Fürsten der Finsternis. Denkt an Tobias, der Sara befreite, und an tausend andere Vorkommnisse.

Der Schutzengel

In dieser Auseinandersetzung wollte ich den Menschen nicht allein lassen. Weil der Kampf sonst ungleich wäre, habe ich jedem einen Engel zur Seite gegeben, der stets bereit ist, einzugreifen, wenn er darum gebeten wird.

Leider bewirkt der Unglaube, daß sich nur wenige an ihn wenden.

Wie oft sind meine Engel durch den Unglauben der Menschen zu fast absoluter Passivität verurteilt! Manchmal sind sie gezwungen, sich zurückzuziehen. Sie sollen dem Gemetzel, das der Mensch in sich selber vollzieht, nicht beiwohnen.

Mittel zur Verteidigung? Es gibt ihrer so viele! Es gibt die Sakramente, die Sakramentalien, das Gebet. Aber kein Mittel hilft, wenn die Seele in der Dunkelheit ist, und heute befinden sich sehr viele Seelen in tiefster Dunkelheit.

Der Mangel an Glauben bringt Finsternis in die Seelen.

Wenn ihr nicht Buße tut...

Gegenwärtig herrscht die größte Glaubenskrise seit der Erschaffung des Menschengeschlechtes.

Ein nur der Form nach christliches Leben läßt viele in der Selbsttäuschung. Viele Priester glauben, sie seien auf dem rechten Weg, wie auch die Priester, Schriftgelehrten und Pharisäer es glaubten zur Zeit, da ich in meiner sichtbaren Menschheit auf Erden lebte.

Zu allen Zeiten und an allen Orten trägt der Kampf zwischen Gut und Böse das gleiche unveränderliche Merkmal.

Wenn die gottlose Menschheit von heute nicht aufsteht und versucht, den Staub und den Rauch, der ihre Seelen verdunkelt, wegzuschaffen, wird sie zum großen Teil zugrundegehen!

Weder der Spott und die Witzeleien der Pseudo-Theologen, der unwissenden und stolzen Priester, noch die Heuchelei in allen Bereichen des privaten und öffentlichen Lebens können die Schäden, die der Mensch anrichtet, ungeschehen machen.

Sage es laut, daß die Zeit bemessen ist; rufe es laut, wie einst Jonas: «Wenn ihr nicht Buße tut, werdet ihr zugrundegehen!»

Sage es laut, daß Gott seiner nicht ungestraft spotten läßt.

Sage es laut, daß die Stunde der Finsternis nicht von Gott, sondern von den Menschen selber gewollt ist.

Rufe es laut, daß meine Mutter so viel getan hat, um die Katastrophe von der Welt abzuwenden.

Erinnere alle an Lourdes, Fatima und die vielen anderen Vorkommnisse, die oft von jenen erstickt wurden, deren Aufgabe es gewesen wäre, mit größerer Objektivität und weniger Menschenfurcht zu urteilen. Sie haben Angst vor dem Urteil der Welt...

Darin liegt die Sünde: Nicht die Wahrheit, sondern sich selbst haben sie vorangesetzt. Jetzt sprechen sie nur von der Barmherzigkeit Gottes, nicht von ihrer eigenen Verantwortung.

Wird das Licht noch einmal zurückgewiesen, wenn sie sich zu diesen Botschaften äußern?

Ich will sie alle gerettet wissen, aber sie leisten Widerstand. Sie lieben die Dunkelheit. Darin werden sie zugrunde gehen.

Du aber sollst dich nicht fürchten, fahre fort, mir treu zu sein. Du bist in meinem Herzen, und hier kann dir niemand schaden.

Ich segne dich, mein Sohn. Bleibe in mir und schreite unbeirrt voran. Ich bin der Weg, den viele nicht gehen wollen.   *23. November 1975*

11. Die Sünden der Menschheitsfamilie

Das sind die drei großen Sünden der Menschheit:
— die Menschheit hat in Adam und Eva gesündigt;
— die Menschheit hat mit dem Gottesmord im auserwählten Volk, im Volk Gottes, gesündigt;
— die Menschheit sündigt heute mit der Ablehnung Gottes.

Eine ungeheure Undankbarkeit

Die Sünde der Menschheit in Adam und Eva wirft unmittelbar den herrlichen Plan Gottes um und verändert deren Schicksale.

Auf die Ordnung folgt die größte Unordnung; auf die Glückseligkeit des irdischen Paradieses folgt das Unglück; auf das Licht die Finsternis der Unwissenheit; auf die Liebe der Haß; auf das Wohl, für das der Mensch geschaffen ist, das Übel in all seinen Abstufungen. Auf den Frieden folgen Kriege und Gewalttaten. Statt das ewige Leben, das Ziel der Schöpfung, zu erlangen, kann der ewige Tod folgen, die volle Verzweiflung in der Hölle.

Das ist die Erbsünde: Die Antwort auf die Liebe Gottes zur gesamten Menschheit in Adam und Eva.

Eine ungeheure Undankbarkeit ist vom ersten Mann und der ersten Frau begangen worden, denen die notwendige, überreiche Gnade — ganz im Verhältnis zu ihrer außerordentlichen Verantwortung — nicht gemangelt hat.

Gott hat für seinen grenzenlosen Liebesakt eine schreckliche Beleidigung erfahren.

Gerechtigkeit erzeugt Barmherzigkeit

Auf den Widerstand der Menschheit in Adam und Eva antwortet Gott mit Gerechtigkeit und Barmherzigkeit.

In seiner Gerechtigkeit straft er die Sünde in der ganzen Menschheit. Vom Anbeginn bis zum Ende wird der Mensch sein Brot im Schweiß seines Angesichtes essen. Die Gerechtigkeit wird bis zum Ende der Zeit auf der Menschheit lasten.

Aber zugleich bricht die unendliche Barmherzigkeit durch. Nachdem Gott das Bekenntnis der Reue von den Stammeltern erhalten hatte, ließ er die Verzeihung mit dem Versprechen der Erlösung folgen.

Um das große Ereignis der Befreiung der Menschheit aus der Sklaverei der Hölle vorzubereiten, erwählte sich Gott ein Volk, das Auserwählte, das er heilig wollte, das aber trotz des Gnadenregens und der Wunder nicht heilig wurde.

Dieses Volk antwortete auf die Liebe Gottes mit Undank. Gott erweckte Propheten, die mit fester Stimme das Volk an seine Sendung erinnerten.

Die Propheten, die Lautsprecher Gottes, verkünden Gunst, Gnaden und Befreiung. Angesichts des blinden Widerstandes drohten sie auch und kündeten Strafen an, die das Volk schmerzlich erfahren mußte.

In Schmerz und Leid erinnerte es sich der Väter, und von neuem brach die Barmherzigkeit auf. Die göttliche Gerechtigkeit erzeugt diese Barmherzigkeit, auch wenn die Menschen diese Tatsache nicht verstehen wollen, weil sie in ihrer Ichsucht nicht klar sehen.

Die Zeiten reiften, und der strahlende Morgen der Geburt des Erlösers stieg herauf.

Die Feindseligkeit gegen das menschgewordene Wort wurde von Satan geschürt und vorangetrieben. Satan hatte sich in einen Kampf eingelassen, der heute noch nicht beendet ist, und dieser Kampf entbrannte mit neuer Heftigkeit. Da floh das göttliche Kind ins Exil, um vor dem grausamen, verdorbenen Herodes geschützt zu sein.

Später hetzte Satan die Priester des Tempels und die Großen des jüdischen Volkes auf, die den Gottesmord vollstreckten.

Gott hatte sein Volk unwahrscheinlich tief geliebt, und sein Volk schlug ihn ans Kreuz.

Satan will die Zerstörung der Kirche

Die Menschheit sündigt heute durch die Ablehnung Gottes. Am Kreuz schenkte ich der Menschheit aus meinem geöffneten Herzen die Kirche.

Von diesem Augenblick an taucht ein neuer Plan Satans und seiner Legionen auf.

Er will die Zerstörung der Kirche, meines mystischen Leibes. Er hatte sich schon eingebildet, das Haupt getötet zu haben. Das ist der Krieg, der seit 2000 Jahren andauert.

Die Kirche trat diesen Angriffen nicht immer so entgegen, wie sie es hätte tun sollen. Sie hat in dieser Zeit schmerzvolle Wunden erlitten...

Heute hat Satan viele Trümpfe zu seinen Gunsten vorzuweisen.

Die große Schlacht ist im Gang.

Die einseitige, unverantwortliche Beurteilung der Wirklichkeit nicht weniger Hirten und Priester hat den Feind in seinen hartnäckigen Anstrengungen, die Kirche und ihren göttlichen Gründer zu vernichten, bestärkt.

Die gegenwärtige Schlacht, die nur Unzurechnungsfähige übersehen können, wird immer wütender und wird sehr viele Opfer aus dem Klerus und den Gläubigen fordern. Die Welt, und besonders Europa, wird in einer Stunde, die ihresgleichen nicht kennt, brennen.

Es wird eine Stunde der Gerechtigkeit, aber auch der Barmherzigkeit sein und der Beginn eines neuen Frühlings des Friedens und der Gerechtigkeit für die Menschheit und die Kirche.

Meine und eure Mutter wird erneut den Kopf Satans zertreten, und der Atheismus wird von der Erde verschwinden.   *12. Januar 1976*

12. Es entspann sich im Himmel eine große Schlacht

Ich bin die unendliche Liebe, die ihrem Wesen nach in einem Akt der Liebe eine unzählbare Schar herrlichster, geistiger Geschöpfe erschaffen hat, um über sie meine Liebe ausgießen zu können.

Vor ihrer Zulassung zur ewigen Teilnahme an meinem Reich habe ich von ihnen eine Prüfung verlangt, die eine bedeutende Anzahl nicht annehmen wollte, doch rund zwei Drittel bestanden sie. An die Spitze der aufrührerischen Engel stellte sich Satan; auf der anderen Seite stand der heilige Michael mit den treuen Engeln.

Es entspann sich im Himmel ein großer Kampf, eine Schlacht des Geistes und des Willens. Es ist schwer für euch, sie sich vorzustellen. Die Besiegten wurden in schreckliche Dämonen verwandelt und in die Hölle gestürzt, von der Gier des Geistes verschlungen, von unversöhnlichem, unauslöschlichem Haß erfüllt, der Triebfeder aller niederen Leidenschaften, in denen sie ohne Hoffnung auf Reue verhärtet sind. So haben sie dem Bösen Leben gegeben; sie alle sind das Böse; sie setzen sich mit dem Bösen gleich.

Da sie ihren Haß nicht über Gott ausschütten können, erbrechen sie ihn beständig über die Menschheit.

Der Fall und die Verheißung

Nach der Erschaffung von Adam und Eva wagten sie den großen Angriff auf die Stammeltern, um in ihnen das gesamte Menschengeschlecht zu treffen; Satans törichter Traum war die Schaffung eines ungeheuren Reiches, über das er, Gott nachahmend, seine Oberherrschaft ausüben wollte. Die Grausamkeit der Dämonen ist erbarmungs- und pausenlos. Die den Stammeltern gestellte Falle war erfolgreich; sie fielen in den Zustand der Schuld. Um aber den vermessenen Bemühungen Satans Einhalt zu gebieten, griff Gott mit der Verheißung der Erlösung an die Stammeltern ein, und so entstand das Geheimnis der Rettung mit seiner Vorgeschichte, von der die Bibel berichtet.

In der Fülle der Zeit bin ich, das ewige Wort Gottes, von Ewigkeit her vom Vater gezeugt, im reinsten Schoß der Jungfrau Maria Mensch geworden. Satan bekam Angst. Er ahnte, daß sein Herrschaftsbereich unterhöhlt werde, und er steigerte seinen Haß gegen den verschleierten Feind, über den er keine vollständige Kenntnis hatte. Seine Verzweiflung und sein Haß gelangten auf ihren Höhepunkt gegen mich, Christus, und gegen meine Kirche von dem Augenblick an, da größere Klarheit seine Kenntnis erhöhte.

Nicht weniger tief ist sein Haß und nicht weniger groß sein Grimm und seine Verzweiflung gegen meine Mutter:

1. Weil sie an den ersten Platz in der sichtbaren und unsichtbaren Welt gestellt wurde, den anfänglich er als erstes aller Geschöpfe nach Gott, dem Einen und Dreieinigen eingenommen hatte.
2. Weil ihr Fiat die Erlösung möglich machte, hat sie seiner über die ganze Menschheit errichteten Herrschaft, die er mit List und Täuschung der Stammeltern begonnen hatte, den härtesten Schlag versetzt.
3. Ein weiterer Grund seines unversöhnlichen Hasses gegen die allerseligste Jungfrau bildet die Tatsache, daß ihm die demütigende Niederlage durch das zarte Geschöpf der Frau, das der Natur nach niedriger ist

als er, zugefügt wurde. Das ist für ihn in Ewigkeit eine größere Qual als alle Qualen der Erde, was für euch Menschen unvorstellbar ist. Eine solche Qual würde jede menschliche Kreatur zugrunde richten, wenn sie diese auch nur einen Augenblick erleiden müßte.

Die Dämonen, schreckenerregend verdorben und listig

Satan und seine Horden sind in verschiedenem Grad schlecht. Sie sind unfähig, irgend etwas Gutes zu tun. Die Dämonen hassen nicht nur Gott, Christus, die Kirche und die ganze Menschheit, sie hassen sich auch gegenseitig; sie werden tyrannisiert von grausamen, unversöhnlichen Anführern. Sie stimmen einzig überein in ihrem Haß gegen Gott und die Jungfrau, gegen die Kirche und die Menschen.

Sie sind zähe, scheußliche Wesen, unfähig der Wahrheit; sie lügen unablässig, verleiten den Menschen zum Bösen, erwecken die Lüste, die Leidenschaften, die Begierlichkeit des Geistes und des Fleisches.

Nicht alle sind in gleichem Maß mächtig, aber alle sind in furchterregender Weise verdorben, schreckenerregend listig. Ihre Schlauheit stammt aus ihrem verdorbenen Geist. Die Überlegenheit ihrer Natur dient ihnen dazu, in der Seele des Menschen mit grausamer Hartnäckigkeit möglichst jeden Sinn für den Zweck seines Daseins zu vernichten. Darum glauben fast alle Menschen nicht mehr an das Vorhandensein der Dämonen und haben den Kampf aufgegeben, für den ich, das Wort Gottes, das Mensch geworden ist, am Kreuz gestorben bin.

Das ist der wahre Grund für die Zersetzung der Kirche, die schwere Glaubenskrise, die unter Bischöfen, Priestern und Gläubigen herrscht.

Die Dämonen fürchten nur Gott, die allerseligste Jungfrau, die Heiligen und alle, die in der Gnade Gottes leben; über die anderen lachen sie.

Ihr großer Erfolg besteht darin, daß sie die Menschheit vom rechten Weg verstoßen und eine materialistische, von Gott abgewandte Kultur geschaffen haben; das ist nur ein zeitweiliger Erfolg, denn mit großen Schritten naht die Stunde der Läuterung.

Die Menschen, die in die Hölle kommen, werden auch zu Dämonen; auch sie sind auf ewig im Bösen, im Haß und in jeder anderen Leidenschaft erstarrt.

Ich segne dich, liebe mich!   *10. Januar 1977*

13. Satan, die Bosheit

Mein Sohn, wenn ich in eine Seele komme, wird der Glaube lebendig, entbrennt die Liebe und erstarkt die Hoffnung.

Wenn in einer Seele das göttliche Leben pulsiert, gibt es einen, der von Neid, Eifersucht und Haß gequält wird und mit böser List einen Weg sucht, Wasser in den Liebesherd zu schütten. Man kann die Liebe mit einem brennenden Feuer vergleichen. Du kennst die Wirkung des Wassers, wenn es ins Feuer geschüttet wird. Es löscht den Brand, es vernichtet die Wärme, dichte Dampfwolken steigen auf, und was übrig bleibt, ist verkohltes Holz.

Solches geschieht in der von Liebe brennenden Seele, wenn sie unter dem Einfluß Satans steht, falls sie sich nicht vor dessen Einwirkung schützt. Da bleibt nichts mehr übrig von der Liebe, vom brennenden Feuer im Herzen, von der Wärme und vom Licht. Eine Rauchwolke umnebelt die Seele. Schwarze Kohlen bleiben zurück, denn die Seele wird unter der Einwirkung der Sünde schwarz.

Heute, mein Sohn, kennen nur wenige Seelen die listig und schlau vorbereiteten Gefahren des Bösen, weil fast niemand mehr glaubt und sich zu verteidigen bemüht. Deswegen ist es dem Bösen möglich, zahllose Opfer selbst unter meinen Priestern zu betören.

Die Unwissenheit des Ungläubigen, die Mängel im Glauben, die fehlende Übung im Kampf, die Unkenntnis und der gänzliche Verzicht auf die Verteidigungsmittel ermöglichen dem Feind zahllose Siege.

Arme, unerfahrene Seelen, unter ihnen nicht nur einfache Gläubige, sondern viele meiner Diener! Diese sollten auf Grund ihrer Salbung, ihrer Macht, mit der sie ausgestattet sind, und der Autorität, die ihnen zusteht, die streitenden Truppen zu herrlichen, auffallenden Siegen gegen Satan und seine finsteren, diabolischen Legionen führen.

Was muß man zur eigenen Verteidigung tun?

— An die Existenz des Feindes glauben! Wenn viele Kämpfer, und mit ihnen viele Priester, nicht an ihn glauben, sind sie nicht imstande, ihn zu bekämpfen.

— Sich der Macht und der Möglichkeiten des Feindes bewußt sein! Die eigenen Kräfte und Mittel kennen!

— Die Kampfmethoden des Feindes, seine Listen und Verführungskünste kennen, und gleichzeitig die eigenen Angriffsmittel prüfen und gebrauchen!

Es ist klar: Wenn einer die Fallen nicht kennt, die der Feind stellt, hütet er sich nicht und schützt sich nicht davor. Wenn aber einer davon weiß, wird er seine Maßnahmen vorsichtig treffen. Er wird sich nicht nur zur Verteidigung rüsten, sondern auch bereit sein, zuzuschlagen.

Der größte Feind

Heute, mein Sohn, kennt beinahe die ganze Christenheit ihren größten Feind nicht mehr: Satan und seine diabolischen Legionen.

Sie kennen den nicht, der ihr ewiges Verderben will. Sie kennen das ungeheuerliche Böse nicht, das Satan ihnen antut, im Vergleich dazu die schwersten und größten menschlichen Nöte nichts bedeuten.

Sie wissen nicht, daß es um das allein Wichtige im Leben geht, um die Rettung der eigenen Seele.

Dieser tragischen Lage gegenüber sehen wir die Gleichgültigkeit und Ungläubigkeit vieler meiner Priester sowie die Sorglosigkeit vieler anderer Personen, die sich um ihre wichtigste Pflicht nicht kümmern, um die Belehrung der Gläubigen über die Gefahren dieses schrecklichen Kampfes, der von den Erleuchteten der Menschheit gekämpft wird.

Man gibt sich keine Mühe, die Gläubigen zur wirksamen Ausnützung der Verteidigungsmittel, die zahlreich sind und meiner Kirche zur Verfügung stehen, zu erziehen. Man schämt sich, aus Menschenfurcht oder wegen des Vorwurfs, rückständig zu sein, darüber zu sprechen.

Aber du, mein Sohn, weißt, daß im Heer ein von seinem verantwortungsvollen Posten geflohener Offizier als Verräter bezeichnet und von der menschlichen Gerechtigkeit streng verfolgt wird.

Was soll man sagen über das, was in der Kirche geschieht? Ist der Verrat an den Seelen nicht tragischer und schrecklicher, wenn man sie der Macht des Feindes überläßt, der ihr Verderben will?

Mein Stellvertreter auf Erden, Papst Paul VI., sagte, daß in der Kirche Tatsachen und Geschehnisse festgestellt werden, die sich menschlich nicht erklären lassen, die dem Eingreifen des Dämons zuzuschreiben sind...

Wenn der Feind heute mächtiger ist denn je und über einzelne Menschen und Familien, über Völker und Regierungen und überall herrscht, so geschieht dies nicht von ungefähr! Er hat freies Feld und wird kaum behindert.

Gewiß, um Satan zu bekämpfen, muß man heilig werden wollen. Um ihn wirksam zu schlagen, braucht es Buße, Abtötung und Gebet. Aber ist dies nicht meine Weisung für alle Christen, besonders für meine Geweihten?

Warum werden keine privaten Exorzismen vorgenommen? Dazu braucht es keiner besonderen Bewilligung.

Nein, viele meiner Priester kennen ihre eigene Würde nicht. Sie wissen nicht, wer sie sind; sie wissen nicht, mit welch ungeheurer Macht sie ausgestattet sind. Für diese Unkenntnis sind sie verantwortlich und tragen selbst die Schuld.

Sie verhalten sich genau wie Offiziere in einem widerspenstigen, disziplinlosen Heer. Sie verlassen ihren verantwortungsvollen Posten und machen sich des folgenden Chaos schuldig.

Es muß den Priestern gesagt werden

Welch ein Grund zur Scham und zum Erröten bildet der Umstand, daß gute, mit großer Feinfühligkeit des Glaubens und mit brennender Liebe für die Seelen versehene Laien weit über der Feigheit vieler meiner Diener stehen, die für ihre Aufgabe keine Zeit haben.

Sie finden diese zu wenig wichtig, für andere Dinge aber finden sie Zeit.

Sie haben keine Zeit zu ihrer eigenen Verteidigung und der ihnen anvertrauten Seelen, für die sie eines Tages Rechenschaft ablegen müssen vor Gott, dem nichts entgeht, vor Gott, der Entgelt fordert für jedes unnütze Wort. Die verratenen Seelen werden strenge Anklage erheben wegen des verfehlten Guten, der erlittenen Niederlagen, des vollbrachten Bösen; denn jene, die sie auf dem Wege des Heiles hätten führen sollen, haben sie der Macht des Feindes überlassen.

Ich wiederhole mit aller Eindringlichkeit, daß böse Geister in der Kirche, in religiösen Gemeinschaften, in Klöstern und Pfarrhäusern, in der Gesellschaft, in Regierungen und Parteien, in den Völkern aktiv gegenwärtig sind.

Wo der Glaube bedrängt, die Reinheit zerstört wird, wo ein Verbrechen, eine Ungerechtigkeit geschieht, wo Streit entfacht, Entzweiung hervorgerufen, Gewalt angewendet, zu Bürgerkrieg und Revolutionen aufgerufen wird, da ist Satan dabei!

Das Tätigkeitsfeld Satans und seines Anhangs umspannt die ganze Erde.

Ein gutgeführter Widerstand wäre erfolgreich. Er ist aber sehr gering und steht in keinem Verhältnis zur Macht des Feindes.

Man soll die Verantwortung für diese tragische Lage nicht Gott zuschieben; ihr allein seid verantwortlich dafür.

Diese erschreckenden Wirklichkeiten umfassen beide Reiche, das Reich der dunkelsten Finsternis und das Reich des Lichtes.

Das Reich der Lüge scheint das Reich der Wahrheit und der Gerechtigkeit zu überwältigen, aber das dauert nur noch kurze Zeit. Die göttliche Gerechtigkeit wird dafür sorgen, daß die Erde und die vom Bösen angesteckte und verseuchte Menschheit gereinigt werden.

Meine allerheiligste Mutter bereitet sich vor, dem Bösen wiederum den Kopf zu zertreten. Glaubt aber nicht, daß Satan mit seinen Legionen, mit den vielen Verbündeten in der Welt ohne Widerstand und ohne schreckliches Aufbäumen auf sein Reich verzichten wird.

Über all das habe ich gesprochen, damit ihr euch bekehrt, euch vorbereitet durch Gebet und Buße.

Das Irdische vergeht, meine Worte aber nicht. Eines nur ist wichtig: die Rettung der Seele!

Ich segne dich, mein Sohn, und mit dir die Personen, für die du betest.

7. Oktober 1975

14. Der Feind, dem zu begegnen ist

Ich, das ewige Wort Gottes, das Wort des Vaters, habe zu den Menschen gesprochen und die Wahrheit verkündet.

Die Wahrheit ist Licht, und es mangelte an Licht, denn Todesschatten waren auf die schuldbeladene Menschheit gefallen, umgaben sie und hielten sie wie durch einen schrecklichen, giftigen Biß gefangen.

Der Kampf begann bald, der Kampf zwischen Licht und Finsternis, zwischen Wahrheit und Lüge, zwischen Leben und Tod. Die schuldigen Ureltern hatten Eile, sich im Dickicht zu verbergen. Sie hatten Angst und empfanden die Notwendigkeit, sich zu bekleiden. Sie schämten sich und spürten die ersten Folgen ihrer Sünde.

Aber ich, das Wort Gottes, das Licht der Welt, strahlte Wahrheit und Licht auf die Ureltern aus, die in die Finsternis des Todes eingehüllt waren, und nachdem ich ihr Bekenntnis gehört hatte, verkündete ich ihnen den Sieg durch Maria. «Du hast der Frau nachgestellt, die Frau wird dir den Kopf zertreten; du wirst auf der Erde kriechen und Staub fressen, du wirst verflucht sein unter allen Tieren, die die Erde bewohnen.»

Jetzt war der Krieg in die Welt gekommen. Da liegt der Anfang des Kampfes ohne Pause, ohne Unterbrechung. Er wird seinen Schlußakt am

Ende der Zeit im allgemeinen Gericht finden, am großen Tag, der mit göttlicher Kraft meinen glorreichen Endsieg besiegeln wird, den Sieg des Wortes Gottes und des Lichtes der Welt über die Lüge.

Ihr, meine Söhne, habt noch nicht verstanden, daß sich die ganze Menschheitsgeschichte seit der Erschaffung der Welt und dem Sündenfall der Menschen auf diesen Krieg konzentriert. Alle Anstrengungen der finsteren Mächte bestehen wirklich darin, die wahre Sicht dieses dramatischen Kampfes von der menschlichen Seele abzulenken, der pausenlos zwischen mir, dem menschgewordenen Wort und Satan mit seinen Legionen stattfindet.

Die ganze Geschichte des Geheimnisses der Erlösung dreht sich um die Geschichte des mystischen Leibes. Die Geschichte der Menschheit hat hier ihre Begründung.

Aber es ist unverständlich, daß dies von vielen Bischöfen und vielen, vielen Priestern nicht erkannt wird! Deshalb kam es zur heutigen katastrophalen Lage!

Wenn jene, die zu Wächtern bestimmt sind, die Gefahr nicht kennen, worauf bezieht sich dann ihr Wächteramt? Wenn jene, die führen sollten, den rechten Weg nicht kennen, was taugen sie dann als Führer? Wenn jene, die kämpfen müssen, nicht die rechten Waffen gebrauchen, sind sie zur Niederlage verurteilt. So war es am Anfang: Adam und Eva hatten Kraft im Übermaß, um die List des Feindes zu besiegen; sie hatten aber keine Erfahrung, sich gegen die List der Lüge zu verteidigen, denn sie kannten diese nicht.

Ihr könnt nicht unwissend sein

Viel schlimmer ist es für euch, die ihr nach so vielen Jahrhunderten dieses Kampfes wissen solltet, welcher Art der Feind ist, dem ihr gegenübertreten müßt.

Adam und Eva suchten eine Rechtfertigung für ihre Schuld; sie schoben sie dem Angreifer zu und versuchten, ihre Sünde auf den Gegner abzuwälzen.

So werden viele Bischöfe und Priester handeln im eitlen Versuch, die Verantwortung von sich zu weisen. Sie hatten Angst und haben sie noch, ihre Verantwortung auf sich zu nehmen. Beweggründe persönlichen Ansehens ließen sie dem Feind nachgeben, dies unzählige Male; zuerst das persönliche Ansehen, zuerst die Würde…

Nur auf ihren Ruf bedacht, haben sie Verpflichtungen größter Dringlichkeit vernachlässigt. Sie haben ihrer Menschenfurcht und anderen Kleinigkeiten, die eines Seelenhirten unwürdig sind, nachgegeben.

Sie haben als erste die richtigen Waffen verschmäht: Demut, Armut, Leiden und Gebet ... Wie hätten ihre Gläubigen sie gebrauchen können? Sie sagen, sie hätten gebetet. Doch hätte das Gebet den ersten Platz einnehmen und ihm die meiste Zeit gewidmet sein müssen; in Wahrheit stand es auf dem letzten Platz.

Ich lade die Priester und Bischöfe zu einem Vergleich ein. Sie sollen, ehe es zu spät ist, zwischen meinem Leben auf Erden und dem ihrigen vergleichen, zwischen dem Weg, den sie gehen, und meinem Weg. So können sie, ohne die Gefahr, sich zu täuschen, die Wirklichkeit erkennen.

Wenn sie wirklich Mut hätten, müßte bei einem aufrichtigen Vergleich der ganze Unrat, den sie in sich tragen, hervorbrechen.

Haben die Beispiele der großen Bischöfe keinen Stellenwert? Und sagt der heilige Pfarrer von Ars den Priestern nichts? Vernachlässigt und verachtet verbrachte er Stunden im Gebet, aber die Gnade Gottes war so mächtig in ihm, daß er selbst schwerste Sünder bekehrte.

Ihr dürft euch nicht der Zeit anpassen, sondern die Zeit muß sich euch anpassen. Welche Verantwortung, den Kampf aufgegeben zu haben! Ihr seid Bischöfe und Priester, und seid es im Hinblick auf diesen Kampf. Ohne diesen Kampf habt ihr keine Daseinsberechtigung. Wie viele wissen dies nicht!

Mein Sohn, ich segne dich, fürchte dich nicht. Schau auf mich und schreite auf deinem Weg voran bis zur großen Begegnung. Dann werden die Dornen zu wunderbaren Rosen, die in der irdischen Verbannung unbekannt sind.   *26. November 1975*

15. Unsagbare Bosheit

Da Satan Gott nicht direkt angreifen kann, bekämpft er ihn, indem er seine rachsüchtige Bosheit, die aus Haß, Neid und Eifersucht besteht, gegen den Menschen austobt, um die Leere auszufüllen, die durch die Empörung gegen Gott entstanden ist.

Satan wird Fürst der Finsternis genannt, denn seine grundlegende Absicht besteht im Verdunkeln, im Verfinstern des Gotteslichtes in den Seelen.

Gott ist Licht. Satan ist Finsternis.
Gott ist Liebe. Satan ist Haß.
Gott ist Demut. Satan ist Hochmut.

Der Krieg, den Satan dem Menschen aus Haß gegen Gott erklärt hat, hat jetzt in seiner furchtbaren Wirklichkeit Ausmaße angenommen, die so mächtig und überwältigend sind, daß sich in der Menschheitsgeschichte nichts dergleichen findet.

Dieser größte und schrecklichste Kampf wird bis zum Ende der Zeit dauern, das nicht nicht mehr fern ist; es wird durch den Eingriff meiner und eurer Mutter geschehen.

Sie, die demütige Magd des Herrn, hat durch ihre Demut den Stolz und den Hochmut besiegt und wird Satan endgültig entmachten.

Satan ist Finsternis, deshalb sieht er nicht. Sein verzweifelter Hochmut hindert ihn daran. Dennoch fürchtet er die Niederlage in diesem Kampf, was für ihn Grund beschämender Verdemütigung sein wird, für meine gereinigte Kirche aber Grund für eine Zeit des Friedens. Das wird auch für die heilgewordenen Völker, die heute noch von viel Leid betroffen sind, der Fall sein. Deshalb hat Satan alle eigenen Möglichkeiten und die seiner Legionen eingesetzt. Seine ganze List, alle Verführungskünste seiner verdorbenen, aber mit zahlreichen Gaben der Gewalt, des Geistes und des Willens ausgestatteten Natur richten sich auf das wahnsinnige Vorhaben, das im Augenblick seiner Empörung gegen Gott in ihm aufstieg und ihn ständig mehr beherrscht. Mich, den Gesalbten, das menschgewordene Wort Gottes und meine Kirche zu zerstören, das ist sein verzweifelt angestrebtes und zäh verfolgtes Ziel.

Man schließt die Augen

Doch seine stolze Blindheit hat ihn zu zahlreichen taktischen Fehlern veranlaßt; typisch ist eine zu starke Bloßstellung.

Im allgemeinen gibt man seinen Feinden keine Pläne zu erkennen, denn man weiß, daß dies eine unverzeihliche Dummheit wäre. Satan hingegen hat viele seiner Karten aufgedeckt. Darum hat mein Stellvertreter auf Erden neulich sagen können, daß in der Kirche Vorkommnisse festgestellt werden, die sich menschlich nicht erklären lassen. In ihnen zeigt sich deutlich der Eingriff des Fürsten der Finsternis.

Trotzdem sehen ihn Bischöfe und viele Priester und nahezu die Gesamtheit der Christen nicht. Sie sehen ihn nicht, weil sie die Augen dem Licht verschließen, weil ihr Geist und ihr Herz sich in Dunkelheit befinden.

Als Paul VI. erklärte: «Der Rauch Satans ist in die Kirche eingedrungen», was wollte er damit sagen? Die Ansteckung Satans hat die Kirche mit Hochmut und Stolz befallen.

Ich wiederhole: Satan hat sich in seiner empörten, verzweifelten Vorstellung zum Hauptziel gesetzt, mich, das ewige Wort Gottes, und mit mir natürlich meine Kirche aus dem Angesicht der Erde auszutilgen. Er möchte das Geheimnis der Menschwerdung, die Ursache und Grundlage der Befreiung der Menschheit von seiner Tyrannei, ausmerzen.

Er dachte, mit dem Fall Adams und Evas Gott besiegt zu haben und durch eine vollständig gesicherte Herrschaft über die Kinder der Schuldigen für alle Zeiten zu verfügen. Er war überzeugt, daß er Gott, dem Schöpfer, die Geschöpfe mit List und Täuschung entrissen und seiner eigenen Herrschaft für Zeit und Ewigkeit einverleibt habe.

Doch Gott ist Liebe, und in völliger Übereinstimmung wurde von der göttlichen Dreifaltigkeit das Geheimnis der Erlösung festgelegt. Von daher stammt der unerbittliche Haß Satans gegen Gott und den Menschen.

Gesicherter Sieg

Noch besitzt Satan, da er Finsternis ist, nicht die richtige Schau der Dinge. Er ist überzeugt, den Sieg in der Hand zu haben. Darum wird er nicht ohne dramatisches und schreckliches Aufbäumen von seiner Beute lassen, von der durch seine Bosheit, seinen Hochmut und seine Überheblichkeit angesteckten Menschheit.

Der Schlußakt dieses Krieges wird sich am Ende der Zeit abspielen, der Sieg aber sich erst in einer Kette von Schlachten ergeben. Die gegenwärtige, ständig zunehmende Auseinandersetzung ist die größte nach jener, die vom heiligen Erzengel Michael und seinen Legionen gegen die aufständischen Mächte ausgetragen wurde.

Viele große Schlachten sind im Verlauf der Jahrhunderte geschlagen worden, doch keine ist vergleichbar der gegenwärtigen, in die Nationen und Völker der ganzen Erde einbezogen sind.

Meine bevorzugten Söhne werden mehr als die anderen Ziel und Gegenstand einer grausamen Verfolgung sein. Doch sie sollen sich nicht fürchten, denn in der Stunde der Prüfung bin ich mit ihnen.

Ich, die Weisheit, die Barmherzigkeit, die Liebe und die Allmacht, werde die finsteren Unternehmungen und den verrückten Hochmut Satans und seiner Legionen in einen Triumph meiner geläuterten Kirche umzuwandeln wissen.

Wehe jenen Menschen, mein Sohn, die sich weigern, sich vorzubereiten. Es genügt ein Akt der Demut, um dem Licht zu ermöglichen, in ihre Seelen einzudringen.

Törichte und verhärtete Geschöpfe, die sich versteifen, der Liebe, die sie retten will, sich zu widersetzen! Wissen und begreifen sie nicht, worauf sie verzichten? Wissen und überlegen sie nicht, auf was sie zusteuern? Ja, mein Sohn, wieviel Finsternis hat sich in meiner Kirche ausgebreitet...

Der Materialismus

Der durch Satan entstandene Materialismus, der Gott leugnet und sich an seine Stelle setzt, verspricht den Menschen ein Paradies auf dieser Erde, ein Glück, das sie nicht besitzt und darum nicht geben kann.

Tragische Lüge, listige Falle, an die sich viele Christen und Priester, ja sogar Bischöfe im Namen des Fortschritts klammern. Sie vergessen den Zweck der Schöpfung und der Erlösung!

Darum spricht man nicht mehr vom Jüngsten Gericht, nicht mehr vom wahren Feind des Menschen, der Sünde, mit der Satans Werk sich gleichsetzt. Verantwortlich dafür sind nicht wenige Bischöfe und sehr viele Priester.

Fast alle Christen haben sich verführen lassen und sind vom rechten Weg abgewichen. Jeder einzelne Mensch geht indessen auf die Ewigkeit zu, entweder zur ewigen Freude oder zur ewigen Verdammnis.

Der Mensch ist Beute Satans und steht im Mittelpunkt eines wütenden Kampfes, bei dem Satan den Menschen Gott entreißen will. Gott aber hat nach dem Plan seiner Vorsehung das Ewige Wort auf die Erde gesandt, um den Menschen zu befreien und ihm so die ursprüngliche Größe, Würde und Freiheit zurückzugeben.

Wer hat den Auftrag, den Menschen auf seinem irdischen Pilgerweg zu führen? Meine Kirche! Doch der Fürst der Finsternis hat allmählich seine Ansteckung in meine Kirche hineingetragen, Hochmut und Stolz, und hat damit die Geister verwirrt und die Herzen verhärtet.

Mein Sohn, die Kirche aber gehört mir! Sie ist hervorgegangen aus meinem erbarmungsvollen, geöffneten Herzen.

Ich will meine Kirche als die eine, heilige, reine, die von meiner Lehre strahlt und nicht von Häretikern entzweit ist, sondern in stetem Widerspruch zu ihnen steht. So wird sie nach der baldigen Läuterung sein.

Ich habe, wie ich dir schon sagte, in Leiden und Schmerzen triumphiert, und so wird es mit meiner Kirche geschehen.

Ich habe Stunden der Finsternis gekannt, Gewalt und Verdemütigungen aller Art erfahren. Ich habe sogar gerufen: «Mein Gott, warum hast du mich verlassen?» Diesen Ausruf werden viele meiner Söhne auf dem Höhepunkt ihres Leidens zum Himmel richten.

Und kann Gott, der die Liebe ist, seine Söhne verlassen, die er von Ewigkeit her liebt?

Die Frau wehklagt während der Geburt, doch nachher ist sie glücklich, weil sie ein Kind zur Welt gebracht hat.

Es ist Zeit, daß das in den Schoß der Erde geworfene Samenkorn stirbt, um viele Frucht hervorbringen zu können.

Bald kommt die Stunde, in der meine Kirche in grausamer und unerhörter Verfolgung klagen wird, um wieder als die eine, reine, heilige und unbefleckte daraus hervorzugehen.

Sie wird die Mutter der Völker werden und diese unter ihren Flügeln im Frieden und in der Gerechtigkeit vereinigen. Sie wird die Lehrmeisterin und sichere Führerin für alle Menschen guten Willens sein.

Darum sagte ich dir: Es muß schnellstens gehandelt werden. Ich will, daß die Bischöfe und Priester sich in Demut, Buße und Gebet vorbereiten. Darin müssen alle einmütig sein. Und man soll nicht vergessen, daß meinem Leiden die Auferstehung folgte.

Ich segne dich, mein Sohn. Opfere mir deine Leiden auf, tröste mein Herz, das verwundet ist von der Härte und Gleichgültigkeit meiner Erlösten, meiner Priester, ja aller, die ich gerufen und geliebt habe wie Brüder und Freunde. *2. November 1975*

16. Die ewige Hölle

Eine Tatsache, die die Kirche interessieren muß, ist die grausame Wirklichkeit ihrer haßerfüllten Feinde.

Es handelt sich um eine offensichtliche, klar geoffenbarte Wirklichkeit; sie ist reich an Zeichen und wird durch zahlreiche, schmerzvolle Geschehnisse bestätigt; sie ist die Hauptursache aller menschlichen Leiden. Alle Heiligen aller Zeiten und alle Auserwählten haben an sie geglaubt und sie furchtbar erleben müssen, denn ohne sie gibt es keine Heilige. Auserwählt wird nur, wer hart geprüft wurde und im Schmelztiegel der finsteren Mächte der Hölle gelitten hat. Gerade diese Wirklichkeit ist heute nicht nur umstritten, sondern wird sogar von Bischöfen und Priestern geleugnet, die mit vergiftetem Eifer ihre Glaubwürdigkeit zugrunde richten.

Mein Sohn, ich, das ewige Wort Gottes, bestätige feierlich die Existenz des finsteren Reiches Satans; ich erkläre dir, wenn auch nur kurz, etwas über die Natur dieser düsteren Wirklichkeit.

Der Zweck meiner Menschwerdung besteht allein darin, die Seelen der ewigen Hölle zu entreißen, die für den erschaffen wurde, der sich Gott, dem Einen und Dreieinen, dem Schöpfer aller Wesen, nicht unterordnet.

Mein Sohn, die ewige Hölle gibt es, auch wenn die menschliche Anmaßung in ihrem unbegrenzten Stolz der törichten und lächerlichen Auffassung ist, die Entscheidungen Gottes umändern zu müssen. Die Herausforderungen Gottes durch die Söhne der Finsternis sind so zahlreich und von so schlimmer Natur, daß die Allmacht des Vaters die undankbare Menschheit schon streng bestraft hätte, wäre nicht meine allerheiligste Mutter als Mittlerin aufgetreten und hätten nicht die Gerechten gebetet und Buße getan.

Damit habe ich noch einmal bestätigt, was ich in früheren Botschaften schon gesagt habe, worin der Beweggrund für das ganze seelsorgliche Wirken meines Stellvertreters auf Erden, der Bischöfe und Priester liegen muß; es ist die unabänderliche Zweckbestimmung, die Seelen den finsteren Mächten der Hölle zu entreißen, um sie in das Haus des himmlischen Vaters zu führen.

Die Freimaurerei ist die Kirche der Dämonen

Mein Sohn, wie oft habe ich dir wiederholt, daß Luzifer und sein Stab ihre Tätigkeit und ihre Art auf der Nachäffung Gottes gründen...

Ich habe meine Kirche hierarchisch gegründet... und ebenso ist die Kirche Satans auf Erden, die Freimaurerei, hierarchisch aufgebaut.

Ich habe in meiner Kirche geistige Festungen errichtet..., die Freimaurerei, die Kirche der Dämonen, hat in der ganzen Welt ihre Logen einzig zu dem Zweck, sich der Kirche entgegenzustellen und sie zu bekämpfen. Ebenso verhält es sich mit den Dämonen, denn diese sind Rebellen Gott gegenüber; all ihre Tätigkeit ist durchdrungen und planmäßig angelegt auf Widerspruch und Auflehnung, im Gegensatz zu dem, was sich in meiner Kirche vollzieht.

Die von den finsteren Mächten des Bösen gewollte, unterstützte und geführte Freimaurerei steht im Begriff, den höchsten Grad ihres Zerstörungskampfes gegen meine Kirche zu erreichen; sie wirkt in ihrem Innern und von außen her. Im Innern hat sie viele Kämpfer an der Spitze und an der Basis. Von außen her wird, wie immer durch Heuchelei maskiert, allen, denen man begegnet, ätzendes Gift eingeträufelt. Heute aber, da sie fühlen, daß der seit langem listig vorbereitete Zusammenstoß bevorsteht, zögern sie nicht mehr, offen kundzutun, was bisher vorsichtig verborgen und geheim gehalten wurde.

Zwar klagen jene voller Verwirrung, die im Glauben und in der Treue zu Gott und der Kirche festgeblieben sind; die Kirche aber, wenn sie auch beinahe völlig Gefangene dieser finsteren höllischen und irdischen Kräfte ist, widersteht und wird nicht zerstört werden, vielmehr wird sie aus den Leiden der gegenwärtigen Stunde so schön und leuchtend hervorgehen, wie sie noch nie war.

Hab' Vertrauen, mein Sohn, und fürchte nichts; bereitet euch vor, eure Aufgaben als bevorzugte Söhne gut zu erfüllen; Hilfe und göttlicher Beistand werden euch nie fehlen.

Liebt euch, wie ich euch liebe! Wie viele glauben nicht an meine persönliche Gegenwart unter euch; wie groß und traurig ist die Dunkelheit, in der sie sich befinden!

Liebe mich, bete; betet und sühnt! *6. November 1978*

17. Ein Reich der Finsternis

Das Reich Satans auf Erden ist ein Reich der Finsternis, das heißt, völliger Dunkelheit, die den Augen verbirgt, was Satan seit Jahrtausenden, vor allem aber während der letzten zwei Jahrhunderte unternommen hat, um die Kirche und die ganze Menschheit zu zerstören. Er unternimmt in seiner wahnwitzigen Vorstellung alles, was dem Reich Gottes schaden kann, um es gleichzeitig mit mir, dem ewigen menschgewordenen Wort Gottes zu vernichten.

Das Reich der Finsternis ist als Gegensatz zum Reich Gottes durch die Anstiftung Luzifers aus den zahllosen Scharen der gefallenen Engel hervorgegangen.

Der unsinnige Gedanke dieser rebellischen Geister, ihr anmaßender Wille, der in ihnen geradezu erstarrt ist, besteht darin, sich mit Gott zu messen in der Absicht, ihm nicht nur gleichwertig, sondern sogar überlegen zu sein. Darum fordern sie ihn heraus; sie können nicht mehr anders, als ihn herauszufordern. Nie aber werden sie das Geheimnis der Menschwerdung des ewigen Wortes erfassen können.

Daß der ewige Sohn Gottes die menschliche Natur, die der ihrigen unterlegen ist, annimmt, halten sie für so widersinnig, daß sie sich nie mit dieser Tatsache abfinden werden...

In der Hölle leidet man im Verhältnis zu den
auf der Erde erhaltenen Gaben

Diese Ungeheuer ohne Liebe, unfähig, sich Liebe vorstellen zu können, werden nie ein menschliches Geschöpf lieben können. Sie werden es umschmeicheln; mit Täuschung und Lügen umgarnen, nur um es grausam zu quälen. Diese schrecklichen Kreaturen sind wohl mit natürlichen Gaben, mit Geist, Willen und anderen Fähigkeiten ausgerüstet, können sie aber nicht für das Gute, sondern nur für das Böse benützen.

Kalt und eisig in ihren Zerstörungsplänen, legen sie einen grausamen Zwang an den Tag, immer tiefer in die Bosheit einzutauchen. Sie denken unerbittlich nur an das Böse, wollen und verwirklichen es.

Sie handeln in der Dunkelheit und schmieden mit ihren Verbündeten und ihrer Kirche, der Freimaurerei, Verschwörung, um Verschwörung, um auf der Erde eine Schlacht zu entfesseln, die nur mit dem Kampf verglichen werden kann, der sich im Himmel abgespielt hat in der den menschlichen Augen unsichtbaren Welt, die nicht weniger wirklich besteht. Die

Trennung zwischen den Engeln des Lichtes und den Engeln der Finsternis führte zur Schaffung der ewigen Hölle. Diese ist der Ort der unausweichlichen Strafe für den, der aus reiner Bosheit, das Licht für die Finsternis, das Reich des Glückes und der Seligkeit für das Reich des schrecklichsten Hasses und der unerbittlichsten Hoffnungslosigkeit, der höchsten und unübertrefflichen Torheit, eingetauscht hat.

Das Reich der Finsternis wird von einer Dreiheit regiert und ist hierarchisch aufgebaut; es ist das Reich des Hasses und der Bosheit und herrscht über die schändlichsten Leidenschaften; es ist das Reich des Schreckens; im ganzen Universum ist nichts Vergleichbares vorhanden, und es ist mit menschlichen Ausdrücken nicht zu beschreiben.

Diesem Reich unterstehen alle Engel, die mit Luzifer, Beelzebub und Satan an der großen Auflehnung teilgenommen haben.

Dieses Reich ist in ständiger Ausbreitung, denn es vergrößert sich mit allen Menschen, die zur Erlösung nein sagen und ja zu den diabolischen Plänen der finsteren Mächte der Hölle.

Die in schwerer Sünde sterbenden menschlichen Geschöpfe bleiben in alle Ewigkeit in der Sünde.

Engel wie Menschen bringen auch ihre natürlichen Gaben mit in die Hölle; je hervorragender diese Gaben sind, um so größer ist die Strafe, weil Gott, die unendliche Gerechtigkeit, jedem in dem Maß gibt, wie er es verdient. Darum leidet man in der Hölle im Verhältnis zu den auf Erden erhaltenen Gaben.

Bekehrt euch... bekehrt euch, bevor es zu spät ist

Wem auf Erden das Los beschieden ist, von Gott mit kostbaren Gaben der Gnade und der Liebe und mit einer von den Engeln bewunderten Berufung bevorzugt zu sein, wer überdies das Glück hat, zum Diener Gottes auserwählt zu sein, der mit einer Würde und einer Macht bekleidet ist, über die kein Engel, selbst der reichste, nicht verfügt, und sich dennoch die Verdammung zuzieht, der wird in ein verzehrendes Feuer geworfen, das keine menschlichen Worte zu beschreiben vermögen.

Meine armen Gottgeweihten, die ihr der Sünde und den Begierden verfallen sind, wenn ihr wüßtet, was euch erwartet, was über eurem Haupt schwebt, ihr würdet euch den härtesten und ausdauerndsten Bußübungen hingeben!

Bekehrt euch... bekehrt euch, bevor es zu spät ist... Ich, Jesus, richte diese Einladung an euch! Kniet vor mir, dem Gekreuzigten nieder, und fleht um Erbarmen und Vergebung!

Mein Sohn, ich segne dich und weite diesen Segen aus auf alle, die dir teuer sind, auf alle, die sehen und darum für die Rettung meiner Gottgeweihten beten.   *13. November 1978*

18. Die Gründe des Hasses

Satan haßt die menschliche Natur als solche; deshalb haßt er alle Menschen, in besonderer Weise die Christen.

Vor seiner Auflehnung war er das Meisterwerk der Schöpfung. Nach Gott gab es nichts Größeres, Vollkommeneres, Herrlicheres.

Diese seine Größe ließ in ihm die Meinung aufsteigen, daß er gleich sei wie Gott;

— daher die Weigerung, den Herrn und Gott, den Schöpfer aller Wesen, anzuerkennen;

— daher sein Ruf zur Auflehnung: «Non serviam tibi»;

— daher die Herausforderung des heiligen Michael, der sich an die Spitze der treuen Heerscharen stellte: «Wer ist wie Gott?»

So entspann sich im Himmel die schrecklichste Schlacht der Schöpfungsgeschichte. Die Scharen der Engel teilten sich, und für die aufrührerischen entstand die Hölle.

Satan hat einen zweiten Grund, die menschliche Natur zu hassen. Aus der Menschennatur ging der Sproß Jesse hervor. Durch die menschliche Natur wurde das Wort Fleisch, indem sich seine göttliche Natur in der Person Christi mit der menschlichen vereinte. Die tödlich verwundete Menschennatur, die unter die Tyrannei Satans gefallen war, wurde befreit und erhöht. Es wurde ihr die ursprüngliche Würde zurückgegeben, die durch die Verführung brutal zertreten und zerstört worden war: «Wenn ihr von dieser Frucht eßt, werdet ihr sein wie Gott.»

Die schönste Blume

Aber Satan hat noch einen anderen Grund, die menschliche Natur zu hassen, nämlich durch Neid und Eifersucht.

Aus der menschlichen Natur soll das demütige und höchste Geschöpf hervorgehen, die schönste Blume des Himmels und der Erde. Kein Wesen soll ihm gleich sein können. Als Gegenstand des göttlichen Wohlgefallens wird es nie, nicht einmal für einen Augenblick, unter der Sklaverei Satans sein.

Satan kann sie nicht anblicken, nicht an sie denken, ohne darüber zu verzweifeln, ohne darunter so zu leiden, wie es keiner von euch verstehen kann.

Er haßt sie, die das Meisterwerk der Allmacht, der Allwissenheit und der Allgegenwart Gottes ist.

Aus diesen göttlichen Gaben lebt sie, die «voll der Gnade ist». In vollkommener Vereinigung mit dem Vater — ihrem Schöpfer, mit dem Sohn — ihrem Erlöser, mit dem Heiligen Geist — ihrem Bräutigam und Heiligmacher.

Vor ihr verneigen sich die Engelchöre, alle Heiligen des Himmels.

Sie treibt die Mächte der Finsternis in die Flucht, und mit ihrem Fuß zertritt sie, wann immer sie will, das Haupt Satans, der giftigen Schlange.

Verzweifelte Illusion

Durch Maria wurde Satan entthront, durch sie hat er von Anfang an seinen erbitterten Krieg gegen die Menschheit verloren.

Die Dunkelheit hindert ihn nun daran, die ganze Wahrheit zu erkennen. Er, Luzifer, das heißt Lichtträger, ist nun Finsternis und kann nur Finsternis bewirken. Er kennt nur in verworrener Weise das Geheimnis der Menschwerdung des Ewigen Wortes, weshalb er in sich die verzweifelte Illusion nährt und pflegt, es besiegen zu können, indem er zusammen mit ihm die Kirche zerstören will, die aus seinem durchbohrten Herzen hervorgegangen ist.

Satan haßt mich, meine Mutter und die Kirche grenzenlos in der Annahme, uns vernichten zu können, weil wir ihm die Herrschaft über die Menschheit verhindern, die er für seine Beute hält.

Die wahnwitzige Illusion entsprang seinem maßlosen Hochmut, denn die Hoffart ist in sich selbst geistige Finsternis. Der Hoffärtige wird die Wahrheit, die eine Tochter der Demut ist, nie rein besitzen können.

Mein Sohn, das ist die Zusammenfassung dessen, was der Mensch wissen muß, der in der Welt zu kämpfen hat, um das große Ziel seiner Seele zu erreichen...

Ich segne dich, Sohn, und all jene, die mit dir für die Verwirklichung meiner Absichten zusammenarbeiten. Bete und liebe mich!

14. Juni 1976

19. Die Dämonen: Ursprung und Ursache alles Bösen

In den früheren Botschaften habe ich über die finsteren Mächte der Hölle gesprochen, deren Zahl von eurem Verstand nicht erfaßt werden kann; ich habe ihre geistige Natur dargelegt, daß sie reine, von euch verschiedene Geister sind — ihr seid Geist und Materie; ich habe von die Überlegenheit ihrer Natur über eure Natur gesprochen und von ihrer Macht über die Materie.

Mehrere erahnen diese Zusammenhänge, aber aus Furcht und Scham, als rückständig angesehen zu werden, sprechen sie von Parapsychologie, ein erfundenes Wort, um Tatsachen zu rechtfertigen, die sie entweder nicht verstehen oder aus Menschenfurcht verschweigen.

Mein Sohn, das Leben dieser schändlichen Wesen ist völlig dem Bösen verfallen; sie sind das Böse und Ursprung und Ursache alles Bösen. Sie hassen Gott, der das Gute selbst ist; und sie hassen alle, die das Gute tun; darum sind die Guten vielerlei Widerwärtigkeiten ausgesetzt, die den Bösen nicht zustoßen.

Das ist für viele ein Geheimnis, aber es ist einfach zu verstehen; sie hassen das Licht; sie sind Finsternis und Irrtum und in Finsternis und Irrtum verhärtet.

Sie kommen aus der Hölle und überfluten die Erde, und auf der Erde nisten sie sich überall ein. Sie streben im höchsten Maß danach, in den Geist und in den Leib des Menschen einzudringen, um ihn zu vernebeln, zu beherrschen und schließlich ins ewige Verderben zu reißen. Sie haben nur diesen Gedanken, denn nur damit können sie ihren Haß gegen Gott und die Menschheit völlig verwirklichen.

Wenn sich die Menschen und besonders die Christen dieser schreckenerregenden Wirklichkeit und Gefahr nicht bewußt sind, die diese böswilligen Mächte für sie darstellen, können sie der ewigen Verdammnis anheimfallen.

Vorgeschobene Wachposten gegen den Feind

Welches ist der Zweck jeder seelsorglichen Tätigkeit, wenn nicht das Heil der Seelen?

Darum muß die Seelsorge auf der Grundlage des Evangeliums neu durchdacht und erneuert werden und nicht nach den Ideen anmaßender, hochmütiger Menschen!

Mein Sohn, du hast dich und mich oft gefragt, warum ich dir die bittere Erfahrung auferlegt habe, die mehr durch Tatsachen als durch Worte zu erkennen gibt, wie die finsteren Mächte der Hölle, die die tiefste Ursache der Glaubenskrise sind, auf viele Bischöfe und sehr viele Priester einwirken. Viele Bischöfe und Priester sind vom Rationalismus und Materialismus angesteckt und meinen, alles mit dem Verstand und sachlich erklären zu können. Diese, den meisten Menschen unbekannte finstere Welt, deren Tyrannei sie erleben, ist allen bevorzugten, auf dem Weg der Vollkommenheit voranschreitenden Seelen wohlbekannt.

— Warum, mein Jesus, nur diesen bevorzugten Seelen?

— Weil ich ihnen in meiner Kirche und im Heer, das ich in meiner Kirche mit dem Sakrament der Firmung schuf, eine besondere Sendung anvertraut habe: Im gegenwärtigen großen Kampf gegen den Feind Vorposten zu sein. Sie sind die Pioniere der erneuerten Kirche und bauen wieder auf, was die Hölle und der Stolz und Hochmut der Menschen zerstört haben. Das Heer, von dem ich heute gesprochen habe, ist in Auflösung; denn nie kann einer Soldat sein, wenn er nicht weiß, daß er es ist und sich deshalb nicht um die unerläßlichen Waffen der Verteidigung und des Angriffs kümmert.

Lernt von mir, der ich sanft und demütigen Herzens bin

Mein Sohn, wiederholt erklärte ich dir, wie dieser Kampf, den ich als erster durchgekämpft habe, von den Christen geführt werden muß. Bischöfe und Priester sollten sich erinnern, daß folgendes wesentlich ist. Man kann diese große Schlacht nicht gewinnen, wenn man nicht meinen Spuren, meinem Beispiel folgt.

Unendliche Demut ist das Geheimnis meiner Menschwerdung; Gehorsam, Armut und Liebe erfüllten mein ganzes irdisches Leben; mehrmals habe ich gesagt: «Lernt von mir ... Wer mit mir sein will, folge mir nach.» Ich habe den Weg vorgezeichnet.

Welchen Zweck hat das auf der Erde in der heiligen Messe stets gegenwärtige Opfer des Kreuzes, wenn nicht den Triumph der Liebe, der Wahrheit, der Gerechtigkeit, des Friedens über die ganze Bosheit des Bösen, die die Hölle beständig über die ganze Menschheit und die einzelnen Seelen speit?

Scheint dir, mein Sohn, nicht alles klar zu sein? Was sinnlos und abwegig ist, das ist die Gefühllosigkeit derer, die mit meinem Priestertum vereint sind, die an meiner göttlichen Macht teilnehmen, sich dessen aber nicht bewußt sind, weil sie sich in den finsteren Labyrinthen der Eitelkeit, auf den Pfaden der Häresie und des Irrtums verlaufen haben.

Mein Sohn, die Stunde ist schwer; sie ist aufgebläht und belastet von allen Leidenschaften. Sie wurde oft und oft angekündigt, aber immer wieder verschoben durch die Tränen und den Eingriff meiner und eurer Mutter, die erhört wurde, weil diese Liebe der erstgeborenen Tochter, Mutter und Braut letztlich aus der Liebe Gottes hervorgeht, die unendlich barmherzig und unendlich gerecht ist. Die Stunde ist nahe, wenn in meiner Kirche nicht wahre, aufrichtige und allgemeine Reue erweckt wird, ohne die der Lauf der göttlichen Gerechtigkeit nicht aufgehalten werden kann...

Vorwärts, mein Sohn, mach dir keine Sorgen wegen des dummen Urteils, wegen der Ungläubigkeit derer, die glauben müßten, aber nicht sehen und nicht glauben, weil sie schuldhaft auf das Licht Gottes in der Finsternis ihrer eigenen Seele verzichtet haben.

Ich segne dich, mein Sohn, und mit dir segne ich alle, die in der Demut des Geistes meinen Worten glauben, die Worte des Lebens sind, unveränderlich und ewig. Generationen vergehen, meine Worte aber werden nicht vergehen.   *3. April 1977*

20. Der Rauch der Hölle

Ich erinnere noch einmal an die Worte meines Stellvertreters auf Erden: «Der Rauch Satans ist in die Kirche eingedrungen» (Paul VI.). Fast niemand hat diesem Ausspruch des Papstes die gebührende Bedeutung beigemessen. Nur wenige haben es verstanden, diesen Worten einen praktischen Sinn zu unterlegen. Der Rauch beschmutzt und verdunkelt. Satan hat den Geist vieler Menschen verdunkelt, die an der Spitze der Strukturen stehen, die einer Seelsorge des Heils dienen müßten.

In Kongregationen, religiösen Orden, Seminarien, Klöstern, Kollegien, Schulen, Pfarrheimen, Kirchen... Überall ist der Rauch der Hölle eingedrungen! Im übrigen ist er wie das Wasser: Du siehst ihn kommen und weißt nicht woher. Er schleicht sich ein, setzt sich ab, verschmutzt, ohne daß du ihn feststellst.

Dies war das Wirken Satans und ist es noch!

Ich habe bereits von stumpfer Blindheit gesprochen. Nun bekräftige ich dir, daß dieser Ausdruck einer schmerzlichen Wirklichkeit entspricht.

Mein Sohn, ich gehe nicht auf Einzelheiten ein, denn es handelt sich um ein allgemeines Übel in der Kirche, das beängstigend weit verbreitet ist.

Wie viele angesteckte Seminarien und religiöse Orden! Es ist der Rauch der Hölle, der sich überall eingeschlichen hat und auch den Vatikan nicht verschonte.

Wie viele verdorbene Pfarreien! Es geschehen heute in meiner Kirche Dinge, die man nicht erklären kann, ohne ein persönliches Eingreifen des Dämons anzunehmen.

Bedauerliche Vorfälle hat es immer gegeben. Sie begannen mit dem Verrat des Judas und der Flucht meiner Apostel. Dann folgten in den Jahrhunderten Irrlehren und Ärgernisse.

Wo der Mensch ist, da ist auch sein grimmigster Feind, Satan, der alles benützt, um den Menschen zum Bösen zu verleiten. Deshalb habe ich euch gelehrt, täglich um die Befreiung vom Bösen zu bitten.

Der Heilige Vater, was wollte er wohl sagen mit den Worten: «Es geschehen heute in der Kirche Dinge, die man nur mit dem persönlichen Eingriff des Teufels erklären kann»?

Mein Stellvertreter wollte vor allem die eine Glaubenswahrheit neu bekräftigen, die von der Offenbarung wiederholt klar bestätigt wird, daß Satan wirklich persönlich lebt, beängstigend aktiv und grausam ruchlos ist in ständiger Bewegung, geistiges Gift zu verbreiten, das weit gefährlicher ist als das verheerendste materielle Gift.

Mein Stellvertreter kennt durch seine Vorrangstellung in der Kirche und in der Welt und durch die Gnade seines Amtes die Übel, die Satan in der Kirche vollbringt, sehr gut.

Er kennt das Böse, das Satan in der Kirche zustande bringt, der sich Verräter, Verdorbener jeden Ranges und abtrünniger Priester bedient, deren Rettung ihr trotz allem wünschen und erbeten müßt.

Gebet und Fasten

Hier muß ich an meine Worte erinnern, die ich an die Apostel richtete: Daß es Teufel gibt, die nicht alle austreiben können. Um sie auszutreiben, braucht es viel Gebet und viel Buße.

Man wird sehen, zu welch ungeheuren Ausschreitungen das Wirken des Bösen gelangen wird; viele, die heute nicht oder nur verworren sehen, werden anderen Sinnes werden, wenn die Zeit gekommen ist.

In meiner erneuerten Kirche wird dies das große Thema sein, auf das sich die Katechese gründen wird: Die Christen als wahre und bewußte Kämpfer gegen die Mächte des Bösen heranzubilden. Wenn der Feind von seinen Angriffen nicht abläßt, dürfen auch die Kämpfer in der Verteidigung nicht erschlaffen.

Mein Sohn, ich segne dich, und zusammen mit dir segne ich jene, die sich in jeder Weise und mit allen Mitteln für die Verteidigung der Seelen gegen die Mächte des Bösen wahrhaft einsetzen wollen. *12. Juni 1976*

21. Ich lasse es zu

Ich, Jesus, das Ewige Wort Gottes, habe einst das ruchlose, hinterhältige, haß- und neiderfüllte Handeln Satans durch den von meinem Erzfeind vollständig beherrschten Judas erduldet. Heute erleide ich es durch die vielen Judasse, die das Opfer der heiligen Messe im Stand der Todsünde feiern und in Sünde meine Sakramente spenden.

Satan ist also neben mir tätig, und es erstaune niemand, wenn ich zulasse, daß dies geschieht.

Die Gründe dafür sind vielfältig. Ich will seine Freiheit nicht schmälern; Satan hat das Böse frei gewählt; im Bösen ist er verhärtet. So wollte ich ihm die Begründung entziehen, die er sicher gebraucht hätte, um seine endgültige Niederlage am Tag des Jüngsten Gerichtes zu rechtfertigen.

Was heute im Herzen vieler meiner Priester durch die Aufwiegelung und Verführung des Dämons geschieht, ist ebenso schwerwiegend wie der sakrilegische Verrat des Judas. Ja, es ist ein fortwährender schamloser Treuebruch.

Man glaubt nicht an das ungeheuere sakrilegische Wirken Satans und ermißt dessen unheilvolle Folgen nicht. Man glaubt nicht an den, der die erste Ursache eurer überaus schweren Übel ist; man glaubt nicht an Satan, dessen Verwegenheit ohne Maß ist.

Ich, das Ewige Wort Gottes, das Fleisch wurde, antwortete auf das Handeln Satans mit einem Akt der Demut, indem ich zuerst meinen Aposteln die Füße wusch und dann mit der Einsetzung des Sakramentes der Eucharistie. Auf die maßlose Hoffart Satans und der weiteren Judasse, die sich in den Jahrhunderten aufeinanderfolgen, antworte ich wieder mit unendlicher Demut.

Wachet und betet

Ich gab meinen Aposteln eine weitere kostbare Lehre, damit sie nicht in die Schlingen Satans fallen: «Wachet und betet, damit ihr nicht in Versuchung fallet!»

Mit seiner sakrilegischen Kommunion verwirklichte Judas für sich die Worte: «Wer unwürdig mein Fleisch ißt und mein Blut trinkt, ißt und trinkt sich sein Gericht.» Gewaltige Worte, die in der Seele jener Priester ihre Erfüllung finden, die ihre Prüfung auf Erden schlecht abschließen.

Satan versuchte meine Apostel und machte sie seinem Willen gefügig, so daß sie meine Worte «Wachet und betet», die ich an sie gerichtet hatte, um sie gegen die Versuchungen des Feindes zu wappnen, nicht beherzigten. Wie können sich jene Priester, die wenig beten und erst jene, die nie beten, vor dem geistigen Verderben retten? Wieviel Wahrheit ist in den Worten des heiligen Alphons enthalten: «Wer betet, rettet sich; wer nicht betet, verdammt sich!»

Der Dämon hatte leichtes Spiel mit den Aposteln, die im Garten Gethsemani feige flohen; von den Zwölfen verriet mich einer, ein anderer verleugnete mich, indem er schwor, daß er mich nie gekannt habe.

Satan hatte leichtes Spiel mit den hebräischen Priestern, die Heuchler, Egoisten und sonstwie moralisch fragwürdig waren. Diese beteten nicht, außer in der Öffentlichkeit, nicht aus Überzeugung, sondern zur Schau. Ihr Glaube war nicht echt, sondern nur äußerlicher Schein.

Diese Art von Priestern ist nicht ausgestorben, es wimmelt weiter von solchen in meiner Kirche. Sie wird gesäubert werden, meine Kirche, von diesen Nattern, die mit ihrem Gift jene anstecken, die sich ihnen nahen.

Satan wirkte mit Erfolg auf Pilatus, auf die Tempelwachen und auf die römischen Soldaten ein, abgesehen von einigen Ausnahmen.

Satan versuchte, auf zwei Räuber einzuwirken, die mit mir gekreuzigt wurden; der eine jedoch glaubte mir; er flehte mich an und wurde gerettet; der andere glaubte nicht, verhöhnte mich und so starb er.

Er verschont keinen

Satan verschont niemand, nicht einmal meine Mutter, deren Herz er mit dem Zweifel an meiner Auferstehung nachstellte. Er vermochte jedoch ihre unbefleckte Seele, den herrlichen Tempel des Heiligen Geistes, nicht anzutasten.

Es sind ihrer wenige, die, obwohl versucht, von der verderblichen Einwirkung des Dämons frei bleiben. Erinnert euch: Auch die guten Jünger von Emmaus und so viele andere meiner Freunde wurden von der Versuchung nicht verschont und gaben der Entmutigung nach.

Das verderbliche Werk Satans kennt seit dem Sündenfall des Menschen keine Verminderung und wird keine kennen bis zum Ende der Zeit, wo er zusammen mit all seinen Heerscharen endgültig gerichtet wird.

Dann wird er verzweifelt zugeben müssen, den Krieg, den er veranlaßte und durchkämpfte, trotz der ihm gewährten Handlungsfreiheit verloren zu haben!

An jenem ungeheuren Tag, an dem die göttliche Gerechtigkeit aufleuchtet, wird die Möglichkeit, weiterhin zu schaden, zu Ende sein. Dann wird er beschämt eingestehen müssen, daß er, Luzifer, das schönste, intelligenteste, mächtigste Geschöpf des Universums, besiegt wurde von dem zarten menschlichen Geschöpf, das der Natur nach, weit unter ihm durch die Gnade aber unermeßlich weit über ihm steht. Dies wird seine demütigende Qual für die ganze Ewigkeit sein. Nicht weniger Pein werden die verdammten Seelen erleiden, in besonderer Weise die geweihten Verräter, für die du beten und opfern sollst, damit sie sich bekehren und leben.

Zusammen mit dir, mein Sohn, segne ich alle meine Priester.

26. Mai 1976

22. Die Frau wird dich zertreten

Wie viele Geister des Bösen gibt es? Eine große Zahl! Es sind Milliarden, und es wimmelt überall von ihnen. Alle sind verhärtet im bösen Willen. Nicht alle sind gleichermaßen schuldig, und folglich werden sie nicht gleich bestraft, aber alle leben in Angst und Schrecken. Sie flößen Angst ein, leben aber auch selber in der Angst, die kein Ende haben wird.

Ihr Oberhaupt, das persönliche, soziale, familiäre, nationale, weltweite Unordnungen entfesseln kann, das Ungeheuer der Tyrannei und der Raserei erwecken und über ganze Nationen den Schrecken zu bringen vermag, auch er, Satan, lebt in der Angst. Er lebt im Schrecken vor einer

Frau, die seinen Traum von der höllischen Oberherrschaft über die Menschheit zerstört hat.

Darum fürchten ihn die Seelen nicht, die wahrhaft aus dem Glauben leben.

Nach dem Sündenfall redete Gott zu den Stammeltern, legte ihnen die Buße auf und verhieß ihnen die Erlösung. Dann wandte er sich an den Urheber so vielen Übels, verfluchte ihn und versprach ihm die harte Niederlage: «Die Frau wird dir den Kopf zertreten.»

Diese Worte waren für Satan die größte Strafe, und sie werden es in Ewigkeit sein. Der Schatten der heiligsten Jungfrau verfolgt ihn überall; er bringt ihn in Schrecken und Verzweiflung; für ihn gibt es keine Ruhe, da er vom Willen des Bösen gebrannt und versengt ist und weiß, daß der Endsieg der Frau und ihrem Sohne gehört.

Ewiges Leben

Grenzenlos ist die von ihm kaltblütig gewollte und herbeigeführte Katastrophe, aber maßlos auch die ihm auferlegte Strafe.

Die menschliche Seele ist unfähig, die ungeheure Tragödie, die vom Bösen ausgelöst wird, in ihrer ganzen Dramatik zu erfassen. Satans Anhänger sind in der Tat unzählig viele Fürsten der Finsternis und Werkleute des Bösen, wie ich schon erwähnte. Wie die Menschen, die von ihnen in die ewige Verderbnis gerissen werden, im Maß ihrer Verantwortung in verschiedenem Grad leiden, so auch die Dämonen. Diese finstere und unsichtbare Welt, die die Menschen und auch die Christen so schlecht kennen, lastet auf der Menschheit wie bleiernes Gewicht.

Die fast totale Gleichgültigkeit der Seelenhirten gegenüber diesem Problem, das sie so sehr angeht, ist nicht zu verstehen. Die Haltung der Christen gegenüber dieser geheimnisvollen aber wirklichen Welt des Jenseits, an die eure irdische Existenz und eure ewige Glückseligkeit oder Unseligkeit gebunden ist, ist ebenso unverständlich.

Warum, ihr Menschen, die ihr mit den natürlichen Gaben des Verstandes und des Willens fähig seid, die Dinge zu ergründen und zu verstehen, warum bemüht ihr euch nicht, diese Gaben auch für das wichtigste Problem eures Lebens zu gebrauchen, für euer ewiges Heil?

Es ist Zeit, die Schleier zu beseitigen, mit denen Satan in euch die Wahrheit verfinstert hat. Ihr müßt zugeben: Ihr habt ihm die Freiheit gelassen, euren Geist zu verfinstern und eure Willenskräfte einzuschläfern. Ihr müßt erwachen!

Der Feind schläft nicht! Er folgt euch überallhin; aber nichts wird er wider euch vermögen, wenn ihr mit mir vereint bleibt. Mit der göttlichen Gnade, davon müßt ihr überzeugt sein, könnt ihr Satan stets schlagen.

Gott, die Liebe, ist eure Hilfe, euer Heil. Im Namen Gottes besiegte David mit seiner Steinschleuder den Riesen Goliath; auch ihr werdet im Namen Gottes und seiner heiligsten Mutter den Giganten des Reiches der Finsternis besiegen können. *14. Juni 1976*

23. Zertretet die Dämonen

Schreibe, mein Sohn, ohne irgendwelche Furcht. Sage, daß ich nicht zufrieden bin! Ich kann es nicht sein angesichts der törichten Blindheit der Oberhirten und der Priester gegenüber diesem wesentlichen Problem der Seelsorge...

Satan versteht es, euch zu einer radikalen Änderung der Lebensweise zu verführen. Der Mensch kann ein Tier beherrschen, aber Satan kann einen Mensch viel mehr, viel radikaler beherrschen.

Ich habe dir von törichter Blindheit gesprochen. Ja, mein Sohn, dies ist die Folge der schuldhaften Untätigkeit vieler Oberhirten und Priester angesichts der fieberhaften, unablässigen, zerstörerischen Wirksamkeit des Feindes.

Ich habe mich während meines öffentlichen Lebens nicht darauf beschränkt, nur die Wahrheit zu verkünden; ich habe Kranke geheilt; ich habe Besessene befreit, denn ich hielt auch dies für einen wesentlichen Teil meiner Seelsorge. Heute übt man diesen Teil der Seelsorge nicht aus, weil die Hirten sich nicht persönlich einsetzen wollen, und nur ganz selten jemand anderen damit beauftragen.

Ich habe diese Aufgabe meinen Aposteln übertragen, damit sie und ihre Nachfolger sie erfüllen. Wenn ich es getan habe, so müßten auch die Hirten von heute segnen und exorzieren. Mehr als früher leiden heute durch die Schuld Satans.

Innere Unbewegtheit

Die heutige Haltung der Bischöfe, stets abgesehen von einigen Ausnahmen, ist gewiß nicht jene, die ich wünsche.

Daß der Vater nicht anwesend ist und doch da sein könnte, wenn Kinder leiden, ist wahrhaft gegen die Natur der Dinge. Aber gewöhnlich geschieht gerade dies. Daß ein Vater einen anderen Menschen beauftragt, ihn beim leidenden Kind zu vertreten, ist nicht weniger bitter.

Daß ein Vater nicht an die Leiden so vieler seiner Kinder denkt, die offensichtlich leiden, hält man für unmöglich. Und dennoch ist es so!

Aber es gibt noch Schlimmeres, mein Sohn; fürchte dich nicht und schreibe: Wenn ein Vater dahin gelangt, jene zu hindern, die im Gefühl echten Mitleids sich fürsorglich um seine Kinder kümmern, so handelt er unvernünftig und gegen die väterliche Liebe.

Mein Sohn, sage es laut, dies geschieht in meiner Kirche unaufhörlich. Die Hirten bewegen sich in Randzonen ihres Geistes und ihres Herzens, sind aber untätig in ihrem Innern.

Was will ich damit sagen? Äußerlich sind sie sehr aktiv, manchmal sogar zuviel. Innerlich aber bleiben sie fast unbewegt.

Viele von ihnen sind Opfer der Sucht nach Betätigung. Besser wäre es, sie wären meine Opferseelen, die äußerlich zwar untätig, innerlich aber äußerst rege und wirksam sind. Sie sind es, die Seelen retten! Die freiwilligen Opferseelen haben bis jetzt die göttliche Gerechtigkeit zurückgehalten. Diese Seelen sind der wahre Sauerteig der Kirche; ihnen kann ich nichts verweigern, wohl aber der äußerlichen Betriebsamkeit so vieler Hirten.

Die Kirche welkt dahin

Es ist unbedingt nötig, daß Bischöfe und Priester sich bemühen, festzustellen, warum und woran so viele Seelen leiden. In jeder Diözese sollten eifrige Priester und Laien Leidende gleichsam zu einer Kette verbinden und sie dazu veranlassen, täglich eine halbe oder gar eine Stunde gemeinsam zu beten und mit ihrem Gebet auch ihre Leiden Gott darzubringen für alle, die durch den Einfluß und die Schuld böser Geister leiden.

Nichts darf die Seelenhirten und bereitwilligen Priester von dieser Pflicht zurückhalten, die gegenwärtig dringend ist.

Habt ihr nichts bemerkt? Gebt ihr euch nicht Rechenschaft, daß die Kirche dahinsiecht, daß sie durch die Schuld des Bösen mit dem Tode ringt? Seht ihr nicht, daß Schreckliches heranreift? Und was denken und tun gewisse Leute? Sie sollten ihre Anmaßung ablegen, die ihnen die Gnade der Aufmunterung und Erleuchtung nimmt.

Ich segne dich; liebe mich. *11. Juni 1976*

24. Ein Schein von Leben

Wie Satan meinen physischen Leib in der euch wohlbekannten Weise mit gräßlichen Folterungen zerschunden hat, so richtet er nun seine wutschnaubenden Angriffe gegen meinen mystischen Leib, die Kirche.

Wie er sich Judas bediente, um mich in die Hände meiner Feinde zu übergeben, so bedient er sich heute und morgen der Priester, um die Kirche in die Hände ihrer Feinde auszuliefern.

Durch das Kreuz kam das Leben wieder in die Welt. Durch das Kreuz wird meine Kirche erneuert werden.

Alle Menschen müssen wissen, daß es dazwischen keine anderen Wege gibt. Satan besiegt man, indem man seinen Untaten die gegenteiligen Taten entgegensetzt.

Aus Hoffart löste er sich von Gott los und mit ihm zahllose Legionen von Engeln, die sein Anhang wurden. Mit unendlicher Demut entriß ich ihm unzählige Legionen von Seelen.

Satan ist mit seinem Hochmut in der Kirche gegenwärtig — ein ungeheures Leiden, das wie ein bösartiger Krebs Seelen verschlingt, die im mystischen Leib Schlüsselstellungen bekleiden, und bekanntlich ist der Hochmut die Wurzel aller Übel.

Damals bearbeitete Satan die Tempelpriester, Schriftgelehrten und Pharisäer, um meine Verurteilung zum Tode zu erreichen. Heute ist die Strategie, mit der er vorgeht, dieselbe: Er bereitet im dunkeln Verschwörungen und Anschläge vor, die zur Zerfleischung meines mystischen Leibes führen, wie es mit meinem physischen Leib geschah. Es wird erneut ein Blutvergießen geben.

Satan, obwohl auch nur ein Geschöpf, ist von großer natürlicher Intelligenz und von gewaltiger Macht, die aber stets begrenzt sind. Sein Vorgehen wird er nicht ändern; es bleibt wie es am Anfang war. Darum ist es für den, der Glauben und Beobachtungsgabe hat, nicht schwer, seine Listen, seine Lügen und seine Umgarnung der Seelen zu erkennen.

In den Jahrtausenden seiner zersetzenden Tätigkeit hat sich nichts Wesentliches geändert, und es wird sich nichts ändern.

Wenn der Glaube schwach ist...

Da die Dinge so liegen, müßte es ein Leichtes sein, sein Werk der Zersetzung des mystischen Leibes zu erkennen.

Warum sehen es aber nur wenige, während viele nicht einmal daran glauben?

Die Glaubenskrise schafft Dunkelheit, und in der Dunkelheit sieht man die Gegenstände nicht, die das Leben umgeben. Die Glaubenskrise kommt aus dem Mangel innerlichen Lebens, ohne das kein aufbauendes Wirken möglich ist. Wer nicht in der Gnade lebt, kann nichts Gutes vollbringen.

Wenn der Glaube schwach ist, wird das Innenleben eine Larve, das weder Licht zum Sehen, noch Kraft zum Handeln ausströmt. Das sind die wahren Ursachen der Priesterkrise.

Stellt euch das traurige Schauspiel einer großen modernen Klinik vor, in der Ärzte und Krankenpersonal fehlen, oder wenn ein Arzt da wäre, der seinen Aufgaben nicht gewachsen ist. Nun, die Kirche ist wie eine große Klinik, in der zu viele Kranke ohne erforderlichen Beistand sind und wenn es noch ein Minimum an Hilfe gäbe, wäre es den Bedürfnissen nicht angemessen.

Es stellt sich die Frage: Glaubt man noch an die Worte des göttlichen Meisters, die unveränderlich sind und heute wie gestern gelten? Glaubt man an seine Gottheit?

Wahre Zeichen des Glaubens

Leset wieder mein Evangelium nach Markus:

«Jesus erschien den Elf und sagte zu ihnen: "Gehet in alle Welt und predigt das Evangelium allen Geschöpfen. Wer glaubt und sich taufen läßt, wird gerettet werden; wer aber nicht glaubt, wird verdammt werden. Und dies werden die Zeichen sein, die jene begleiten, die glauben: In meinem Namen werden sie Teufel austreiben, in neuen Sprachen reden, Schlangen aufheben, und wenn sie irgendein Gift trinken, wird es ihnen nicht schaden; sie werden den Kranken die Hände auflegen und sie gesund machen."

Nachdem der Herr Jesus so zu ihnen geredet hatte, wurde er in den Himmel aufgenommen und setzte sich zur Rechten Gottes. Sie aber gingen hin und predigten überall. Der Herr wirkte mit ihnen und bekräftigte ihr Wort durch Wunder.»

Warum handeln die Seelenhirten nicht in Übereinstimmung mit diesem Wort? Fürchten sie vielleicht, daß sich die Kraft dieses Wortes nach so vielen Jahrhunderten erschöpft hat? Oder glauben sie, daß ihr seelsorgliches Wirken nicht vom Himmel bestätigt werden muß? Oder denken sie, daß die Wunder an den Kranken, den Toten, an den Besessenen zur Zeit meines irdischen Lebens gewesen sind und die heutige Welt solche Wunder, die ihre Nacht erhellen und sie aus ihrer Erstarrung aufrütteln, nicht mehr braucht?

Jedes Wunder, mein Sohn, wie die Befreiung eines vom Teufel Besessenen, kostet die Allmacht eures Gottes nichts, sollte aber eurem schwachen Glauben Kraft verleihen!

Ich segne dich, mein Sohn; liebe mich. *27. Mai 1976*

25. Da mihi virtutem contra hostes tuos
(Gib mir Mut gegen deine Feinde)

Mein Sohn, diese Worte muß jeder meiner Gläubigen und Priester nicht nur mit den Lippen sprechen, sondern mit Herz und Verstand, in der Demut des Geistes und in der Einfachheit des Glaubens in die Tat umsetzen.

Nicht umsonst sind diese Worte auf die Lippen der Christen und vor allem meiner Priester gelegt worden. Sie sind ein Gebet und außerdem eine Warnung von außerordentlicher Bedeutung. Sie zeigen dem Christen seine besondere Sendung, im unermüdlichen Kampf gegen die dunklen Mächte der Hölle, der Feinde Gottes, zur Rettung der Seelen, Soldat Christi zu sein.

Freunde Satans

Ich habe zahlreiche Widersprüche in meiner Kirche aufgezeigt. Dazu ein bezeichnendes Beispiel: Man betet und bittet um Kraft und Macht gegen einen Feind, an den man nicht oder kaum glaubt, und weigert sich, diesen Feind zu bekämpfen.

Es ist, wie wenn Soldaten und Offiziere um Waffen bitten, sich aber weigern, diese zu gebrauchen. Ist das, mein Sohn, nicht ein unerklärlicher Widerspruch, der nicht gerechtfertigt werden kann? Aber der Widerspruch nimmt noch schlimmere Formen an, denn oft bekämpft man den gefährlichsten aller Feinde überhaupt nicht, sondern hilft ihm sogar noch und ermuntert ihn bei seiner verwüstenden Tätigkeit in den Seelen. Wie viele dem Irrtum verfallene, stolze Priester gibt es! Wie viele untreue, fluchende Christen, die mehr Freunde Satans sind!

Ich bin auf die Welt gekommen, um aus den Klauen Satans und seiner Legionen zu befreien und zurückzuholen, was mir mit Betrug und Lüge geraubt worden war. Ich habe gekämpft und meine Schlacht gewonnen durch die Verdemütigung in der Menschwerdung, durch andauerndes Gebet und mit unendlichen Leiden, durch meine Selbstopferung, den sicheren Waffen für einen unfehlbaren Sieg über die Feinde Gottes und der Seelen.

Habe ich nicht klar gesagt: «Wer mir nachfolgen will, der nehme sein Kreuz auf sich und folge mir»? Mit anderen Worten: Habe ich nicht deutlich gesagt: «Wer mir nachfolgen will, der soll tun, was ich als erster tat»?

Jetzt, mein Sohn, überlasse ich es dir, zu beurteilen, ob die Christen, Priester und Hirten tun, was ich getan habe. Nein, es sind heute sehr wenige bereit, mir auf dem Kalvarienweg zu folgen und die Dornenkrone zu tragen.

Beachte den gewaltigen Gegensatz zwischen meinem und ihrem Leben, meinem und ihrem Weg, meinen und ihren Werken. Man geht genau in die entgegengesetzte Richtung.

Es ist wirklich eine tragische und dramatische Lage, die unausweichlich in die Stunde der Reinigung übergeht. Unglaublich ist die Blindheit der Menschen und ihre Herzenshärte, unannehmbar das Benehmen meiner Christen, herausfordernd der Lebensstil vieler meiner Priester. Sie fürchten weder Gott noch seine Gerechtigkeit; so werden sie zugrunde gehen und wie der Staub im Wind zerstreut werden. Nicht ich, sondern ihre eigene Hartherzigkeit wird sie vernichten.

«Da mihi virtutem contra hostes tuos» haben sie zwar auf der Zunge; doch in der täglichen Wirklichkeit ihres Lebens begünstigen sie offensichtlich die Pläne der Seelenverwüstung.

Jene Priester sollen sich wohl hüten, sich des Exorzismus zu bedienen, um die Macht zu gebrauchen, die ihnen schon vor ihrer Priesterweihe verliehen wurde. Entweder glauben sie gar nicht an die Macht des Exorzismus oder sie ahnen, daß er in ihrem Fall unnütz ist, weil ihr Leben mit dem eines treuen Priesters in Widerspruch steht, der aus dem Exorzismus eine sehr wirksame Waffe macht, die dreiste Anmaßung des Feindes zu zügeln, zu begrenzen und lahmzulegen.

Finsternis über der Welt

O ja, verkehrtes, unwürdiges Geschlecht, das jedes Problem auf den materiellen Wohlstand herabzieht, die geistigen Werte des menschlichen Lebens und die menschliche Würde mißachtet und den Menschen auf die Stufe eines Tieres stellt...

Mein Sohn, welch tiefe Finsternis ist über die Erde gekommen! Die Menschen sind zu Tieren, meine Diener sind zum Gespött der Menschen und zur Zielscheibe der bösen Mächte geworden.

Was mein liebendes Herz und das unbefleckte Herz meiner und eurer Mutter am meisten betrübt, ist die Tatsache, daß die Liebe verstoßen, das Licht verschmäht und Gott bekämpft wird, und daß man alles tut, um seinem Heilsplan Hindernisse entgegenzustellen.

Die Worte: «Da mihi virtutem contra hostes tuos» sind auf den Lippen vieler eine Lüge. Ja, es ist eine Lüge, die den Abgrund erkennen läßt, in den man gestürzt ist, wenn man alle Mahnungen, der Menschheit das schrecklichste Unglück der Geschichte zu ersparen, ins Leere fallen ließ! Aber die Feinde werden nicht die Übermacht bekommen!

Meine Barmherzigkeit, die nie von meiner Gerechtigkeit getrennt ist, wird triumphieren. Sie wird die Finsternis auf der Erde vertreiben und der Menschheit Gut und Gerechtigkeit wiedergeben.

Meine erneuerte, zu neuem Leben erweckte Kirche wird schön sein. Sie wird in der Welt den Platz einnehmen, der ihr gebührt, und Nationen und Völker werden sie als Lehrmeisterin und Führerin der ganzen, großen Familie der Kinder Gottes anerkennen.

Ich segne dich und bitte dich um dein Leiden und deine Liebe.

6. Dezember 1975

26. Sie tun das Böse immer unter dem Anschein des Guten

Wir haben schon von der Kirche Satans gesprochen, die während der letzten Jahrzehnte stets durch neue Anhänger vergrößert wurde. Sie sind zu einer gewaltigen Zahl angewachsen. Viele von ihnen sind von hohem Rang sowohl im Laienstand wie in der Kirche. Sie sind in verschiedene Gliederungen organisiert und verfügen über geeignete Mittel für den Kampf. Ihre hauptsächlichste und mächtigste Waffe ist der böse Einfluß auf einzelne sowie auf Gruppen, und alles ist gegen die Kirche ausgerichtet. Die Anhänger sind ausdauernd und bösartig eifrig in der Verwirklichung des Bösen, das immer unter dem Anschein des Guten getan wird.

Dies ist eine Tatsache, der man sich bewußt sein muß. Man muß sie kennen, um sich mit den von der Kirche zur Verfügung gestellten Mitteln entsprechend verteidigen zu können. Sie sind überaus zahlreich und von einer Wirkungskraft, die nur Gott haben kann. Aber darüber herrscht bei den meisten Gliedern der Kirche eine völlige Unkenntnis im gegenwärtigen Ringen zwischen den finsteren Mächten des Bösen und den Menschen, die Gegenstand und Opfer dieses Kampfes sind.

Die Kirche ist überaus reich an Verteidigungsmitteln, aber sehr arm an Kenntnis über den Feind

Zwei Wirklichkeiten stehen sich also fortwährend im Kampf gegenüber. Die eine ist wachsam, gut ausgebildet und stets in Bewegung, um pausenlos vorzudrängen, Fallen zu stellen und zuzuschlagen; die andere, obwohl reich versehen mit Waffen zur Verteidigung, ist sehr arm an Glauben und an Kenntnis des Feindes. Sie hat sich kaum bemüht, seine Macht, Natur und Taktik kennenzulernen.

Die Folge davon ist: Den Feinden ist es gelungen, in die Kirche einzudringen, die Verteidigungslinie zu durchbrechen und zu zerstören, sich überall durchzusetzen, sich der wichtigsten Stellungen zu bemächtigen und nicht wenige Posten in den höchsten Rängen zu besetzen.

Dieses Nachgeben durch Unwissenheit, Gleichgültigkeit und geistige Blutleere ist das Ergebnis der gewaltigen Umgarnung durch den Feind. Es ist der Materialismus, der alles verdunkelt und der die Stunde vorbereitet, deren Vorzeichen sich schon am Horizont zeigen.

Mein Sohn, wenigstens die Christen sollten darauf vorbereitet sein, denn seit der Auseinandersetzung zwischen den Gott treu gebliebenen Engeln und den rebellischen Geistern hat kein so fürchterlicher Kampf stattgefunden, wie man ihn in der Stunde der Läuterung erleben wird. Es ist die Wiederholung jener ungeheuren, riesenhaften Schlacht, die in der Geschichte der Menschheit keinen Vergleich findet und in der alle Kräfte im Dienste Satans und seiner Kirche zusammengefaßt sind!

Über all das lachen Dumme und Ungläubige, auch viele solche, die berufen sind, Soldaten meiner Kirche für den Kampf gegen die finsteren

Mächte der Hölle auszubilden, denn auch sie sind davon angesteckt. Nichts scheint ihnen zu denken zu geben, was bald eintreffen wird in dieser grausam durch die Lüge umgarnten Welt, die mit trügerischer Kunst vom Vater alles Bösen ausgestreut wurde, er, der alles Übel verursacht, an dem die Menschheit leidet und leiden wird, wie sie nie in der Vergangenheit gelitten hat...

Ich bin die Liebe, ich bin aber auch die Gerechtigkeit

Mit dieser Botschaft wollte ich den Menschen von heute eine wirkliche, wahrhafte Schau der beiden Welten geben, die sich kampfbereit gegenüberstehen der Welt des Lichtes und der Welt der Finsternis: Der Welt des freudvollen Lebens, der Wahrheit und der Welt des Todes der übernatürlichen Gnade. Diese beiden Welten umfassen eine so große Zahl von Geschöpfen, daß sich kein menschlicher Geist davon eine Vorstellung machen kann... Darin liegt der Grund für diese Botschaften!

Glücklich jene, die ihnen Glauben schenken!

Die verdorbenen Bewohner der Pentapolis (fünf Städte: Sodom, Gomorrha, Admah, Seboim und Zoar) glaubten den Propheten nicht, und wegen ihrer Herzenshärte wurden sie durch Feuer, das vom Himmel fiel, zerstört... Sie glaubten, Gott straflos verspotten zu können, aber die Gerechtigkeit Gottes schlug sie so hart, daß sogar die Asche ihrer Gebeine vom Wind zerstreut wurde!

Ich liebe alle meine Geschöpfe. Ich habe sie so sehr geliebt, daß ich nicht zögerte, für sie und ihre Rettung am Kreuz zu sterben, denn ich bin die Liebe. Aber ich bin auch die Gerechtigkeit.

Das müssen alle wissen, die in ihrer verblendeten Hartnäckigkeit die Liebe zurückweisen und ihr widerstehen, an deren Herzen ich bisher vergeblich angeklopft habe!

Mein Sohn, bete, versage mir deine Liebe und dein Gebet nicht, sie werden nicht unbeantwortet bleiben.   *23. November 1978*

27. Wer steht zu mir?

Meine Söhne, denkt über das Evangelium des heiligen Johannes nach: «Darauf war Festtag der Juden, und Jesus ging hinauf nach Jerusalem. In Jerusalem ist beim Schaftor ein Teich, der auf hebräisch Bethesda heißt, mit fünf Hallen. In diesen lag eine Menge von Kranken, Blinden, Lahmen und Schwindsüchtigen, die auf die Bewegung des Wassers warteten. Ein Engel des Herrn stieg nämlich von Zeit zu Zeit auf den Teich hernieder und brachte das Wasser in Wallung; wer nun als erster nach der Wallung des Wassers hineinstieg, wurde gesund, an welcher Krankheit er auch leiden mochte. Nun war dort ein Mann, der seit achtunddreißig Jahren an seiner Krankheit litt. Als Jesus ihn daliegen sah und erfuhr, daß er schon lange Zeit so daran war, sprach er zu ihm: "Willst du gesund werden?" Der Kranke antwortete ihm: "Herr, ich habe keinen Menschen, der mich in den Teich brächte, wenn das Wasser in Wallung kommt; denn während ich hingehe, steigt ein anderer vor mir hinab." Jesus sprach zu ihm: "Steh auf, nimm dein Bett und gehe!" Und sogleich wurde der Mann gesund; er nahm sein Bett und ging einher» (Joh 5,1-9).

Ich lege euch dieses Geschehnis zu mancher Betrachtung vor. Im Gelähmten seht ihr so viele Kranke mit körperlichen oder geistigen Leiden. Seit Jahren leiden und warten sie, daß sich mitleidige Hände auf sie legen, um sie zu heilen. Jahre schon sind Hirten und Diener Gottes in ihrer Nähe, ohne ihre Gebrechen zu bemerken. Natürlich, da sie nichts sehen, tun sie auch nichts, um ihnen zu helfen.

Um genauer zu sein, obwohl ich weiß, daß auf diese Äußerung hin einige die Nase rümpfen, sage ich, daß viele von ihnen wegen des Teufels nicht nur geistig sondern auch körperlich leiden.

Noch einmal wird es gut sein, sich zu erinnern, daß Satan einen übermäßigen Einfluß auf die menschliche Natur ausüben kann durch die einzigartige, sehr große Macht, über die er verfügt.

Denkt an die zahlreichen von mir befreiten Besessenen, auch an die vielen von mir und meinen Aposteln gewirkten Heilungen. Ich habe ihnen die Macht verliehen, die von den Dämonen gequälten Personen zu befreien und zu heilen.

Leset das Evangelium, leset es gut! Überdenkt die Stellen, die dieses heikle Thema behandeln! Nicht wenige streichen daraus, was sie nicht glauben wollen.

Die Priester dürfen nicht vergessen, daß sie durch eine besondere sogenannte niedere Weihe die Macht erhalten haben, Teufel auszutreiben und einen besonderen Segen zu erteilen.

Damals nahmen die jüdischen Priester Ärgernis an der von mir am Sabbat gewirkten Heilung. Heute aber regen sich viele meiner Priester auf, wenn sie nur von Exorzismen reden hören. Sie sagen, daß dies anderen Zeiten angehöre und heutzutage den Bischöfen vorbehalten sei. Gewiß, um Exorzismen in der Öffentlichkeit und feierlich vollziehen, muß der exorzierende Priester von seinem Bischof bevollmächtigt sein. Aber wer kann ihm verbieten, sich privat einer Vollmacht zu bedienen, die ihm gültig erteilt wurde?

Satan, wütend tätig, gebraucht seinen verderblichen Einfluß, um Seelen und Körper zu schädigen, ohne den geringsten Widerstand zu finden. Es fehlt also die richtige Einsicht in ein Problem von grundlegender Wichtigkeit.

Wenn segnen und exorzieren nötig sind, ist es Ausübung wahrer seelsorglicher und priesterlicher Tätigkeit, denn eine der wichtigsten Pflichten des Priesters ist, das unheilvolle Wirken des Teufels in jeder Weise und mit allen Mitteln, über die er verfügt, in die Schranken zu weisen und zu bekämpfen.

Aber wissen meine Priester noch, mit welch großen Vollmachten sie ausgestattet sind? Wissen sie, wer sie sind? Daß die Engel, die der Natur nach über ihnen, der Machtfülle nach aber unter ihnen stehen?

Ihr Priester, aber was nützt eure Macht, wenn ihr sie nicht zu dem Zweck nützt, zu dem sie euch gegeben ist?

Maschinen, Motoren nützen nichts, auch wenn sie an sich die Fähigkeit haben, große Kraft zu entwickeln, wenn sie nicht in Bewegung gesetzt werden.

Ihr seid stillstehende Motoren und entwickelt keinerlei Kraft. Ihr laßt den Feind nach Belieben frei handeln. Im Weinberg des Herrn kümmert ihr euch nur geringfügig darum, seine verfluchte Wirksamkeit einzuschränken.

Mein Sohn, ich segne dich; liebe mich!   *28. Mai 1976*

28. Eine fürchterliche Waffe: Die böse Beeinflussung

Die Verschlagenheit und die Bosheit der finsteren Mächte sind so umfassend, daß es schwierig ist, ihr ganzes Ausmaß zu erkennen und noch schwieriger ist, zu begreifen, wie sie einer ungeheuren, giftigen Wolke gleich in alle Verästelungen meiner Kirche eingedrungen sind, wo sie alles anstecken und verdunkeln. Kannst du die Irrlehren zählen, die die Kirche auseinanderreißen?

Die finsteren Mächte der Hölle bedienen sich überdies der Söhne ihrer eigenen Kirche, um alle nur möglichen Übel zu verbreiten, Seelen und Körper zu schlagen, zu quälen und zu verletzen. Sie haben dafür ein großes Mittel, eine fürchterliche Waffe zur Verfügung, um nicht nur den Geist, sondern auch den Leib der Glieder meiner Kirche zu befallen: die böse Beeinflussung.

Wie viele Menschen sind heute das Opfer einer solchen bösen Beeinflussung! Eine unzählige Schar! Das Wort böse Beeinflussung ist die Ursache unbeschreiblichen Leides:

Es weckt Betroffenheit, Zweifel und Ungläubigkeit auch in denen, die nicht seine Opfer sind. Es ruft Spott und Hohn in jenen hervor, die nicht glauben; Verblüffung und schließlich Ärgernis bei denen, die seine Natur, Herkunft und Ursache kennen und Wege und Mittel zur Verteidigung finden müßten sowie Möglichkeiten zur Bekämpfung.

Es ist unglaublich, wie weit die Verschlagenheit der Dämonen und ihrer Verbündeten und Mitarbeiter auf der Erde geht, eben weil diese letzteren Priester, Bischöfe und sogar Kardinäle sind, die unverschämt mit trügerischen Vorwänden, mit satanischer Bosheit und Verschlagenheit, mit ekelhaften, geheucheltem Eifer anderen verbieten, die guten, wirksamen Mittel zu gebrauchen, die schon in der Vergangenheit von der Kirche benützt wurden. Sie waren der ganzen Christenheit bekannt und wurden von allen Heiligen, die ihre Wirksamkeit und ihre Nützlichkeit zu schätzen wußten, angewandt. Um die eigene Heuchelei zu verbergen, beruft man sich auf das Konzil und die Ausführung seiner Weisungen mit der Absicht, solche heiklen Angelegenheiten, die nach ihrer Meinung das Ansehen der Kirche mindern könnten, möglichst zu verdrängen.

Böse Beeinflussung: Anwesenheit finsterer Mächte

Die bösen Beeinflussungen sind eine schreckliche Wirklichkeit, die durch diabolische Kunst aus dem Blick jener verschwunden ist, die sie schuldhaft hervorgerufen haben.

Was besagt böse Beeinflussung und was ist sie? Sie ist die Anwesenheit finsterer Mächte, die in Personen, an Orten und in Dingen verborgen sind und geistige und materielle Leiden hervorrufen...

Der Spiritismus, der in der Anrufung verborgener Mächte besteht, ist nie von Gott, sondern stets von der Hölle. Er ist ein Mittel, um auf der Erde das Reich des Fürsten der Finsternis zu verbreiten. Darum sind die ihm Verfallenen der Kirche Satans angegliedert.

Tatsachen und Folgen der verschlagenen Tätigkeit der finsteren Mächte der Hölle leugnen, heißt gleichsam Gott leugnen, mich, das ewige Wort Gottes, das auf Veranlassung des Vaters Fleisch geworden und am Kreuz gestorben ist, um die Menschheit von so viel Bösem zu befreien.

Mein Sohn, ich segne dich; liebe mich! *6. November 1978*

29. Beeinflußte Seelen

Schreibe, mein Sohn; ich bin es, Jesus. Ich fahre fort mit dem Thema der bösen Beeinflussung mit der die finsteren Mächte der Hölle Seelen in ihre Fallen locken, die unerfahren, unvorsichtig und neuerungssüchtig sind. Weil sie jeden privaten geistigen Beistand entbehren, sind sie schwach und hilflos und fallen immer Täuschungen zum Opfer.

Ich möchte aber nicht alle Seelen darin einordnen. Es gibt auch gute, heilige, sich ernsthaft auf dem Weg zur Vollkommenheit bemühte Seelen, die durch Zulassung Gottes schlecht beeinflußt wurden. Die dadurch hervorgerufenen Leiden wurden ihnen Mittel der Sühne, der Läuterung, der Heiligung. Sie dienen der Erlösung, weil das Leiden, woher es auch immer stammt, sich in Heiligung verwandelt, wenn es im Glauben und in hochherzigem Opfergeist angenommen wird.

— Welche Seelen können schlecht beeinflußt werden?

— Theoretisch alle, die einen direkt oder indirekt durch das Wirken der Mächte des Bösen, die anderen durch die Zulassung Gottes; die Beeinflussung trägt aber stets das Siegel der Hölle, auch wenn sie von den Mitgliedern der Kirche Satans, der Freimaurerei, ausgegangen ist.

— Sind diese Beeinflussungen stets gleicher Natur?

— In vielen Formen, ja, sofern sie im Betroffenen geistiges und physisches Leiden hervorrufen.

— Sind diese Beeinflussungen alle gleichwertig?

— Nein, sie sind unter sich sehr verschieden:

1. Die von einem Gottgeweihten bewirkte Beeinflussung ist stets schwerwiegender, durch ihre Eindringlichkeit und die benötigte Zeit für die Befreiung der belasteten Person.

2. Wer sich durch die Beeinflussung mit Schuld belädt, durch die Anrufung böser Geister, kann die Natur, die Schwere, den Grad und die Zahl der anwesenden Geister — im allgemeinen sind es drei, es können aber auch mehr sein — feststellen.

3. Bei jeder Beeinflussung hängen die Wirkungen stets von der Zulassung des freien göttlichen Willens ab.

Das direkteste pastorale Wirken

— Welche Mittel müssen eingesetzt werden, um beeinflußte Seelen zu befreien?

— Mein Sohn, der Exorzist soll keine Tröstungen erwarten, sondern immer und allein leiden. Er sieht selten das Ergebnis seines direkten, seelsorglichen Wirkens, für das ich, das ewige Wort Gottes, so oft Beispiele gegeben habe, wenn ich Dämonen austrieb und Kranke heilte. Damit aber dieses Vorgehen erfolgreich ist, muß es von heiligen Priestern ausgeübt werden.

Es wird der Tag kommen, an dem wahrhaft heilige Bischöfe sich erinnern werden, daß mein Gebot gilt: «Gehet und verkündet das Evangelium allen Völkern; tauft sie, heilt die Kranken und treibt die Dämonen aus!»

Der Exorzist muß ein nach Heiligkeit strebender Mann sein. Er muß sich aller entsprechender Mittel bedienen, so der Sakramentalien, an die heute keiner mehr glaubt, während ihre Wirksamkeit vom Glauben und Gnadenstand des Benützenden abhängt. Außerdem muß der Exorzist die Segnungen vornehmen, die, wenn sie privat erteilt werden, keine Erlaubnis von seiten des Bischofs bedürfen. Ist aber der Exorzismus öffentlich und wird er im Namen der Kirche vollzogen, so ist die Erlaubnis des Bischofs nötig, in dessen Diözese er vorgenommen wird.

Ich habe dir bei anderer Gelegenheit gesagt, daß das Vorgehen Gottes darin besteht, das von der Hölle und ihrer Mitarbeiter bewirkte Böse in Gutes umzuwandeln, während die finsteren Mächte versuchen, alles Gute, das von Menschen auf Erden getan wurde, ins Böse zu verkehren.

Die Befreiung einer schuldhaften Seele vom bösen Einfluß wird stets vom Willen Gottes bestimmt. Sie kann frühzeitig vorgenommen werden durch die Mitarbeit, den Glauben und die Sehnsucht des Schuldigen nach Befreiung. Mangelt es an diesen Voraussetzungen, kann sie auch hinausgeschoben werden, ebenso wenn die böse Einwirkung andauert, was manchmal auch aus geheimnisvoller Absicht zugelassen wird für die Rettung der Seelen.

Mein Sohn, die Zeit wird abgekürzt. Die Stunde, da die Dinge bei ihrem wahren Namen genannt werden, ist nahe, denn der diabolische Plan, diese schmerzvollen und schlimmen Wirklichkeiten zu verbergen, muß aufgedeckt werden. Er bezweckt nämlich, die Kirche anzugreifen, ohne Aufsehen zu erregen.

Eine scheußliche und ungeheure Täuschung, deren Opfer viele Seelen sind, die mit ihren Leiden zahlen und nicht die geringste Hilfe und Stärkung von jenen erfahren, die nach der Absicht Gottes ihre Beschützer und Verteidiger sein müßten.

Genug, jetzt, mein Sohn; ich segne dich wie immer; liebe mich, bete und sühne! *6. November 1978*

30. Wer soll exorzieren?

Durch göttlichen Auftrag sowie durch die Pflicht der Gerechtigkeit und der Liebe sind es die Bischöfe, die diese Gewalt direkt oder indirekt ausüben sollen. Die Vollmacht zu exorzieren, ist die Macht, die Seelen, deren sich ein oder mehrere Dämonen bemächtigt haben, zu befreien. Die Seelen von den finsteren Mächten des Bösen zu befreien, ist das unmittelbarste Apostolat, weil auch ich durch das Geheimnis meiner Menschwerdung um den Preis meines kostbaren Blutes den Dämonen und ihrer grausamen Tyrannei die Seelen entriß.

Alle Getauften müssen sich noch mehr als Brüder lieben und sich gegenseitig Gutes tun!

Habe ich meiner Kirche nicht genaue Vorschriften und praktische Weisungen über die Bruderliebe gegeben? Habe ich nicht Beispiele für die Verwirklichung der Liebe durch die Erfüllung der leiblichen und geistigen Werke der Barmherzigkeit gegeben?

Wer aber ist mehr krank und der Hilfe bedürftiger als ein vom Bösen Beeinflußter, der ständig seelisch und körperlich leidet und darum Verständnis und Beistand braucht? Wer ist befugter, ihn zu unterstützen, ihm zu helfen und ihn zu befreien als der Bischof, der die Fülle der priesterlichen Macht besitzt?

Leiden, die unersetzliche Waffe

Wenn der Bischof wirklich heilig ist, wird ihm weder das feinfühlige Verständnis noch die Gnade fehlen, wirksam den böse Beeinflußten zu behandeln.

Mein Sohn, um dem Feind mit offenem Visier entgegenzutreten, braucht es Glauben, Mut, Stärke und andere Gaben, die ihre Wurzeln nicht im Hochmut, sondern in der Demut haben. Du kannst überall suchen, aber einen tapferen und starken Exorzisten findest du nur unter den Demütigen, nie unter den Strebern nach Geltung, Reichtum und Bequemlichkeit, sondern nur unter den Armen; denn wer die Welt liebt, der ist nicht in Gott und auch nicht bereit, ein solch schweres Apostolat auszuüben, das völlig auf Gott und auf das Wohl der Seelen ausgerichtet ist.

Der Exorzist, der wahrhaft erfolgreich zu wirken vermag, ist gern bereit, Leiden als Gabe Gottes anzunehmen, als notwendige und wesentliche Waffe für seinen Kampf, eine Waffe, die den Gegner einschüchtert und erschreckt. Das ist für ihn schon ein Teil des angestrebten Erfolges.

Mein Sohn, die sinnlosen Vorwände der meisten Bischöfe gegen den Exorzismus finden darin ihre Erklärung. Ich habe gesagt, daß die Zeit gekommen ist, vorbehaltlos und klar zu sprechen, denn wie wäre ein Erfolg möglich gegen einen Feind, dessen Beute und Gefangener man selbst ist?

In meiner erneuerten Kirche will ich keine Verkrustungen irgendwelcher Art, alles muß zur Sauberkeit und Klarheit zurückkehren, wie es zu Beginn war.

Der Offizier, der im Krieg seinen Soldaten nicht vorangeht, ist kein guter Offizier. Er kann nicht auf einen Sieg zählen; der Sieg winkt nicht den Feigen, sondern den Tapferen.

Der Exorzismus ist die außergewöhnlichste Art der Seelsorge

Wiederholt habe ich dir gesagt: Wenn man an mein Evangelium glaubt, darf man meinen Worten keinen Sinn unterlegen, den ich ihnen nicht gegeben habe. Meine Worte über den Auftrag an meine Apostel sind klar, einfach und eindeutig: «Geht und verkündet mein Evangelium... heilt die Kranken und treibt die Dämonen aus.» Diese meine Worte sind, wie alle anderen, ewig und unabänderlich. Man glaubt ihnen oder man glaubt ihnen nicht!

Wenn man an sie glaubt, warum verwirklicht man sie nicht? Wenn man nicht an sie glaubt, warum will man dann Hirte sein und den wichtigsten Zweck der Seelsorge verraten?

Manche versuchen sich unter dem Vorwand auszureden, diese Pflicht könne indirekt durch einen beauftragten Priester erfüllt werden... Mein Sohn, ich habe dir schon gesagt, daß man nicht im Auftrag lieben kann. So verhält es sich auch mit dem Guten. Wenn wir die Möglichkeit haben, es selbst direkt zu tun, muß man es persönlich tun und darf es nicht anderen überlassen. Das darf nur geschehen, wenn besondere Umstände es rechtfertigen. Was ist aber geeigneter als der Exorzismus, diese außergewöhnlichste Art der Seelsorge?

Dem Gesagten muß hinzugefügt werden, daß der Bischof die heilige Pflicht hat, den Priestern mit dem Beispiel voranzugehen. Der Bischof hat die Fülle des Priestertums, die Fülle der priesterlichen Macht. Deshalb kann der Bischof, der sein Amt ausübt, eine Kraft und eine ganz besondere Macht entfalten, die dem bischöflichen Charakter zusteht.

Die Bischöfe, die diese ihre besondere Macht, Dämonen auszutreiben, indirekt durch Beauftragung eines oder mehrerer Priester ihre Diözese ausüben, bekunden damit oft Mangel an Glauben, Fehlen seelsorglicher Feinfühligkeit ohne Blick für die Wirklichkeit dieser wahrhaft traurigen Lage. Denn heute sind böse Beeinflußte äußerst zahlreich, und sehr viele flehen um Hilfe, finden sie aber nicht.

Genug, jetzt, mein Sohn, wenn auch das Thema nicht erschöpft ist.

Ich segne dich, und zusammen mit dir segne ich alle, die dir teuer sind.

11. November 1978

31. Exorzieren: Das direkte Vorgehen in der Seelsorge

Schreibe, mein Sohn. Ich will dir einige Regeln geben, die du schon kennen solltest und an die du dich halten mußt:

1. Warum bewirken die Segnungen oft nicht das, wozu sie ihrem Wesen nach die Macht haben? Aus welchen Gründen?

Es ist klar und offensichtlich, daß der Spender des Segens im Stand der Gnade Gottes, ein Mann großen Glaubens und echter christlicher Frömmigkeit sein muß. Aber auch der, der um den Segen für sich oder für einen anderen bittet, muß in der Gnade Gottes sein.

2. Es ist nötig, die zu segnende Person von allen Leuten abzusondern, die nicht christlich leben, auch von Neugierigen und von allen anderen, die den Exorzismus nicht mit Gebet und Opfer unterstützen.

3. Hochmütige und anmaßende Seelen sind sogar ein Hindernis, denn sie verstärken und vermehren in hohem Maß die Anwesenheit und die Macht des Feindes.

4. Der Spender des Segens muß nicht nur klug, sondern auch sehr weise sein. Der Gegner unternimmt alles, um ihn zu verwirren, zu ermüden und zu erschöpfen. Daneben aber darf man nicht vergessen, daß der Gegner Haß, Hochmut und Zwietracht sät. Im Segnenden müssen also Demut, Liebe und Festigkeit vorhanden sein; das macht den Feind feige und entmutigt ihn.

5. Wer segnet, muß sich durch Gebet vorbereiten und auch der Gebetshilfe guter, frommer Personen sicher sein.

6. Es ist nicht klug, wenn der Segnende sich in ein Gespräch einläßt; das soll nur in seltenen, bestimmten Fällen geschehen.

7. Nicht alle, die von bösen Geistern besessen sind, sind es im gleichen Maß. Es gibt Geister, die sich nach der Intelligenz, der Willenskraft und der Fähigkeit zu täuschen voneinander unterscheiden.

8. Es gibt Dämonen, die nur durch heiligmäßige, wahrhaft heilige Exorzisten überwunden und vertrieben werden können.

9. Die allgemeine Regel der Weisheit und Klugheit verlangt, sich vor Beginn der Segnung durch drei Kreuzzeichen abzuschirmen, oder besser noch, für sich selbst den Exorzismus zu beten.

10. Wenn das ganze priesterliche Wirken darauf ausgerichtet ist, Satan und der Hölle Seelen zu entreißen, um sie für Gott zurückzugewinnen; wenn der Zweck, zu dem der himmlische Vater seinen eingeborenen Sohn auf die Erde sandte, darin bestand, sich am Kreuz zum Opfer zu bringen, so ist klar und offensichtlich, daß der Exorzist die unmittelbarste Seelsorge gegen die finsteren Mächte des Bösen ausübt. Wer segnet und exorziert, ist einem Soldaten zu vergleichen, der sich nicht nur auf die Verteidigung beschränkt, sondern den Feind in seiner Festung mutig angreift. Der Exorzist stellt sich stark und mutig dem Feind von Angesicht zu Angesicht entgegen. Er führt einen Zweikampf, der den Zorn und die Rache seines Feindes herausfordert. Alle mutigen, heldenhaften Taten sind stets mit einem Risiko verbunden.

11. Wehe dem eingebildeten, oberflächlichen Exorzisten, der sich geistig nicht vorbereitet. Er gleicht einem unvorsichtigen, waffenlosen Soldaten, der einem stärkeren, kampfgewohnten und besser ausgerüsteten Feind gegenübertritt. Diese Auseinandersetzung muß für ihn unglücklich verlaufen. Der weise Exorzist wagt nie, seinen Feind anzugreifen, wenn er nicht überzeugt ist, sich in guter geistiger Verfassung zu befinden.

12. Selten kann der Exorzist wissen, ob einem kampfgewohnteren Feind, der von Natur aus stärker und mächtiger ist, gegenübersteht. Er kennt weder seinen Rang noch seine persönlichen Fähigkeiten.

13. Der vom bösen Feind Besessene muß, sofern es ihm möglich ist, den Segnenden in seinem Vorgehen mit Demut und Reue unterstützen und versuchen, die Dinge oder Handlungen unwirksam zu machen, die mitgeholfen haben, daß der Feind sich seiner bemächtigen konnte.

14. Ich wiederhole dir, mein Sohn, daß es eine weise Regel ist, den Besessenen abzusondern, um die diabolischen Listen der finsteren Mächte möglichst auszuschalten, denn diese suchen stets Freunde und Mitarbeiter in Personen, die ein Hindernis bilden können, das die Wirksamkeit des Exorzisten oft zunichte macht. Dies geschieht besonders dann, wenn der Exorzist sich nicht in einem guten geistigen Zustand für einen solchen Kampf befindet.

Ich segne dich, mein Sohn, und mit mir segnet dich meine heiligste Mutter, und zusammen mit dir segnen wir alle heiligmäßigen Priester, die nach meinem Evangelium leben, und alle guten Laien, die mit diesen heiligen Priestern tapfer kämpfen für den Triumph meines Reiches in den Seelen.   *16. April 1977*

32. Sie müssen wachsam sein

Du hast heute morgen die von mir an Petrus gerichteten Worte gelesen: «Du bist Petrus, und auf diesen Felsen werde ich meine Kirche bauen, und die Pforten der Hölle werden sie nicht überwältigen.»

Mit diesen letzten Worten «Die Pforten der Hölle werden sie nicht überwältigen» wird der füchterliche und ungeheure Kampf, der unaufhörliche Zusammenstoß, die unausweichlichen Auseinandersetzungen zwischen den Mächten des Guten und den dunklen, geheimnisvollen Mächten des Bösen klar bezeichnet.

Aber wenn man nicht mehr an mich glaubt, an mich, das Wort des ewigen Gottes, mit welchem Mut wagt man dann noch, in meinem Namen zu predigen?

Wenn die Führenden nicht glauben, sondern zweifeln, sie, die beauftragt sind, meine Priester von morgen auszubilden, wie wird dann die Zukunft der Kirche aussehen? Kann ein schlechter Baum gute Früchte tragen?

Wie weh tut meinem erbarmungsvollen Herzen der Anblick der geistigen Ruinen in den Seminarien, Klöstern und in den religiösen Gemeinschaften! Wie kann der gerechte Zorn meines Vaters zurückgehalten werden?

Ja, mein Sohn, der Berg setzt sich in Bewegung; sein Sturz wird fürchterlich sein!

Wenn die Offiziere eines Heeres im Krieg, statt zu wachen und alles zu tun, um die Bewegungen des Feindes zu entdecken, schlafen und mit unnützen Zerstreuungen die Zeit vergeuden, wird die Niederlage unvermeidlich.

In meiner Kirche flammt die Schlacht an allen Fronten auf; die Wächter aber erkennen dies zu wenig. Sie müßten wachen, doch sie haben zu lange geschlafen und schlafen zuviel. Die große Macht, die meinen Priestern übergeben ist, wird nicht genützt. Viele befinden sich in einer solchen Erschlaffung, daß sich starke Zweifel an ihrem Erwachen erheben.

Satan befiehlt

Mein Sohn, die Wahrheit wird nicht geglaubt, weil nur oberflächlich gelebt wird. Es würde genügen, etwas nachzudenken, zu überlegen, was sich in Kirche und Welt ereignet, um zu der Folgerung zu gelangen, daß die Geschehnisse Erfolge des Fürsten der Finsternis und seiner Gefolgschaft sind.

Meinen vielfachen Warnungen wurde keine Beachtung geschenkt, ebenso wenig den Weisungen meiner Mutter in ihren zahlreichen Erscheinungen, daß durch Gebet und Abtötung das menschenmörderische Wirken Satans und seines Anhangs eingedämmt wird.

Unnütz waren auch die vielen Aufrufe meines Stellvertreters, und wenn etwas getan wurde, sprach man heuchlerisch von Erneuerung.

Nein, mein Sohn, die einzig wahre Erneuerung ist eine echte, aufrichtige Bekehrung.

Satan befiehlt mit hochmütiger Anmaßung. Viele meiner Diener machen sich darüber unbeeindruckt gar keine Gedanken oder geben vor, es nicht zu merken.

Wie lange noch? Bete, sühne, opfere mir deine Leiden auf, liebe mich, mein Sohn!

Du bist in meinem erbarmungsvollen Herzen. Du, «der kleine Wassertropfen», du wirst hineingenommen in den unendlichen Ozean der Liebe meines Herzens, das für die Rettung aller durchbohrt wurde.

25. August 1975

33. Licht in der Finsternis

Gott strahlt seine Allmacht, seine Allwissenheit und seine Allgegenwart im Universum aus. Die Menschen sind vom Bösen zerrüttet; ihre Natur ist durch die Erbsünde wie von einem riesigen Felsblock belastet. Sie werden sich nur langsam bewußt, wie es um sie steht.

Die aus der Erbschuld hervorgegangene Tragödie ist von solchem Gewicht, daß die ganze Menschheit für Jahrtausende erschüttert das göttliche Licht entbehren muß. Sie ist unfähig, die großen, geistigen Wirklichkeiten zu verstehen, die der Urgrund und das Ziel ihres Lebens sind. Von sich aus wäre die Menschheit nie zu einer klaren und sicheren Kenntnis Gottes gelangt, wenn nicht Gott selbst sich geoffenbart hätte. Die Erbsünde hat die Menschheit in tiefe Finsternis gestürzt.

Um diese Finsternis zu vertreiben, kam in der Fülle der Zeit der Sohn Gottes, das Licht der Welt, und wurde Mensch im Schoß der allerseligsten Jungfrau. Sie ist mehr ein göttliches als ein menschliches Geschöpf in dem Sinn, daß sie von der Allmacht, Allwissenheit und göttlichen

Liebe erschaffen wurde, als die schönste Blume des Universums, die blühte in der Zeit, aber gewollt und geplant war im göttlichen Geist seit Ewigkeit.

Die allerseligste Jungfrau Maria, die Tochter, Mutter und Braut Gottes

Maria nimmt ihren berechtigten Platz neben Gott ein, weil sie die Mutter des eingeborenen Sohnes Gottes ist, der wahrer Gott und wahrer Mensch ist; darum ist sie wahre Gottesmutter.

Dadurch ist sie erhöht über die Engelsnatur, folgt gleich nach Gott, dessen Tochter, Mutter und Braut sie ist; sie nimmt in einzigartiger, unwiederholbarer Weise an der göttlichen Größe und Macht teil...

Gott tut nichts Unnützes! Wiederum weise ich dich auf die hohe Würde meiner Mutter hin, damit du weißt, daß sie durch ihre vollkommene Entsprechung gegenüber der göttlichen Gnade eine Ausnahme bildet, die in der Vergangenheit wie in der Zukunft ohne Vergleich ist, eine Ausnahme durch die ganze Ewigkeit. Keine Vereinigung mit Gott war so innig und vollkommen wie jene meiner Mutter.

Ihre Sendung bestand nicht nur darin, Miterlöserin zu sein; sie gab dadurch dem ganzen Universum, das so schrecklich erschütterte und in Unordnung gebrachte Gleichgewicht wieder, das durch die Auflehnung Satans und seiner Anhänger zerstört worden war. Ihr Auftrag, Miterlöserin zu sein, machte sie auch zur Mutter der Kirche, die ich mir in Schmerz und Liebe erworben habe. Damit nimmt sie in überragender Weise an meinem ewigen, königlichen Priestertum teil. Deshalb huldigen ihr die Engel im Himmel und die Menschen auf der Erde, die erschreckten Dämonen der Hölle dagegen erzittern und fliehen.

Mutter der Kirche und Besiegerin der Dämonen

Ruft es euch in Erinnerung, ihr Priester, daß ihr in meinem und ihrem Namen die bösen Geister in die Hölle zurückstoßen müßt. Tut es ohne Rücksicht auf die törichte, menschliche Ungläubigkeit und auf die nicht weniger dumme Unbeweglichkeit jener, die die Kirche auf ihrem Weg zum Licht des Heiles führen müßten.

Die allerseligste Jungfrau, die Mutter der Kirche, die Königin der Apostel und die Königin des Sieges, muß weiterhin tätig sein, um die Untätigkeit meiner Diener und Hirten gutzumachen und der giftigen Schlange den Kopf zu zertreten.

Mit dem Kreuz auf Kalvaria haben ich und meine Mutter über die finsteren Mächte des Bösen triumphiert und mit der Befreiung der Seelen guten Willens begonnen. Mit dem Kreuz auf Kalvaria wird die Kirche den Höhenweg des Heiles gehen und aus dem Rauch Satans hinaustreten, der sie umnebelt und verdunkelt.

Ich segne dich, mein Sohn, liebe mich! *20. Februar 1977*

34. Zusammen mit dem Lamm hat sie sich selbst aufgeopfert

Der Anteil meiner Mutter am Geheimnis des Kreuzes ist ein einmaliges Geschehen in der Geschichte des Menschengeschlechtes und des Himmels.

Meine Mutter ist unter allen Frauen allein wahre Priesterin. Sie war gebildet in der Heiligen Schrift und überaus erleuchtet vom Heiligen Geist. Als sie die göttliche Mutterschaft annahm, war sie sich bewußt über alles, was von ihr verlangt wurde.

Der greise Simeon hat ihr übrigens ohne beschönigende Worte erklärt: «Auch deine Seele wird...»

Meine Mutter bewahrte diese furchterregende Voraussage, die für sie klar und einsichtig war, in ihrem Herzen. Diese Prophezeiung war wie ein scharfes Schwert, das ihr Herz während des ganzen Lebens durchschnitt.

Meine Mutter war wahre Priesterin, nicht im allgemeinen Sinn, wie es in gewisser Weise alle Getauften und Gefirmten sind, auch nicht im Sinn des Amtes, sondern in einer verschiedenen und tieferen Art als jene, die das Sakrament der Weihe erhalten haben.

Meine Mutter war und ist Priesterin dadurch, daß sie auf der Höhe des Kalvarienberges dem Vater das reine, heilige Opfer dargebracht hat, das Lamm Gottes, ihren Sohn, und mit dem Opferlamm brachte sie sich selbst zum Opfer dar.

Sie ist wirklich ein Opfer für die Sünden.

Gegenwärtig, bewußt und teilhabend erduldete sie nicht bloß das Geschehen, sondern wirkte zusammen mit ihrem göttlichen Sohn wesentlich mit am Erlösungswerk, in dem die Geschichte des Menschengeschlechtes gipfelt.

In dieser doppelten Opfergabe, die sich in jeder heiligen Messe erneuert, liegt das Geschehen, für das der Priester berufen ist. In der Tat, der Priester ist nie mehr Priester, als wenn er gemeinsam mit mir mich und sich selbst dem Vater zum Opfer darbringt.

Darum ist meine Mutter Miterlöserin.

Um dieses Opfer darbringen zu können, mußte sie sich selbst ganz opfern. Das Opfer vernichtet sich; es wird verzehrt. So mußte sie ihr heiliges, reines Mutterherz, das heiligste unter allen Müttern, vernichten und jedes Gefühl hinopfern. Sie mußte und wollte ihr Fiat wiederholen. Wie ich und mit mir sagte sie: «Vater, nicht mein Wille geschehe, sondern der deine!»

Nur eine unbeschreibliche, unbegreifliche Liebe, eine Liebe über jedes menschliche Maß hinaus konnte sie befähigen, eine so große Tat zu vollbringen.

Meine Mutter hat als Priesterin Gott und den Menschen den größten Liebesbeweis erbracht, der darin bestand, nicht nur das eigene Leben hinzuopfern, sondern auch das Leben dessen, den sie am meisten liebte.

Furchterregende Überraschung

Die Menschen wissen wenig, und noch weniger denken sie über das wenige nach, das sie wissen.

Die Menschen und viele meiner Diener und geweihten Seelen geben sich keine Rechenschaft darüber, daß sich das Geheimnis des Kreuzes unaufhörlich erneuert. Ihr Glaube an die erhabene Wirklichkeit dieses Geheimnisses, das im heiligen Meßopfer fortdauert, ist schwach.

Die Priester bedenken nicht, daß ich in der geweihten Hostie gegenwärtig bin, gleichsam zusammen mit meiner Mutter auf Kalvaria, mit ihr, die sich mit mir dem Vater zum Opfer darbringt.

Überlege, mein Sohn, welche furchterregende Überraschung es für viele meiner Diener sein wird, wenn sie erkennen müssen, daß sie nur äußerlich an dem großen Geheimnis teilgenommen haben.

Denke über die Früchte nach, die verlorengehen, über so viele nicht geheiligten Seelen wegen der Blindheit so vieler meiner Diener! Denke nach über die unaufhörlichen Sakrilegien!

Meine Mutter ist und bleibt mit mir in vollkommener Vereinigung. In ihr haben sich große Dinge vollzogen.

Welches Vorbild ist meine Mutter für alle meine Priester! Wenn sich meine Priester aus der vollkommenen Vereinigung zwischen mir und meiner Mutter zur Nachahmung aneifern ließen, würden sie sich täglich um die gänzliche Vernichtung ihres eigenen Ichs bemühen.

Wer sich zusammen mit mir dem Vater darbringt und auf dem Weg des Kreuzes nachfolgt statt der Welt zu folgen, der erfährt, daß mein Joch süß und leicht ist. Dann wäre der Baum meiner Kirche mit reichsten Früchten beladen.

Mein Sohn, eine schreckliche Lawine wird die Welt zur Ruine machen. Selten bemerkt man, daß sich die Lawine in Bewegung setzt. Ihr Anfang ist unauffällig, nach und nach aber wächst sie an und wird unwiderstehlich. Schon hat sie ihren Lauf begonnen, doch die Menschen sehen in ihrer Blindheit das Verderben nicht, dem sie entgegengehen.

Die Warnung ist ergangen, vergeblich. Nur sehr wenige haben sie gehört; die meisten haben sie überhört. Was aber mein erbarmungsvolles Herz und das unbefleckte Herz meiner und eurer Mutter am meisten betrübt, ist die Tatsache, daß auch viele meiner Priester nicht auf die zahlreichen Mahnungen des Himmels gehört haben. Eine fürchterliche Verantwortung...

Beten, sühnen, opfern!

Es drängt, dies zu sagen; es drängt, dies zu tun!   *28. Juli 1975*

35. Eine unumstößliche Tatsache

— Herr, welchen Anteil hat deine Mutter am eucharistischen Geheimnis?

— Den gleichen wie am Geheimnis der Menschwerdung.

Es ist eine vollkommene Vereinigung; sie lebt aus mir und ich aus ihr. Sie lebt aus meiner göttlichen Natur, ich aus ihrer menschlichen Natur.

Ich habe gesagt, daß wir in einer vollkommenen Vereinigung leben. Wo ich bin, da ist auch sie.

Mein Sohn, das sollte genügen, um den Seelen die Größe meiner und eurer Mutter näherzubringen.

Durch sie habe ich, das ewige Wort Gottes, Anteil an der menschlichen Natur. Durch sie ist das Geheimnis der Erlösung Wirklichkeit geworden...

Die im Geheimnis der Menschwerdung begonnene Vereinigung besteht weiter im eucharistischen Geheimnis und dauert in Ewigkeit. Ich werde immer aus ihrer menschlichen, und sie wird immer aus meiner göttlichen Natur leben.

Diese Vereinigung ist eine einmalige, unwiederholbare Tatsache. Sie hat kein Gegenstück in meiner Vereinigung mit den Seelen im Zustand der Gnade, auch wenn diese wegen ihrer übernatürlichen Schönheit menschlich nicht ausgedrückt werden kann.

Verdrängt in die Dunkelheit

Aus der lebendigen Beziehung zwischen dem Einen und Dreieinigen Gott und meiner Mutter ergeben sich erhabene, einmalige und unwiederholbare Tatsachen:

— ihre Mutterschaft ist untrennbar mit ihrer Jungfräulichkeit verbunden;
— ihre unbefleckte Empfängnis;
— ihr Freisein von der Verderbnis des Leibes;
— ihre Aufnahme in den Himmel und ihr Königtum über alle Mächte des Himmels und der Erde;
— ihre Macht über die Hölle, die sie am Ende für immer besiegen wird.

Die Menschen erkennen in ihrem einfältigen Dünkel die Größe und die Macht meiner Mutter nicht, die auch ihre Mutter ist. Sie hören nicht auf ihre mütterlichen Mahnungen.

Wenn sich die Menschen reuevoll an sie wenden wollten und beten würden, könnten sie die Lawine, die sie bedroht und bereits in Bewegung ist, abwenden. Im Rausch des Vergnügens und der irdischen Güter leben sie in der Dunkelheit, als ob es keinen Gott und meine Mutter nicht gäbe.

Die Menschen und mit ihnen viele meiner Diener haben nichts begriffen, weil sie die grenzenlose Liebe ihrer himmlischen Mutter nicht erwidern.

Wenn sie verstanden und sich entsprechend verhalten hätten, wie viele Übel wären den einzelnen Menschen und den Völkern erspart geblieben!

25. Juli 1975

36. Miterlöserin war sie, ist sie und wird sie sein

— Herr, ich habe den Inhalt deiner Botschaft über die Teilnahme der allerseligsten Jungfrau am Geheimnis des Kreuzes einigen Bekannten übermittelt. Sie glaubten nur mit Mühe an das große Verdienst der Gottesmutter, das ihr durch ihr Selbstopfer bei der heiligen Messe zukommt.

— Mein Sohn, ich sage dir, daß auch die Guten wenig vom Wesen des Christentums verstehen.

In früheren Botschaften habe ich wiederholt hervorgehoben, daß ich die Liebe bin, und im Gebot der Liebe das ganze Gesetz und die Propheten begründet sind. Für die Liebe aber ist es wesentlich, sich im Geben und Hingeben zu äußern.

Ich, der ich Gott bin, habe euch alles gegeben und mich euch völlig ausgeliefert. Ich habe euch das Leben gegeben und die Erlösung geschenkt.

Ich habe euch das ganze Universum gegeben, die wunderbare Erde, die ihr bewohnt und gegenwärtig entwertet. Ihr wißt aber auch, daß die Erde ein Ort der Verbannung ist.

Luft und Licht, Sonne, Wärme und Kälte, Meere und Flüsse, Berge und fruchtbare Ebenen, Früchte und Blumen, Tiere und Fische jeder Art sind Gaben meiner Liebe.

Aber ich bin nicht nur die Liebe, ich bin die ewige, unendliche, unerschaffene Liebe! Es genügt nicht, euch alles gegeben zu haben, das ganze Werk meiner Schöpfung, nein. Ich wollte mich selbst euch geben, mich, den Schöpfer, den Herrn aller und von allem, den allmächtigen, allgegenwärtigen und allwissenden Gott.

Ich gebe mich euch ununterbrochen im Geheimnis des Kreuzesopfers, das in der heiligen Messe unablässig vollzogen und erneuert wird.

Sie lebt in mir

Ihrem Wesen nach zielt die Liebe im natürlichem und übernatürlichem Bereich auf Vereinigung hin. Ich, der Allmächtige, kann alles. Ich kann meinen brennenden Durst der Liebe durch meine völlige Selbsthingabe an euch stillen, um mit euch eine einzige Einheit zu bilden, wie ich mit dem Vater und dem Heiligen Geist eins bin. Wir sind Drei in Einem durch das Gesetz der Liebe.

Nach mir gibt es ein Geschöpf, in dem die Liebe unermeßlich ist, meine Mutter, das Meisterwerk der Allerheiligsten Dreifaltigkeit. Sie nimmt am Geheimnis meiner Menschwerdung und an jenem des Kreuzes teil. Deshalb nimmt sie auch am Geheimnis der heiligen Messe, dem unblutigen Geheimnis des Kreuzes, teil.

Mein Sohn, wenn die Liebe mich gedrängt hat, mich mit euch im Geheimnis der Eucharistie zu vereinigen, so drängt sie mich noch stärker, mich mit meiner Mutter in einer vollkommenen Vereinigung zu verbinden, die in der Geschichte der Menschheit einzig ist. Sie lebt in mir, aus meiner göttlichen Natur, wie ich in ihr lebe, in ihrer menschlichen Natur.

Darum ist es selbstverständlich, daß auch sie dort ist, wo ich bin. Dazu zwingen die Natur und die Liebe.

Meine Mutter nahm nicht nur das Opfer des Kreuzes an, wie es damals in der Geschichte vollzogen wurde. Sie hat es auch in seiner Ausdehnung in der Zeit angenommen. Ihre Liebe wäre sonst nicht vollkommen gewesen. Darum ist ihre Gegenwart bei der heiligen Messe wirklich Tatsache, wie sie es auf Kalvaria war. Wahrhaft wirklich ist ihre Selbsthingabe an den Vater, in Vereinigung mit mir, mit meinem Opfer.

Wahrhaft wirklich wie auf Kalvaria ist ihr Fiat am Altar. Wäre es anders, so wäre sie nicht Miterlöserin. Miterlöserin war sie und wird sie immer sein in vollkommener Vereinigung mit mir, in der sie auch in der Ewigkeit mit euch sein wird. Jetzt seid ihr durch das Geheimnis des Glaubens vereint, wenn ihr daran glaubt und daraus lebt. In der Ewigkeit beruht die vollkommene Vereinigung in der gegenseitigen Selbsthingabe von mir und euch in der Herrlichkeit des Himmels.

Nimm dein Kreuz!

Warum wollen sogar viele Christen und viele Priester sich in diese erhabenen göttlichen Wirklichkeiten nicht vertiefen, sie glauben und leben?

Sie sind zu zerstreut, um es zu tun. Sie sind zu beschäftigt mit ihren kleinlichen, vergänglichen, täglichen Aufgaben. Würden sie es tun, welche Ströme von Licht fielen auf die Finsternis, die ihre Seelen, die Familien, die Völker, selbst meine Kirche verdunkelt!

Welche Fluten von Gnaden würden sie aus meinem geöffneten Herzen erlangen! Wie viele Seelen würden der Hölle entrissen und wieviel Freude würde meinem erbarmungsvollen, so grausam enttäuschten Herzen geschenkt!

Wenn die Guten fast nichts vom Urgrund ihrer Erschaffung und Erlösung verstehen, selbst viele meiner Priester die Wunder meiner Liebe als wertlose Kleinigkeiten einschätzen und weit davon entfernt sind, sie zu leben, wenn die gottgeweihten Seelen nicht selten bedingt durch eine diesseitige Lebensauffassung in oberflächlicher Lippenfrömmigkeit leben, kann man unschwer den Zustand meines mystischen Leibes erahnen.

Ich bin gekommen, Feuer auf die Erde zu bringen, und dieses Feuer muß in den Seelen brennen. Dafür gibt es keine andere Entscheidung. Einen Weg nur gibt es für alle, besonders für die gottgeweihten Seelen. Wer mir nachfolgen will, muß sein Kreuz auf sich nehmen und sich selbst verleugnen. Keinem habe ich das Paradies auf Erden versprochen.

Das irdische Leben ist eine Prüfung und kann nur durch meine Nachfolge bestanden werden. Mein Sohn, wer sich hartnäckig meinem Herzen verschließt, wird in der Strenge der göttlichen Gerechtigkeit erwachen.

1. Oktober 1975

37. Sie wird dir das Haupt zertreten

Mein Sohn, warum fordere ich von den Seelen, die im Glauben leben, dringend: Sühne!

1. Weil der Mensch auf die unendliche Liebe Gottes, die ihn erschuf, mit Hochmut und Ungehorsam geantwortet hat.

2. Weil die Menschheit im jüdischen Volk auf das Geheimnis der Erlösung, die nach dem Sündenfall der Ureltern versprochen war und in der Fülle der Zeit Tatsache wurde, mit dem Gottesmord geantwortet hat.

3. Weil, während das fleischgewordene Wort auf den Gottesmord mit der Hingabe seiner selbst in der Eucharistie antwortete, die Menschheit unter dem Einfluß der Kräfte des Bösen in fast gänzlicher Ablehnung Gottes wiederum heidnisch wurde.

Ein strahlendes Morgenlicht

Die Stunde der Läuterung wird kommen, und die Jungfrau und Miterlöserin wird zum zweiten Mal der höllischen Schlange den Kopf zertreten. Die erneuerte Kirche und Menschheit wird ein so strahlendes Morgenlicht erleben, wie sie es bis dahin noch nie gesehen hat. Eine Zeit des Friedens und der Gerechtigkeit wird die Antwort sein auf all die Angriffe der Hölle gegen die arme Menschheit, die die Kräfte des Bösen unterstützt hatte.

Zuvor aber ereignet sich der letzte Abschnitt dieses Kampfes zwischen den Mächten des Lichtes und der Finsternis, zwischen Liebe und Haß, zwischen Gut und Böse, zwischen Leben und Tod.

Am Ende der Zeit schließlich wird die heilige Jungfrau Maria zum dritten und letzten Mal eingreifen und erneut den Kopf Satans zertreten.

Dann erfolgt das Gericht, die endgültige Trennung zwischen Himmel und Hölle, das heißt, der Geretteten und der Verworfenen.

14. Januar 1976

38. Ich bin die Mutter Jesu und eure Mutter

Ich bin die Mutter Jesu, die Mutter Gottes; denn mein Sohn Jesus ist wahrhaftig Gott wie der Vater, der ihn von Ewigkeit her gezeugt hat, und wie der Heilige Geist, der die Liebe ist...

Mein Sohn, ich bin deine und eure Mutter. Kannst du dir vorstellen, daß eine Mutter in irgendeinem Augenblick ihres irdischen oder himmlischen Daseins ihre Kinder vergessen könnte und aufhörte, sie zu lieben... auf sie die Liebe zu verströmen, die ein unauslöschliches Feuer ist? Ich spreche von der göttlichen Liebe, in der ewigen Glückseligkeit. Je größer diese Liebe ist, um so mächtiger flutet sie wie ein Sturzbach auf den, für den sie geboren ist, brennt und lebt.

Ich habe als Ziel meiner Liebe ihn, den Einen und Dreieinen, der mich von Ewigkeit her liebt; nach ihm liebe ich euch, weil er für euch und für eure Rettung Mensch geworden ist in mir und zusammen mit mir sich am Kreuz zum Opfer dargebracht hat. So vollzieht sich unter dem Blick des Vaters fortwährend die Erlösung im Geheimnis des Glaubens und der Liebe, in der Eucharistie.

Ist es darum denkbar, daß ich euch, meine Kinder, vergessen könnte? Daß ich euch in einer schmerzvollen Stunde auf eurem Erdenweg vergessen könnte, wie viele dies glauben und sogar andere noch davon überzeugen möchten auf Grund unvernünftiger und irriger Überlegungen.

Mein Sohn, wenn in einer irdischen Familie die Verhältnisse sich verschlechtern durch wirtschaftliches Unglück, moralische und geistige Verirrung oder durch Krankheiten, die zeitweise als Übel hereinbrechen, so ist es immer die Mutter, die als erste die Gefahren erkennt; immer ist es die Mutter, die Verdemütigungen, Unbehagen, ja, die schwerste Last dieser Ereignisse zu tragen hat und die, weil man nicht auf sie hörte, das bedrückende, unglückliche Geschehen nicht mehr abwenden konnte.

Mein Sohn, die Hartnäckigkeit der Priester und Hirten ist unbegreiflich. Sie haben auf die Stimme ihrer himmlischen Mutter nicht gehört und fahren fort, alles zu verhindern, was die Katastrophe vermeiden würde und daß meine Stimme gehört wird:

— Unbegreiflich ist der Hochmut, mit dem man das Wirken Gottes und seiner Mutter der menschlichen Beurteilung unterstellt!

— Unbegreiflich ist der Mensch, sei er Laie oder Gottgeweihter, der sich das Recht anmaßt, dem Willen Gottes Grenzen zu setzen!

— Unbegreiflich ist der Mensch, der sich selbst ein Geheimnis ist und sich dennoch für fähig hält, die unerforschlichen Geheimnisse Gottes zu ergründen...

Die neuen Fundamente des menschlichen und christlichen Lebens müssen wieder auf die wahre Grundlage des Evangeliums gelegt werden! Viele sind sich darüber einig, aber nur wenige sind entschlossen, die heidnischen Sitten des persönlichen, familiären und gesellschaftlichen Lebens aufzugeben... Ich erinnere an die Worte meines göttlichen Sohnes: «Nicht alle, die "Herr, Herr" sagen, werden ins Himmelreich eingehen, sondern nur jene, die den Willen des himmlischen Vaters erfüllen...»

39. Ich bin deine und eure wahre Mutter

Schreibe, mein Sohn: Ich bin die Mutter Jesu, aber auch deine und eure Mutter, die unermeßlich liebt.

Mein Sohn, was tut eine wahre Mutter? Sie ist in Gedanken und mit dem Herzen stets bei ihren Kindern, auch wenn sie durch die Umstände von ihnen getrennt ist. Mit ihrer Liebe, ihrem Denken und Sehnen sorgt sie sich um ihre Gesundheit, bangt mit ihnen in den Gefahren, in denen sie sich befinden, und betet um ihren Schutz. Sie leidet, wenn sie leiden und freut sich mit ihren Freuden... mit einem Wort: Sie sucht auf jede Weise, sich ihnen zu widmen, ohne an sich selbst zu denken; stets will sie mit ihnen sein.

Dies tut und verlangt die wahre Liebe!

Wenn die Kinder ihr Herz unglücklicherweise im Bösen verhärten, die Liebe ihrer Mutter nicht sehen wollen, sie belächeln oder sich ihrer schämen, verstehst du, welch grausame Schmerzen sie erleidet. Und wenn die Verdorbenheit der Kinder sich so steigert, daß sie sich sogar gegen ihre Mutter wenden und sie beleidigen, sie verhöhnen und verspotten, wer könnte da noch Worte finden, um den Schmerz einer solch unglücklichen Mutter auszudrücken?

Mein Sohn, ihr habt eine Mutter im Himmel, die aber auch stets auf Erden ist und ihre Kinder mit einer so großen und innigen Liebe liebt, daß man sie weder begreifen noch beschreiben kann, weil sie unmittelbar aus der Liebe Gottes kommt, die selbst die Liebe aller Mütter zusammen unendlich übersteigt. Diese Mutter bin ich! Ich habe euch mit Jesus, der sich am Kreuz seinem Vater zum Opfer darbrachte, in Liebe und Schmerz für das göttliche Leben geboren.

Ich liebe euch so sehr, daß ich Jesus weiter dem Vater für euer Heil im Geheimnis der heiligen Messe zum Opfer darbringe!

Meine Kinder, ihr kennt den Preis eurer Erlösung, den er fortwährend dem himmlischen Vater entrichtet; mit ihm zahle auch ich, denn ich bin die Miterlöserin!

Die Liebe, die er euch entgegenbringt, ist unendlich, wie auch das an diese Liebe gebundene Leiden unendlich ist. Und ich bin mit ihm vereinigt auf einmalige, unwiederholbare Weise, weil ich aus seiner göttlichen Natur lebe und er aus meiner menschlichen. So ist alles, was sein ist auch mein und alles, was mein ist sein.

Meine Söhne, jetzt wird es euch leichter sein, meinen Schmerz und meine grenzenlosen Leiden zu erfassen, denn viele von euch, deren Herz verhärtet und verwirrt ist, wissen nichts und wollen von meiner Liebe nichts wissen.

Wie viele meiner Söhne beleidigen, verhöhnen und verspotten mich, ja, hassen mich sogar!

Aber das ist nicht alles... Wie viele verhöhnen mich und meinen Jesus, den Heiland, das Licht, die Liebe, das Leben und die Wahrheit!

Unzählbar viele... aber, das ist immer noch nicht alles...

Es handelt sich nicht nur um gewöhnliche Söhne, sondern vielmehr um bevorzugte. So viele, die mein Jesus seine Freunde nannte, machen jetzt gemeinsame Sache mit den finsteren Mächten der Hölle, verlassen meine Kirche, den mystischen Leib, und treten über zur Kirche Luzifers und dienen ihren finsteren und abscheulichen Belangen.

Meine Söhne, die ich über alles liebe, ich sage euch, seid ausdauernd im Glauben, in der Treue und in der Liebe, denn die Zeit wird abgekürzt, und die Stunde der Entscheidung kommt immer näher; betet und tut Buße, sühnt, seid stark und fürchtet euch vor nichts, denn ich, eure Mutter, bin mit euch!

Es segne euch der Vater, der Sohn und der Heilige Geist...

5. Dezember 1978

40. Ich bin die Schmerzensmutter

Ich bin die Mutter Jesu und eure Mutter.

Noch nie war ich so voller Schmerzen und Trauer wie in dieser ernstesten Stunde der Kirche, die von ihren unsichtbaren Feinden, den Dämonen, und ihren so zahlreich gewordenen Verbündeten buchstäblich immer mehr im Sturm eingenommen wird.

In der Finsternis verschwört man sich gegen meinen Sohn und seinen Stellvertreter auf Erden, den Papst. Die Feinde meines Sohnes und seiner Kirche haben die Aufgaben unter sich gut aufgeteilt. Mit verschlagener Taktik handeln sie an verschiedenen Orten und in zeitlicher Absprache, um nach ihren arglistigen Plänen und Hoffnungen, wie sie meinen, den letzten entscheidenden Schlag auszuführen.

In dieser äußerst schwerwiegenden Stunde für die Kirche und die Menschheit habe ich, um die Pläne der Mächte der Hölle zu vereiteln, meine Eingriffe vervielfacht. Zahlreich sind meine Erscheinungen vor auserwählten Seelen in jeder christlichen Nation, meine an die Völker gerichteten Botschaften.

Die Antwort auf diese mütterlichen Anrufe und Ermahnungen ist aber nicht so ausgefallen, wie ich es wünschte. Leider haben die Menschen ihr Herz gegenüber Gott und seiner Liebe verhärtet, und so gehen viele Seelen verloren.

Mein Sohn, ich kann angesichts der großen Verwüstung der Kirche nicht gefühllos bleiben; ich wäre nicht ihre Mutter.

Mein Sohn, dir wurde gewährt, die Blindheit nicht weniger Hirten und Priester zu erahnen. So weißt du, wie ungeheuer schwer es ist, die Blindheit anderer zu erkennen, die nicht sehen, weil sie sich unvorsichtig von den Listen und dunklen Machenschaften der Hölle mitreißen ließen.

Mein Sohn, es wurde dir gesagt, daß eine Lawine in Bewegung ist.

41. Eine Stunde der Gnade

Es ist eine traurige und schreckliche Wirklichkeit, daß viele sich weigern zu glauben. Dadurch rückt die Lawine näher. Die Zersetzung schreitet unerbittlich fort; die Stunde der Reinigung kommt furchterregend heran. Niemand wird in dieser Stunde sagen können, die Mutter habe nicht alles getan, was ihr, der Königin des Himmels und der Erde, aufgegeben war.

Die von Satan und den Menschen bösen Willens gewollte Stunde wird schrecklich sein, mein Sohn. Aber die unendliche Barmherzigkeit meines Sohnes wird aus ihr eine Stunde der Gnade machen, weil sie die Ankunft des Reiches Gottes auf Erden bringen wird.

Die Niederlage Satans und seiner Legionen wird das Ende des wahnsinnigen menschlichen Hochmuts sein. Die Gottlosigkeit, die ungeheure Waffe Satans, wird vom Antlitz der Erde ausgetilgt werden. Sehr viele gehen körperlich und seelisch zugrunde.

Mein Sohn: Wie oft habe ich den Rosenkranz verlangt!

Ich, die Königin der Siege, werde alle beschützen, die meine Mahnungen ernst nehmen, mich mit diesem Gebet, das mir so teuer ist, anrufen und die Liebe zum Rosenkranz verbreiten.

Ich werde auch jene beschützen, die sich nicht schämen, den Rosenkranz in der Öffentlichkeit zu beten und damit den Lauen und Schwachen ein Beispiel mutiger christlicher Frömmigkeit geben.

Ich werde in der Zeit der Prüfung über die Familien und die Personen wachen, die mir treu geblieben sind.

Mein Sohn, den Rosenkranz verbreiten heißt, die Verherrlichung Gottes und das Heil der Seelen fördern.

Ihr werdet eines Tages die Macht und Wirksamkeit dieses Gebetes erfahren und seine wunderbaren Früchte im Haus des Vaters sehen.

Mein Sohn, ich segne dich, und diesen Segen will ich ausdehnen auf alle meine Verehrer und alle, die das Rosenkranzgebet fördern.

8. September 1976

42. Sie ist die Freude des Vaters

Heute, am 7. Dezember, der Vigil des großen Festes der Unbefleckten Empfängnis, meiner und eurer Mutter, will ich zu dir von der geheimnisvollen Rose des Himmels und der Erde sprechen, der schönsten Blume der Schöpfung, dem Meisterwerk meiner Weisheit, Macht und Liebe.

Es gibt keine zweite dieser Art, weder in der Zeit noch in der Ewigkeit.

Sie ist von unbefleckter Reinheit, von unauslöschlichem Glanz, aus Liebe geschaffen, denn sie stammt von mir, dem Einen und Dreifaltigen Gott.

Schönheit, Reinheit, Licht und Liebe ist sie, die geheimnisvolle Rose.

Aus ihrem Innersten strahlt die glühende Liebe, die alle im Himmel und auf Erden umhüllt und durchdringt.

Sie ist die Freude des Vaters, seine auserwählte Tochter, die er über alles liebt.

Sie ist die hochherzige Mutter, die mir, dem Wort, meine Menschheit geschenkt hat.

Sie ist die geliebte Braut des Heiligen Geistes, der in sie die unendliche Fülle seiner Gaben gießt.

Wahrlich, sie ist die geheimnisvolle Rose des Himmels und der Erde.

Aber die Rose besitzt nicht nur eine herrliche Blüte, sondern auch einen Stengel und Blätter, die ihre Schönheit vervollkommnen.

Die mystische Rose hat in ihrer Mitte die Farben der übernatürlichen Tugenden des Glaubens, der Hoffnung und der Liebe. Diese Farben gehen in Schattierungen über bis zum Goldgelb der Ränder, um anzuzeigen, daß sie auch die geheimnisvolle Rose der Kirche auf Erden ist.

Die Blätter, die sie schmücken, sind das Symbol der Tugenden; der starke Stengel mit den spitzen Dornen versinnbildet die Abwehr gegen jeden Versuch eines Angriffs ihrer sichtbaren und unsichtbaren Feinde.

Auch der Duft der geheimnisvollen Rose, der alle erfüllt, die sich ihr anvertrauen, bietet einen sicheren Schutz gegen die Mächte des Bösen.

Schönste Blume des Himmels und der Erde, nie wird dich jemand entweihen! Du geheimnisvolle Rose, du bist der Gegenstand der unveränderlichen Liebe Gottes und der Verehrung der Engel und der Heiligen.

7. Dezember 1975

43. Ich bin die mystische Rose des Himmels

Ich bin die Mutter Jesu, die Unbefleckte Empfängnis, mit der Sonne umkleidet und mit Sternen gekrönt, die mystische Rose des Himmels, die jeden Wohlgeruch in sich enthält.

Mein Sohn, wie angenehm ist mir die Weihe an mein unbeflecktes Herz, mit der du mich heute geehrt hast. An diesem Festtag meiner Unbefleckten Empfängnis wollte ich die Weihe des ganzen Menschengeschlechtes annehmen, um sie Jesus und dem himmlischen Vater sowie dem Heiligen Geist als Gabe darzubringen, denn die Menschen gehören seit ihrer Erschaffung und durch die Erlösung und Heiligung dem Dreifaltigen Gott. Leider kann ich es heute nicht tun; als Mutter der Kirche und Königin des Universums, versichere ich dir aber, daß ich es in naher Zukunft tun werde, wenn alles vollzogen ist.

Mein Sohn, dieser Tag muß rasch kommen, dann wird man sagen können, daß die Ankunft des Reiches Jesu in den Herzen aller Menschen endlich begonnen hat.

Dieser Tag soll mit dem mir so angenehmen Gebet des heiligen Rosenkranzes in der Sammlung des Geistes und Abtötung der Sinne verbracht werden. Viele sind und bleiben dieser meiner wiederholten Einladung gegenüber stumm. Ich habe ihn meiner Kirche seit hundertfünfzig Jahren besonders empfohlen als Heilmittel für die vielen Übel, an denen sie leidet. Wenn man auf mich gehört hätte, vor allem meine Priester und Gottgeweihten, wäre Frieden in der Welt; sie haben die große Verantwortung, Licht, Salz und Sauerteig zu sein, aber davon wissen die meisten nichts mehr...

Satan zählt einen großen Teil des Menschengeschlechtes zu seinem Anhang. Er richtet seine Kräfte und die seines Gefolges gegen meine wehrlose Kirche. Du weißt, warum sie wehrlos ist. Darum müssen sich die Guten sammeln und vereint bleiben, um einen Damm zu bilden gegen die ausufernden Kräfte des Bösen, die sie von allen Seiten bestürmen.

Habt keine Angst, seid wachsam und vertraut auf den Heiligen Geist, auf das erbarmungsvolle Herz Jesu und auf mein unbeflecktes Herz. In unseren Herzen findet ihr stets Zuflucht und Schutz...

8. Dezember 1977

44. Durch Maria zu Jesus

Ich bin die Mutter Jesu, mein Sohn. Groß ist das heutige Fest! Gott hat es gewollt, um allen Geschlechtern auf Erden das Geheimnis der Menschwerdung des Ewigen Wortes in meinem reinsten Schoß in Erinnerung zu halten. Dieses Geheimnis ist von Ewigkeit her von der göttlichen Dreifaltigkeit festgelegt, um den verlorenen, durch die Bosheit Satans verstoßenen Menschen seinem Schöpfer und Herrn zurückzugeben.

Mein Sohn, mehrmals wurde dir gesagt, daß das Geheimnis der Menschwerdung der Mittelpunkt der menschlichen Geschichte ist. Das scheinen aber viele Bischöfe und Priester nicht zu wissen, obwohl sie mit dem Priestertum den Auftrag und die entsprechende Macht erhalten haben, die menschliche Familie zu leiten und auf den leuchtenden Pfad der Gerechtigkeit und der ewigen Wahrheiten zu führen.

Mit der großen Sendung Gabriels ist dem verwegenen Plan Satans und aller finsteren und böswilligen Mächte des Bösen Einhalt geboten worden.

an Gottes Stelle zu treten, um die menschliche Familie durch das Böse zu beherrschen und ins ewige Verderben zu stürzen. Der maßlose Haß Satans hinderte die Menschen, den zerstörerischen Wahn zu erkennen, der heute mehr denn je schreckliche Verschwörungen, Verbrechen, Gewalttaten und Aufstände hervorruft.

Starker Damm gegen die Mächte des Bösen

Meine Söhne, ihr Gottesfürchtigen, die ihr Glauben und Weisheit besitzt, hütet und bewacht die unschätzbaren Werte der Gnade, die mit keinem menschlichen Reichtum in euren Herzen verglichen werden können. Ihr seht, was viele nicht sehen, die mit dem Priestertum und mit großer Macht ausgestattet sind, denn Anmaßung und Hochmut haben sie verblendet.

Meine Söhne, ich will euch im Glauben und in der Liebe vereinigt sehen wie einen Granitblock, der wie ein Damm dem Vordringen des gemeinsamen Feindes Einhalt gebietet.

Ihr müßt widerstehen und mit mir zum Gegenangriff übergehen. Ich werde euch mitten ins Schlachtgetümmel führen, und zur bestimmten Stunde werde ich als Königin der Siege, Satan von neuem den Kopf zertreten und ihn mit seinen unzähligen Legionen in die Hölle stürzen.

45. Der Rosenkranz, das Licht in der Finsternis

Meine Söhne, gemeinsam werden wir die Ankunft des Reiches Jesu für eine erneuerte Kirche und ein neues Leben beschleunigen. Ihr seid der Sauerteig eines neuen Lebens. Ihr werdet um mich sein, die ich der Welt das Licht gegeben habe, und euer Licht wird leuchten in der Finsternis.

Meine Söhne, wie Gabriel, der himmlische Bote, so müßt auch ihr Künder Gottes und seiner Mutter sein, um mit mir die verirrten Seelen durch Gebet und Opfer mit Gott zu versöhnen.

Dröhnender Donner ist Ankündigung eines Sturmes, aber ihr, die ihr bei mir seid, sollt euch nicht fürchten. Furcht darf sich nicht in euch regen. Klugheit, meine Söhne, nicht Furcht!

Euch ist eine gewaltige Waffe in die Hand gegeben. Wenn in meiner Kirche diese Waffe benützt würde, verschwände jede Gefahr. Ich habe sie in Lourdes, in Fatima und an vielen anderen Orten empfohlen, und heute nenne ich sie wieder: Es ist das Rosenkranzgebet! *25. März 1977*

46. Wir leben beide der eine vom anderen

Liebster Sohn,
Über meine Vereinigung mit Jesus erklärte ich dir, daß es sich um eine so vollkommene Gemeinschaft handelt, wie ihr sie nie erreichen könnt. Jesus hat mir seine göttliche Natur geschenkt, ich habe ihm meine menschliche Natur gegeben, so daß wir beide in einer einzigartigen, vollkommenen, unwiederholbaren Weise voneinander leben; die Gedanken, die Freuden, die Schmerzen, die Wünsche und der Wille des einen sind auch die des anderen; so sind meine Leiden seine Leiden.

Wer sich selbst in die Finsternis begibt, beraubt sich des Lichtes

Die Feinde Gottes sind stark geworden durch die Schwäche der Kirche. Die Kirche Satans wird ermutigt durch die Bequemlichkeit jener, die bereit sein müßten, ihr Leben für die Verteidigung der Wahrheit einzusetzen. So wird Satan stets kühner und frecher und geht an zwei Fronten zu einem stets schärfer werdenden Angriff über — auf die Lehre und die Moral. Er erweckt und verbreitet Irrlehren auf vielerlei Weise. Er wirbt für Pornographie mit noch wirksameren Mitteln in der Presse, im Kino, in der Mode, und von allen Seiten ergießt sich die Verderbnis über die Unschuld der Kleinen, die heranwachsende Jugend, die Familie, die Schule, die religiösen Gemeinschaften und bewirkt Ehescheidung und Abtreibung. Das ist der Sieg der erstarkten und frech angreifenden Kirche Satans, denn in der Kirche Gottes sind Menschenfurcht und eine falsche Auffassung der Berufung an die Stelle des Apostolates getreten. Von daher, mein Sohn, stammen die vielen Übel, die die Kirche meines göttlichen Sohnes belasten.

Wenn man dir vorwirft, daß du stets von den gleichen Dingen sprichst, dann antworte, daß die Übel auch stets die gleichen sind. Wer sich selbst in die Finsternis begibt, beraubt sich des Lichtes. Finsternis ist Strebertum, Machthunger, die Sucht, sich um jeden Preis durchzusetzen, gegen alle, die die Finsternis nicht lieben und nicht wollen...

Mein Sohn, das Verhalten jener ist abwegig, die in meiner Kirche verantwortungsvolle Posten bekleiden und nicht begreifen wollen, daß Gott, der Schöpfer und Herr aller Dinge, der für alles sorgt und seine Kirche liebt, dieser Entwicklung nicht gleichgültig gegenüberstehen kann...

Die Finsternis, die heute die Kirche umhüllt, ist der Hochmut, die Sünde Satans

Mein Sohn, wie viele Dinge hat dir Gottes Güte in diesen letzten Tagen zur Kenntnis gebracht. Fürchte dich nicht! Wurde dir nicht wiederholt gesagt, daß die Stunde der Finsternis angebrochen ist, daß Dunkelheit die Kirche umhüllt? Noch einmal wiederhole ich, daß die Dunkelheit Hochmut ist, die Sünde Satans, verkörpert in seiner Kirche der Freimaurerei, die in der Welt und sogar in meiner Kirche herrscht.

Mein Sohn, es ist kein Geheimnis, daß viele Gottgeweihte Opfer dieser scheußlichen Krake sind, die ihre Fangarme überallhin ausstreckt in der diabolischen Absicht, daß keines ihrer Opfer entrinne, und im bösen Willen, noch andere zu erfassen. Mein Sohn, das ist die Wahrheit! Die Aufregung, die diese Wahrheit in vielen meiner Gottgeweihten hervorruft, ist die Bestätigung, daß sie zu diesen Opfern gehören. Sie verlangen Beweise; aber wie viele eindeutige Beweise sind ihnen schon gegeben worden... Kümmere dich nicht um ihre mehr oder weniger verhüllten Drohungen. Ich, eure Mutter, versichere euch, daß ihr unter meinem Mantel geborgen seid und keiner etwas gegen euch vermag!

Vorwärts, mein Sohn, bete, sühne! Nur um eines sei dein Herz besorgt, die Verherrlichung Gottes und das Heil der Seelen.

Ich segne dich und euch, jetzt und immer.   *8. Juni 1978*

47. Die Königin der Apostel

Mein Sohn, ich bin von Ewigkeit im Herzen Gottes auserwählt, um die gebenedeite unter allen Frauen zu sein, der Gegenstand der unendlichen Liebe Gottes. Ich habe Gott gefallen wegen meiner Reinheit, doch fand ich sein noch größeres Wohlgefallen durch meine Demut.

Als mein Sohn in den Himmel auffuhr, sagte er mir, daß ich ihm nicht sogleich ins Haus des Vaters folgen könne, sondern noch eine Weile auf der Erde bleiben müsse, um die Mutter der Kirche zu sein, die im Entstehen begriffen war; ich möge fortfahren, die Kirche in der Liebe zu erhalten.

Mit Jesus habe ich die Kirche unter schrecklichen, grenzenlosen Schmerzen geboren. Als Mutter und Miterlöserin mußte ich seinen mystischen Leib in der Liebe bilden.

Mein und euer Jesus wollte mich bei der Vollziehung des Erlösungsgeheimnisses neben sich haben. Er, der Sohn Gottes, aber auch mein wahrer Sohn der Menschheit nach, wollte mich als Miterlöserin und Mutter seines geheimnisvollen Leibes.

Wahre Priesterin

Der Titel «Mutter der Kirche» kommt mir wirklich zu. Aber er genügt nicht. Wenn du dich erinnerst, mein Sohn, wurde dir in einer Botschaft geoffenbart, daß ich, die Mutter Gottes, als einzige Frau in der Kirche wahre Priesterin bin.

Jesus, der ewige Priester, hat mir sein göttliches Leben mitgeteilt. Er ist Gott, unveränderlich und einfach.

Ich gab ihm das menschliche und er mir das göttliche Leben. Das Priestertum aber ist Teilhabe am göttlichen Leben. Man könnte also denken, das mir verliehene Priestertum sei wie das eines jeden Geweihten. Der Natur nach ja, der Gnade nach nein!

Mir wurde die Fülle des Priestertums auf verschiedene und zugleich höhere Art verliehen als den Aposteln, deren Königin ich bin. Mit Recht nennt man mich Regina Apostolorum, Königin der Apostel!

Ich habe die Rangordnung, die Jesus gewollt und eingesetzt hat, in Ehrfurcht geachtet.

Das sichtbare Haupt dieser Hierarchie war damals nach göttlichem Willen Petrus. Ich war die Königin der Apostel und Mutter der Kirche und als solche verehrten sie mich auch.

So kam Petrus in den Jahren, da er in Jerusalem wirkte, zu mir, um Aufmunterung, Rat und Hilfe zu holen.

Wenn sie mich wirklich schätzen würden...

Wenn meine Hirten und Priester sich dieser geistigen Verbindung, voll bewußt wären, und mich wirklich als Mutter und Königin verehrten, würde ich sie mit Gnaden überhäufen, da ich ja in der Hilfe für alle meine Söhne, die mich lieben und die Verehrung meines unbefleckten Herzens fördern, überaus hochherzig bin.

Ich war am Pfingsttag im Abendmahlssaal und bereitete mich und die Apostel vor, den Heiligen Geist zu empfangen. Auf mich kam er in höherem Grad herab als auf die Apostel. Ich, seine Braut, wurde ganz von ihm erfüllt.

Die eigene Mutter auf Erden wird nicht vergessen, denn bekanntlich nimmt die Innigkeit ihrer Liebe nie ab. Die Liebe aber, mein Sohn, mit der euch eure himmlische Mutter liebt, steht unsagbar höher als jede menschliche Liebe! Ich liebe alle und will, daß sie gerettet werden!

Widersteht der Stimme Gottes nicht, die euch zu einer wahren, echten Bekehrung einlädt! Fürchtet den Herrn, der vorübergeht!...

Leset voller Demut die Botschaften, die die göttliche Güte euch übermittelt.

Es ist Barmherzigkeit, große Barmherzigkeit, wenn ihr gewarnt werdet vor der Stunde der Reinigung, die sich nähert.

Ich segne dich, mein Sohn!   *7. Januar 1976*

48. Maria, die Königin aller Siege

Ein großer, unvergleichlicher Schatz meiner Kirche ist meine heiligste Mutter, die auch eure wahre Mutter ist und zugleich die Königin des Universums, die Königin aller Siege, die Königin des Himmels, die Mutter der Kirche ist, die euch liebt wie ich euch liebe und darum durch die Gnade alles vermag.

Nur Seelen von erschreckender Bosheit können meine Mutter nicht lieben, die als einziges Geschöpf vollkommen und unbefleckt aus der Liebe und Allmacht des Schöpfers hervorgegangen ist, denn sie allein blieb von der allgemeinen Schuld unbelastet, mit der alle Menschen geboren werden, und nie gehörte sie den finsteren Mächten des Bösen.

Nie erlebte sie die Herrschaft Luzifers auch nur einen Augenblick, und während der ganzen Dauer ihres ganzen Lebens kannte sie nicht die geringste Schuld.

Ihr Geist, ihr Herz und ihr Leib wurden nie vom Bösen berührt. Sie wurde in vollkommener Reinheit geboren und lebte darin, so daß sie in allem und durch alles der strahlenden Klarheit des Dreifaltigen Gottes glich.

Darum war sie, noch bevor die Grundfesten der Erde gelegt waren, der Gegenstand unendlichen Wohlgefallens für Gott.

Durch sie wurde der Tod besiegt und die zweite Schöpfung bewirkt

Die durch die Sünde zerstörte Ordnung und das zerbrochene Gleichgewicht wurden durch sie wieder hergestellt. Durch ihre Vermittlung wurde der Tod besiegt, der in die Welt gekommen war. Durch sie wurde die zweite Schöpfung bewirkt; so strebt jeder Mensch guten Willens zum Ziel seines Lebens hin, für das er erschaffen wurde — zum ewigen Leben.

Woher aber stammt die Feindseligkeit gegen meine Mutter? Aus dem unersättlichen Haß der finsteren Mächte des Bösen, denn durch Maria hat sich die göttliche Gerechtigkeit erfüllt in der Entstehung der Hölle, und Maria ist die Offenbarung der göttlichen Barmherzigkeit, durch die die Menschen das ewige Heil erlangen können.

So haben der Neid und die Eifersucht einen Grad erklommen, den ihr menschlichen Geschöpfe nie verstehen könnt. Der Hochmut der finsteren Mächte der Hölle wurde entsprechend der Schwere ihrer Schuld gedemütigt. Sie können sich mit dem Gedanken nicht abfinden, daß ein menschliches Geschöpf, ihnen der Natur nach weit unterlegen, über sie erhoben wird, so wenig sie die Tatsache ertragen können, daß das Wort Gottes Mensch geworden ist, das heißt, seine göttliche Natur mit der menschlichen vereinigt hat.

Eine Sturzflut von Haß, die stets neu anschwillt, ergießt sich aus der Hölle gegen meine Mutter und gegen alles, was sie liebt und ihr teuer ist, vor allem gegen die Kirche, die sie zusammen mit mir geboren hat und unablässig bis zum Ende der Zeit erhält.

Daher die Flüche, die Beleidigungen und Sakrilegien gegen sie, gegen das Geschöpf, an dem Gott sein Wohlgefallen hat und in dem die Menschheit ihre Hoffnung findet ... Der Haß gegen sie ist grundlos; verfallen ihm die Menschen trotzdem, so geschieht es unter diabolischer Aufwiegelung.

Das alles aber beeinträchtigt die Herrlichkeit der schönsten Blume des Himmels und der Erde nicht im geringsten. Sie überflutet mit ihrem Glanz die Engel und Heiligen des Paradieses und erfüllt sie mit ihrem Wohlgeruch; sie steht mitten in der göttlichen Dreifaltigkeit und vereinigt in sich alle Schönheit und Gnade, alle Hoffnung der Guten, die in ihr den Morgenstern verehren und darum vertrauensvoll und sicher sind, sich in der dunklen Verworrenheit des irdischen Lebens nicht zu verlieren.

Wenn die Dämonen in den Geist der Bösen auch noch so viel Feindseligkeit gegen sie eingeben, so bewahren sie die Guten gläubig und liebend in ihrem Herzen. Sie vertrauen auf sie und erhoffen alles von ihr, denn sie ist wirklich die Hoffnung aller Menschen auf ihrem Lebensweg.

Sie ist voll des Lichtes, der Liebe und des Lebens inmitten der göttlichen Dreifaltigkeit; sie ist wie der «Baum des Lebens», der wächst und mit seinen Ästen die ganze Welt und die durch mein Blut erlösten Seelen befruchtet. Darum nennen sie sie mit Recht Mutter und rufen sie als solche an, denn sie ist der schönste und kostbarste Schmuck im Haus meines Vaters.

Sie beschützt euch, rettet euch und führt euch in der stets dichter werdenden Finsternis, die die Kirche umhüllt. Sie wird die leuchtende Morgenröte meiner erneuerten Kirche sein und der Regenbogen des neuen Bundes nach der Läuterung.

Schau in deiner Trübsal auf sie, du wirst nie enttäuscht werden. Ich segne dich und zusammen mit dir segne ich alle, die dir jetzt und immer teuer sind.   *6. Dezember 1978*

49. Mit Jesus und Maria

Mein Sohn, ich bin Joseph, der Nährvater des eingeborenen Sohnes Gottes...

Als armer Zimmermann von Nazareth wurde ich auserwählt für die große, einzigartige Aufgabe: Bräutigam der Mutter Gottes zu sein, die in der neuen Schöpfung die zweite Eva ist, wie Jesus, ihr Sohn, wahrer Gott und wahrer Mensch, der zweite Adam ist.

Adam und Eva haben durch ihre Schuld das Meisterwerk der Schöpfung zerstört; Jesus und Maria dagegen haben das Werk des Vaters erneuert und noch schöner gestaltet. Durch sie und mit ihnen hat Gott seine unendliche Liebe für die Menschheit geoffenbart. So sehr hat Gott die Menschen geliebt...

Ich wurde von Gott dazu bestimmt, bei seinem eingeborenen Sohn die geistige Vaterschaft zu übernehmen. Diese Gabe wurde mir von Gott selbst verliehen. Ich war und fühlte mich wirklich als Vater: eine wahrhaft große Aufgabe. Er war mir untertan und gehorsam. Heute, mein Sohn, will man nicht mehr gehorchen. Das ist eine andere Seite des schrecklichen, moralischen Niederganges, den das Neuheidentum in der Welt hervorgerufen hat.

Große, reine Liebe herrschte zwischen mir und meiner wahren Braut, Maria. Unsere Liebe wurde nie durch sinnliche Gefühle befleckt: Wir liebten uns wie Engel, die keinen Körper haben. Nie hätte ich meine einmalige Sendung in der Menschheitsgeschichte erfüllen können, wenn nicht Jesus und Maria mit mir gewesen wären.

Das Geheimnis der Erlösung vollzieht sich weiter

Mein Sohn, ich, Joseph, bildete zusammen mit der heiligen Jungfrau und Jesus, unserem Sohn, die heiligste aller menschlichen Familien, das einzigartige Vorbild, an dem sich Eltern und Kinder ein Beispiel nehmen sollen. Mein Sohn, wie ich auf Erden mit Jesus und Maria vereint war, so bin ich es mit ihnen im Himmel. Jesus ist durch seine göttliche Natur vom Vater alle Macht im Himmel und auf Erden gegeben. Maria nimmt durch die Gnade unermeßlich daran teil und so auch ich. Wer, mein Sohn, vermöchte je die erhabenen Wunder Gottes erahnen?

Mein Sohn, das Geheimnis der Erlösung vollzieht sich weiter. Hirten, Priester und sehr viele Christen vergessen dies. Sie leben in der Erinnerung an das Kreuz wie wenn es zeitlich fern wäre und erkennen das Geschehen nicht als gegenwärtige Wirklichkeit. Darum hat sie die Glaubenskrise in die geistige Trockenheit gebracht.

Jesus bringt sich ständig dem Vater dar, als reines, heiliges, makelloses Sühnopfer für die Vergebung der Sünden.

Wenn dies in der Kirche von allen geglaubt und gelebt würde, hättet ihr keine Läuterung nötig. Doch, mein Sohn, die Läuterung ist schon im Gang und nimmt ihren Lauf, wie es dir wiederholt gesagt wurde. Die Wut der Hölle vermag nichts gegen Gott. Darum wendet sie sich gegen euch, aber sie wird nicht obsiegen. Wir sind mitten unter euch! Darum Mut! Seid beharrlich im Glauben! Leidet und bringt Opfer; vereint euch mit dem heiligen Opferlamm! So könnt ihr die dunkle Stunde abkürzen, die immer näher rückt.

Jesus, gebenedeit, eins mit dem Vater und dem Heiligen Geist, möge euch segnen und vor allen Listen und Nachstellungen des Feindes bewahren. *13. Mai 1977*

50. Das Geschenk der Taufe

Alle Christen sind durch die Gnade wiedergeboren, Kinder Gottes geworden. Das ist ein großes, erhabenes Geschehen.

Du siehst, mein Sohn, daß in diesem materialistischen Jahrhundert eure untreue Generation den Äußerlichkeiten bei der Taufe größere Bedeutung beimißt als dem übernatürlichen Vorgang, der das Herz des Kindes für Zeit und Ewigkeit wesenhaft prägt.

Kommt es nicht daher, daß man das hochherzige Geschenk Gottes für den Täufling geringschätzt?

Die weltliche Lebensart heute verdunkelt die schönsten göttlichen Wirklichkeiten.

Die durch die Taufe geschenkte Gnade verwandelt und verklärt die Seele, die dieses Sakrament empfängt.

Sie nimmt am Geheimnis der Menschwerdung teil. Und mit der Entwicklung und dem Wachstum sollte sich mein göttliches Leben durch die Mitarbeit der Eltern und ihrer Stellvertreter in der christlichen Erziehung vertiefen.

Diese Erziehung muß in den ersten Monaten beginnen. Das ist aber kaum mehr der Fall; denn man beachtet beim Kind nichts anderes als nur die menschliche Natur.

Ein großer Mangel in der wichtigen Angelegenheit eures christlichen Lebens!

Wenn ich, das Wort Gottes, Mensch geworden bin, um mein göttliches Leben den Menschen zugänglich zu machen, sie aufzumuntern, ihnen zu helfen und sie für das ewige Leben vorzubereiten, so müssen auch sie mit Freude die aus diesem großen Geheimnis sich ergebenden Folgerungen auf sich annehmen und in ihrem täglichen Leben treu verwirklichen.

Mein Sohn, stelle selbst fest, wie das Neuheidentum viele meiner Gläubigen und mit ihnen viele meiner Priester von der göttlichen Wirklichkeit weggeführt und nur noch auf die äußeren Riten vermindert hat.

Zusammenhänge

Ihr Priester seid nicht Christen schlechthin. Ich habe euch zu meinen Dienern auf Erden, zu Bevorzugten meiner Liebe auserwählt.

Ich habe euch über die Welt erhoben, doch in der Welt gelassen, weil ihr Werkzeuge, Mitarbeiter und Miterlöser in der Verwirklichung des Geheimnisses der Erlösung seid.

Ich habe euch mit einer Würde und einer Macht versehen, deren ihr euch nicht völlig bewußt seid und der ihr euch für die Fruchtbarkeit eurer Tätigkeit sehr wenig bedient.

Ihr müßt mit größerer Kraft eure Taufe, eure Salbung, euer Priestertum leben.

Wie es meine Mutter tat, als sie ihr Fiat sprach, das Ursache eines so großen Wunders war, daß es Himmel und Erde nicht fassen können, so muß es bei euch Priestern sein, die ihr die Worte der Wandlung sprecht.

Ihr müßt glauben, daß Ich, das Wort Gottes, mich in euren Händen mit Fleisch und Blut, mit Seele und Gottheit gegenwärtig setze.

Wie meine Mutter im Augenblick, da sie ihre freie, bewußte und bindende Zustimmung gab, gleichzeitig mein Wirken hervorrief, so veranlaßt ihr bei der heiligen Wandlung das gleichzeitige Handeln der göttlichen Dreifaltigkeit, bei dem auch wieder meine und eure Mutter gegenwärtig ist.

Starker Glaube

Mein Sohn, wenn ein Priester von diesem Glauben voll durchdrungen ist, an diese göttliche Wirklichkeit, diesen Beweis der unendlichen göttlichen Liebe glaubt, so verwandelt sich dieser Priester; sein Leben wird wunderbar fruchtbar.

Im Geheimnis der Menschwerdung, das sich in seinen zu diesem Zwecke geweihten Händen erneuert, findet er die unerschöpfliche Quelle der Gaben meines erbarmungsvollen Herzens. Keine feindliche Macht vermag ihm zu widerstehen, weil ich in ihm bin und er in mir ist.

Liebe mich, denke Tag und Nacht an mich, entschädige mich mit deiner Liebe und deinem Glauben für die Kälte so vieler meiner Diener, die ich liebe und retten möchte.

Ich segne dich und zusammen mit dir segne ich die Personen, die dir lieb sind. Denke daran, daß mein Segen Schutz und Schild ist.

16. September 1975

51. Dieses Siegel macht den Gefirmten zum Soldaten

Als ich die Sakramente einsetzte, wußte ich um das Bedürfnis, das die Christen nach ihnen haben werden.

Die Industrialisierung hat den Völkern und Familien größeren Reichtum gebracht, aber nicht mehr inneren Frieden und Glück.

Sie hat verblüffende Mittel der Verständigung erfunden[1], aber nicht zu mehr Einheit der Herzen geführt. Im Gegenteil, durch ihren schlechten Einsatz sucht eine zersetzende Seuche von geistigen und moralischen Übeln die moderne Menschheit heim.

Ihr, die ihr in dieser sich ständig weiter entwickelnden Gesellschaft geboren und aufgewachsen seid, werdet von ihrem unerbittlichen, oft unmenschlichen Rhythmus überrannt. Ihr seid von ihrem Fieber angesteckt, das manchmal so brennend heiß ist und ein solch geistiges Unwohlsein hervorruft, daß ihr aus den Augen verliert, was euch stets in lebendigster Weise im Geiste gegenwärtig sein sollte: Das Hauptziel eures flüchtigen irdischen Lebens. So seid ihr gleichzeitig zerrissen und gebannt von den Früchten der Konsumgesellschaft, und der Feind, der mit seinen Listen die Seelen umgarnt, dringt in euch ein, verfinstert, schwächt und beraubt euch der notwendigen Nahrung.

Tragische abschüssige Bahn

Die moderne Welt hat keine Zeit für das Innenleben. Sie schwächt den Keim der Gnade, tötet ihn sehr oft ab und blendet gleichzeitig die Seelen mit dem glitzernden Zauber, den die Erzeugnisse der gegenwärtigen Zivilisation auf ihn ausüben.

Täuschung und Lüge tragen dazu bei, das Leben zu verweltlichen, lassen euch vergessen, daß die irdische Pilgerschaft nicht Selbstzweck werden darf, sondern Ausrichtung auf die Ewigkeit ist, für die ihr erschaffen seid.

Mit diesem furchtbaren Spiel, das er mit feiner List vorbereitet und in die Tat umgesetzt hat, ist es dem Widersacher Gottes gelungen, die menschliche Gesellschaft auf eine tragische, abschüssige Bahn zu lenken, indem er ganze Völker vom Weg des Guten abbringt und sogar die Kirche mit hineinzieht.

---

[1] Rundfunk, Fernsehen, Kino, Presse.

Die heilige Firmung

In mir, dem Ewigen Wort Gottes, gibt es weder Vergangenheit noch Zukunft. Ich bin der Augenblick, in dem alles Gegenwart ist. Ich habe den Menschen alle erforderlichen Mittel gegeben, damit sie sich retten und von allen Übeln freihalten können, die Satan, den Fürsten der Finsternis, der alles verdunkeln will, zum Ursprung haben.

Die Sakramente, die kostbaren Früchte des Geheimnisses meiner Erlösung, habe ich zu eurem Heil gewollt und an das Geheimnis der Kirche gebunden.

Unter diesen Sakramenten wollte ich die heilige Firmung, um aus jedem Getauften einen wahren Soldaten mit entsprechenden Waffen zu machen, mit einer unzerstörbaren Prägung, dem Siegel des Heiligen Geistes. Dieses Siegel unterscheidet ihn von dem, der dieses Sakrament nicht empfangen hat.

Nun hat die durch das Werk des Bösen über die Kirche hereingebrochene Glaubenskrise das unermeßliche Heer meiner Soldaten aufgelöst.

Bedenkt, meine Söhne, die Folgen, die in einem Heer entstehen, das nicht mehr an seine Offiziere und Kommandanten glaubt, das nicht mehr an die Beweggründe glaubt, für die es mobilisiert wurde, das nicht mehr an die Wirksamkeit der Waffen glaubt, mit denen es ausgerüstet ist...

Stellt euch die geistige Verfassung der Truppe vor: Untergebene und Vorgesetzte, die ihre Pflichten vernachlässigen; Offiziere, die die Disziplinlosigkeiten nicht bestrafen, weil auch sie an ihrer Aufgabe zweifeln.

Ermeßt, welche zerstörende Kraft dieses Heer zersetzt, und bedenkt dazu das dreiste Benehmen des Feindes, der die Lage seiner Gegner sehr gut kennt und sie im Griff zu haben wähnt.

Die Kirche heute

Dies ist die Situation der Kirche heute! Alle können die ungeheure Wirklichkeit feststellen. Nicht ich darf für die heutigen Übel verantwortlich gemacht werden, wie der Feind glauben machen möchte, sondern es sind jene, die ich mit Liebe auserwählt habe, meine Herde zu führen und zu weiden.

Es ist vergebliche Mühe zu versuchen, was die Stammeltern taten und was jeder schuldige Mensch zu tun neigt, die eigene Schuld auf andere abzuwälzen.

Ihr seid verantwortlich für die mangelnde Einsicht, für die fehlende Schlagkraft des Heeres der Gefirmten, von denen sich viele nicht einmal erinnern, das Sakrament empfangen zu haben.

Es braucht Demut, um die eigene Pflichtvergessenheit und Verantwortlichkeit anzuerkennen.

Ich segne dich, mein Sohn.   *25. Mai 1976*

52. Rechte und Pflichten des Gefirmten

In der letzten Botschaft habe ich von der Firmung gesprochen, dem großen, bedeutungsvollen Sakrament, das die Christen in mein Heer eingliedert, sie an Würde und Kraft wachsen läßt und zu wahren, echten Soldaten macht.

Der Soldat muß kämpfen, um sich und seine Heimat, das heißt, seine Familie, seine Sprache, seine Kultur und alle ihre Werte, die ihn umgeben und aus denen er lebt, zu verteidigen. Dasselbe gilt für den Christen, der durch die Firmung im Geist erwachsen wird. Durch das von mir eingesetzte Sakrament wird er zum Soldaten, denn nun ist er imstande gegen alle gegnerischen Kräfte zu kämpfen, die vom Generalstab der Hölle, von Luzifer, Satan und Beelzebub gegen ihn eingesetzt werden. Wenn der Soldat mit entsprechenden Waffen kämpft, vermag er allen direkten Angriffen zu widerstehen, auch jenen gegen die Kirche, das Sakrament des Heiles, das in die Welt gestellt ist, um die durch die Erbsünde verwundeten Seelen in ihren Schoß aufzunehmen und das große Heer ins verheißene Land zu führen, ins wahre Vaterland, ins Haus des gemeinsamen Vaters, der mich, seinen vielgeliebten Sohn, um eurer Rettung willen auf die Erde sandte und am Kreuz sterben ließ.

Die Gefirmten müssen also nicht nur für ihre persönliche Verteidigung kämpfen, sondern auch für die große Familie Gottes, die Kirche. Sie wurden mit einer erstaunlichen Uniform bekleidet, auf die sie stets stolz sein dürfen, mit einem unzerstörbaren Kleid, das in Ewigkeit bleiben wird, auch in der Hölle. Dort aber gilt es als Zeichen für eine fürchterliche Strafe, weil der Verdammte als Soldat erkenntlich ist, der den Glanz seiner Würde und Kraft, womit er auf der Erde ausgestattet war, und sich ein Reich ewiger Glückseligkeit hätte aneignen können, durch Verrat verloren hat.

Eine göttliche und übernatürliche Schau dieses Sakramentes

Die Firmung ist das Sakrament, durch das der Christ gleichsam zum kämpfenden Soldaten gegen die Kräfte des Bösen geweiht wird und das der Seele das unzerstörbare Zeichen einprägt, das den Soldaten Christi von jenen unterscheidet, die es nicht empfangen haben.

Es ist also eine kostbare Gabe, die die menschliche Natur des Christen mit Macht und Kraft bereichert und den Gefirmten in die Lage versetzt, sich selbst und die Kirche, deren Glied er ist, zu verteidigen, sie, die Verwalterin und Wächterin der unschätzbaren Reichtümer der göttlichen Erlösung ist.

Mit den Gaben, die das Sakrament vermittelt, übernimmt der Gefirmte auch Rechte und Pflichten, von denen er eine klare Auffassung besitzen und eine vollkommene Kenntnis haben muß, denn Pflichten, die man nicht kennt oder deren man sich nicht bewußt ist, kann man nicht erfüllen.

Aus diesen Darlegungen geht klar die große Verantwortung der Hirten, Priester und aller hervor, denen die schwerwiegende Aufgabe obliegt, die Firmlinge vorzubereiten und ihnen eine göttliche, übernatürliche Sicht des Sakramentes zu vermitteln, das nicht eine menschliche, sich auf den Körper beziehende Angelegenheit ist, sondern eine göttliche, die den Geist betrifft mit dem einzigen Zweck, von Gott die nötige Kraft zu erhalten, den Kampf siegreich bestehen zu können, den der Gefirmte während seines ganzen irdischen Lebens zu führen hat.

Die Firmlinge müssen darum die Bedingungen gut kennen, unter denen die unverdiente Gabe Gottes Früchte hervorbringen kann.

Die Priester, die sich nicht bemühen, die Firmlinge gut vorzubereiten und sich nicht vergewissern, ob diese im Stand der Gnade sind, sündigen schwer vor Gott und beweisen, daß ihnen die Feinfühligkeit fehlt, die mit der priesterlichen Vaterschaft verbunden sein müßte.

Was soll man von Priestern denken, die junge Menschen zur Firmung geleiten, ohne daß diese vorher gebeichtet haben, als ob es sich um eine belanglose Sache handeln würde? ...

In dieser Beziehung ist der Sinn für die Seelsorge sehr schwach oder gar völlig ausgelöscht!

Die Firmung ist ein wahres Merkmal des ganzen mystischen Leibes

Die Firmlinge müssen wissen, daß jede der drei Personen der allerheiligsten Dreifaltigkeit auf den Christen einwirken: Der Vater durch die

Schöpfung, der Sohn durch die Erlösung und der Heilige Geist durch die Heiligung bei seiner Herabkunft in den Geist eines jeden Firmlings!

Ich habe gesagt, daß in meiner Kirche das Sakrament der Firmung wieder seinen eigentlichen Sinn erhalten muß. Es muß ihm das wieder gegeben werden, was ihm genommen wurde, weil man es seines übernatürlichen Inhalts entkleidet hat.

Es muß ihm wieder die volle, ihm gebührende Aufmerksamkeit von Seiten der Hirten und Priester geschenkt werden, weil dieses Sakrament formt und ein wahres Merkmal des ganzen mystischen Leibes ist.

Es muß wieder in sein wahres, richtiges Licht gestellt werden, denn das Sakrament wird nur verständlich, wenn es hineingestellt wird in den ungeheuren Konflikt, der immerwährend zwischen den Mächten des Lichtes und der Finsternis ausgefochten wird.

Die Augen streben natürlicherweise zum Licht, denn sie sind für das Licht geschaffen. Der Geist strebt zur Wahrheit, denn für sie wurde er gegeben. Wie aber das geschlossene Auge das Licht nicht zerstört, und wie der Verstand, der sich weigert, der Wahrheit und der Wirklichkeit ins Antlitz zu sehen, diese auch nicht zerstört, so will die schuldhafte Blindheit des Christen Richtigstellungen nicht anerkennen. Darum habe ich dir gesagt, daß es für keinen Barmherzigkeit geben wird, der das Licht des Verstandes und des Glaubens in sich ausgelöscht hat.

Das Sakrament der Firmung wird in der neuen Kirche den Platz einnehmen, der ihm zukommt und den es im göttlichen Plan der geistigen Erneuerung des mystischen Leibes besitzt.

Ich segne dich, mein Sohn, liebe mich; mit mir zusammen segnen dich meine Mutter und der heilige Joseph.

Bete und sühne! *24. November 1978*

53. Ich bin der Gott der Heerscharen

Wenn die Hirten, Priester und die anderen gottgeweihten Seelen ihren Stand als Kämpfer aus den Augen verloren haben, so verlieren sie auch die Waffen, von denen sich ein Kämpfer nie trennen darf. Ich bin der Gott der Heerscharen, aber was verstehen meine Gottgeweihten unter dieser Bezeichnung?

Die Worte «Gott der Heerscharen» sind heute nicht mehr angenehm und aus der Bibel ausgemerzt. Doch die Wirklichkeit ist unverändert geblieben: Ich bin und bleibe der Gott der Heerscharen; man halte sich daran! Und ihr vor allem, ihr Mitarbeiter an der Erneuerung meiner Kirche, vergeßt es nicht, denn diese Worte bilden ein Ausweis der geistigen Erneuerung in der Zeit nach der Läuterung.

Wer sind meine Soldaten? Alle Gefirmten werden die dichten Heerscharen meiner neuen Kirche bilden.

Alle Regierungen dieser Welt haben ihre Soldaten, nur der allmächtige Gott, der König aller Herzen, sollte keine haben? Ich bin wahrhaftig ein König, darum habe ich meine Heere in alle Ewigkeit!

Die Kirche ist erniedrigt und gedemütigt,
weil sie im Kampf schwach geworden ist.

Mein Sohn, warum wurde meine Kirche in den Augen der Welt so erniedrigt und kam in Verruf? Warum wird sie auf vielerlei Weise verspottet und gequält? Einzig und allein deshalb, weil ihre Kampfkraft gesunken ist.

Die Soldaten eines aufgegebenen und sich selbst überlassenen Heeres werden sich zerstreuen und eigene Wege gehen. Wenn man dazu noch alles unternimmt, um arme Soldaten davon zu überzeugen, daß es den Feind nicht gibt, und nur in der Phantasie einiger Narren existiert, dann wird die Moral dieser Soldaten langsam aufgelöst und zersetzt...

So ist es, mein Sohn! Das haben Hirten und Priester bewirkt! Unter eindringlichem diabolischem Einfluß haben sie meine Soldaten arglistig getäuscht, um sie zu überzeugen:

— daß man heute nicht mehr von Soldaten, von Feind und Kampf sprechen dürfe, weil das alles nur Frucht der Übertreibung armer, an fortschreitender Verkalkung erkrankter Menschen sei;

— daß die Worte «Herr der Heerscharen» als überholte Bezeichnungen vergangener Zeiten verschwinden müßten.

So vollbringt der Feind sein Werk der geistigen und moralischen Zerstörung und nicht selten auch der körperlichen Vernichtung, ohne Widerstand zu finden, weil sich unter euch — immer unter dem Vorbehalt der Ausnahmen — niemand findet, der sich dem immer heftigeren Ansturm der finsteren Mächte des Bösen entgegenstellt.

Wo ist die Erklärung dieser großen Tragödie zu suchen?

Der Feind der Kirche weiß gut, welchen Hebel er bei jenen ansetzen muß, die verantwortungsvolle Stellen inne haben, und vor allem bei jenen, die im Heer meiner Soldaten Generals- und Offiziersrang tragen

und die schwere Aufgabe haben, im Geist der Soldaten das Pflichtbe-
wußtsein als Kämpfer wachzuhalten, sie zu formen, anzuleiten und zum
Sieg zu führen.

Zum großen Sieg, der sich auswirkt in alle Ewigkeit und für den sich
wahrhaft die Mühe des Kampfes auf eurem Lebensweg lohnt.

Darum nicht Barmherzigkeit, sondern Gerechtigkeit!

Was nützt es dem Menschen, Achtung, Ehren, Reichtum, Befriedigung und Ruhm zu erwerben, wenn er am Ende seines Lebens die Verdammung in der ewigen Hölle erlebt?

Keine Lüge, keine Täuschung, kein Verrat vermögen je diese fürchterliche Wirklichkeit, diese schreckliche Verurteilung auszuschalten, die
auch im Verlauf der Jahrtausende unwiderruflich bleibt...

Noch eine weitere Täuschung des Dämons ist, glauben zu machen, daß
sich die Gerechtigkeit Gottes nach einigen Jahrtausenden in einen Akt
der Barmherzigkeit umwandelt...

O menschliche Torheit, die aus euch, die ihr Kinder Gottes und meine
Soldaten seid, arme, vernunftlose Geschöpfe macht, die stets bereit sind,
in den Angelhaken Satans zu beißen, dem unversöhnlichsten Feind des
Menschen, der haßt und belügt, um aus ihm seinen Sklaven für die Ewigkeit zu machen.

Mein Sohn, laß mich noch einmal, das Verhalten jener beklagen, die
auserwählt wurden, Miterlöser und treue Mitarbeiter an der Aufgabe
und am größten Auftrag zu sein, den der allmächtige Gott einem armen,
menschlichen Geschöpf zuteilen konnte. Statt dessen haben sie sich aber
in Verräter verwandelt, obwohl sie vor vielen anderen den Vorrang
bekommen hatten!

Mein Sohn, wie kann man aus der Höhe erhabenster Würden so tief
stürzen, daß man zum Diener und Sklaven der Kirche Satans wird, die
sich stets im offenen Gegensatz zu meiner Kirche befindet und zum
Schaden und Ruin der mit dem kostbaren Blut meiner Menschheit erlösten Seelen wirkt?

Nein, darum keine Barmherzigkeit, sondern Gerechtigkeit für diese
Lügner, die wahrhaftig nie erfahren haben, was Lieben besagen will!

Ich segne dich, und zusammen mit dir segne ich alle, die mein Wort annehmen und es in die Tat umsetzen: «Selig, die nicht sehen und doch
glauben.»

Bete, sühne und liebe mich, wie ich dich liebe.   *24. November 1978*

54. Die Liebe und der Haß

Mein Sohn, wenn ich die Liebe bin, die von ihrer Natur her zur Vereinigung drängt, so ist Satan der Haß aus Hochmut, der zur Entzweiung führt. Aus der Liebe kommt die Demut, aus der Auflehnung Luzifers quillt der Haß. Die Menschheit kennt seit ihrem Sündenfall die Liebe Gottes, die sich über sie ergießt, aber auch den Haß Satans. Kain wurde als erster von diesem Haß befallen und war sein erstes Opfer.

Der Haß wird pausenlos ausgespien wie eine schmutzige Quelle. Wehe den Menschen, die sich vor ihm nicht zu schützen wissen!

Gott rettet die Menschen guten Willens durch die Liebe. Satan reißt sie ins Verderben durch Haß und Entzweiung.

Gott verwandelt den Menschen: Aus Wilden macht er Christen, Söhne Gottes, die zur Teilnahme an der göttlichen Natur erhoben werden.

Auch Luzifer drängt den Menschen zur Umwandlung: Zu Dämonen des Hochmuts, des Hasses und der Auflehnung.

Kostbare Früchte der Liebe Gottes sind der Glaube, die Hoffnung und die Liebe. Aus ihnen gehen die Achtung vor der persönlichen und gesellschaftlichen Freiheit hervor, die Achtung vor der Gerechtigkeit, die die Menschen eint und verbrüdert...

Aus dem Hochmut, dem Haß und der Entzweiung ergeben sich die persönlichen und gesellschaftlichen Ungerechtigkeiten, die Sklaverei, die Benachteiligung, die Unterdrückung, die die Seelen der einzelnen und der Völker bis zur Verzweiflung quälen.

Früchte des Glaubens, der Hoffnung und der Liebe sind der Friede des Gewissens, der Familien, der Friede unter den Völkern. Sie zeigen sich in den Gerechten, den Guten und den Heiligen, durch die die Menschen edler werden und die zum Aufblühen der wahren Künste helfen, die den Menschen nicht verderben, sondern ihm bei seinem Aufstieg zur Eroberung des Wahren, Guten und Schönen nützen.

Früchte des Hochmuts, des Hasses und der Entzweiung sind Gewalt, Kriege, Erniedrigung der menschlichen Person, Sittenzerfall in allen Bereichen, Zerfall der Künste durch Pornographie und Sinnlichkeit.

All das, mein Sohn, ist offensichtlich und klar. Frühere und heutige Erfahrungen bestätigen es, doch die Menschen vergessen es allzu leicht. Es ist, als ob ein dichter Nebelschleier über ihnen liegt und sie in tiefer Finsternis umhertasten.

In dieser Dunkelheit tappen auch viele meiner Priester. Mit welcher Gefahr und mit welchem Schaden für die Seelen, ist leicht zu verstehen.

Du kannst mit dem Verstand das ungeheure Ausmaß des Bösen, an dem meine Kirche leidet, weder begreifen noch erfassen. Entzweiung, Groll, Gefühle, die sich bis zum Haß steigern! Entzweiung in den Pfarreien, Entzweiung und Streitigkeiten in den Klöstern und Kongregationen! Offene Auflehnung zerreißt meinen mystischen Leib.

Ein schmutziger Strom kochender Wirbel von Irrlehren, Schamlosigkeiten und Ärgernissen, Ungerechtigkeiten privater und öffentlicher Art, fließt aus der Hölle über die Erde und richtet Verderben sogar in gottgeweihten Seelen an.

Die Menschen von heute sind nicht besser als jene vor der Sintflut. Die Städte der Gegenwart sind nicht besser als Sodoma und Gomorrha.

Unnütz waren die vielen Aufrufe, das häufige Eingreifen durch mich und meine Mutter. Unnütz auch die vielen Strafen da und dort.

Die Menschen dieses Jahrhunderts haben das Maß voll gemacht; sie haben ihr Herz zum Bösen gewandt. Ein allgemeines Strafgericht wäre bereits ergangen ohne den Eingriff meiner und eurer Mutter, ohne ihre Vermittlung zwischen euch und der göttlichen Gerechtigkeit und wenn es keine Opferseelen gäbe; diese mutigen, hochherzigen und heldenhaften Seelen, die sich vor meinen Altären wie lebendige Lichter verzehren...

Die Bewohner des verdorbenen Ninive bereuten und glaubten an die drohenden Ankündigungen des Propheten und wurden gerettet. Aber die Menschen dieser verdorbenen Generation, die Gott verwirft, werden den Strafgerichten der göttlichen Gerechtigkeit nicht heil entgehen.

Aber die Gerechten werden sehen, daß Gott seinen Verheißungen treu bleibt. Sie werden sehen, wie mein Vater in seiner Gerechtigkeit den Plan seiner Liebe zur Rettung der Menschheit und meiner Kirche glorreich kundtun wird.

Ich segne dich, mein Sohn. Liebe mich und opfere mir deine Leiden auf. Rufe dir in Erinnerung, daß mein erbarmungsvolles Herz in seinem Reichtum unerschöpflich ist und vor Verlangen brennt, ihn verschenken zu können.   *9. September 1975*

55. Die große Herausforderung

Nun sage ich dir, was die Dämonen mit unzähligen Mitteln machen können. Aber vor allem, warum können sie soviel tun? Weil ich sie als freie Wesen erschaffen und ihnen die natürlichen Gaben nicht genommen habe. Sie wirken pausenlos seit dem Sündenfall des Menschen, indem sie ihn mit Täuschung dazu verführen, mir ungehorsam zu sein und ihm ihr eigenes ungeheuerliches Laster einzuhämmern, den Hochmut. Wenn sie gegen die Menschen arbeiten, verschmelzen ihre Falschheit und Bosheit zu einer geistigen Energie, die brennt und explodiert.

Kein Mittel wird vernachlässigt: Verlockungen, Verführungen, Sinnlichkeit, unanständige Mode, Pornographie, Betrug, Diebstahl, Vergewaltigung, Terror und was immer ihnen ihre äußerst scharfe Intelligenz zu erfinden gestattet.

Satans großer und wahnwitziger Traum ist, Gott gleich zu sein. Wie Gott will er ein Reich besitzen! Mit der den Stammeltern gestellten Falle gelang ihm dies in einem gewissen Grad, denn mit dem Sündenfall von Adam und Eva gehörte die Menschheit ihm. Sie würde ihm in Zeit und Ewigkeit gehören, wenn ich nicht eingeschritten wäre.

So ist der Strom der unreinen Wasser aller Übel entstanden: Das Leiden, die Scham, die Begierlichkeit sowie alle Leidenschaften. Durch jene Sünde ist der Tod in die Welt gekommen und auch die Arbeit im Schweiß des Angesichtes. Die Sünde, das Übel aus Satan geboren, ergießt sich seitdem über die Menschheit.

Richtet nicht

Diese gegen Gott geschleuderte Herausforderung ist geschehen, aber sie wird ihm teuer zu stehen kommen, in der Zeit und in der Ewigkeit.

Die Menschen, die die Herrschaft des schrecklichen Tyrannen nicht angenommen haben und wahrhaft an Gott glauben, fragen sich verwirrt: Warum vermag er so viel? Warum hindert ihn Gott nicht in seinem Vorgehen, er, der unendlich größer und mächtiger ist? Warum schließt er ihn nicht in seine Hölle ein?

Auf diese Fragen wurde schon geantwortet: Es steht euch nicht zu, das Handeln Gottes zu beurteilen. Wer seid ihr, daß ihr euch dies anmaßt?

Ihr kennt wenigstens die hauptsächlichen Gründe, ich habe euch doch erleuchtet. Gott entzieht seinen Geschöpfen nie seine unverdienten

Gaben. Sie selbst können sie verlieren; so die Gnade, die einst von den untreuen Engeln und jetzt von den Menschen durch ihre freie Entscheidung vernichtet wird.

Die natürlichen Gaben bleiben dem Menschen trotz der Sünde erhalten. Gott jedoch lenkt durch seine geheimnisvolle Vorsehung das Böse zum Guten. Auch Satan wird eines Tages anerkennen müssen, daß er stets nur Gott gedient hat.

Die Versuchungen, die der Teufel in den Menschen hervorruft, dienen oft dazu, den Menschen vorsichtiger, eifriger im Gebet zu machen und ihn Gott näher zu bringen.

Die nicht zurückgewiesene, sondern zur Sünde vollzogene Versuchung dient jedoch dazu, den Menschen zu demütigen und ihn für seine Anmaßung zu bestrafen. Es ist für euch schwierig, in die geheimnisvollen Pläne Gottes einzudringen, die alle aus Liebe, Barmherzigkeit und Gerechtigkeit bestehen.

Auf diesem letzten Wort will ich eure Aufmerksamkeit noch etwas verweilen lassen. Gott gibt allen ausreichende Gnade, sich zu retten. Wer sie abweist, begeht Gott gegenüber eine Ungerechtigkeit. Die göttliche Gerechtigkeit stellt das zerstörte Gleichgewicht wieder her, das durch die Schuld des undankbaren und sich gegen die Gaben Gottes auflehnenden Geschöpfes entstanden ist.

Vollkommene Gerechtigkeit

Für euch Christen müßte genügen, zu wissen, daß Gott die unendliche Liebe ist, um ihm euch blind anzuvertrauen, ohne die Anmaßung, sein Tun untersuchen zu wollen.

Satan, der böswillige Geist, unfähig zum Guten, wird am Tag des Jüngsten Gerichtes mit verzweifelter Beschämung zugeben müssen, daß er einen sehr großen Beitrag zur Heiligung und damit zur Verherrlichung vieler Heiligen, Märtyrern, Jungfrauen und selig Verklärten des Himmels geleistet hat.

Ein wunderbarer, barmherziger und geheimnisvoller Ratschluß der Allwissenheit und Allmacht Gottes! Eine große Verwirrung aber auch an jenem Tag des Klagens und der Bitternis, am Tag der vollkommenen Gerechtigkeit.

Ich, das Wort Gottes, das Fleisch geworden ist, werde dem Himmel und der Erde, allen Lebenden der sichtbaren und unsichtbaren Welt, im Glanz meiner Herrlichkeit und göttlichen Majestät meine unendliche Macht zeigen.

Ich, die Auferstehung und das Leben, werde den unanfechtbaren Urteilsspruch über den aussprechen, der das göttliche und menschliche Leben im Tod erstickt hat. Die an mich geglaubt haben, werden in Ewigkeit leben! Die nicht an mich geglaubt haben, werden den ewigen Tod erleiden an jenem Ort der Qual ohne Ende und ohne Hoffnung.

Mein Sohn, man muß wirklich von Sinnen und blind sein, um nicht zu sehen!

Bete und sühne! Werde nicht müde; opfere mir deine Leiden auf. Sie sind mir Freude, weil du mir mit ihnen Seelen zuführen kannst.

Ich segne dich.   *13. Juni 1976*

56. Die menschliche Anmaßung erzeugt Dunkelheit

Der Feind des Menschen ist ein tiefer Kenner der menschlichen Natur, und er kennt ihren verwundbarsten Teil: Da setzt er an, bearbeitet ihn, liebkost ihn und verführt ihn. Sobald ein kleiner Spalt offen ist, tritt er ein und beginnt sein Zerstörungswerk.

Wie ist er bei den Stammeltern vorgegangen? Auch bei ihnen hat er sich an die Frau gewandt, an Eva, die für die Eitelkeit zugänglicher war als der Mann: «Hat Gott wirklich gesagt: "Ihr dürft von keinem Baum des Gartens essen?" Da sprach die Frau zur Schlange: "Von den Früchten der Bäume im Garten dürfen wir essen. Nur von den Früchten des Baumes in der Mitte des Gartens hat Gott gesagt: 'Eßt nicht davon, rührt sie nicht an, sonst müßt ihr sterben!'" Die Schlange sprach zur Frau: "Nein, auf keinen Fall werdet ihr sterben! Vielmehr weiß Gott, daß euch, sobald ihr davon eßt, die Augen aufgehen, und ihr wie Gott sein werdet, indem ihr Gutes und Böses erkennt"» (Gen 3,1-5).

Mein Sohn, das ist stets die Taktik des Feindes. Er hat die Wirksamkeit der gegen die Stammeltern angewandten Waffe erkannt und benützt sie mit der gleichen List weiter. Wie oft ist er in Seelen eingedrungen, die uneinnehmbare Festungen zu sein schienen, während sie in Wirklichkeit unglaublich leicht in seine Hände fielen!

Satan haßte den Täufer schrecklich, der ihm viele Seelen entriß. Er schaffte ihn beiseite...; er erregte Herodias zur Eifersucht, machte den Tyrannen Herodes in ihre Tochter verliebt, und das Spiel war gewonnen!

Es gibt viel mehr Opfer als Kämpfende

Eine Waffe, deren sich Satan bedient, ist also die Frau. Es gibt keinen Ort, wo sie nicht anzutreffen ist: Im Kino, im Theater, in den Städten, selbst in den abgelegenen Gegenden der Berge und Landschaften, in den Zeitungen und Illustrierten aller Art und auf verschiedensten Gegenständen. Überall zeigt sie die Begierlichkeit des Fleisches; eine schreckliche Waffe, deren Opfer unzählbar sind; Satan belagert die Menschheit mit den beiden Begierden des Geistes und des Fleisches. Diese beiden Köder haben es ihm ermöglicht, einen großen Teil der Menschen zu beherrschen; mit diesen beiden Waffen ist es ihm gelungen und gelingt es ihm immer noch, seine schäumende Wut auf die Menschen und die Völker zu ergießen. So kann er seinen Durst nach dem Bösen, nach Blut und Gewalt und nach jeder Art von Bosheit stillen.

Ergründet doch ein wenig die Übel, an denen die Welt leidet! Ist ihr Ursprung, ihre Wirkursache nicht klar erkennbar?

Selbst in meiner Kirche gibt es mehr Opfer, viel mehr Opfer als Kämpfer gegen die heutigen Übel. Warum? Weil man nicht an den Kampf und nicht mehr meinen Worten glaubt, die sich nie ändern.

Nur wenige Heilige haben treu an ihrem Platz ausgeharrt, weil ihr Glaube fest blieb und mit ihrem Glauben die Hoffnung und die Liebe. Alle mit diesen großen Tugenden Gewappneten sind echte Kämpfer gegen die Mächte der Finsternis und des Hochmuts.

Von verräterischen Offizieren... getäuschtes Heer

Abgesehen von den wenigen Guten und Heiligen, gleicht die Kirche heute einem großen Heer, das seiner besten Offiziere beraubt ist. Dennoch ist es für ein Heer weniger schlimm, als wenn es verräterische, ungeeignete Offiziere hat. Es ist einleuchtend, daß sie in den Händen des Feindes eine mächtige, mörderische Waffe sind. Wie viele solcher Überläufer befinden sich heute in meiner Kirche... Den Schaden werdet ihr bald feststellen können.

Mein Sohn, warum die große Eindringlichkeit, die vorhandenen Übel in meiner Kirche bloßzulegen? Die Liebe, und ich bin die Liebe, bedeckt die Wunden; sie breitet sie nicht zum Spott der anderen aus. Wie aber ist es dann zu erklären, daß dir diese Botschaften gegeben werden?

Mein Sohn, es ist nicht mein Wunsch, zu demütigen, sondern die zu heilen, zu retten, die sich auf dem Weg in den Abgrund befinden. Wenn sich die zur Verfügung stehenden Mittel für gewisse Krankheiten als unwirksam erweisen, legt der Chirurg die Wunde frei und greift ein. Jetzt bin ich als Arzt gezwungen, die Wunden meiner Kirche freizulegen und Heilmittel anzuwenden. Wenn sich aber auch dieser letzte Versuch als unnütz erweist, so wird das ungeahnte Verderben zur schrecklichen Wirklichkeit.

Mein Sohn, sei ausdauernd im Beten und Sühnen; du weißt nicht, wieviel Freude deine Gebete und deine Sühne meinem Herzen vermitteln.

Ich segne dich, mein Sohn, und euch jetzt und immer.

20. Juni 1978

57. Erbarmungsloser Krieg

Nach der Erschaffung des Universums erfolgte jene des Menschen. Sie brachte die erste große, gegen Gott geführte und von Satan mit allen Mächten des Bösen über die Stammeltern gewonnene Schlacht. Diese erste erbarmungslose Schlacht ist noch im Gang und wird erst durch den Tod des letzten Menschen, am Ende der Zeiten beendet. Dieser mit reichen Mitteln und geistiger Macht geführte Krieg beruhte auf dem völligen Mißverhältnis zwischen der Natur der Engel und der Natur des Menschen. Es bestand ein Mißverhältnis der Kräfte und des Geistes, denen die Natur des Menschen unterlegen war. Bei der barbarischen Tyrannei des Feindes bestand nicht die geringste Hoffnung, Vergeltung üben zu können. Weil nun die ganze Menschheit in Adam und Eva schuldig geworden war, mußten die einzelnen Menschen in der Zeit und in der Ewigkeit schrecklich leiden für eine Schuld, für die sie persönlich nicht voll verantwortlich waren. Dieser Zustand bildete einen Widerspruch zur göttlichen Gerechtigkeit. Darum entschloß sie sich zur Erlösung des Menschen im Geheimnis der Menschwerdung.

Keine Wirkung ohne Ursache

Daß heute in der Menschheit und in meiner Kirche weniger Glaube an die historischen Wirklichkeiten vorhanden ist, die den Grund ihrer Existenz bilden, glaubt und erlebt ihr seit Jahrtausenden im auserwählten Volk und in der Kirche selbst, die ohne diese Wirklichkeiten keinen Daseinsgrund hätten. Diesen Existenzgrund nicht anzunehmen, ist gegen jeden richtigen Gebrauch des Verstandes, gegen die nie bestrittene

Geschichte der vergangenen Jahrhunderte, gegen die Klarsicht der jetzigen Wirklichkeit. Es ist euch bekannt, daß es ohne Ursache keine Wirkung gibt; nun ist aber das Böse (Wirkung) mit der menschlichen Natur verbunden, in der es seinen Ursprung (Ursache) hat, während «Gott alle Dinge gut erschaffen hat». Wo ist also der Ursprung dieser Kirche? Von wem und warum hat sie ihren Ursprung?

Die Geschichte des hebräischen Volkes mit seinen Propheten und all seinen Mängeln und meine Kirche und die zahllose Schar der Heiligen und Märtyrer müssen miteinbezogen werden in den ständig herrschenden Krieg, der in der Geschichte eine Wirklichkeit ist... Wie könnte man die gegenwärtige Lage der Welt und der Kirche erklären ohne das Gute und das Böse, die sich bedrängen und in einem pausenlosen Duell aufeinander prallen?

Erkennen die Menschen, wer hinter dem Bösen steht, wer es sät und so aggressiv gestaltet, daß Gewaltakte aller Art, Revolutionen, Kriege, Zwietracht und Ruinen in der ganzen Welt verursacht werden?

Und umgekehrt: Wer steht hinter dem Guten, wer beseelt das Gute, und wer führt es zu den höchsten Gipfeln der Vollkommenheit?

Sind es vielleicht die Menschen, die Theologen, die Philosophen und die Naturwissenschaftler, die diesen bestehenden Kampf zu sehr bestimmten Zwecken führen und ordnen?

Warum setzen die Menschen unerhörte Kräfte ein, um die großen historischen Wirklichkeiten des menschlichen Lebens auf Erden zu vertuschen? Wäre es bei richtigem Gebrauch des Verstandes und des menschlichen Willens nicht ehrlicher, einfacher und menschenwürdiger, der Wirklichkeit ins Auge zu schauen, statt angestrengt darüber nachzudenken, Mittel und Wege zu finden, die Geschichte zu verfälschen und sie in eine große Lüge zu verkehren? Ist das keine Folge und keine Bestätigung der Erbsünde, der Wurzel und Ursache alles Bösen, das die Menschheit belastet?

Sich von seinen Freunden verlassen, verraten, verleugnet zu fühlen,
ist unerhört traurig

Ist unaufhörliche Gerede über die großen Probleme des Ursprungs, des Daseins und Endziels des Menschen auf der Erde nicht ein Beweis für die stets wirksame Lüge Satans in der Welt, der die Wahrheit — und die Wahrheit ist Gott — schrecklich haßt?

Was sagen die Historiker, die Wissenschaftler, die Theologen schwachen Glaubens, aber großer Anmaßung, darüber? Was sie sagen, hat keine Bedeutung. Wichtig ist die aus den Jahrhunderten auftauchende Wirklichkeit, die die Menschen mit all ihrem Gerede weder zerstören noch verneinen können.

Mein Sohn, ich kann dir nur wiederholen, daß es für mich unerhört traurig ist, feststellen zu müssen, in welcher erbarmungswürdiger Verfassung sich meine Kirche heute befindet. Verstehst du, mein Sohn: Meine Kirche, der Preis meines Blutes!

Auch für mich, ja, vor allem für mich, der ich wahrer Gott und wahrer Mensch bin, ist es sehr traurig, mich von denen, die ich stets liebte und Freunde nannte, verlassen, verraten und verleugnet zu fühlen.

Mein Sohn, ich kann dir nur die schon mehrmals wiederholte Einladung erneuern: Liebe mich; sühne, laß beten und gutmachen; ich bin es, der dich darum bittet, und du weißt warum.

Ich segne dich.   *19. Juni 1978*

58. Du sollst keine fremden Götter haben

Mein Sohn, es ist notwendig, daß der Betende sich durch einen Akt des Glaubens, der Hoffnung und der Liebe in meine Gegenwart versetzt.

Der Mensch muß sich ganz mir zuwenden; er soll mich nicht vor sich und seinen Egoismus hinstellen, der stets besorgt ist, um materielle Dinge zu bitten. Vielmehr soll er sich vor mir sammeln, mich anbeten und um die Verherrlichung des Namens meines Vaters, um die Ankunft meines Reiches und die Erfüllung meines Willens bitten.

Dem Mann des Glaubens, der dies tut, wird alles Übrige dazugegeben werden. Das erste Gebot: «Ich bin der Herr, dein Gott, du sollst keine fremden Götter neben mir haben», bedeutet, daß sich der Mensch als freies Geschöpf auf den rechten Platz mir gegenüber stellen muß, wenn er auf seiner irdischen Pilgerfahrt das Gleichgewicht zwischen den materiellen und geistigen Forderungen seiner Person finden will.

Die Notwendigkeit des Übernatürlichen ist im Menschen so vordringlich, daß er, wenn ihm die übernatürlichen Wirklichkeiten abgehen, auf die Dauer weder Glück noch Frieden hat. Die Qual wird so groß, daß sie nicht selten zur Verzweiflung führt.

Der Mensch ist das Werkzeug Gottes, und Gott weiß, was ihm nottut. Deshalb hat er ihm das erste Gebot gegeben, das ihn auf den Weg führt, auf dem er sich auf den rechten Platz in der universalen Ordnung stellen kann.

Der Mensch, der aus Gottes Hand hervorgegangen ist, kehrt, wenn er seinen natürlichen Weg gegangen ist, zu Gott zurück.

Das liegt im Glauben und in der Vernunft begründet...

Du fragst mich, wie? Es ist einfach, mein Sohn; man macht Gott zum ersten und höchsten Zweck seines Lebens.

Gott in diesem Leben kennen, lieben und ihm dienen! Dann hingehen, um ihn im anderen Leben, im Himmel, zu genießen. Das ist wahrer ursprünglicher Katechismus, den die Verdrehtheit des Verstandes und des Herzens, die natürliche Folge der naturalistischen Lebensauffassung der Christen, ja sogar nicht weniger meiner Diener, ausgelöscht hat.

Willst du ein praktisches Beispiel?

Nicht weit von deiner Stadt entfernt lebt ein Ordensmann, den du kennst, also eine gottgeweihte Seele, die nach Vollkommenheit streben und diesen Katechismus über den Ursprung und das Ziel des Lebens kennen sollte. Du weißt, daß dieser Ordensmann im Beichtstuhl von sämtlichen Unkeuschheiten absolviert, Ehebruch inbegriffen, ohne Reue zu verlangen.

Er hat aus seinem Leben und dem Leben so vieler Gläubigen, die zu seinem Beichtstuhl hinströmen, nicht nur das sechste und das neunte, sondern alle Gebote gestrichen. Und dieser unglücklichselige Ordensmann ist nicht der einzige, der solches tut.

Geben sich die Bischöfe keine Rechenschaft darüber, was in ihren Diözesen geschieht? Wenn sie darum wissen, warum bringen sie den Mut nicht auf, solchen Priestern die Möglichkeit des Beichthörens zu entziehen? Warum dulden sie Zentren wahrer Verdorbenheit?

Ihre Interessen

Wie weit sind heute Christen und Priester davon entfernt, das wahre Ziel des Lebens zu verfolgen! Sie sind stets beschäftigt, als ob sie die Regenten der Welt wären! Sie sind beschäftigt mit den Interessen ihres Ich.

Du siehst sie anscheinend voller Eifer und Tätigkeit, ganz eingenommen von ihren Unternehmungen, nicht den meinigen, die einfach, sicher und einleuchtend sind: Gott mit allen Mitteln suchen, die zur Verfügung stehen, ihn über alles lieben vor den eigenen und fremden Interessen.

Die Interessen Gottes sind:

1. Die Ehre Gottes.
2. Das Reich Gottes.
3. Der Wille Gottes.

Gott dienen schließt aus, sich selbst dienen.

Mein Sohn, wie viele Priester gibt es, die Gott treu dienen? Auch du könntest sie erkennen! Wenn die Pflanzen nach ihren Früchten beurteilt werden, so ist es leicht zu erkennen, welche Gott, und im Gegensatz dazu sich selbst, also dem Teufel, dienen.

Du wirst sehen, wie viele wurmstichige Früchte noch fallen werden: die Verräter, Abtrünnige, Leugner. Ihr werdet es mit eueren Augen sehen...

Mein Sohn, keiner kann dem Tod entrinnen, denn es ist dem Menschen bestimmt zu sterben. Und ihr alle wißt, daß der Tod nicht das Ende ist, sondern nur eine vorübergehende Trennung der Seele vom Leib.

— Aber, mein Jesus, die Atheisten?

Angeblich gibt es unermeßlich viele. In Wirklichkeit sind es aber wenige, die angesichts des Todes nicht Zweifel und Ratlosigkeit zeigen. Aber ich sprach von jenen Priestern, die weit davon entfernt sind, die Weisheit zu besitzen, die sogar den Heiden eigen war. So sagte Cicero: «Mors, quam bonum judicium tuum.» Tod, wie gut ist dein Gericht!

Der Gedanke an den Tod, der selbst von den Heiden als weise angesehen wurde, wird von den Seelen dieser ungläubigen Generation wie etwas Lästiges und Trauriges ferngehalten. Von wenigen Ausnahmen abgesehen, denkt niemand an den Tod als Tor zur Ewigkeit.

Die Zahl der Törichten ist wahrhaftig unsagbar groß!

Bete und sühne! Beunruhige dich nicht; du opferst mir dein Leiden auf; es ist mir angenehm. Wie ein wohlriechender Weihrauch steigt es bis zu meinem Thron, um dann als Gnadenregen wieder niederzugehen.

Ich segne dich, mein Sohn, und zusammen mit dir segne ich alle, die dir nahestehen, dir gut gesinnt sind, mit dir zusammenarbeiten, damit mein Wort, das Wort des Lebens, bekannt werde.   *19. Februar 1976*

59. Schwerste Unterlassungssünden

Ich habe dich gerufen, und du hast meinem Wort geglaubt; ich rief auch Petrus, Jakobus, Johannes und die anderen, auch sie haben geglaubt. Mein Sohn, wenn du und sie meinen Anruf gehört und nicht darauf geantwortet hätten, was wäre aus dir und ihnen geworden?

Als ich mitten in der Nacht dreimal rief: «Samuel, Samuel!» hat er dreimal geantwortet: «Hier bin ich, Herr!» Diese Fügsamkeit muß für den Anruf Gottes vorhanden sein.

Jetzt sage ich dir: Betrachte all das verlorene Gute, das nicht getan wurde von denen, die auf meinen Anruf, auf meine wiederholten Einladungen nicht geantwortet haben. Mein Sohn, du wirst dir die Leere, die von denen geschaffen wurde, die auf meine Stimme hin taub geblieben sind, nie vorstellen können. Meine Kirche ist durchsetzt von solchen Hohlräumen und Abgründen.

Und jetzt, mein Sohn, gib dir Rechenschaft und betrachte gründlich die schwere Verantwortung aller, die für meine Einladungen taub waren. Sie sündigen durch Unterlassung und erzeugen dadurch fürchterliche Hohlräume. Die Unterlassungssünde ist nie eine in sich geschlossene Sünde. Jede Sünde wirkt sich im ganzen mystischen Leib aus und verursacht in ihm große Übel.

Versuche, meine Kirche ohne die Apostel und ohne die Heiligen zu denken. Von Unterlassungssünden ist meine Kirche gegenwärtig zum Überfließen voll.

— Warum, mein Jesus, besteht soviel verstockte Taubheit? Warum soviel eisiges Schweigen gegenüber der Liebe, die ruft? Warum diese Hartnäckigkeit im Abweisen deiner Einladungen?

Mein Sohn, schau um dich, und du wirst verstehen. In meinem Evangelium kannst du nicht nur eine, sondern mehrere Antworten finden; du kannst nicht mehreren Personen gleichzeitig Gehör schenken, die dich anrufen. Du sagst: Bitte, einer nach dem anderen.

Mein Sohn, gib jetzt acht: Wie oft habe ich dich tagsüber und nachts gerufen? Aber der Feind des Menschen ist stets auf der Lauer, meiner Stimme läßt er die seine folgen. Wenn du mir mit Ja antwortest, weißt du, was geschieht, wie du auch weißt, was geschieht, wenn du mir keine Antwort gibst, sondern dem Feind dein Ohr leihst.

Ich kenne das traurige Erbe der Ursünde, das den Menschen auf die abschüssige Ebene zum Bösen hindrängt; aber ich weiß auch gut, daß ich, das ewige Wort Gottes, das Fleisch geworden ist, euch Mittel gegeben habe, die euch zum Guten lenken. Ich habe euch meine Erlösung mit ihren reichen Früchten geschenkt.

Mein Sohn, es ist unfaßbar, daß Seelenhirten, Priester und Gläubige, die ich mit großer Liebe und mit viel geduldiger Langmut umgebe und einlade, sich dem Licht und der Liebe zu öffnen, laufend Verrat üben, mir und meiner Kirche gegenüber. Es ist unvorstellbar, daß sie mich beleidigen, mich wie neue Judasse meinen Feinden, den Verbündeten der finsteren Mächte der Hölle, ausliefern.

Die Stunde ist festgelegt

Mein Sohn, du kennst die schändlichen Eingriffe der finsteren Verschwörungen nicht, die sich in meiner Kirche abspielen. Ich habe dir schon gesagt und wiederhole: Wenn es dir gestattet wäre, das viele Böse zu sehen, das hinter den Fassaden der Kirche geschieht, du könntest keinen Augenblick länger leben.

Trotz dem Abgrund, der zwischen mir, dem Erlöser, und den in die Sünde verstrickten Seelen, klafft, fahre ich fort, an ihre Türe zu klopfen, an die Seelen vieler Bischöfe, unzähliger Priester und Gläubigen, denn ich habe das Kreuz für alle angenommen, ich will alle retten. Sie aber sind in der Sünde verhärtet und vom Hochmut eingenommen; die Zahl dieser Verirrten ist wahrlich groß!

Du darfst aber nicht denken, daß mein unverbesserlicher Feind mit seinen Legionen unbesiegbar ist und die schreckliche Ausblutung der in ihr Verderben sinkenden Seelen unaufhaltbar.

Die Stunde ist durch ihre eigene Untreue festgelegt. Es wird eine fürchterliche Stunde sein, wie es noch keine gegeben hat. Es wird die Stunde der Gerechtigkeit und der Barmherzigkeit sein. Alles, was ich dir gesagt habe, wird klar und von allen verstanden werden. Doch heute glauben und verstehen es viele nicht.

Mein Sohn, ich habe dir nicht alle Beweggründe dargelegt, warum Hirten, Priester und Gläubige meiner Stimme kein Gehör schenken und von meiner Gnade unberührt bleiben; ich werde es aber noch tun.

Bete und sühne für deine Brüder, die am Rand des Abgrunds leben, aus dessen Tiefe es kein Zurück gibt. Bringe mir alle deine inneren und äußerlichen Leiden zum Opfer dar. Liebe mich, wie ich dich liebe.

Ich segne dich und zusammen mit dir segne ich alle Gottgeweihten guten Willens.   *10. November 1977*

60. Auch heute glauben sie nicht

Ich, der eingeborene Sohn Gottes, eins mit dem Vater und dem Heiligen Geist, habe während der drei Jahre meines öffentlichen Lebens mehrmals mit Klarheit und Genauigkeit meinen Aposteln und Jüngern kundgetan, daß es notwendig ist, das Samenkorn in die Erde zu legen, damit es verwest und so reiche Frucht bringt.

Aber weder die Jünger noch die Apostel wollten dies verstehen, obwohl meine Worte unmißverständlich waren. Nie ließen sie sich vom Grund meines Todes und meines schrecklichen Leidens überzeugen, und doch, wie oft sprach ich deutlich davon.

Ich war daran, meinen Heilsplan, der in Demütigung, in Armut, in Gehorsam und Liebe sowie in beständigem Gebet begann, für die Rettung der Menschen in die Tat umzusetzen, und sie verstanden dies nicht, weil sie die schreckliche Stunde der Finsternis nicht wahrhaben wollten.

Ich war es, der das Aufkeimen meiner Kirche in der Verfolgung durch die Großen des Volkes vorbereitete, aber ich fand kein Verständnis bei meinen Lieblingssöhnen. Ich war der Gottmensch und wirkte Wunder; man glaubte mir nicht.

Sie haben sich in der dunklen Stunde meines Leidens und Todes mit blindem Widerstand und törichten Starrsinn aufgelehnt.

Ein einziges Geschöpf war von der unvermeidlichen Stunde der Finsternis, die der Welt bevorstand, überzeugt: meine Mutter. Während ihres ganzen Lebens war ihr Herz von der Vorausschau meines Leidens und Sterbens durchbohrt.

Mein Sohn, heute liegen die Dinge gleich wie damals. Nur darf man die Situation nicht mir zuschreiben, sondern dieser entarteten Generation, die Gott durch die Sünde Satans zurückweist und unbußfertig nicht an meine Worte glaubt.

Hat meine Mutter in Lourdes und Fatima und an unzähligen anderen Orten nicht klar und deutlich gesprochen? Man hat nicht geglaubt!

Ich habe gesprochen, und nie hat man geglaubt. Nun sind 2000 Jahre vergangen, seit das Samenkorn sterben mußte, damit sich ein saftiger, kräftiger Keim bildete. Das Haupt der im Entstehen begriffenen Kirche mußte sich zum allgemeinen Heil in der Vernichtung opfern.

Es opferte sich selber, um die unbezahlbare Schuld gegenüber der göttlichen Gerechtigkeit zu tilgen.

Heute muß der gesamte mystische Leib, der wie der Feigenbaum im Evangelium durch die dämonische Verseuchung des Atheismus, unfruchtbar geworden ist, wie das Weizenkorn in die Erde gelegt werden und zugrunde gehen, um zu neuem, fruchtbarem, göttlichem Leben wieder zu erstehen. Das entspricht genau den unveränderlichen Forderungen meiner Gerechtigkeit und Barmherzigkeit.

In Wahrheit sage ich euch, wenn ihr nicht wiedergeboren werdet, werdet ihr nicht in das Reich Gottes eingehen. Das Geheimnis meiner Erlösung ist eine Tat unendlicher Barmherzigkeit und Gerechtigkeit.

Ein Akt unendlicher Barmherzigkeit und Gerechtigkeit ist die Stunde der Läuterung.

Meine Gerechtigkeit verlangt von euch, meinen lebendigen, mit Freiheit und Vernunft begabten Gliedern, die fähig sind, das Gute zu wollen und das Böse abzulehnen, die Bezahlung der von euch gemachten Schulden.

Laß dich nicht verwirren, mein Sohn. Die Barmherzigkeit verlangt, daß alle durch innere und äußere Mahnzeichen gewarnt werden.

Wer hören will, der höre; wer aber hartnäckig, vom Stolz und Hochmut verblendet, zugrunde gehen will, der wird wie Satan zugrunde gehen.

O Blindheit und Hartnäckigkeit!

O ungläubiges und verdorbenes Geschlecht, was hätte ich mehr tun können, um dir die Stunde der Finsternis, die Stunde des Blutes und des Todes, die sich nähert, zu ersparen?

Was konnte ich euch mehr geben als das, was ich euch gegeben habe? Meine Liebe, mein geöffnetes Herz, die Liebe meiner und eurer Mutter!

Mehrmals ist sie auf die Erde gekommen, um euch aus eurer religiösen Abgestumpftheit aufzurütteln und zu der großen Wirklichkeit des Glaubens zurückzurufen, um euch den Weg des Heiles zu erweisen, den ihr gehen müßt.

Ich werde meine Kirche heilen

Ich werde Völker und Nationen heilen. Ich werde meine Kirche heilen! Es wird nicht ein Werk der Theologen sein, von denen viele, durch den Hochmut Satans Finsternis statt Licht sind und die Verwirrung und die verkehrte Ausrichtung mit ihren ungesunden Lehren vergrößern!

Ich bin das einfachste Sein und alles, was aus mir kommt, ist einfach, während viele von ihnen kompliziert sind. Sie erschweren, was einfach ist.

Wundere dich nicht, wenn sie diese Botschaften nicht annehmen und unwürdigerweise ablehnen. Nie werden sie wie einst die Schriftgelehrten des Tempels eine Wahrheit annehmen, die nicht die ihre ist, denn sie sind nicht in der Wahrheit.

Laß dich nicht verwirren! Ich segne dich; schenke dich mir, so wie du bist, mit dem, was du hast. Schenke mir deine Mühen; ich werde sie in mein barmherziges Herz einschließen, um sie dir als einen Gnadenregen zurückzugeben!   *8. Dezember 1975*

61. Sich in die Gegenwart Gottes versetzen

Schreibe, mein Sohn: «Ich bin der Herr, dein Gott, du sollst keine fremden Götter neben mir haben!»

«Du sollst den Herrn, deinen Gott, lieben aus deinem ganzen Herzen, aus deiner ganzen Seele, aus deinem ganzen Gemüte, aus allen deinen Kräften.»

Ihr seid gewohnt, diese Gebote ungefähr so anzuhören, wie ihr alle Tage das Glockengeläute hört. Jedermann hört es, aber fast niemand achtet darauf. So bleiben auch die Gebote tote Worte, während sie in euren Herzen lebendig sein sollten.

Ich wollte dies vorausschicken, um dir besser zu verstehen zu geben, wie schlecht man betet, und zwar auch die wenigen, die überhaupt noch beten. Es gibt sehr wenige, die gut beten; denn es ist nicht möglich zu beten, wenn man das erste Gebot nicht kennt, und noch schlimmer, wenn man es vergessen hat.

Sich in die Gegenwart Gottes versetzen, heißt, eine Reihe geistiger Akte zu vollziehen, die für ein gutes und wirksames Gebet wesentlich sind.

Es muß ein Akt des Glaubens vollzogen werden, der eure Seele zu Gott erhebt, um mit ihm Verbindung auzunehmen.

Diesem Akt des Glaubens müssen notwendigerweise Akte der Demut, des Vertrauens und der Liebe folgen, die dazu dienen, den Kontakt mit Gott zu verstärken. Diese Akte sind für ein gutes Gebet unerläßlich, denn sie verhüten, daß es zu einer rein mechanischen Übung wird, die Gott abstößt, denn solche Seelen ehren mich nur mit den Lippen und nicht mit dem Herzen.

Leider gibt es viele solche, und die wenigen, die beten, beten vielfach nur äußerlich, wobei sie sich selber betrügen, da sie sich einbilden, eine Pflicht getan zu haben, die in Wirklichkeit nicht erfüllt wurde.

Aus dem, was ich dargelegt habe, kannst du ersehen, welch schwere Mängel es im geistigen Leben der Christen gibt. Dabei beschränke ich mich jetzt nur auf einen, aber es gibt noch viele andere.

Du sollst den Herrn, deinen Gott, lieben aus deinem ganzen Herzen... Für den, der Gott wirklich liebt und ihn an die Spitze seines Lebens stellt, besteht die Gefahr nicht, Gebete zu Gott aufsteigen zu lassen, die der Ausdruck von Stolz und Egoismus sind, wie das ausschließliche Bitten um Erfolg in irdischen Belangen, um Gesundheit, Reichtum und Ehren.

Wer nur um diese Dinge betet, kann mit Gott keinen Kontakt herstellen. Gott zieht nicht in Seelen ein, die voll weltlicher Unruhe sind und nur nach irdischen Gütern streben. Diese Seelen sind von Finsternis umgeben.

Wer Gott wahrhaft liebt, stellt sich ihm gegenüber auf die richtige Ebene, indem er seinen Ruhm und seine Liebe sucht.

Wer Gott wahrhaft liebt, sucht in seinem Gebet als erstes sein Reich in den Seelen, seine größere Ehre.

Gott hält seine Versprechungen: Bittet, und ihr werdet empfangen! Suchet, und ihr werdet finden! Klopfet an, und es wird euch aufgetan werden!

Wer betet und enttäuscht bleibt, muß dies der Tatsache zuschreiben, daß er das erste Gebot ausschaltet: «Ich bin der Herr, dein Gott, du sollst keine fremden Götter neben mir haben.» Auch deshalb, weil er das Hauptgebot nicht beobachtet: «Du sollst Gott aus ganzem Herzen lieben»; deshalb wird sein Gebet nicht erhört.

Man hat vergessen, daß ich die Apostel und euch so beten gelehrt habe: «Vater unser im Himmel...»

Sich in die Gegenwart Gottes zu versetzen, ist die erste Voraussetzung beim Gebet. Der Betende vergißt sich selbst, um mit seiner Seele zu Gottvater aufzusteigen, der allein groß und heilig und allein gut ist.

Lehrmeister des Gebetes

Müßt ihr, meine Diener, nicht unermüdliche Lehrmeister des Gebetes für die Gläubigen sein?

Eine gute Mutter wird nie müde, ihren Kindern die Dinge, die für das Leben wichtig sind, in dem Maß zu lehren, wie die Kinder wachsen. Bringt nicht auch ihr durch die Taufe in den Seelen das göttliche Leben hervor? Steht ihr also nicht in einer wirklichen geistigen Vaterschaft gegenüber den Gläubigen, die eurer Sorge anvertraut sind? Was läßt euch so wichtige Dinge vernachlässigen?

Die unglücklichen Auswirkungen einer schlecht ausgeübten Vaterschaft gegenüber den geistigen Kindern könnt ihr feststellen, wenn ihr den Mut habt, sie zu beobachten.

Gott, dem gerechten Richter, entgeht nichts von dem, was ihr nicht getan habt. Die Rettung so vieler Seelen, deren Preis unendlich ist, steht auf dem Spiel.

Meine Söhne, es ist wahr, daß die Gründe der Glaubenskrise, die sich ihrem Schlußakt nähert, verschieden sind und manche außerhalb eures Willens liegen; aber es ist auch wahr, daß einige euch zugeschrieben werden müssen. Wenn ihr euch nicht bekehrt und Buße tut? Was wird aus euch werden, wenn ihr fortfahrt, euch selbst statt Gott zu dienen?

Meine Söhne und Priester, die Zeit, die euch verbleibt, ist kurz. Nicht ich, sondern ihr bestimmt eure Ewigkeit.

Mein Sohn, ich werde nicht müde, dich um Gebet und Sühne zu bitten.

5. Februar 1976

62. Das Doppelspiel

Es gibt Einrichtungen, die unwesentlich sind und eine Verschwendung von Gütern darstellen. Dies verursacht eine Lähmung, die sehr viele Werke zum Erliegen bringt, so daß sie nichts mehr nützen, wenigstens so, wie sie heute getan werden.

Mein Sohn, habe keine Furcht. Ich habe dir immer gesagt, daß die Wahrheit ein wesentlicher Bestandteil der Nächstenliebe ist, und ich nicht ohne Absicht Erbärmlichkeiten jeder Art herausstreiche, wenn ich dir den Grund des Versagens der heutigen Seelsorge darlege.

In all dem versteht man es nicht, das Doppelspiel Satans zu erkennen, der in der Kirche von außen und im Innern unangefochten tätig ist.

— Von außen: Wer seine Werkzeuge nicht sieht, ist blind — den Kommunismus, die Inkarnation Satans, und den freimaurerischen Kapitalismus. In der Tat ist auch das Bürgertum erschreckend vom freimaurerischen Radikalismus aufgespalten, der durch seine internationalen Verbindungen stark ist. Das sind Waffen, mit denen Satan pausenlos die Kirche zu zersplittern sucht, und man kann nicht bestreiten, daß es ihm durch dieses Machtgefüge teilweise gelungen ist.

— Von innen: Satan erzeugt eine gewaltige, noch nie so verbreitete Glaubenskrise im Klerus. Die Folgen sind höchst offensichtlich. Er bedient sich des Fortschritts, der modernen Technologie, die fast ganz im Dienst Satans steht, der Welt, seiner Verbündeten und eurer Leidenschaften. Die Begierlichkeit des Geistes, die Hoffart, die äußerst schlimme Sünde der Kirche eurer Zeit, und die Lüsternheit des Fleisches haben viele Glieder vom Leib Christi abgetrennt, die für den Dienst am Gemeinwohl bestimmt waren, Priester und andere gottgeweihte Seelen.

Dieses Vorgehen ist das typische Werk Luzifers, der einst der schönste Engel war und heute noch mächtig ist. Das beweist das riesige Ausmaß des Bösen, das er in der Kirche und in der ganzen menschlichen Gemeinschaft wirkt.

Die Sünde der Trägheit

In Anbetracht dieses ungeheuren Feindes habe ich, euer Gott, um euch von ihm zu befreien, mich in unendlicher Demut dazu herabgelassen, Mensch zu werden und mich selbst am Kreuz hinzuopfern.

Nun aber mache ich euer Heil von eurer Zustimmung und Mitwirkung am Geheimnis der Erlösung abhängig.

Ich will eine freiwillige und aktive Teilnahme, nicht eine passive Zustimmung seitens aller Getauften, wie das Christentum heute fälschlicherweise von so vielen aufgefaßt wird. Hier besteht eine erschreckende Lücke, entstanden durch die Willenlosigkeit so vieler Christen, die so schwer krank sind, daß ihre Heilung in Frage steht.

Dieses mangelnde Interesse für göttliche Dinge, diese Verkümmerung des übernatürlichen Lebens ist die Sünde der Trägheit. Die Christen, die begeistert nach Licht und Wahrheit dürsten müßten, sind so tief gesunken, daß sie nur noch verstörten Wesen gleichen. Sie sind durch ihre eigene oder durch die Schuld anderer ohne Kraft und ohne Energie.

Der Fürst der Finsternis hat viele Glieder der Kirche von der übernatürlichen Lebensquelle fernzuhalten verstanden und sie dadurch lahm gelegt. Seine eigenen, von Haß erfüllten Kräfte aber sind stark geblieben. Wenn dieser Haß zum Ausbruch kommt, wird die Menschheit Schrecken von nie gekanntem Umfang und unvorstellbarer Wirkung erleben.

Man verschwendet Zeit

Wem ist ein solcher Zustand der Dinge zur Last zu legen? Jenen, die dem Feind die Tore weit geöffnet haben, die nicht einmal an ihn glauben und ihm einen zersetzenden Einfluß ermöglicht haben. Ebenso jenen, die heute noch Zeit und Energie verschleudern in einer Lage, die als äußerst schwer bezeichnet werden muß.

Diese Lage muß schließlich auch denen zur Last gelegt werden, die trotz des bürokratischen Apparates und aller zur Verfügung stehenden Mittel den richtigen, einzigen Weg, noch nicht finden, um meiner Kirche, die im Sterben liegt, wieder Sauerstoff zuzuführen.

Ja, mein Sohn, dieser Todeskampf müßte eine so energische Umkehr veranlassen, daß alle heilsam beeindruckt würden.

Man hat den Mächten des Bösen ermöglicht, meinen mystischen Leib zu schwächen!

Die Kirche wird nicht untergehen

Meine Kirche müßte aus einem unermeßlichen Heer tapferer Gotteskinder gebildet sein, aus kühnen und mutigen, wachsamen und einsatzbereiten Soldaten. Alle erfüllt von Begeisterung, alle nicht nur eine kleine Elite, geistig gewappnet und gefeit; so wären sie unüberwindlich, weil ich ihnen dafür alles Notwendige gegeben habe.

Meine Kirche wird nicht untergehen! Ich werde sie wieder herstellen im Leiden, wie ich im Leiden, in der Verdemütigung und im Blut das Geheimnis des Heiles gewirkt habe.

Mein mystischer Leib wird sein Blut vergießen. Ich, sein Haupt, habe das meinige vergossen, und die Kirche wird nach zwei Jahrtausenden, wieder hergestellt und erneuert, als Mutter und Führerin der Völker wieder voranschreiten.

Bete, mein Sohn, und kümmere dich nicht um das negative Urteil anderer, das aus der Anmaßung entspringt. Ein sehr kurzlebiges Urteil!

8. Juni 1976

63. Dringende und wesentliche Prüfung

Jeder Befehlshaber versammelt in regelmäßigen Abständen seine Heerführer um seinen Arbeitstisch. Mit ihnen zusammen studiert er die Pläne für die Verteidigung und Offensive. Das verlangt große Arbeit, denn diese Pläne werden stets gründlich vorbereitet und entsprechend der Lage der benachbarten Völker verändert. So handeln Männer, die in der Gesellschaft Verantwortung tragen.

Auch in meiner Kirche sollte das, was zu tun ist, mit der gleichen Sorge und Genauigkeit ausgeführt werden.

In meiner Kirche besteht durch die Firmung ein gewaltiges Heer von Gesalbten, das für den Kampf gegen die Feinde der Seelen, die Dämonen, Leidenschaften und die Welt bestimmt ist.

Es ist Aufgabe der Hierarchie und des höheren Klerus der Ortskirchen, die ungeheure Schlacht, die seit der Erschaffung des Menschen besteht und bis zum Ende der Zeit andauert, zu organisieren und zu führen.

Ich habe schon gesagt, daß die Menschen einzeln wie als Gesellschaft Ziel und Opfer dieses Kampfes der finsteren, höllischen Mächte sind, die jede List zur Verführung der Seelen ausnützen.

Bei vielen ist der Glaube schwach. Wer aber nicht glaubt, kann die Stärke und die Möglichkeiten des Feindes nicht abschätzen, und die Führung eines gut organisierten Kampfes ist unmöglich. So ist man, weder als einzelner noch als Gemeinschaft überzeugt, daß ein Kriegszustand herrscht.

Lobenswert ist, wie gewisse höhere Amtsstellen ihre Pläne vorbereiten in der Überzeugung, daß dies ihre Pflicht ist. Tadelnswert hingegen ist die Untätigkeit anderer kirchlicher Obrigkeiten, die ihre Pläne für die Verteidigung und die Offensive gegen die Mächte des Bösen weder vorzubereiten noch zu verwirklichen imstande sind.

Zu vielerlei

Es wird vieles getan, das dem Ziel, der Bekämpfung der Mächte des Bösen wenig nützt.

Die Feinde der Kirche, des Guten und der Wahrheit sind frech und mächtig geworden. Mit ihren Erfolgen werden sie stets unverschämter. Sie stürzen die göttlichen und die natürlichen Gesetze um. Warum, mein Sohn?

Große Verantwortung lastet auf meiner Kirche wegen der vielen Übel, die sie befallen haben, deren Ursache die Glaubenskrise, die Krise des innerlichen Lebens ist.

Nicht selten geschieht es, daß jemand Mitläufer der Feinde Gottes und der Kirche ist. Schwäche, krankhafte Liebe zur Macht, Fehlen der Einheit, Gesetzlosigkeit! Das Antlitz der Kinder Gottes und der Diener Gottes ist entstellt.

Es ist Zeit, aufzuwachen, die Axt an die Wurzeln zu legen! Zeit, meiner drängenden Einladung zu einer wirklichen Bekehrung Folge zu leisten, sonst wird es zu spät sein!

Die verschiedenen höheren Amtsstellen meiner Kirche müssen aufhören, die Zeit mit unnützen Dingen und Plänen zu verlieren. Sie sind im Unrecht, wenn sie nicht an die Wurzeln der Übel gehen.

Gewissenserforschung

Der Ernst der Lage verlangt einen gültigen Plan, der von allen verwirklicht werden muß, von denen an der Spitze wie von den Untergebenen, eine reuevolle Gewissenserforschung, die zu folgenden Schlüssen führt:

— Zur Überzeugung von der Notwendigkeit einer ernsthaften Überprüfung der Auffassung, auf der euer Leben beruht. Ist es durchweg christlich? Halb oder ganz heidnisch?

— Zur Frage, ob ihr gewillt seid, einen neuen Plan für das innerliche Leben zu entwickeln, eine neue Art, den Glauben, die Hoffnung und die Liebe sowie das Leben der Gnade zu leben?

— Zur Frage, ob ihr gewillt seid, das zu tun, was viele Menschen mit großem Einsatz machen, nämlich euch zum Kampf gegen die Mächte des Bösen in einem wahren Kreuzzug des Gebetes und der Buße zu rüsten?

— Ob ihr gewillt sei, den Trubel um euch herum zum Schweigen zu bringen, um in Stille und Sammlung auf meine Einladungen zu hören, die euch helfen wollen, drohende Gefahren zu beschwören?

— Ob ihr gewillt seid, zu einer lebendigen, aufrichtigen Verehrung meiner und eurer Mutter zurückzukehren? Ob ihr ihrem Aufruf zur Buße, Folge leisten wollt?

— Zur Frage, ob ihr gewillt seid zu einer aufrichtigen und lebendigen Rückkehr zu mir in der Eucharistie?

Wenn meine mit so viel Geschäftigkeit belasteten Priester objektiv sein wollen, müssen sie zugeben, daß sie, abgesehen von Ausnahmen, trotz ihrer fieberhaften Tätigkeit, für ihre Glaubwürdigkeit keine Gründe mehr bieten.

Sind vielleicht die Quellen der Gnade versiegt? Nein! Mein erbarmungsvolles Herz ist stets offen.

Sie müssen die Ursachen bei sich selbst suchen. Die Axt muß an die Wurzeln gelegt werden. Ich will damit sagen: Ihr Priester, ändert euch zuerst, wenn ihr wollt, daß das Heer euch folgt.

Es ist darum der Mühe wert, sich zusammenzufinden, um in aufrichtiger Brüderlichkeit einen neuen Plan geistiger Erneuerung zu entwerfen. Übrigens verlangt nicht gerade dies, das Konzil von euch?

Leben in der Gnade, Einheit und Gehorsam, Schluß mit der Auflehnung, Kampf dem Dämon, dem Bösen ohne jeden Kompromiß, das sind die großen Themen, die im Klerus und im Volk vertieft werden müssen.

Warum wartet man noch zu?

Aus Furcht, Scham, menschlicher Angst, Festhalten an einem bequemen Leben... Bekehrt euch, bekehrt euch! Diese Einladung soll euch nicht ärgern und keine Furcht in euch erwecken! Ich und meine Mutter, die euch so sehr lieben, stehen euch zur Seite. Es geht um das Heil eurer Seele und jener Seelen, die euch anvertraut sind.

Mein Sohn, ich segne dich; liebe mich! *29. September 1975*

64. Einbahnstraße

Eine Straße beginnt stets an einer bestimmten Stelle. Dann zieht sie sich durch Ebenen und über Berge zwischen zwei seitlichen Begrenzungen hin, die ihre Breite festlegen, um schließlich am Ziel zu enden.

Mein Sohn, das Leben jedes Menschen ist wie eine Straße; es hat seinen Ausgangspunkt und sein Ziel. Jeder Mensch muß seine Straße zu Ende gehen mit dem Ziel: die Ewigkeit.

Aber allein der Mensch ist unter allen Geschöpfen der Erde frei und intelligent, fähig zwischen Gut und Böse zu unterscheiden, etwas zu wollen oder abzuweisen. Dadurch ist der Mensch so groß, daß er Gott ähnlich ist.

Alle anderen Geschöpfe auf der Erde sind, im Unterschied zum Menschen, durch ihre Natur zu einem bestimmten Lebenslauf gezwungen. Es ist ihnen nicht möglich, Wege einzuschlagen oder zu verlassen, die der Schöpfer ihnen nicht zugewiesen hat.

Der Mensch, das wegen seines Geistes und Willens so wunderbare Geschöpf, ist frei, den ihm von Gott, seinem Schöpfer, gezeichneten Weg anzunehmen oder abzulehnen. Gott schlägt ihm den Weg vor, um ihm die Erreichung seines Zieles, die ewige Rettung seiner Seele, zu erleichtern.

Es ist eigenartig und geradezu ungeheuer, daß der Mensch sich dieses Geschenkes nicht bedient, das ihn hoch über jedes andere Geschöpf dieser Erde erhebt; statt dessen weigert er sich, diesen Weg aus der irdischen Verbannung zu gehen und wählt dafür dunkle, verschlungene Pfade, die ihn zum Verderben und zur ewigen Verdammnis führen.

Es ist ebenso eigenartig, daß er von seinem Fall, den Verführungen und der Hinterhältigkeit, mit der Satan, der Vater der Lüge, ihn umgibt und verleitet, nichts wissen will.

Satan kann die Freiheit des Menschen zwar einengen, aber er kann sie nicht zerstören, es sei denn, der Mensch unterstützt ihn dabei.

Auf alle Fälle ist die Abwendung des Menschen von Gott nicht zu rechtfertigen, denn ich, das fleischgewordene Wort Gottes, habe ihm in den kostbaren Früchten meiner Erlösung Heilmittel zur Verfügung gestellt, wann immer er sie benützen will.

Wenn aber der Mensch in der Gefolgschaft Satans von Gott nichts wissen will, verdammt er sich selbst.

Mein Weg

Heute haben die Menschen mich verlassen, die Wahrheit und das Leben, den geraden, sicheren Weg, um die von Satan bezeichnete Richtung einzuschlagen.

Wenn sich die Menschen nicht bekehren, können sie nicht gerettet werden, was auch immer die vielen Sämänner des Unkrauts in meinem Weinberg sagen mögen, die mit ihren Irrlehren ein furchtbares Durcheinander in den Seelen verursachen.

Es gibt menschgewordene Dämonen, die ganz von Hochmut beherrscht sind. Ihre Schriften sind ebenso schädlich wie pornographische Bücher und überall zu finden, in den Seminarien, in Klöstern, in den Schulen. Ihr Gift ist mörderisch, und sie fordern Opfer vor allem unter der Jugend.

Der Weg jedes Menschen beginnt im mütterlichen Schoß, und sein irdisches Ende ist der körperliche Tod, dem das Urteil ohne Berufungsmöglichkeit folgt. Nach dem Tod beginnt der Mensch sein ewiges Leben, ein glückseliges oder unglückseliges, je nach dem Gebrauch oder Mißbrauch seiner Freiheit.

Ich, das ewige Wort Gottes, von jeher gezeugt vom Vater, Mensch geworden in der Fülle der Zeit im reinsten Schoß meiner und eurer Mutter, in der Herrlichkeit zur Rechten des Vaters sitzend, bin für euch mit Leib und Blut, Geist und Gottheit, im Geheimnis des Glaubens und der Liebe stets gegenwärtig.

Auch ich wollte meinen «Weg» auf Erden gehen wie alle anderen Menschen.

Der Anfang war meine jungfräuliche Empfängnis im Schoß meiner Mutter; das Ende das Kreuz mit dem körperlichen Tod.

Ich, der Weg, bin euch auf Erden vorausgegangen, damit jedem von euch, der mir nachfolgt, der Weg erleichtert wird und er keine Zweifel, Unsicherheit und Verirrungen zu befürchten braucht.

Mein «Einbahnweg» ist gut und sicher für jeden Menschen guten Willens; er beginnt mit einem Akt unendlicher Demut.

Unendliche Demut

Meine Menschwerdung, der ich Sohn Gottes bin, war ein Akt unendlicher Demut, damit alle Menschen wissen, daß die Demut die Grundtugend, das sichere, wesentliche Fundament aller Tugenden ist.

Es würde genügen, wenn viele falsche Theologen ein wenig über diese göttliche Wirklichkeit nachdenken wollten. Ich wurde in einer als Stall dienenden, kalten, feuchten Grotte geboren und begann meinen Weg auf dieser Welt in tiefster Armut.

Wie denken meine Christen aus der heutigen Konsumgesellschaft über diese Tatsache? Und wie denken meine Priester darüber?

Wie denken über all dies die eingebildeten Theologen, die mit Vorliebe Bücher voller giftiger Spitzfindigkeiten und verwickelter Beweisführungen schreiben und dabei die göttliche Einfachheit meines Evangeliums vergessen! Ich bin der unendlich einfache Gott und liebe die Einfachheit. Diese Theologen, die bequeme Wohnungen lieben, denken nicht daran, daß ihr Erlöser unter Verzicht auf das, was allen Menschen zusteht, in einem Stall geboren wurde. Sie sehen nicht den schreienden Gegensatz zwischen meinem und ihrem Leben sowie dem Leben der Christen von heute, die nach Reichtum und Wohlergehen streben...

Sie sind gleichgültige Egoisten, die Gott mißachten und für alle Anrufe meines Stellvertreters auf Erden taub sind, aber sofort gegen seine Worte aufbegehren, weil sie keine Unannehmlichkeit dulden, die sich aus der Wahrheit ergibt.

Sehen diese meine Priester und viele Christen den Schmutz nicht, mit dem meine Kirche unaufhörlich beworfen wird?

Sie haben die Worte meines Apostels Paulus vergessen: «Wahrhaftig, Gottes Zorn offenbart sich vom Himmel her über alle Gottlosigkeit und Ungerechtigkeit der Menschen, weil sie in ihrer Ungerechtigkeit die Wahrheit unterdrücken, denn was von Gott erkennbar ist, ist ihnen wohlbekannt» (Röm 1,18).

Ich, das menschgewordene Wort Gottes, habe dies mit meinem Weg, den ich auf Erden in Demut, Gehorsam, unter schrecklichstem Leiden, voller Liebe zu meinem Vater und zu meinen Brüdern ging, klar geoffenbart.

Alle Christen, Priester und Bischöfe, müssen meine durch den Apostel Paulus an die Römer geschriebenen Worte bedenken: «Wiewohl die Menschen Gott erkannten, verherrlichten sie ihn nicht!» (Röm 1,21).

Hochmut und Anmaßung

Sind etwa die Christen von heute besser als die Heiden vor zwanzig Jahrhunderten? Werden sie sich dem göttlichen Zorn entziehen können, nachdem sie den Weg verlassen haben und sich auf dunklen und krummen Pfaden der schändlichsten Leidenschaften verlieren? Sie wollen meine Wahrheit zunichte machen und im Abgrund ihres Hochmuts und ihrer Anmaßung begraben...

Sie haben andere Wege gewählt, die nicht die meinen sind.

Sie rufen oft meine Barmherzigkeit an. Bisher war die Zeit der Barmherzigkeit, aber es kommt die Stunde der Gerechtigkeit, in der mein und euer Vater schreckenerregend sein wird.

In ihrer ungeheuren Blindheit begehren sie, daß ich mein Leben, ja selbst mein Wesen als wahrer Gott und wahrer Mensch verleugne.

Mein Sohn, noch einmal bitte ich dich, meine wiederholte Einladung zu einer echten Bekehrung laut kundzutun. Habe keine Angst vor den Auswirkungen, die du hervorrufst.

Ich will, daß alle gerettet werden. Wenn sich aber ihre Hartnäckigkeit im Hochmut nicht bessert, werden sie verweht wie Staub im Wind.

Wenn sie ihre Augen dem «Licht der Welt», das ich bin und gebracht habe, nicht öffnen wollen, wird ihre Frucht die Finsternis sein für Zeit und Ewigkeit.

Ich segne dich, und zusammen mit mir segnet dich meine und deine Mutter.

12. Oktober 1975

65. Strenge der göttlichen Gerechtigkeit

Viele laufen Gefahr, sich von der Möglichkeit einer künftigen großen Züchtigung nicht überzeugen zu lassen. Viele zweifeln, verneinen sie heftig und erklären, eine große Züchtigung würde der göttlichen Barmherzigkeit zuwiderlaufen.

Auch meine Apostel wollten den Gedanken an mein Leiden und meinen Tod nicht annehmen; sie glaubten nicht an meine Worte. Ihr Eigendünkel hinderte sie daran, klar zu sehen, und beraubte sie der Gabe der Weisheit.

Heute wiederholt sich das gleiche für viele.

Ich, das menschgewordene Wort Gottes, bin im wahrsten Sinn das Opfer der strengen göttlichen Gerechtigkeit gewesen.

Die unendliche Liebe zur gefallenen Menschheit bewog die Allerheiligste Dreifaltigkeit zur Verwirklichung des Geheimnisses meiner Menschwerdung, meines Leidens und Sterbens. Vom Mund der Weisheit wurde gesagt: Aus der Sünde kam der Tod.

Die Sünde ist eine persönliche und eine soziale Schuld, die der Mensch und die Gesellschaft Gott gegenüber auf sich geladen haben. Gott kann immer eine teilweise Gutmachung verlangen, weil der Mensch weder einzeln noch in der Gesellschaft die Schuld völlig tilgen kann. Dafür hat Gott im Geheimnis meiner Menschwerdung, meines Leidens und meines Todes gesorgt.

Barmherzigkeit und Gerechtigkeit unteilbar

Denen, die mit großer Sicherheit behaupten, man dürfe nicht von Züchtigungen, sondern nur von der göttlichen Barmherzigkeit sprechen, antworte ich unmißverständlich und erkläre, daß in Gott Barmherzigkeit und Gerechtigkeit unteilbar sind, denn sobald das Böse das Alarmzeichen übersteigt, setzt das unerforschliche Walten der göttlichen Gerechtigkeit ein.

Wiederholt habe ich gesagt, daß die Städte dieser ungläubigen Generation schlechter sind als Sodoma und Gomorrha, die Sittenverderbnis überall wuchert und das Böse auf der Erde sich mit der Kraft eines reißenden Stromes ausbreitet. Nicht einmal meine Kirche ist davon sicher. Viele meiner Priester sind angesteckt. Der Abfall von Gott war nie so allgemein.

Der Kelch läuft über

Meine armen Priester, wie kurzsichtig sind sie. Sie sehen und begreifen nicht, daß Gott in seinem Zorn stets von einer Absicht der Barmherzigkeit geleitet wird.

Warum denken so viele Priester nicht an meine schreckliche Todesangst in Gethsemane? Warum denken sie nicht, daß mein blutiger Schweiß, meine Verlassenheit vom Vater mit der ganzen Strenge der göttlichen Gerechtigkeit, auf mir, seinem eingebornen Sohn lastete? Und warum habe ich alle Sünden der Menschen auf mich genommen?...

Auch diese Gerechtigkeit war, wie alles, eine Frucht der unendlichen Barmherzigkeit.

Unglaube und Unwissenheit vermögen den Arm Gottes gegen die hochmütige, selbstbewußte Menschheit nicht zurückzuhalten. Meine Mutter hat es vermocht. Das Leiden der Guten und Unschuldigen, die heroische, hochherzige Hingabe der Opferseelen waren imstande, die beschlossene Züchtigung zu mildern und hinauszuschieben.

Doch jetzt läuft der Kelch über. Das Maß ist unwahrscheinlich voll und das Gericht im Anzug, auch wenn die Blindheit die Menschen hindert, das Vorspiel der drohenden Katastrophe zu sehen.

Indessen hat meine Barmherzigkeit, die allerdings viele meiner Priester nicht mit der göttlichen Gerechtigkeit zu verbinden verstehen, zahlreiche Heilmittel für eine geläuterte und neu geordnete Kirche, aber auch für eine gemaßregelte und von allen Verirrungen menschlichen Hochmuts befreite Menschheit bereitgestellt.

Barmherzigkeit und Gerechtigkeit wollen gleichen Schrittes ihren Lauf nehmen.

Mein Sohn, sage es: Die Seelen müssen unverzüglich zum Gebet, zur Buße und zur Bekehrung angeleitet werden.

Habt Vertrauen! Gott ist in seiner Gerechtigkeit immer Liebe, und aus der Liebe gehen alle seine Handlungen hervor. Ich segne dich, liebe mich! Entschädige mich durch deine Liebe für alle Undankbarkeit und Beleidigungen. *8. Oktober 1975*

66. Werkzeug des Verderbens

Die Art, wie das Sakrament der Beichte gespendet wird, entspricht keineswegs dem Plan meiner Barmherzigkeit und Liebe, sondern einem verruchten Plan des Bösen. Er hat alles unternommen, dieses Sakrament, das ein Mittel der Auferstehung und des Lebens ist, in ein tödliches Werkzeug der Verdammnis zu verwandeln, indem er, der Fürst der Finsternis, diese Frucht der Erlösung verdunkelt hat...

Ich bin der ewige Hohepriester, der Richter, die Liebe und die Gerechtigkeit. Ich bin die ewige Barmherzigkeit. Mir als Richter steht das Urteil über jeden einzelnen Menschen zu, ein Urteil ohne Berufung, das seine letzte Bestätigung beim Jüngsten Gericht haben wird, dies sowohl für die Menschheit als auch für die Engelwelt.

Ich, der unendlich gerechte Richter, richte jeden Menschen in Gerechtigkeit. Richter sein heißt, den Sünder in Gerechtigkeit von der Schuld lossprechen oder ihn verurteilen.

Jeder Priester muß ein rechtschaffener, gerechter und unabhängiger Richter sein. Seine Vollmacht stammt nicht von ihm, sondern von mir, dem ewigen Richter. Sehr viele üben diese Vollmacht nach ihrem Gutdünken aus. Sie bedienen sich dieser Macht mit einer Leichtfertigkeit und Gewissenlosigkeit, die jeden erschaudern läßt, der mit mir verbunden ist.

Man hilft den Beichtenden, für ihre Sünden alle möglichen Rechtfertigungen zu finden mit der Begründung, die Barmherzigkeit Gottes sei groß.

Sakrilegische Beichten

Die Barmherzigkeit Gottes ist nicht nur groß, sondern unendlich. Doch das bevollmächtigt niemand, sie in so schändlicher Weise zu mißbrauchen, wie dies geschieht. Mein Sohn, diese Sache ist wichtig, daher wiederhole ich: Werdet aus Ausspendern der göttlichen Gerechtigkeit nicht zu Mitschuldigen des Teufels; werdet nicht aus Werkzeugen des Heiles zu Werkzeugen der Verdammnis!

Gott läßt seiner nicht ungestraft spotten. Die Worte, mit denen ich dieses Sakrament eingesetzt habe, sind von unmißverständlicher Klarheit: entweder die Sünden erlassen oder sie behalten.

Ohne aufrichtige Reue keine gültige Beichte! Es gibt keine ehrliche Reue ohne den ernsten, wirksamen Vorsatz, nicht mehr zu sündigen.

Viele Beichten sind null und nichtig! Viele sind doppelt sakrilegisch: Wer ohne die erforderlichen Voraussetzungen beichtet, und wer losspricht, ohne sich zu vergewissern, daß die erforderlichen Bedingungen gegeben sind, entweiht das Sakrament und begeht ein Sakrileg. Dadurch wird dieses wunderbare Heilmittel entwürdigt, indem es in ein Mittel der Verdammnis verwandelt wird. Damit wird der Priester mitschuldig am verderblichen Plan Satans. Er sucht nicht Gott und nicht das Heil der Seelen, er sucht sich selbst, und es ist schrecklich, sich selber Gott vorzuziehen...

Warum habe ich den Aposteln und ihren Nachfolgern gesagt: «Allen, denen ihr die Sünden nachlasset, sind sie nachgelassen, und allen denen ihr sie behaltet, sind sie behalten»? Es ist klar, mit diesen Worten wird ein ernstes, ausgewogenes Urteil verlangt, das keine Kompromisse zuläßt, weder gegenüber dem eigenen Gewissen, noch gegenüber dem Beichtenden, noch viel weniger mir gegenüber.

Nichts mehr ist Sünde...

Mein Sohn, viele Dinge wiederhole ich bewußt, um dieses brennende Problem der heutigen Seelsorge dem Geist meiner Priester besser einzuprägen. Ja, man spricht ohne Unterschied alles und alle los.

Für viele Priester ist es zudem äußerst leicht, zu absolvieren, denn nichts mehr ist Sünde... Die Keuschheit ist keine Tugend mehr. Die verantwortungsbewußte Vaterschaft, die recht verstanden gut ist, ist zum Beweggrund sämtlicher Freiheiten in den ehelichen Beziehungen geworden.

Unter dem Vorwand, die Kultur zu fördern, erlaubt man die bedenklichsten Lektüren, wo die Saat der Wollust und der philosophischen und theologischen Irrtümer reichlich ausgestreut wird.

Heute ist alles auf Betrug und Diebstahl gegründet. Die Gerechtigkeit verlangt, daß sich der Beichtvater über den ernsten und wirksamen Vorsatz der Rückerstattung des unrechtmäßigen Erwerbs vergewissert. Sehr oft wird der Beichtende auf diese strenge Pflicht nicht einmal aufmerksam gemacht.

Im Namen des Fortschritts schließt man beide Augen, um dem Beichtenden zu zeigen, daß sich der Beichtvater modern den Erfordernissen der Zeit anpaßt.

Über diese Dinge setzen sich jene hinweg, die die Verantwortung haben, das Böse an der Wurzel zu bekämpfen, und zwar stets und überall...

Ich segne dich, und zusammen mit mir segnen dich meine Mutter und der heilige Joseph.   *28. Oktober 1975*

67. Das Feuer wieder entfachen

Mehrmals habe ich dir von der Liebe gesprochen; mit Nachdruck kehre ich zu diesem Thema zurück, weil ich die unerschöpfliche Liebe bin.

Ich habe den Menschen ein neues Gebot gegeben, die Zusammenfassung des ganzen Gesetzes, den Schlüssel zum Glück. Wenn die Menschen mein Gebot in die Tat umsetzen würden, wäre die Erde ein Paradies, in dem die Liebe triumphiert.

Ich bin die Liebe, und von mir leben alle Seelen. Die Vollkommenheit des Lebens auf der Erde wird gemessen am Grad der Innigkeit, mit der die Seelen mich und mit mir die Brüder lieben. Ihr seid um so vollkommener und heiliger, je mehr ihr liebt. In der wahren Liebe, meiner Liebe, besteht der wahre Grund des Lebens, die echte Lebensfreude.

Das Geschenk der Freiheit

Mein Sohn, versuche, dir das Leben des Menschen ohne einen Funken Liebe vorzustellen. Wäre es nicht ein düsteres, verzweifeltes Leben, trocken und unfruchtbar, ohne je ein Lächeln, einen Lichtstrahl? Ein Leben der Dämonen, das Leben der Verdammten, die sich vom bösen Geist beherrschen lassen, die Stolz, Haß, Neid, Verzweiflung, Eifersucht und unlöschbarer Durst nach Bösem sind!

Diese verdammten Geister sind vom brennenden Bedürfnis getrieben, Böses zu tun. Sie sind Vollbringer des Bösen, schüren Gewalt, Flüche, Haß und Spaltungen, Irrlehren, Schamlosigkeit und was es sonst noch Böses gibt.

Die Liebe dagegen ist Eifer für alles Gute, die unwiderstehliche Begeisterung der Seele, die sich auf Gott und die Brüder ausrichtet.

Die Liebe ist ein geheimnisvolles Gefühl, das seine Quelle in Gott hat und sich wie ein Pfeil zu den Seelen hinbewegt, die der Gegenstand der Liebe sind. Die Seelen unterscheiden sich von Natur aus von der Materie, mit der sie auf Erden vereinigt sind.

Die Seele ist der göttliche Hauch der Liebe, der die Materie belebt. Die Seele gleicht Gott; frei und vernunftbegabt kann sie die Liebe in verschiedenem Maß und Grad annehmen oder abweisen.

Die Sonne, mein Sohn, schickt ihre Strahlen, ihr Licht und ihre Wärme zu den Dingen, die in ihrem Strahlungsbereich liegen, und diese, wertvolle wie einfache, empfangen die Strahlen ohne Abweisung und ohne das Licht oder die Wärme zu verunreinigen. Aber für die Seelen gilt das nicht!

Die Seelen können der Liebe entsagen und den Haß wählen; sie können das Licht ablehnen und die Finsternis wählen! Wenn doch die Menschen das Geschenk der Freiheit verstehen wollten und was diese Gabe in sich schließt: Die Wahl der ewigen Glückseligkeit, die keine Zunge zu beschreiben vermag und die allein der Vater gibt, oder das Unheil der Verdammung, die der auf Erden pilgernde Mensch nicht verstehen kann.

Man stößt die Liebe weg

Die vollkommene Liebe besteht darin, Gott den Einen und Dreifaltigen und die Brüder mehr als alle anderen Dinge auf der Welt, zu lieben; das ist das neue Gesetz, freiwillig angenommen und mit höchster Hingabe gelebt.

Die Vollkommenheit in der Liebe erreicht und vervollständigt man im Himmel. Die Fülle der Herrlichkeit entspricht dem Grad der Liebe; je stärker die erreichte Liebe ist, um so größer ist die Herrlichkeit.

Warum weisen die Menschen die Liebe zurück? Warum wissen sie das höchste Gut, für das sie geschaffen wurden, nicht zu schätzen? Auch in dieser Hinsicht liegt eine schwere Verantwortung auf den Gewissen meiner Priester und Hirten.

Wenn Arbeiter die Hochöfen der Stahlwerke versorgen, aufhören, das Feuer zu schüren, so bleibt alles stehen. Das Feuer in den Öfen erlischt, und jede Tätigkeit hört auf.

Auch die Liebe ist ein Feuer; wenn es erlischt, hört das Leben auf.

In meiner Kirche sind viele «Öfen» erloschen. Jeder Bischof und Priester sollte ein glühendes «Feuer» sein, das durch die Heiligkeit des Lebens, mit der Macht der Gnade und dem göttlichen Wort Wärme und geistige Energie schenkt.

Wenn aber das Feuer in ihnen und in ihren Gemeinschaften nicht immer wieder entzündet wird, erlischt langsam das Leben. An dieser traurigen Tatsache leidet heute die Kirche.

Welch staunenerregende Wunder würde die Welt sehen, wenn die Bischöfe ihre Priester zu sich rufen würden, um mit wahrer Demut, wie ich sie lehrte, ohne die es keine echte innere Lebenskraft gibt, mit ihnen übereinzukommen, das Feuer der Liebe in sich selbst neu zu entfachen und ihren Söhnen und Brüdern weiterzugeben.

Wenn sie doch die Dinge, die recht wenig zum Heil der Seelen beitragen, weglegten, um sich verstärkt mit dem wahren Problem der Kirche zu beschäftigen, das darin besteht, den entfesselten Angriff der Mächte der Hölle einzudämmen und zu bekämpfen. Die zur Verfügung gestellten Waffen, die nicht mehr verwendet wurden, müßten wieder eingesetzt werden: Die Waffen des Gebetes, der Abtötung, der inneren und der körperlichen Buße im Gehorsam gegenüber meinem Stellvertreter und der Hierarchie, im Geist der evangelischen Armut.

Die Welt könnte vor dem Sturz, der ihr droht, gerettet werden. Aber man kann nicht beten, sich nicht abtöten und kein Leiden annehmen, wenn man nicht liebt.

Siehst du, mein Sohn, wir sind nochmals zum Kernpunkt des Problems vorgedrungen, zur Krise des Glaubens, die zwangsläufig auch eine Krise der Liebe ist.

Viele sprechen von Liebe, aber in Wirklichkeit brennt sie nur in wenigen, denn die Glaubenskrise hat so viele «Feuerherde» in der Kirche ausgelöscht. Sie müssen rasch wieder entzündet werden, damit die göttliche Gnade von neuem in den Seelen wirken kann.

Mein Sohn, bete und rege die guten Seelen zum Beten an. Wer sich großmütig meinem barmherzigen Herzen und dem unbefleckten Herzen meiner und eurer Mutter weiht, in dem wird das Feuer neu entfacht, wo sonst tödliche Kälte herrscht.

Ich segne dich. *14. Dezember 1975*

68. Gelehrige Werkzeuge

Wie viele Gute sagen: «Herr, Herr!»; aber nur wenige sind wirklich bereit, den Willen Gottes zu tun!

Sehr viele behaupten mit Überzeugung, meine Werkzeuge zu sein, aber in Wahrheit sind sie Werkzeuge ihrer selbst, ihres Stolzes. Doch mein Sohn, es gibt nur zwei Möglichkeiten: Entweder seid ihr Werkzeuge Gottes oder Werkzeuge Satans.

Ein Werkzeug läßt sich immer handhaben. Wenn die Bischöfe und Priester sich wirklich wie verfügbare Werkzeuge in der Hand Gottes führen ließen, so wäre die Kirche und die Erde für den Himmel ein wunderbares Schauspiel der Heiligkeit und der Liebe. Meine Engel wären darüber erfreut, und die Menschen auf Erden wie verwandelt!

Doch was für ein trauriger Anblick! Zum Erschrecken! Voll moralischer Unordnung, düsterer Leidenschaften, Kampf, Haß und Bösem aller Art...

Nicht mit Worten

Mein Sohn, meine Worte ändern sich nicht! Nicht wer mir mit Worten angehört wird gerettet, sondern wer seinen Willen vollkommen dem des himmlischen Vaters angleicht.

Wenn viele meiner Bischöfe erfahren müssen, daß man ihnen nicht gehorcht, und sehen, daß der Glaube bis in den Grundfesten erschüttert ist, dann sollen sie den Fehler nicht draußen, sondern in ihrem eigenen Leben suchen. Es ist leicht, von Werkzeugen der Vorsehung zu sprechen; aber es ist nicht so leicht, tatsächlich ein solches Werkzeug zu sein.

Ja, mein Sohn, es ist die Geschichte der ersten Sünde, die sich in der Zeit hartnäckig wiederholt, aber aus der nie gelernt wird! Satan fordert den Sündenfall des Menschen immer wieder heraus. Der Mensch durchbricht damit die wunderbare vorherbestimmte Ordnung, die Harmonie von Natur und Gnade.

Die Sünde ist die schwerste Unordnung! Sie verursacht in der Welt des Geistes der Gnade und der Natur ständig neue Unordnungen.

Die Stammeltern sündigten. Unmittelbar darauf folgte das Aufflammen der Sinne, die Auflehnung des Fleisches, des Geistes, der Natur: «Du sollst dein Brot im Schweiß deines Angesichts essen, und du, Frau, sollst deine Kinder in Schmerzen gebären!»

Ihr könnt nie verstehen, was ihr mit der wunderbaren Harmonie der Gnade und der Natur verloren habt! Irdisches Paradies wurde der erste Wohnort der Menschen genannt!

Bischöfe und Priester müssen über die schrecklichen Folgen der ersten Sünde gut unterrichtet sein und wissen, daß sich diese Folgen mit dem Vollzug jeder Sünde wiederholen, besonders beim Hochmut. Die Sünde des Stolzes und der Anmaßung ruft, wenn sie von einem Bischof begangen wird, in seiner Diözese zahlreiche andere Übel hervor. Viele Unordnungen haben hier ihren Ursprung.

Mein Sohn, deshalb beharre ich so sehr darauf und wiederhole es oft, daß man sehr wenig von dem Grundproblem meines mystischen Leibes verstanden hat.

Es ist schmerzhaft, dies feststellen zu müssen. Aber einige Bischöfe und Priester sind wie der einfältige Bauherr, der sich bei der Erstellung seines Hauses mit Nebensächlichkeiten befaßt und dabei die Fundamente und die Trägerstrukturen vernachlässigt, was das Haus mit Sicherheit einstürzen läßt. Eine unverantwortliche Sorglosigkeit!

Ich wollte es dir aufs neue wiederholen, damit irgend jemand endlich den Entschluß faßt, dieses schwere Problem aufzugreifen.

Mein Sohn, man will an diese Wirklichkeit, die offen vorliegt, nicht glauben. Aber diese Blindheit und lügenhaften Überzeugungen, die der Feind mit boshafter Schläue in die Köpfe einzupflanzen versucht, können die Reinigung, die die Liebe fordert, keinen Augenblick verzögern, geschweige denn vermeiden. Die Liebe kann die Herrschaft Satans in der Welt und in den Seelen, die in großer Zahl verloren gehen, nicht länger dulden.

Man hält meine Weisung an die Apostel, die Teufel auszutreiben, für unnütz, ja sogar für lächerlich. Damit sind Satan alle Türen geöffnet!...

Ich bin eine lebendige Person!

Mein Sohn, sage es allen, kümmere dich nicht im geringsten um die Auswirkungen, wie sie auch sind. Ich bin es, der es will und dir befiehlt.

Es muß endlich Schluß gemacht werden mit dieser Schein-Klugheit, die euch davon abhält, allen zu sagen, daß ich, Jesus, wahrer Gott und wahrer Mensch bin, eine lebendige, wirkliche Person wie ihr, ja mehr als ihr, und das Recht habe, meine Stimme zu erheben wie, wann und wo ich will.

Sie müssen überzeugt sein, daß ich sie zu Priestern, einige von ihnen zu Bischöfen erwählt habe. Wie ich sie berufen habe, kann ich auch aus diesen meinen Priestern jene auswählen, denen ich besondere Aufgaben anvertraue, die in der Art und zu der Zeit erfüllt werden müssen, die ich festlege.

Werde nicht müde, zu beten und zu opfern. Schau, die anderen werden auch nicht müde, mich zu beleidigen. Deine Leiden haben immer zugenommen, aber du weißt, daß sie das Maß deiner Liebe zu mir sind.

Ich segne dich, mein Sohn, und zusammen mit dir segne ich all jene, die im Geist wahrer Demut die dringende Einladung des Gottmenschen annehmen, der alle gerettet haben will. *20. Januar 1976*

69. Die Dinge werden sich ändern

Denke nicht, daß sich die Welt in 2000 Jahren viel geändert hat! Für eine grundlegende Wandlung müßten die Ursachen an den Wurzeln der menschlichen Natur geändert werden.

Der Mensch kann Fort- und Rückschritte machen, aber er kann sich nicht wesentlich ändern. Er wird stets ein durch die Erbsünde tödlich verwundetes Wesen bleiben, zum Bösen geneigt, das er, wenn er will, nur mit Hilfe von oben zu überwinden vermag.

Darin liegt der Grund, warum sich der Mensch seit 2000 Jahren Christentum nicht sehr verändert hat. Heute wie damals erneuert man mit der gleichen blinden Grausamkeit mein Leiden. Mit sturer Hartnäckigkeit zieht der Mensch dieses materialistischen, ungläubigen Zeitalters Barabbas mir vor und schreit: «Hinweg mit ihm! Kreuzige ihn!» (Joh 19,15).

An der Wurzel findest du stets dieselbe Ursache: Den Haß Satans gegen das Wort Gottes, das zur Rettung der Menschheit Fleisch geworden ist; den Haß Satans gegen mich, den Erlöser, und gegen die Menschen, die er in sein eigenes Verderben reißen will.

Dies ist der wahre Grund, warum man nach 2000 Jahren in den Logen der Freimaurer, in den Parlamenten, in den Aulen der Universitäten, in der Presse, am Radio und im Fernsehen, an den Parteispitzen, in den Zeitungen fortfährt zu rufen: «Ans Kreuz mit ihm!»

Die Rache des Teufels

Satan, der seit dem Augenblick seiner Auflehnung gegen Gott und seinem Sturz in seinem Haß erstarrt ist, plant immer Rache. Aus diesem Haß lebt und nährt er sich; er ist ihm zum Sinn seines Daseins geworden.

Weil er der menschlichen Natur überlegen ist, vermag er viel über sie, und er bedient sich dieser Überlegenheit, um den Menschen zum Bösen aufzuhetzen.

Deshalb erkennst du heute wie vor 2000 Jahren im Menschen die gleichen niederen Instinkte seiner verwundeten Natur und seine Äußerungen des Hasses gegen mich.

— Mein Jesus, worin besteht die Schuld des Menschen, wenn ein stärkeres Wesen ihn unerbittlich zum Bösen drängt?

Mein Sohn, vergiß nicht, daß ich die göttliche Natur mit der menschlichen vereinigt habe, um die geschuldete Genugtuung und Sühne für die Menschheit zu leisten. Die Tatsache, daß der menschlichen Natur, die durch die Sünde erniedrigt, ihre ursprüngliche Würde zurückgegeben wurde, hat in Satan den Hunger nach Haß, Neid und Eifersucht gegen euch Menschen schrecklich verschärft.

Darum kann man das Böse, das die Menschen tun, nicht rechtfertigen, auch wenn sie von Satan dazu aufgestachelt werden, denn der Mensch ist frei, und die Erlösung hat die durchbrochene Ordnung und das gestörte Gleichgewicht wiederhergestellt. Gerade durch die Erlösung werden den Menschen die notwendigen Mittel gegeben, damit sie den Versuchungen entgegentreten und sie überwinden können.

Wenn nun der Mensch mit Wohlgefallen sein Ohr der Stimme des Bösen zuwendet, tut er dies nicht ohne Verantwortung. Wenn er freiwillig die Früchte der Erlösung zurückweist, begibt er sich auf einen gefährlichen Weg, auf dem er leicht abgleitet, immer tiefer und tiefer, bis zum Abgrund.

Es lebe Barabbas!

Mein Sohn, deshalb ruft man der Liebe, also dem Sohn Gottes, der sich zum Erlöser der Menschheit gemacht hat, voller Wut zu: «Crucifigatur!» und wiederholt: «Es lebe Barabbas, der Nazarener muß sterben!»

Es lebe Barabbas! Das heißt das Verbrechen, die Gewalttätigkeit bis zur Verherrlichung des einen wie des anderen! Es lebe der Haß, die Prostitution und Pornographie! Es lebe die schamlose Presse und die durch Kino und Fernsehen gepriesene Unmoral! Es lebe das Böse!

Christus, der Retter, muß sterben! Tod der Liebe, die gekommen ist, die verlorene, gedemütigte und versklavte Menschheit zu retten, ihr Freiheit und Würde wiederzugeben und ihr Horizonte der Hoffnung und des Heiles zu eröffnen.

Wie ist nun, angesichts dieser Tragödie, die Haltung vieler meiner Priester? Nicht wenige sind gleichgültig, andere sympathisieren und arbeiten mit meinen Feinden. Es sind marxistische Priester, die schändlicherweise gottlose und materialistische Zeitungen abonniert haben. Diese Priester sind zahlreicher, als heute bekannt ist. Ihr werdet es in der Stunde der Prüfung erfahren.

Es gibt auch Priester, die ihr Amt als einen gewöhnlichen Beruf auffassen und nicht verstanden haben, im Priestertum das Geheimnis der Kirche zu sehen, von der sie einen wesentlichen Teil bilden. In der Tat, wie könnte man sich eine Kirche ohne Priestertum denken.

Es ist wirklich wie auf Kalvaria! Dort waren viele Gleichgültige und Neugierige, Schriftgelehrte und Pharisäer. Wenige, sehr wenige Gute! Die Mutter, Johannes, die frommen Frauen, einige Jünger und die Hirten.

Mein Sohn, so hat sich die Welt nur wenig geändert, denn die Ursache des Übels ist stets die gleiche. Sie muß man bekämpfen und ihre Angriffskräfte begrenzen, ihren Plänen zuvorkommen und ihre Wirkung schwächen. Das wird nicht von allen und nicht im rechten Ausmaß getan!

Lebenskraft

Trotz allem werden sich die Dinge ändern. Mein Leiden und mein Tod haben eine solche Lebenskraft in die Welt gebracht, daß die Mächte des Bösen nicht überwiegen.

Mein Leiden wird in meinem mystischen Leib fortgesetzt — in den Leiden der Heiligen, der Sühneseelen, der Guten; dort bringt es seine Früchte.

Die Erde wird mit dem Blut neuer Märtyrer durchtränkt, die dem strahlenden Morgenlicht einer zu neuem Leben erwachten Kirche voranschreiten, einer Kirche, die den Platz der Lehrmeisterin und Führerin der Völker der ganzen Welt einnehmen wird.

Die Kräfte des Bösen werden unter dem Fuß meiner Mutter zertreten, die wie ein kampfbereites Kriegsheer einen erneuten glänzenden Sieg für das Kreuz und die Kirche erringen wird. Die Menschheit wird dem Vater wiedergegeben werden, der sie für die glückselige Ewigkeit bestimmt hat.

Mein Sohn, bete, opfere. Ich segne dich, liebe mich!

27. Februar 1976

70. Beharrliche Ausdauer

Schreibe, mein Bruder, ich bin Don Orione.

Dem ständig auf Granit fallenden Wassertropfen gelingt es, diesen auszuhöhlen, aber was ist schon ein kleiner Wassertropfen? Welche Kraft besitzt er, um ein solches Werk zu vollbringen? Der Wassertropfen braucht dazu nur Zeit; so bist auch du angewiesen auf die Beharrlichkeit.

Beharrlichkeit im Guten ist nötig! Das menschliche Geschöpf hat das natürliche Gleichgewicht, in dem es erschaffen wurde, zerstört und ist durch die Erbsünde Gegenstand beständiger Veränderungen des Verhaltens und unaufhörlicher Verwandlungen des Temperaments geworden. Es gleicht dem Wind, der bald aus Osten, bald aus Westen weht. Dieser menschlichen, zerbrechlichen, wandelbaren Natur muß ein Element der Festigung des Gleichgewichtes eingefügt werden, sonst vermag sie nichts Gutes hervorzubringen, sondern nur wilde bittere Früchte. Dieses höhere, sichernde Element ist die göttliche Gnade; sie enthält das überaus wichtige Geschenk der Beharrlichkeit, eine wesentliche Gabe, ohne die das ewige Heil in Frage steht.

Die Kenntnis des Guten, der Wille zum Guten, der Wunsch danach genügen nicht, die Beharrlichkeit im Guten ist nötig. Wie viele sind nach ihren ersten Schritten auf dem Weg zur Vollkommenheit stehengeblieben? Wie viele sind auf halbem Weg ausgeglitten? Wie viele waren nicht imstande, dem Endziel nahe weiterzuschreiten und haben damit ihre Verzichte, ihre Opfer, ihre Leiden aufs Spiel gesetzt oder alles verloren, weil sie nicht auszuharren vermochten?

Höllisches Spiel

Warum, Don Ottavio, diese Ausführungen über die Beharrlichkeit? Wenn du beobachtest, was in der Kirche heute vorgeht, kannst du dir mühelos Rechenschaft geben, was ihr mangelt, denn die Unbeständigkeit und Oberflächlichkeit dieser Generation ist größer denn je. Weil die Menschen, mit Ausnahme einer kleinen Zahl, nicht in der Gnade Gottes leben, sind sie der Spielball ihrer eigenen Schwäche und des bedrückenden Einflusses des Dämons, dessen finsteren Mächte mit den Seelen ebenso zynisch und grausam umgehen wie die Katze mit der Maus. Die hauptsächlichste Ursache der Unbeständigkeit ist sicher der Verlust der göttlichen Gnade in der Seele der Menschen, und damit fehlt das innere

Leben und das Gebet im christlichen Leben. Die Glaubenskrise stammt aus der heidnischen Auffassung des Lebens.

Die erneuerte Kirche wird ein neues Programm zur Heranbildung des christlichen, innerlichen Lebens schaffen und der Festigkeit des Lebens in der Familie und in der Kirche den ihm zukommenden Wert wiedergeben.

Die neuen Gemeinschaften müssen dem Geist der inneren und äußeren Abtötung einen mächtigen Aufschwung ermöglichen. Dieser Geist wird die Seelen und die Gewissen zugänglicher machen und echte Soldaten Christi heranbilden, die für die Kämpfe gegen die Feinde Gottes, der Kirche und der Seelen, gegen die Dämonen, die Leidenschaften und die Welt gefestigt sind.

Jesus hat der Kirche das Sakrament der Firmung verliehen, damit jeder Getaufte ein starker Soldat werde, der sich seiner Rolle als Streiter im großen Heer der Kirche völlig bewußt ist. Das Leben des Soldaten ist ein Leben des Verzichtes, des Opfers und des Kampfes. Sind die Gefirmten unserer Zeit auch dieser Überzeugung? Heilige Menschen, die ihr Leben nicht in echter Sittenstrenge gelebt haben, hat es in der Kirche Gottes nie gegeben und wird es nie geben.

Entweder mit ihm oder gegen ihn

Vieles wird sich in der neuen Kirche ändern müssen und auch geändert werden. Ausgestoßen werden die falschen Propheten, die falschen Lehrmeister, die Auswüchse so vieler Schein-Theologen. Jesus allein ist der wahre, universale Lehrmeister, der mit dem Geheimnis seiner Menschwerdung, seines Leidens und seines Todes den einzigen Weg gewiesen hat, den Hirten, Priester und Gläubige bis zum Ende gehen müssen, wenn sie nicht verlorengehen wollen; entweder mit ihm oder gegen ihn.

In der neuen Kirche kann es niemand wagen, Christus, seine Kirche, sein Evangelium, seine Moral dem falschen Fortschritt der modernen Technik anzupassen. Dieser hat es noch nie verstanden, den Menschen Gerechtigkeit, Liebe und Frieden zu vermitteln; Güter, die sie bedürfen. Man brüstet sich hochmütig und versucht, Gott aus Herz und Sinn des Menschen zu verbannen, um an seine Stelle die Technik zu setzen mit der Behauptung, sie vermöge die Menschen zu befriedigen. Nein, sie müssen sich Gott beugen, dem Schöpfer und Herrn des Universums, dem Heiland und Erlöser, dem Heiligmacher.

Schwerwiegende und fürchterliche Verantwortung der Hierarchie, die, mit Ausnahme weniger heiliger Bischöfe, in menschlicher Weise rechnet und durch einen materiellen, technisch bedingten, scheinbaren Fortschritt befangen ist! So ist auch die wahre Kultur verfallen, die mehr dem Geist als den Dingen gehört.

Don Ottavio, neue Kirche will besagen: kristallene Klarheit der Lehre und der Sitten. Die Läuterung wird das Machwerk des Stolzes, der alles durchsetzt hat, hinwegfegen.

Es segne dich Gott, der Eine und Dreifaltige. Bete, Bruder, und bring deine Mühsale zum Opfer dar, damit der Friede in die Kirche und in die Welt zurückkehrt. *9. Mai 1977*

71. Krise des Glaubens

Das Übel, an dem die Kirche und die Welt leiden, ist allein die Krise des Glaubens.

Was bedeutet diese Krise? Es ist die Krise der Hoffnung, der Liebe, der Weisheit und der Klugheit, der Stärke, der Gerechtigkeit und der Mäßigkeit, die Krise des Gehorsams, der Reinheit, der Geduld, der Frömmigkeit und Sanftmut. Es ist die Krise im Hunger und Durst nach Gott, die Krise der Reue, der Demut und Abtötung.

Das sind die Übel, an denen die Kirche in dieser ihrer Passionswoche leidet. Die Passionswoche geht der Heiligen Woche voraus.

Alle diese Übel könnt ihr zusammenfassen in der Krise des Glaubens, der Hoffnung und der Liebe. Ja, man kann noch weiter vereinfachen: Es ist die Krise des innerlichen Lebens, der Gnade.

Krise der Gnade

Die Gnade ist Teilnahme der Seele an meinem göttlichen Leben. Die Gnade ist die Seele der Seele. Ich, Jesus, bin eins mit dem Vater und dem Heiligen Geist; wir sind eins in drei Personen.

Nun aber, meine Kinder, seid ihr erschaffen nach meinem Bild und Gleichnis. Ihr habt eine Seele, die drei Fähigkeiten besitzt: Verstand, Gedächtnis und Willen.

Ihr gleicht mir nicht so sehr darin, sondern vor allem durch das übernatürliche Leben, die Gnade.

Der Mensch wurde in der Gnade erschaffen. Ich, das Wort Gottes, bin in die Welt gekommen, um euch durch mein Leiden, meinen Tod und meine Auferstehung das verlorene Leben wiederzugeben.

Wie ich das unendlich einfache Sein bin, so seid ihr in eurer Seele einfach.

Eure Seele hat nicht mehrere Abteilungen, sondern nur eine einzige: In ihr leben Glaube, Hoffnung, Liebe, wie auch in mir Liebe, Barmherzigkeit, Wahrheit, Gerechtigkeit, Weisheit und alle anderen Eigenschaften nur mein göttliches Sein bilden.

Wenn sich der Mensch in einer Krise des Glaubens befindet, dann hat er auch eine Krise der Hoffnung, der Klugheit, der Gerechtigkeit, der Stärke, der Frömmigkeit, der Mäßigkeit, der Liebe zu Gott, der Gottesfurcht. Das Fehlen all dessen in der menschlichen Seele hat die schreckenerregende Krise hervorgerufen, an der die ganze Menschheit leidet.

Der Materialismus zeigt die Abwesenheit Gottes im menschlichen Geist. Denn Gott ist Liebe, Licht und Gerechtigkeit, Hoffnung und Weisheit, Stärke und Frömmigkeit, Mäßigkeit und jede andere Tugend und Vollkommenheit.

Der Affe Gottes

Noch nie, meine Söhne, hat eine derart allgemeine Krise die Menschheit befallen. Satan, der Affe Gottes, hat mit eurer Mitschuld diese furchterregende Dunkelheit in den Seelen hervorgerufen.

Ich habe von der Passionswoche gesprochen, damit ihr euren Geist darauf einstellt und euch durch ein Leben in Reue vorbereitet. Ihr habt alle Grund zur Reue. Ihr müßt euch geistig vorbereiten, damit ich euch zur Zeit der harten Prüfung mit brennender Lampe finde.

Wehe jenen, deren Lampe nicht brennt, die nicht bereuen! Sie gehen zugrunde! Ich bin die unendliche, unveränderliche Liebe, darum sage ich euch, daß die Zeit der Barmherzigkeit jener der Gerechtigkeit weichen wird.

Mein großer Triumph ist am Kreuz. Mit dem Kreuz habe ich die Welt besiegt, und mit dem Kreuz werden die auserwählten Seelen und die Kirche triumphieren.

Ich werde das Kreuz enthüllen, und meine Mutter wird erneut der Schlange den Kopf zertreten.

Ich werde als Erlöser wieder das Licht sein, das jetzt in vielen Seelen erloschen ist, selbst bei vielen meiner Priester. Ich werde von neuem das Licht der Welt sein!

Fragt mich, meine Söhne, warum es an Berufungen fehlt. Habt ihr nicht darum gebetet? Wegen der Krise des Glaubens! Wo die Kirche mit mir am Kreuz hängt, mangelt es nicht an Berufungen. Denkt darüber nach, meine Söhne! Dort fehlen die Beweggründe nicht, und vergeßt schließlich nicht, daß ich meinen Erdenweg mit einem Akt unendlicher Demut begonnen habe. Ohne Demut ist keine Bekehrung möglich.

Ich segne dich. *15. Oktober 1975*

72. Der moderne Fortschritt ist Heidentum

Der moderne Fortschritt ist eine tödliche Waffe, mit der Satan viele Seelen von den Quellen lebendigen Wassers in eine Wüste wegführt, damit sie vor Durst sterben.

Wer hätte die Seelen der Getauften vor dieser schweren Gefahr warnen sollen und ließ sich selber blenden?

Ohne Widerstand zu leisten und ohne die Herde vor der schweren Gefahr, der sie entgegen ging, zu warnen, ist der Hirt dem Feind gefolgt, der ihn und die Herde vom Licht des Glaubens abdrängte.

Wer sieht heute nicht, daß die Familie entheiligt ist und sich auflöst, die Schule zu einer teuflischen Vorschule der Hölle geworden ist, in der die Kinder unter dem Vorwand des Fortschritts und der Entwicklung offiziell in die Sünde eingeführt werden?

Wer sieht nicht, daß Kino und Fernsehen Lehrstühle für Millionen und Abermillionen Schülern geworden sind, die die Lektionen von Gewalttaten, Kriminalität und Ehebruch gierig in sich aufnehmen. Es sind Lehrstühle, von denen das Gift des Atheismus zu allen Tages- und Nachtstunden verbreitet wird durch lügenhafte Nachrichten, durch Filme, die Scheidung und Abtreibung begünstigen, durch Lieder, die zur freien Liebe und zur Sinnlichkeit verführen. Die Anmaßung wird durch Nacktheit und Unmoral der Sitten und Gebräuche gefördert und verherrlicht.

Die Ausbreitung von Irrtümern aller Art wird täglich wie eine Eroberung der Freiheit gefeiert.

Im Namen der Freiheit

Im Namen der Freiheit tötet man und unterwühlt die Moral; im Namen der Freiheit werden verbrecherische Taten vollbracht.

Ich spreche von dem, was in Privathäusern und öffentlichen Lokalen vorkommt. Jede Abirrung, jede Entartung und Schändlichkeit wird begangen. Satan tobt seinen ganzen Haß gegen die menschliche Natur aus, indem er in ihr alle Scham und jeden Sinn für Würde zerstört, sie mit Füßen tritt und auf jede Weise, die sein verkommener Geist erfindet, demütigt.

Was ist von der Presse, einem anderen Ruhmesblatt des Fortschritts, zu sagen? Auch sie ist im Dienst des Bösen eingesetzt. Die gute Presse wird selten gelesen und ist weit weniger verbreitet als die schlechte. Schau dir die Zeitungen an! Sie dienen zum großen Teil dem Atheismus. Dieser angebliche Fortschritt wurde ohne Widerstand angenommen, obwohl sich in ihm die hochmütige Gegenwart des Bösen offenbart, der aus ihr eine Waffe geschmiedet hat, um Gott in den Seelen zu verdrängen.

Dennoch hat man sich nicht dagegen gewehrt, sondern dies noch gelobt und den satanischen Einbruch unterstützt statt einen Schutzwall aufzurichten.

Meine Beispiele und Lehren stehen also in absolutem Gegensatz zu den Gewohnheiten dieser sündhaften Zivilisation.

Daher der unbändige Eifer vieler meiner Hirten und Diener, das Unvereinbare vereinigen zu wollen. Viele trachten danach, alles zu ändern und zu reformieren. Daher die Flut von Neuerungen, die ihnen die Möglichkeit schaffen sollen, gleichzeitig zwei Herren zu dienen. Sie wollen Licht und Finsternis miteinander verbinden, das Unerlaubte erlaubt machen, obwohl sie dadurch in meiner Kirche Ärgernis, Risse und Verwirrung hervorrufen.

Diese Neuerer haben das wirklich Wichtige vergessen: Sich selbst zu erneuern! Danach hätten sie mit Weisheit eine sinnvolle Änderung, eine nützliche Reform vornehmen können.

Um die Seelen zu retten

Wer sich heute an meine Barmherzigkeit klammert, handelt recht, wenn er dabei Dinge von ungeheurer Wichtigkeit nicht vergißt:

— Ist nicht die Seele wichtiger als der Leib?

— Wenn ja, wäre es dann Barmherzigkeit, die Seele zugrunde gehen zu lassen, um den Leib zu retten?

Ich bin nicht der Gott der Rache, sondern die unendliche und ewige Liebe; ich liebe euch unendlich von Ewigkeit her.

Ich will nicht den Ruin der Menschen, sondern, weil ich die Liebe bin, will ich ihre ewige Rettung.

Ihr habt mich verlassen und an meine Stelle eure heidnische Lebensweise gesetzt, indem ihr euch zu den unwürdigsten Angleichungen erniedrigt.

Jetzt beginnt ihr verwirrt den Abgrund zu erkennen, der sich gähnend unter euren Füßen auftut, und ihr ruft meine Barmherzigkeit an. Meine Barmherzigkeit wird die Seelen daran hindern, verloren zu gehen, indem ich die nahe Stunde der Gerechtigkeit in Barmherzigkeit umwandle. Meine zu neuem Leben geborene Kirche wird die Aufgaben, zu denen ich sie berufen habe, erfüllen.   *2. Dezember 1975*

73. Du sollst nicht töten!

Mein Gesetz ist übernatürlich und ewig! Ihr nennt es Naturgesetz, weil es allen Forderungen eurer menschlichen Natur entspricht.

Wer dieses Gesetz verletzt, sei er Christ oder nicht, zerstört den Ansatz für die rechte Harmonie, ohne die weder Frieden noch Glück unter den Menschen herrschen kann. Der Mensch durchbricht die von Gott festgesetzte Ordnung, was unberechenbare Folgen nach sich zieht.

Das ist einleuchtend! Aber die menschliche Bosheit, diese Vermengung von Hochmut, Auflehnung und Zwietracht, durchbricht willentlich das Gesetz und zerstört diesen göttlichen Ansatz, weil die Bosheit den Menschen vom Weg des Guten wegführt und er sich in einem Irrweg verliert, aus dem es oft keinen Ausweg gibt.

Siehst du, mein Sohn, daß mit satanischer Eindringlichkeit für das Recht auf Leben, ein elementares Naturrecht, die ungerechte menschliche Forderung erhoben wird, die für Recht erklärt, was Gott von jeher verdammt hat, die Tötung menschlichen Lebens.

Dieses Gesetz «Du sollst nicht töten!», das vom Vater aufgestellt und in Kraft gesetzt wurde, ist eine tragende Säule der Menschenrechte. Wer es verletzt, zeigt nicht nur eine hochmütige Verachtung gegenüber Gott, dem Schöpfer, sondern er vergewaltigt auch die Natur, und verübt ein Verbrechen, das im Angesicht des Himmels und der Erde nach Vergeltung schreit.

Wildes Gemetzel

Du hast mich verstanden, mein Sohn: Ich spreche von der Abtreibung, einer abscheulichen Ausgeburt des durch Satan im Haß gegen Gott und den Menschen irregeleiteten Verstandes.

Wer ein Gesetz erläßt, das die Abtreibung erlaubt, handelt nicht weniger grausam als Herodes; es geht um die Massentötung von Millionen unschuldiger menschlicher Wesen, die sich nicht einmal verteidigen können.

Es kommt ihm auch nicht darauf an, die Harmonie der Schöpfung zu zerstören. Es geht ihm nur darum: Dem unauslöschlichen Haß gegen Gott und die Verwalter des göttlichen Gesetzes freien Lauf zu lassen.

Es ist erschreckend, daß die Verschwörer gegen die göttliche Ordnung so viele Verbündete gefunden haben. Es sind Massen, die sich von Gott abgewendet und auf den Weg des Verbrechens begeben haben.

Mitten unter ihnen entdeckst du, nicht ohne Schauder, einige meiner Priester, sogar diesen oder jenen Hirten, allerdings getarnt, um nicht erkannt zu werden. Doch vergebens, denn einst, am großen Tag, dem Tag der bitteren Klage, werde ich sie angesichts der gesamten Menschheit beschuldigen, daß sie sich zur Ausführung eines bösen Plans der Hölle zur Verfügung gestellt haben.

Eine sehr schwere Sünde

Auch die gesetzlich erlaubte Abtreibung ist eine sehr schwere Sünde, hinter der Satan steht. Dieser Eingriff ist eine Übertretung des Gesetzes meines Vaters, das ein Gesetz der Liebe ist und danach strebt, das unbezahlbare Gut des Lebens zu erhalten, zu verteidigen und zu schützen.

Welcher Mensch hat das Recht, das Leben eines anderen Menschen zu zerstören?

Welcher Staat darf sich das Recht anmaßen, das Gleichgewicht der menschlichen Natur zu zerstören? Welcher Staat hat das Recht, ein göttliches Gesetz abzuschaffen?

Eine solche Anmaßung ist ein Verbrechen, das Gott nicht unbestraft lassen kann.

Die Abtreibung ist ein Greuel und eine Verdorbenheit, die Frucht einer zerrütteten, antichristlichen Gesellschaft.

Wehe denen, die eine so schreckliche Verantwortung auf sich genommen haben!

Nicht nur ich werde ein unerbittlicher Richter sein; auch die menschlichen Wesen, die Opfer der Abtreibung, werden sich direkt an meinen Vater, den Spender des Lebens, wenden, um Gerechtigkeit über ihre Henker zu fordern.

Mein Sohn, die Gesetzgebung über die Abtreibung ist ein Produkt rein materialistischer Weltanschauung; aber wie viele andere Verbrechen gibt es noch: Gewalttätigkeit, Drogenmißbrauch, Pornographie, die ganze Organisation des Verbrechens, die heimlich gewollt und unterstützt wird, auch wenn man sie öffentlich anklagt.

Wenn ich dir das wahre Gesicht dieser glaubenslosen Gesellschaft zeigte, würdest du, ich wiederhole es, sterben.

Die Menschheit hat die Rettung, die ihr von meiner Barmherzigkeit angeboten wurde, zurückgewiesen. Ich werde sie mit meiner Gerechtigkeit retten.

Mein Sohn, bete und werde nicht müde zu beten!

Ich segne dich, mein Sohn; liebe mich!   *20. Februar 1976*

74. Sie sind Finsternis geworden

Ich wünsche, daß du dir des großen Hochmuts der Menschen bewußt wirst, die Gott kein Gehör schenken wollen, ihm, dem liebevollen Vater, der sie eindringlich ruft, auf den rechten Weg zurückzukehren. Gott wird durch ihre Taubheit gezwungen, sie durch Strenge aus ihrem Todesschlaf aufzuwecken. Darum die Überschwemmungen, Erdbeben und andere Katastrophen, Folgen der menschlichen Torheit!

Mein Sohn, betrachte die Sorglosigkeit der Menschen und so vieler meiner Gottgeweihten, die auserwählt sind, Lehrer der Wahrheit, brennendes Licht in der Finsternis zu sein, die aber selbst Finsternis geworden sind, die Augen haben und nicht sehen, Ohren haben und die schrecklichen Dinge nicht hören, die bekannt werden und ohne direkten, persönlichen Eingriff Satans und seiner bösen Horden nicht erklärt werden können.

Sehen sie nicht all die fürchterlichen Vorgänge und Verschwörungen, die pausenlos folgen, die sich unter seinem höllischen Drängen in einem furchterregenden Anschwellen steigern: Nur die heutigen Blinden sehen dies nicht, denn sie sind von Finsternis umhüllt; sie sehen nicht, daß er die Kirche und mit der Kirche die Völker der Erde entzweit.

Die rasende Tyrannei Satans erreicht einen Grad, den er nicht überschreiten darf.

Mein Sohn, ich habe immer gesagt, daß ich das Böse nicht will, weil ich ein Gott der Liebe bin. Ich bin Gott, die unendliche Vollkommenheit, und das Böse ist immer Unvollkommenheit.

Aber ich lasse das Böse zu, um es zum Guten zu wenden und zu erheben.

Läuterung in meinem mystischen Leib ist nötig

Satan gibt seine erbitterte, gemeine Tätigkeit nicht auf, denn er war und ist im Bösen verhärtet. Mein Sohn, die letzte Stufe dieser gewaltigen Auseinandersetzung beginnt! Ihr werdet Zeugen sein des unwahrscheinlichsten Verrats, der scheußlichsten Sakrilegien gegen Gott und meine Kirche, vollzogen von jenen, die ihre mutigen Verteidiger sein müßten.

Mein Sohn, die Völker und Nationen sind heilbar, aber zu welchem Preis? Wer aufmerksam in der Bibel liest, kann sich darüber eine Vorstellung machen.

Nun komme ich deiner Frage zuvor: «Kannst du, der Sohn des lebendigen Gottes, die verderbliche Tätigkeit der Dämonen nicht lähmen, indem du sie in die Hölle zurückdrängst, an den Ort ihrer Bestrafung?»

Ja, mein Sohn, ich bin allmächtig, denn ich bin Gott; wenn ich es aber nicht tue, dann deshalb, weil ich meine guten Gründe habe.

Einige dieser Gründe habe ich dir schon in früheren Botschaften dargelegt. Die Stunde der Läuterung muß sich in meinem mystischen Leib vollziehen, wie sie sich einmal in meinem physischen Leib vollzogen hat.

Die Barmherzigkeit und die Gerechtigkeit müssen sich ergänzen.

Nichts haben meine Aufrufe, meine wiederholten Mahnungen, meine göttlichen Verheißungen, meine Eingriffe auf der Erde verändert; nichts haben die zahlreichen Erscheinungen meiner und eurer Mutter verändert; nur sehr wenige haben auf meine Mahnungen gehört, obwohl sie aus meinem erbarmungsvollen Herzen kamen; man hat über mich, den eingeborenen Sohn des Vaters, gelacht, gespottet; mich auf jede Weise in törichtem Unglauben verhöhnt. Nun wird man erfahren, wie fürchterlich Gottes Zorn ist.

Sie haben ihn gewollt, ihn herausgefordert. In ihrer Torheit haben sie sich mit meinen und ihren Feinden an einen Tisch gesetzt und sind von ihnen umgarnt und verführt worden. Satan hat sie durch schändliche Leidenschaften an sich gefesselt und will sie ins ewige Verderben reißen.

All das ist eine schreckliche Wirklichkeit; es war und ist nötig, gegen sie anzukämpfen. Aber sie hat meine Kirche der Mittel beraubt gefunden, die ich ihr zur Verteidigung gegeben habe.

Gleichgültig waren meine Gottgeweihten, ja sogar meine Bischöfe; sie sind zum Feind übergelaufen und jetzt sind sie seine Mitarbeiter und Gehilfen in seinem scheußlichen Spiel. Der Feind ist auf diesen Erfolg maßlos hochmütig und eingebildet.

Diese Erfolge sind es, die ihm ermöglichen, seinen Haß über mich zu ergießen und mir das Versagen und die Nutzlosigkeit des Kreuzes vorzuwerfen. Armer, eingebildeter und törichter Teufel! Er muß ein weiteres Mal die göttliche Allmacht in ihrem unendlichen Ausmaß erfahren, aber er wird sich erst am Ende der Zeiten gänzlich überzeugen lassen, wenn ich in großer Majestät und Herrlichkeit auf die Erde zurückkomme, um die Lebenden und Toten zu richten.

Wer an mich glaubt, wird in Ewigkeit nicht sterben

Satan wird ein weiteres Mal erfahren, was die Liebe und die göttliche Gerechtigkeit vermögen: Das Aufblühen der Kirche, wie sie nie war, leuchtend, ein Schauspiel für Himmel und Erde. Er, der unversöhnliche Feind, wird zugeben müssen, daß er einen wichtigen Beitrag für die völlige Erneuerung meiner Kirche lieferte, gerade zu der Zeit, da er meinte, sie mit seiner verderblichen Tätigkeit zu zerstören.

Mein Sohn, die Stunde ist gekommen, da die Guten sich klar bewußt werden und deutlich die beginnenden Zeiten und Ereignisse erkennen, die meine Kirche und die ganze Menschheit betreffen.

Sie mögen an mich glauben, tief glauben, auf mich hoffen, mich lieben, der ich nicht täusche!

Wer an mich glaubt, wird in Ewigkeit nicht sterben. Ich allein bin die Auferstehung und das Leben! Ich errette den vom Zorn seiner Feinde, der an mich glaubt und mich liebt. Ich werde ihn nicht vergessen in der Stunde der Prüfung.

Ich segne dich, mein Sohn, fürchte dich nicht! Liebe mich, wie ich, das ewige Wort Gottes, dich liebe. *29. November 1977*

75. Sie leben an der Oberfläche

Schreibe, mein Sohn: «In ihm sind wir, in ihm leben wir, in ihm bewegen wir uns.»

Wie viele Vorurteile haben die Seelen, was meine wirkliche Gegenwart in allen Dingen betrifft! Ich bin unendlich. Überall wo du hingehst, da bin ich.

Deshalb habe ich gesagt: «Wandle in meiner Gegenwart, und du wirst vollkommen werden.»

Kann man sich der Gegenwart Gottes entziehen? Adam und Eva glaubten es törichterweise und verbargen sich, als sie gesündigt hatten; so denken noch viele Menschen, auch viele Christen, wenn sie sündigen, sogar einige meiner Priester.

Welche Torheit und Blindheit! Keiner kann dem Auge Gottes entgehen. «In ihm sind wir, in ihm leben wir, in ihm bewegen wir uns.» Mein Sohn, fühlst du nicht meine Gegenwart in deiner Seele, die Gegenwart des Wortes Gottes, des Einen und Dreifaltigen?

Alles von Gott

Wenn die Menschen die Fähigkeit ihrer Seele besser gebrauchen und durch Nachdenken die herrliche Gegenwart Gottes erfassen würden, welchen Nutzen könnten sie daraus ziehen! Aber die Menschen von heute denken nicht. Es gibt wenige, die betrachten. Sie leben an der Oberfläche!

Denkt daran: es gilt nicht nur: «In ihm sind wir ...», sondern auch alles, was wir besitzen, haben wir von ihm. Nicht wir haben uns das Leben gegeben, den Glauben, das übernatürliche Leben der Gnade. Nicht wir haben uns die Kirche gegeben. Alles kommt von Gott!

Aber viele Christen und Priester gebrauchen und mißbrauchen die Gaben Gottes, wie wenn es sich um ihre eigenen Sachen handelte, um ihr Eigentum. So kehren sie die von Gott festgelegte natürliche, moralische und geistige Ordnung um.

Der Mensch, erschaffen in einem Akt unendlicher Liebe, um der treue Künder des Universums zu sein und Gott Lob und Dank darzubringen, verwandelt sich in ein Element der Unordnung.

Denke dir, mein Sohn, wenn die Gestirne eines Tages aus ihrer Bahn ausbrächen und ihren eigenen Weg gingen, welche Katastrophe würde das im All auslösen?

Den Menschen wurde Vernunft, Wille und Freiheit geschenkt, nicht um ein Chaos zu schaffen. Und doch herrscht Unordnung in ihrem physischen Leben, dazu die geistige und moralische, die persönliche und familiäre, die soziale und weltweite Unordnung...

Mein Sohn, auch die einfachen Seelen können diese Wirklichkeit, die mit teuflischer Hartnäckigkeit von den Menschen dieser Generation hervorgebracht wurde, erkennen; auch die Unordnung in meiner Kirche, im Leben vieler meiner Priester!...

Die Menschen dieses Jahrhunderts haben, statt dem Lauf der Natur, der Vernunft und des Glaubens zu folgen, und auf den leuchtenden Stern zu schauen, der von Gott gegeben wurde, um die Finsternis dieser Welt zu erhellen und den Weg zur Erreichung ihres Zieles leichter und sicherer zu machen, die von Gott geschaffene Ordnung und Harmonie durcheinandergebracht.

Mein Sohn, was wird die Folge dieser Unordnung sein, die unerhörte Ausmaße angenommen hat, und mit den Übeln der früheren Jahrhunderte nicht verglichen werden kann?

Die Katastrophe wird den Ursachen entsprechen, die sie bewirkt haben.

Sie sollen sich nichts vormachen...

Die Menschen sollen sich nichts vormachen. Da sie Gott, das unendliche Gut, verlassen haben, gerieten sie durch die Mächte der Hölle, durch die bösen Geister, auf Abwege. Sie rufen Unordnung und Chaos hervor. Noch nie wurde die von Gott festgelegte Ordnung so sehr gestört.

Gott ist Ordnung, und in ihr findet der Mensch den Frieden auf Erden, die Vorbedingung und den Anfang seines ewigen Glückes.

Die Menschen guten Willens müssen zusammenarbeiten. Die Bischöfe, die Priester und die guten Christen müssen mit mir darauf hinwirken, um die moralische Ordnung, die durch die Sünde zerstört wurde, wieder herzustellen, und in der Liebe und Buße vereint, Gott die Seelen, die ihm von Satan geraubt wurden, zurückzugewinnen.

Die Mittel für diese Zusammenarbeit, zu der ich alle meine Söhne einlade, sind wie immer:

Glaube, Hoffnung und Liebe, Klugheit und Gerechtigkeit, Stärke und Maß. Dazu das Gebet, die Sakramente und die innere und äußere Buße.

Wendet diese sicheren Mittel an, die von allen Heiligen benützt wurden.

Glaubt, hofft, liebt grenzenlos, und ihr werdet wunderbare Früchte ernten.

Mein Sohn, ich segne dich; liebe mich. Zweifle nicht; ich bleibe meinen Versprechen treu. *21. Dezember 1975*

76. Die Kirche, die vollkommene göttliche und menschliche Gemeinschaft

Meine Kirche ist aus meinen klaffenden Wunden, vor allem aber aus meinem, von der Lanze durchbohrten Herzen hervorgegangen; darum ist sie eine «vollkommene Gemeinschaft», göttlich und menschlich zugleich, und als solche mit allen Mitteln für die Verwirklichung meiner Absicht ausgestattet, für die ich, das ewige Wort Gottes, sie gegründet habe.

Wer heute meine Kirche von außen betrachtet, könnte daran zweifeln. Mehr noch: Wer nur auf ihre zahllosen Übel sieht, oder denkt, wie viele es tun, daß die zur Verfügung gestellten Mittel der Zeit und dem Fortschritt nicht entsprechen und darum dem Zweck nicht genügen können, zu dem sie geschenkt wurden, der würde tatsächlich ein völlig verunstaltetes Bild bekommen, das in ihm Feindseligkeit wecken würde, oder zumindest Gleichgültigkeit, was noch schlimmer wäre.

Gewiß, heute ist die Kirche von so vielen schweren Übeln befallen, daß man sie nicht mehr erkennt; aber ihr gegenwärtiger Zustand soll und kann nicht als ihr wahrer angesehen werden, denn sie befindet sich in einer schrecklichen, weltweiten Glaubenskrise; wenn diese aber vorüber ist, wird alles, was von ihr bleibt so herrlich sein, daß man es nicht beschreiben kann.

Die Sakramente sind wirksame Zeichen der Gnade

Nun will ich über die Mittel sprechen, die von vielen Gläubigen, aber auch von vielen meiner Diener, als ungeeignet angesehen werden. Ich meine die Sakramente, die himmlischen Schätze, die von meiner Barmherzigkeit durch die Kirche als Sakrament des Heiles der Welt geschenkt werden.

Aber alles wurde getan, um die Kraft und Wirksamkeit der Kirche herabzumindern und sie in den Augen der Christen unglaubwürdig zu machen; man hat nicht begriffen, daß dies zum Plan gehört, der gegenwärtig in voller Verwirklichung begriffen ist und durch die finsteren Mächte des Bösen vorbereitet wurde, um meine Kirche zu vernichten.

Die Sakramente sind wirkungsvolle Zeichen der Gnade, nicht nur Hinweise oder Symbole; sie sind eine höchst trostvolle Wirklichkeit und wurden von mir der Menschheit geschenkt:

— um sie einzubeziehen in meine Kirche;

— um ihr die Kraft zu geben, den geheimnisvollen Mächten des Bösen entgegenzutreten und sich selber verteidigen und schützen zu können;

— um die durch die begangenen Sünden gestörten Beziehungen mit mir ins Gleichgewicht zu bringen;

— um das Leben zu bewahren, zu entwickeln und zum Wachsen zu bringen;

— um das soziale Leben der Kirche auf ihrem missionarischen Weg zur Erreichung ihres Zieles zu regeln und zu unterstützen;

— um in der Kirche die Zahl der Kinder Gottes zu mehren, ihnen beistehen, sie für ihren Übergang von der Erde in die Ewigkeit stärken und aufmuntern zu können.

Mein Sohn, in all dem kannst du die Bedeutung der Sakramente erkennen; ihre große Nützlichkeit und die wunderbaren Wirkungen, die sie in den Seelen und im ganzen mystischen Leib hervorbringen.

Die Sakramente entsprechen den Anforderungen der menschlichen Natur; sie sind sichtbare Zeichen für den leiblichen Teil des Menschen, der sehen, hören, berühren und riechen muß. Sie vermitteln aber auch die Gnade für den Geist, die Seele; sie durchdringen sie und geben ihr die nötige Kraft für die verschiedenen Augenblicke des Erdenlebens.

Darum unternehmen die finsteren Mächte der Hölle alles, um ihre Schönheit und Wirksamkeit zu vernebeln!

Auf welche Weise, mein Sohn? Sie bedienen sich der Verwalter der Sakramente, die ihre Verteidiger, die Beschützer ihrer Würde und die Verkünder ihrer Macht und Wirksamkeit sein sollten.

Wenn man die Art und Weise sieht, wie die Sakramente gespendet werden, so steht fest, daß die Gläubigen dadurch keine Beweggründe für eine größere Wertschätzung gewinnen können, dies um so weniger, da Priester, statt von Glauben und Ehrerbietung durchdrungen zu sein, den Eindruck erwecken, Arbeiter zu sein, die ihre Werkzeuge sehr zerstreut handhaben... Du siehst Priester, die zum Altar oder zum Beichtstuhl gehen in einem Gewand, an dem nichts Heiliges zu sehen ist...

Du siehst sie mit den Früchten meiner Erlösung so nachlässig umgehen, als hätten sie eine Hacke, eine Schaufel oder Kelle in der Hand...

Das aber erweckt bei den Gläubigen gewiß nicht Vertrauen, Verehrung und Achtung vor den Sakramenten, diesen wunderbaren Gaben der Liebe Gottes zu seinen Kindern, den lebendigen Gliedern seines mystischen Leibes!

Die Feinde fühlen sich sicher und... und verkosten
im voraus den Sieg...

Ich habe dir schon gesagt, daß meine Kirche von außen durch die finsteren Mächte der Hölle und von innen durch die mit ihnen verbündeten Verräter angegriffen wird.

Mit einem riesenhaften, weltweiten Aufwand und der Zusammenfassung aller feindlichen Kräfte bereiten sie gemeinsam die Vernichtung vor... und sie fühlen sich sicher und verkosten schon im voraus den Sieg...

Warum dies alles? Weil man nicht an meine Gottheit glaubt!

Ihre Enttäuschung wird groß und bitter sein, wenn sie feststellen müssen, daß ich, Jesus, nicht nur als ein einfacher Mensch vor zweitausend Jahren auf Erden lebte, sondern wahrer Gott bin, der alles vermag, allgegenwärtig ist und eingreift, wie und wann ich es für gut finde...

Sie werden sehen, daß meine Worte nie vergehen werden!

Ich habe meiner Kirche unendlich kostbare Schätze geschenkt, Schätze des ewigen Lebens... die auch viele meiner Gottgeweihten nicht zu erfassen, zu werten, zu lieben verstanden haben... Ihr seid darüber belehrt worden: «Werft die Perlen nicht den Schweinen vor», denn wer dem Irdischen anhängt, ist nie imstande, die himmlische Wirklichkeit zu verstehen.

Für heute genug, mein Sohn! Ich segne dich und zusammen mit dir segne ich alle, die dir teuer sind.   *4. Dezember 1978*

77. Gott, der Eine und Dreieine ist die absolute Wahrheit

Ein weiterer, kostbarer Schatz meiner Kirche, der von den Menschen nicht immer richtig erkannt und mit dem Eifer gesucht wird, ist die Wahrheit.

Die absolute Wahrheit bin ich, der Eine und Dreieine Gott!

Die relative Wahrheit ist jene, die sich mir am meisten nähert und teilhat an meiner höchsten Wahrheit.

Die Lüge ist Finsternis, die, wie jedes andere Böse, aus dem Hochmut hervorgeht.

Die Wahrheit entspringt aus dem absoluten Licht, das Gott ist.

Die Wahrheit ist ein geistiges Licht voller Liebe und von dieser völlig durchdrungen, während die Lüge stets Täuschung und der Gegensatz zur Wahrheit ist.

Wer die Wahrheit hat, besitzt Gott: «Ego sum Veritas.» Wer Gott hat, besitzt alles: Den Frieden, das Leben, die Hoffnung, die stützt, hilft und stärkt, die Kraft gibt für den Kampf und das Vorankommen auf dem Weg zum Ziel, dem einzigen Zweck des Lebens und der Schöpfung. Der Irrtum dagegen bedeutet Täuschung, Lüge und Verworrenheit und fesselt die Seele an den Tod.

Die Kirche ist die einzige berechtigte Auslegerin
der geoffenbarten Wahrheiten

Mein Sohn, die Wahrheit ist in meiner Kirche, in der alleinigen und einzigen menschlichen Einrichtung, die den wertvollsten Schatz besitzt, den ich ihr gegeben habe:

— Sie ist die allein berechtigte Bewahrerin der Offenbarung.

— Sie ist die einzig berechtigte Auslegerin der geoffenbarten Wahrheiten.

— Sie ist die alleinige Lehrmeisterin der Wahrheit, die in sich die Gewähr für die geoffenbarten Wahrheiten besitzt.

Darum ist ihr die Stellung gegeben, die ihr zukommt: Führerin der Völker und Nationen zu sein.

Ich habe gesagt: Meine Kirche ist das Sakrament des Heiles — diese kostbare, unschätzbare Gabe; nicht einzelne Mitglieder oder besondere Gruppen oder gewisse Schulen sind es. Oft sind diese Sammelbecken voller Irrtümer.

Ebenfalls dürfen nicht als Kirche betrachtet werden die vielen stolzen Theologen, die Verkünder offener Irrlehren.

Auch viele Hirten, die losgelöst von meinem Stellvertreter Grundsätze verbreiten, die gegen die Offenbarung verstoßen, sind nicht als Kirche anzusehen.

Nicht als gute Hirten und Lehrer gelten Bischöfe, die durch Schweigen die Unterstützung und Verbreitung vieler Irrtümer in ihrer Herde dulden...; ihre Zahl ist sehr groß!

Alles, was ich dir, mein Sohn, sage, scheint widersinnig zu sein, aber es ist doch die Wahrheit. Wenn sich ein Bischof oder Priester in der Gnade Gottes befindet, wird er durch sie erleuchtet und sehen; ist er aber nicht in der Gnade Gottes, so herrscht in seinem Geist Dunkelheit, Finsternis, der geistige Tod, und du weißt, daß die Toten nur den Geruch der Verwesung verbreiten können. Wer also aus Stolz und Hochmut zum Verräter wurde, hat sich an die Kirche Satans verkauft, und heute sind es viele, mögen sie nun Bischöfe oder Priester sein...

Sie nehmen die Wahrheit nicht an, und ich bin die Wahrheit

Habe ich dir nicht wiederholt gesagt: Wenn ich dich hinter die Fassade meiner Kirche sehen ließe, du könntest keinen Augenblick überleben?

Doch das ist nicht alles! Du fragst dich weiter, wie das möglich ist. Jetzt ist nicht der Augenblick darüber zu sprechen, sondern der fürchterlichen Wirklichkeit ins Angesicht zu sehen und dir einen Blick auf einen bestimmten Punkt der dramatischen Lage meiner Kirche zu gewähren. Es wird dir die willentliche Gleichgültigkeit für die Verbreitung von Irrtum und Irrlehre und so vieler anderer Übel erklären..., von jenen, die nicht lieben, die die Wahrheit nicht wollen und nicht suchen und weder Augen haben das Böse zu sehen, noch Worte zu verurteilen, was um sie herum geschieht?

Sie nehmen die Wahrheit nicht an... und ich bin die Wahrheit. Sie können es nicht, weil sie den Glauben in sich zerstört haben, der Licht gibt und die Wahrheit erkennen läßt, der man mit dem Willen zustimmt...

Mein Sohn, sicher werden diese meine Botschaften sie beleidigen und sie gegen dich aufbringen; doch kümmere dich nicht darum; denn sie vermögen nichts gegen dich...; ich habe dich erwählt, um sie zu entlarven, denn sie haben alle meine Einladungen abgewiesen, den Weg der Reue zu gehen, um ins Haus meines Vaters zu gelangen.

Die Hüter meiner Wahrheit sind mein Stellvertreter und die mit ihm verbundenen Bischöfe, vereint in einer tiefen Gemeinschaft des Glaubens und der Liebe; ihre Aufgabe ist es, Licht und Lehrer der Wahrheit zu sein.

Genug jetzt, mein Sohn; ich segne dich... Fürchte nichts! Ich bin stärker als alle Widersacher!   *7./9. Dezember 1978*

78. Die Macht in der Kirche

Meine Kirche ist wahrhaftig eine vollkommene Gemeinschaft; es fehlt ihr nichts, um dies zu sein, weil sie durch den Reichtum ihrer geistigen Schätze in der Welt einzigartig ist, wenn auch heute nur wenige davon überzeugt sind... Der Grund ist immer der gleiche: die Glaubenskrise.

Diese Überzeugung fehlt vor allem in der Hierarchie; dies wirft einen finsteren Schatten, der den Glanz meiner Kirche in den Augen der Menschen verbirgt, obwohl dadurch ihr Wert und ihre Macht nicht im geringsten vermindert werden.

Entweder sich in Wirklichkeit erneuern oder zugrunde gehen

Als Petrus in Caesarea Philippi auf meine Frage antwortet: «Du bist Christus, der Sohn des lebendigen Gottes», habe ich ihm, wie du weißt, erwidert: «...und ich sage dir: Du bist Petrus, und auf diesen Felsen werde ich meine Kirche bauen, und die Pforten der Hölle werden sie nicht überwältigen. Dir gebe ich die Schlüssel des Himmelreiches, alles, was du auf Erden binden wirst, wird auch im Himmel gebunden sein, und alles, was du auf Erden lösen wirst, wird auch im Himmel gelöst sein...» Hätte ich Petrus und durch ihn den anderen Aposteln in Verbindung mit ihm eine größere Macht verleihen können? Welche andere Gemeinschaft auf Erden verfügt über eine ähnliche Macht?

Darum, mein Sohn, muß meine Kirche in voller Übereinstimmung mit ihrer göttlichen und menschlichen Natur und in ihrer Eigenschaft als Lehrerin und Führerin die Menschen zu den unbegrenzten Horizonten der Ewigkeit führen!

Wehe den Hirten, die meinem Stellvertreter auf Erden zuwiderhandeln, da sie doch seine Hilfe, Stärkung und Unterstützung sein müßten!

Wehe den Hirten, die aus schändlichen Gründen der Eigenliebe die Verbundenheit mit meinem Stellvertreter brechen und dadurch zu dürren, unfruchtbaren Ästen werden und meinem mystischen Leib großen Schaden zufügen, weil sie zu belastenden und verunstaltenden Gliedern werden!

Wehe denen, die, wie Luzifer, von Trägern des Lichtes zu Verursachern der Finsternis werden!

Mein Sohn, nicht allein die Welt muß ihre völlig verkehrte Auffassung über meine Kirche ändern, auch viele Christen und Gottgeweihte müssen sie von Grund auf erneuern; entweder tut man dies oder man geht zugrunde!

Du siehst also, in all diesen Problemen handelt es sich stets um die gleiche Ursache und um den gleichen Grund, nämlich, daß man die Kirche nur von ihrer menschlichen Seite betrachtet, ihren übernatürlichen, göttlichen Charakter jedoch schuldhaft übersieht... Darum die Glaubenskrise, die sie wie eine Krake umschlingt, die sie zu ersticken und zugrunde zu richten sucht; vergeblich, weil ich es nicht erlauben werde, *nie!*

Das Leben ist eine Prüfung, aber es lohnt sich, sie in Demut und im Glauben zu bestehen

Noch einmal will ich dir, mein Sohn, wiederholen: Keine Gemeinschaft auf der ganzen Welt verfügt über eine Macht, die jener der Kirche gleichkommt... Wir sprechen natürlich nicht über die Hölle, das Reich Luzifers und seines Generalstabs, die alles tun, um eine Macht vorzutäuschen, die der Macht der Kirche ähnlich sein will.

Die finsteren Mächte der Hölle verfügen über eine größere Macht als die Menschen, über eine außer-natürliche, nicht aber übernatürliche Macht. Diese Macht ist der menschlichen Natur überlegen, und kann auf sie einwirken, doch keineswegs in dem Maß, wie sie es vorgibt!

Das ist eine weitere Täuschung, mit der es den höllischen Geistern gelingt, viele Seelen festzuhalten, die ihren eigenen Hochmut nie zu zügeln vermochten oder es nicht wollten und so ihren Listen und ihrer Umgarnung zum Opfer fielen.

Die meiner Kirche gewährte Macht wurde den Engeln des Himmels nicht geschenkt, die darüber erstaunt, doch sehr zufrieden sind, daß sie der Kirche in ihren Amtsträgern gewährt wurde...

Ich segne dich, mein Sohn und zusammen mit mir segnen dich der Vater und der Heilige Geist, und zusammen mit uns segnen dich die himmlische Mutter und der heilige Joseph... *10. Dezember 1978*

79. Eine übernatürliche Macht

Die übernatürliche Macht ist meiner Kirche ... nur gegeben, weil sie das Sakrament des Heiles ist, in dem sich das Menschliche und das Göttliche begegnen und verschmelzen ...

Aber das ist nicht alles; in dieser euch geschenkten Gabe ist etwas Großes enthalten, etwas Erhabenes und Wunderbares, das die Engel des Himmels in höchste Freude versetzt!

Nämlich daß ich, Gott, der Eine und Dreieine, die unendliche Liebe, so weit gegangen bin, mich den Händen der Menschen auszuliefern, damit sie mich behandeln konnten nach ihrem Belieben, gut oder schlecht, und nicht nur einmal, sondern es ohne Unterlaß weiter tun bis zum Ende der Zeiten, das ist etwas so Außerordentliches und Überragendes, daß es jede gedankliche Vorstellung unerreichbar übersteigt ...

Nur aus Liebe habe ich mich in ihre Hände gegeben

Als ich im Ölgarten unter der Last der menschlichen Sünden — auch jener, die noch bis zum Ende der Zeiten begangen werden, Blut schwitzte, sah ich, daß es für viele Seelen vergeblich war, und die menschliche Undankbarkeit meiner unendlichen Liebe gegenüber noch anwachsen werde ... Trotzdem zögerte ich nicht, mich meinen Feinden zu übergeben, aber nicht ohne ihnen zu beweisen, daß ich mich freiwillig, aus Liebe, ihren Händen überlieferte, aber als allmächtiger Gott.

Nach dem Kuß des Judas stürzten sie sich auf mich. «Wen sucht ihr?» fragte ich, und sie schrien: «Jesus von Nazareth»! In meiner Antwort «Ich bin es» lag der Beweis meiner Allmacht; denn sie fielen wie Tote zur Erde, und erst, als ich sie aufforderte, sich zu erheben, vermochten sie aufzustehen!

Wie viele Wunder habe ich sogar während meines Leidens gewirkt, weil ich allen Menschen zu verstehen geben wollte, daß meine Liebe allein mich bewegte!

Ich wollte, daß sie in mir immer nur die Liebe sähen, die Liebe vor allen anderen Eigenschaften meiner Gottheit!

Doch sah ich vor meinen Augen im Ölgarten und während meines ganzen, schmerzvollen Leidens nicht nur die Schergen, sondern auch alle sakrilegisch gefeierten Messen, selbst die schwarzen Messen ... ich hörte die Verhöhnungen und den Spott der anwesenden und der künftigen Feinde meiner Liebe ...

Gibt es vielleicht im gesamten Universum jemand, der getan hätte, was ich tat und noch tue?

Nein! Mein Sohn, trotzdem habe ich, den Menschen Macht über mich, über meinen Leib gegeben... und den Männern meiner Kirche werde ich diese Macht überlassen bis zum Ende der Zeit!

Erfordert ein so großes Geheimnis von seiten meiner Hirten, Priester und Gottgeweihten nicht größtes Vertrauen, Bewunderung und tiefste Anbetung?

Mein Sohn, blicke um dich und, Ausnahmen stets vorbehalten, urteile, wie ich behandelt werde!

Was hätte ich noch tun können und habe es nicht getan?

In meiner Kirche habt ihr die Macht, Brot in meinen Leib und Wein in mein Blut zu verwandeln. Ihr habt die Macht, Sünden zu vergeben.

Wer kann Sünden vergeben außer Gott? Mit der Teilnahme an meinem Priestertum, die ich den Aposteln und Priestern geschenkt habe, gab ich ihnen diese große Macht, die weder die Cherubim noch die Seraphim im Himmel besitzen.

Ich habe meiner Kirche die Macht verliehen, die Sakramente zu spenden, den Preis meines Blutes, meines Leidens und Sterbens...

Was hätte ich noch tun können und habe es nicht getan, um den Menschen meine Liebe zu offenbaren?...

Ich segne dich, mein Sohn...; liebe mich, bete und opfere mir deine Leiden auf, um so viel Böses in der Welt zu sühnen.

10. Dezember 1978

80. Die priesterliche Würde

Mein Sohn, du gehörst mir, wie alle Menschen, alle Geschöpfe. Aber der Priester gehört mir auf eine andere und besondere Weise.
Du gehörst mir
1. durch die Schöpfung
2. durch die Erlösung
3. durch die Berufung
4. durch der Rückeroberung.

Das ist die Wirklichkeit. Also bist du mein Eigentum, und als solches verwirklichst du den Zweck der Schöpfung, der Erlösung, deiner Berufung nur dann, wenn du gewissenhaft meinem Willen gleichförmig wirst.

Aus diesem Grund habe ich dich gerufen. Nicht du hast mich erwählt, sondern ich habe dich erwählt, um aus dir einen meiner Diener zu machen, mein anderes Ich. Das ist keine bloße Redensart, sondern eine große Wirklichkeit; Sacerdos alter Christus (der Priester ein zweiter Christus). Nur die Heiligen haben die richtige Sicht der priesterlichen Größe.

Viele meiner Diener sind weit davon entfernt, diese göttliche Wirklichkeit zu leben; sie besitzen nicht die lichtvolle Schau des Geheimnisses, dessen sie teilhaftig sind. Meine Diener sollten sich ihrer priesterlichen Würde und Verantwortung bewußt sein, indem sie Tag und Nacht jedes Streben, jede Kraft, jede Mühe und jedes Leid dafür einsetzen.

Das taten die heiligmäßigen Priester. Alle Priester müssen heilig sein! Ich habe sie auserwählt, damit sie sich heiligen und andere heilig machen, damit sie sich mir gänzlich hingeben, denn sie gehören auf Grund vieler Vorrechte mir, damit ich sie ohne Vorbehalte den Brüdern anvertrauen kann.

Was tun aber viele meiner Diener? Sie gehen ihren eigenen Interessen nach, nicht den meinigen um die Seelen. Sie dürsten und hungern nach weltlichen Dingen... Ihr wahres Interesse sollte nur sein: Gott, die Verherrlichung Gottes, das Heil der Seelen. Alles andere hat keinen Wert. Die Folge davon ist, daß sie irre geleitet im Nebel und Dunkel tappen und sich selber nicht mehr zurecht finden. Sie wissen nicht mehr, wer sie sind und wohin sie gehen. So haben sie keinen Einfluß mehr auf die Seelen!

Nein, in den Strandbädern rettet man keine Seelen! Dort herrscht Satan, wo man in der Ausgelassenheit, in der Unkeuschheit, im Bösen mit den Kindern der Finsternis wetteifert. Man rettet keine Seelen, indem man allerlei Bücher liest, die Geist und Seele vergiften. Man rettet keine Seelen, wenn man den Glauben verwirft. Meine Diener sind weltlich geworden.

Wie weit sind solche Diener entfernt von der inneren Kraft der Gnade, von meinem erbarmungsreichen Herzen.

Wie sehr habe ich wegen Judas gelitten, der meine Liebe ablehnte. Ich habe mehr gelitten wegen der Verderbnis seiner Seele als wegen des an mir verübten Verrates.

Wieviel Leid über viele meiner Priester, die ihren göttlichen Auftrag verraten, indem sie sich selber und viele Seelen der Fäulnis überantworten. Mein Sohn, ein Priester rettet sich nicht allein und geht auch nicht allein verloren. Wenn man zur Rettung eines Priesters beiträgt, wirkt man für die Rettung vieler Seelen mit.

Welch entsetzliche Umkehr der wundervollen göttlichen Wirklichkeit: Aus einem «Alter Christus» wird ein reißender Wolf, der die Herde zerfleischt; aus einem Engel des Lichtes wird ein Engel der Finsternis; aus einem Gesandten Gottes wird ein Verräter an der Schöpfung, der Erlösung, der eigenen Berufung; aus einem Freund Gottes wird ein Mitarbeiter Satans, der meinem erbarmungsreichen Herzen die Seelen entreißt.

Ist dies nicht das größte Unheil, das ein Mensch, einer meiner Diener, vollbringen kann?

Unerläßliche Forderung

Warum kommt man so weit?

Mein Sohn, je mehr man sich vom Ursprung des Lichtes entfernt, desto mehr gelangt man in den Schatten und dann in die Dunkelheit. Je mehr man sich vom wärmenden Quell der Liebe entfernt, desto mehr dringen Kälte, Frost, Unempfindlichkeit meinen Anrufen gegenüber in die Seele.

Mein Sohn, man muß immer inniger und tiefer sich mit mir vereinigen, so wie meine Mutter in der Aufopferung mit mir vereint ist.

Deshalb darfst du dich nicht wundern, daß ich dich eindringlich bitte: um einen Akt des Glaubens, der Hoffnung, der Liebe und der Hingabe, um mir Genugtuung zu leisten für die Beleidigungen, Schmähungen und Sakrilegien, die mir unaufhörlich zugefügt werden.

Ich will die Seelen, die ich mit meinem ganzen Wesen und der unendlichen Macht meiner Liebe liebe, an mich ziehen.

Sie sollen sich mir durch die Erfüllung meines Willens nach dem Vorbild meiner und eurer Mutter ganz hingeben.

Ich will, daß sie mir Tag und Nacht entgegenstreben durch eine Hingabe, die zur vollkommenen Vereinigung führt.

Das geschieht, wenn die Liebe zu mir echt, groß und brennend ist. Dann wird das Streben zu einem Akt des Glaubens, der Hoffnung, des Vertrauens und der Hingabe, zur zweiten Natur, zu einem Bedürfnis, einer unerläßlichen Forderung... Und wie man ohne zu atmen nicht leben kann, wird man auch ohne mich nicht mehr leben können.

Mein Sohn: Vergiß nicht, daß ich die Liebe bin, die ewige Liebe, die unerschaffene Liebe, die sich von Ewigkeit her euch zuneigt. Ich habe ein Anrecht, von euch geliebt zu werden, denn ich bin die Liebe, weil ich euch aus Liebe erschaffen, aus Liebe erlöst, aus Liebe auserwählt und aus Liebe zurückerobert habe. *29. Juli 1975*

81. Heilige Priester

Es gibt drei Arten von Priestern:

— Heilige Priester, wahrhaft gute Priester, die in Vereinigung mit mir mein göttliches Leben leben.

Sie sind von der Weisheit erleuchtet und in ihrem seelsorglichen Wirken vom Heiligen Geist geführt. Sie gehorchen meinen, vom Stellvertreter auf Erden, dem Papst, übermittelten Lehren.

Sie sind beseelt und belebt von der Liebe, dem reinigenden, erleuchtenden und wärmenden Feuer, das sie verwandelt und mit mir vereinigt, wie ich mit dem Vater vereinigt bin. Sie erfüllen ihr priesterliches Amt mit größter Aufmerksamkeit und führen mir durch Gebet, Opfer und Leiden Seelen zu. Sie sind meinem erbarmungsvollen Herzen teuer und ebenso auch meiner und eurer Mutter. Sie sind Gegenstand meiner Liebe.

Wegen ihrer tiefen Demut schaue ich mit Wohlgefallen auf sie, ich, das Wort Gottes, der Vater und der Heilige Geist.

Durch sie und ihre Frömmigkeit sind die Menschen vor vielen Übeln verschont geblieben; sie sind meines Schutzes sicher. Ein Platz und eine Krone erwarten sie im Himmel.

— Zur zweiten Art gehören die verunsicherten, die verirrten Priester. Ihnen liegen die weltlichen Interessen mehr am Herzen als die Interessen Gottes. Es sind ihrer viele, mein Sohn.

Sie haben Zeit für alles, für ihre menschlichen Beziehungen, für Zerstreuungen, für Lektüre, die ihrer Seele schadet und die Schatten vermehrt. Ihr Leben ist kein Leben der Vereinigung mit Gott.

Es fehlt ihnen die Gabe der Weisheit. Sie sehen nicht und verstehen nicht; kurz, sie haben Ohren und hören nicht, sie haben Augen und sehen nicht. Ihr nur äußerliches Tun führt zu einem Leben ohne wahre Seele, ohne Gnade.

Viele von ihnen sind ihrer Berufung untreu geworden. Zu viele werden ihr Amt aufgeben, im eigentlichen Sinn abfallen zur Stunde der Gerechtigkeit, die nicht mehr fern ist. Viele werden zu dieser Stunde ihre Judasgesinnung vor der Welt offenbaren. Ich habe gesagt: Vor der Welt, weil ich sie von jeher kenne. Aber ich liebe sie trotzdem, ich will ihre Bekehrung.

Der Vater wartet auf sie. Er hat nur den einen Wunsch, einem jeden zu sagen: «Komm, mein Sohn, alles ist vergessen, alle Schlacken deiner Seele sind von meiner Liebe verzehrt!»

Aber weil ich dich liebe, kann ich dir nicht verbergen, welch furchtbare Verantwortung die Seele trägt, die Gott widersteht, der sie erwartet und so sehr liebt, daß er ständig sein kostbares Blut für sie vergießt.

Der Kranke, der den Arzt und die Arznei zurückweist, geht dem Tod entgegen. Darum wollte ich mit allen Mitteln zu dir kommen, nicht zuletzt mit diesem Aufruf zur Bekehrung, bevor es zu spät ist.

Das Werkzeug, dessen ich mich bediene, soll allen mit lauter Stimme zurufen: «Bekehrt euch zum Herrn, euerm Gott, bekehrt euch, bevor es zu spät ist!» Ich wiederhole: Die Stunde der Barmherzigkeit weicht der Stunde der Gerechtigkeit! Ereifert euch nicht gegen mein Drängen; sagt nicht, das sei eine langweilige Wiederholung.

Ich bin euer Gott, euer Vater, euer Bruder, euer Erlöser. Nur die Liebe drängt mich, euch zu bitten, euch anzuflehen: Bekehrt euch, bevor es zu spät ist, sonst geht ihr zugrunde.

Deus non irridetur (Gott läßt seiner nicht spotten). Es ist eine List eures Feindes. Satan will euch glauben machen, es gäbe keine göttliche Gerechtigkeit. Doch in mir sind Barmherzigkeit und Gerechtigkeit in gleichem Maß...

— Die dritte Art bilden jene Priester, die sich selbst für gut erklären. Sie leben, als wären sie gut, aber über ihnen liegt ein Schleier der Überheblichkeit, der sie unfähig macht, ihre wahre innere Wirklichkeit zu erkennen, die oft den Menschen, nicht aber mir entgehen kann.

Es fehlt ihnen an wahrer, aufrichtiger Demut, an kindlicher, einfacher Demut. Ihnen offenbart mein Vater nichts.

Ihre Bekehrung ist schwierig; ihr Hochmut ist raffiniert, überdeckt von Demut. Aber unter dieser scheinbaren Demut liegt das Gift Satans, so wie sich bei gewissen kostbar scheinenden Schmuckstücken unter ihrem Goldanstrich gewöhnliches Metall verbirgt.

Sie glauben nur an sich selbst, begehren auf und ertragen es schlecht, wenn jemand etwas weiter sieht als sie.

Satan stellt meinen Priestern seine Fallen auf verschiedene Weise. Man muß auch für diese Priester beten und leiden, ja ihre Bekehrung ist schwierig.

Genug jetzt, mein Sohn! Ich segne dich, und zusammen mit mir segnen dich meine Mutter und der heilige Joseph.   *20. Oktober 1975*

82. Ich will lebendige Diener!

Mein Sohn, ich begnüge mich nicht mit einer rein äußeren Mitwirkung meiner Priester. Ich verlange von ihnen eine wirkliche Teilnahme an der Erlösung. Ich will meine Priester mit mir auf Kalvaria haben. Viele weigern sich, mir auf dem schmerzvollen Aufstieg zu folgen.

Meine Priester will ich betend und wirkend mit mir vereint in der heiligen Eucharistie. Einige glauben nicht einmal an meine Gegenwart auf den Altären, andere vernachlässigen mich, sie vergessen mich, andere — neue Judasse — verraten mich.

Ich will meine Priester als Erbauer meines Reiches in den Seelen nicht als seine Zerstörer! Liebe will ich von meinen Priestern, denn ich habe sie von Ewigkeit her geliebt. Die Echtheit der Liebe offenbart sich im Leiden. Man liebt in dem Maß, als man leidet. Doch heute fliehen viele vor dem Leiden und somit vor der Liebe.

Mein Sohn, ich will Priester, die sich ihrer Aufgabe und Verantwortung in meinem mystischen Leib bewußt sind. Ich will sie lebendig haben, von der Gnade, vom Glauben, von der Liebe und daher vom Leid ergriffen.

Wieviel verlorene Zeit, ungewirktes Heil, wie viele Hindernisse und Behinderungen in meinem mystischen Leib! Wieviel Verschleiß von Übernatürlichem... weil viele nur einen schwachen Glauben, eine schwache Hoffnung und Liebe als Grundlage haben.

Diese meine armen Priester tappen im dunkeln! Mein Sohn, ich liebe sie. Ich will ihre Bekehrung. Wunderst du dich noch, wenn ich von dir verlange, für sie zu beten und zu leiden?

Ich will sie pflichtbewußt

Ich will, daß sie sich ihrer Sendung bewußt sind. Ich habe sie mit besonderer Liebe erwählt. Meine Priester sollen sich ihrer Teilnahme an meinem wahren und nicht bloß symbolischen Opfer bewußt sein. Das verlangt eine Vereinigung und Verschmelzung meiner und ihrer Leiden. Kein nur äußerliches Tun, sondern die wunderbare und fruchtbare Wirklichkeit, die heilige Messe!

Der Priester muß sich mit meiner Hingabe an den Vater vereinigen. Was für eine Messe ist das, wenn dem Priester dieses Bewußtsein und diese Überzeugung fehlen?

Mein Sohn, bedenke, welche Würde, Größe und Macht ich meinen Priestern verliehen habe! Die Macht, Brot und Wein in mich selbst zu verwandeln, in meinen Leib, in mein Blut, ganz in mich selbst. In ihren Händen wiederholt sich täglich das Wunder der Menschwerdung!

Ich habe sie als Bewahrer und Ausspender der Früchte des göttlichen Geheimnisses der Erlösung bestellt. Ich habe ihnen die göttliche Macht verliehen, den Menschen die Sünden zu vergeben oder zu behalten.

Wie meinen Pflegevater habe ich sie als Hüter meiner Sache auf Erden bestimmt. Doch welch ein Unterschied besteht bei vielen zwischen der Liebe, mit der Joseph mich beschützte, und der Achtlosigkeit vieler Priester mir im Tabernakel gegenüber!

Meinen Priestern habe ich den Auftrag gegeben, mein Wort zu verkünden. Doch, wie erfüllen sie diese wichtige Aufgabe ihres priesterlichen Dienstes? Die allgemeine Unfruchtbarkeit der Predigt zeigt dies an. Meine Priester habe ich beauftragt, gegen die dunklen Mächte der Hölle zu kämpfen. Wer aber bemüht sich, dies zu tun? Um Dämonen vertreiben zu können, muß man nach Heiligkeit streben. Auch um Kranke zu heilen, braucht es Gebet und Abtötung.

Mein Sohn, ich will heilige Priester haben, weil sie heiligen müssen. Für ihren Dienst dürfen sie sich nicht auf menschliche Mittel stützen, wie viele es tun. Sie dürfen nicht auf die Geschöpfe vertrauen, sondern müssen auf mein erbarmungsvolles Herz und auf das unbefleckte Herz meiner Mutter vertrauen. Die Priester sind wirklich meine Diener, aber mit wenigen Ausnahmen sind sie sich dieser Sendung nicht bewußt. Sie sind meine Gesandten, durch mich beglaubigt bei den Menschen, den Familien und bei den Völkern.

Sie gehen mit der Welt

Die Priester nehmen wirklich teil an meinem ewigen Priestertum. Im mystischen Leib ist der Priester Zeuge großer übernatürlicher Wirklichkeiten und Geschehnisse. Die Priester müssen Hostien sein, die sich für das Heil der Brüder verschenken und opfern. Es ist eine schwere Fehlhaltung zu glauben, mit den eigenen menschlichen Kräften des Verstandes und des bloßen Eifers Seelen retten zu können. Jede äußere priesterliche Tätigkeit, ohne Glaube, Liebe, Leid und Gebet, ist eitel und nichtig.

Das Priestertum ist ein Dienst. Wer dient, unterscheidet sich vom Bedienten. Er stellt sich nicht gleich mit der bedienten Person. Der Priester muß sich von den ihm anvertrauten Seelen unterscheiden, so wie sich der Hirte von der Herde unterscheidet.

Wenn die Priester die Größe ihrer Würde, die erhabene, übernatürliche Macht, mit der sie bekleidet sind, sehen könnten wie Franz von Assisi, würden sie sich selbst und ihren Mitbrüdern gegenüber große Ehrfurcht haben. Mein Sohn, leider suchen einige sich selbst und vergessen mich. Viele gehen mit der Welt, obwohl sie wissen, daß die Welt nicht von Gott, sondern von Satan beherrscht wird. Einige verraten mich, andere zerstören mein Reich in den Seelen, indem sie Irrtümer und Irrlehren verbreiten. Andere sind unfruchtbar aus Mangel an lebenspendender Kraft...

Daher mußt du beten und dich aufopfern, indem du durch Sühne, Buße und Gebet auf meine Bitten eingehst, damit sich alle Priester bekehren. Ja, sie sollen sich bekehren, und jeder nehme im mystischen Leib seinen Platz ein: Zur größeren Ehre Gottes und für das Heil der Seelen.

Wirkliche Erneuerung

Auf meine Frage, was Jesus mit den Worten sagen wollte: «Ich will meine Priester betend und wirkend mit mir vereint in der heiligen Eucharistie», war dies die Antwort:

Was habe ich getan und was tue ich im Opfer des Kreuzes und der heiligen Messe? Wie habe ich zum Vater gebetet? «Vater, wenn es möglich ist, gehe dieser Kelch an mir vorüber, doch nicht mein Wille geschehe, sondern der deine.»

Bedenke, wie viele Priester vergessen, daß das heilige Messopfer die wirkliche Erneuerung des Kreuzesopfers ist. Im Kreuzesopfer ist mein Gebet an den Vater vereint mit der gänzlichen Hingabe meines Willens.

Es ist die totale Ganzaufopferung meiner selbst durch einen Akt unendlicher Liebe und unendlichen Leidens... für die Seelen.

Der Priester, der sich mit mir vereinigt und den ich in dieser Aufopferung mit mir vereinigt haben will, nimmt mehr denn je teil an meinem Priestertum. Er ist nie so sehr Priester, als wenn er die Aufopferung zusammen mit mir vollzieht.

Verschwendung des Übernatürlichen

In vielen Messen fehlt diese wesentliche Haltung — die innige, fruchtbare Vereinigung! Die Liebe zu Gott und zum Nächsten bezeugt der Priester in diesem wichtigsten Akt seines Tagewerks, wenn er in dieser verantwortungsbewußten Vereinigung mit mir durch die wirksame Aufopferung seines Willens an den Vater sich selbst hingibt und bereit ist, sich für die Seelen, für die ich mich unaufhörlich aufopfere, ebenfalls aufzuopfern.

Kurz: Der Priester muß sich in der heiligen Messe mit mir vereint wirklich dem Vater aufopfern, um vom Vater den Seelen geschenkt zu werden. Dies muß jeder anderen Tätigkeit des Priesters vorausgehen, sonst ergibt sich eine Verschwendung der Zeit und des Übernatürlichen, sonst wird jede Tätigkeit von vornherein unfruchtbar. Mein Sohn, wenn ich dir zeigen würde, auf welche Weise viele Messen gefeiert werden, du würdest darüber so sehr entsetzt sein, daß du sterben würdest... In diesem Sinn wiederhole ich dir: Ich will meine Priester betend und wirkend, wie ich es war und bin. Nur so werden sie zu Werkzeugen der wahren Erneuerung für sich und ihre Brüder.   *5. Mai 1975*

83. Der Priester — ein anderer Christus

Jeder Priester muß eine Sühneseele sein. Diese Erklärung wird in vielen Menschen Überraschung hervorrufen, in anderen Verblüffung und Unglauben, je nach dem, wie diese Wahrheit entsprechend der seelischen Einstellung der Leser dieser Botschaft aufgenommen wird.

Dennoch wiederhole ich dir unmißverständlich: Jeder Priester muß ein Opfer sein.

Mein Sohn, bin nicht ich im wahrsten Sinn des Wortes das Opfer, das reine, heilige und unbefleckte Opfer, das den göttlichen Zorn besänftigt und die göttliche Gerechtigkeit versöhnt hat?

Und ist der Priester etwas anderes als ein zweiter Christus? Was sind die Priester anderes als meine natürlichen Miterlöser? Und ist diese Miterlösung je möglich, ohne daß die Priester sich opfern wie ich mich für eure Erlösung zum Opfer machte?

War ich nicht der höchste Priester und zugleich Opfer, da ich mich selbst für das Leben der Welt hingeopfert habe?

Sich verschmelzen mit dem göttlichen Opfer

Wenn ein Priester beim heiligen Messopfer nicht den festen Willen hat, mit mir vereint sich selbst dem himmlischen Vater für die Vergebung der Sünden zum Opfer darzubringen, entzieht er seinem Priestertum den wesentlichen Sinn...

Mein Sohn, was haben die Hirten und Erzieher getan, die nicht fähig waren und es nicht verstanden, den Berufenen die priesterliche Grundhaltung zu vermitteln!...

Ein Kleriker, der ohne gründliche Kenntnis des Wesens, der Natur und des Zweckes des Priestertums die Weihen empfängt... bringt nicht nur seine eigene Seele, sondern eine große Zahl anderer Seelen in Gefahr, die auf der Ebene der göttlichen Ordnung von seinem Priestertum abhängig sind.

Der Priester soll nicht nur Opfer sein, er wird zum Opfer durch die Natur seines Priestertums. Wenn er in der Folge den Zustand des Opferseins nicht mehr anerkennen will, wird er wie Judas zum Verräter am Geheimnis der Erlösung.

Der Priester ist Opfer durch die Natur seines eigenen Priestertums

Glücklich ist, wer sich der Größe und Erhabenheit seiner Berufung und priesterlichen Aufgabe bewußt ist und sich fügsam der unendlichen Liebe Gottes überläßt, die sich herabgelassen hat, ihn vom Schmutz und Staub der Erde zur größten und erhabensten Würde zu erheben, nach der ein Geschöpf streben kann.

Glücklich ist, wer sich bewußt ist, ein Gefäß der Auserwählung zu sein, wer sich bemüht, Christus nach Kalvaria zu folgen, wer seine Leiden mit den Leiden des göttlichen Opfers vereinen will, wer mit dem dreimal heiligen Opfer für viele Seelen zum Befreier vom Joch und der brutalen Tyrannei Satans werden will.

Glücklich der Priester, der mit den Feinden Gottes, den Feinden der Kirche und den Feinden seiner Seele und seines Gewissens weder Bindungen noch Kompromisse eingehen will.

Glücklich der Priester, der jede Verbindung mit den finsteren Mächten der Hölle von sich weist und den Weg der Vollkommenheit und Heiligkeit geht nach dem Gebot: «Seid heilig!» Wenn dieses Gebot der Heiligkeit für alle Christen gilt, so verpflichtet es meine Priester in besonderer Weise, sie, die heilig sein müssen, um heiligen zu können.

Was soll über die Ausbildung in den heutigen Seminarien gesagt werden?

Mein Sohn, welch beängstigende Abweichung im Namen des Fortschrittes und einer zersetzenden Entwicklung, die im Gegensatz stehen zu meinem Vorbild und meinen Lehren!

Ihr Hirten, die ihr untätig eine solche geistige Verirrung duldet, glaubt nicht, euch einer so schwerwiegenden Verantwortung entziehen zu können!

Bald werdet ihr mit eigenen Augen sehen und alles Böse begleichen müssen, das ihr nicht zu verhindern verstanden habt, und für alles Gute, das ihr nicht getan habt.

Ich segne dich, mein Sohn.   *30. November 1976*

84. Der Mitarbeiter Gottes

Die Berufung zum Priestertum ist eine geheimnisvolle Neigung, die Gott in die Seele seines Auserwählten legt. Diese Neigung muß durch die Eltern oder durch von Gott berufene Personen mit aller Behutsamkeit zur vollen Entfaltung gebracht werden.

Die Seele, die in sich einen so kostbaren Samen trägt, der mit keiner Perle der Welt verglichen werden kann, muß durch das Gebet bestärkt, in ihrer Frömmigkeit auf Jesus hingelenkt werden, der im Geheimnis unendlicher Demut, Weisheit und Macht, im Geheimnis der Eucharistie wirklich gegenwärtig ist. Eine solche Seele muß entschlossen zur Liebe, zum Gebet, zum Heiligen Geist und zur Königin der Apostel geführt werden, damit sie ihre Weiterbildung übernimmt bis zur Reife der Berufung.

Während der Entwicklung der Berufung muß die auserwählte Seele auch das Geheimnis der Kirche begreifen lernen, deren lebendiges Glied sie ist.

Die Erzieher sind Mitarbeiter Gottes

Gott wirkt im allgemeinen durch verschiedene Mittel und Wege. So sind die Seminarien, die Orden und religiösen Kongregationen mit ihrer besonderen Aufgabe, auf die Berufenen durch die religiöse und fachliche Ausbildung einzuwirken, Werkzeuge und Mitarbeiter Gottes; sie sind im Plan der göttlichen Vorsehung vorausbestimmt, ihre Ausbildung zu vervollständigen, das Heranreifen der Berufung zu überwachen und sie so gleichsam zur Priesterweihe zu führen.

Niemand ist es erlaubt, die von Gott in der Natur und Gnade festgelegte Ordnung und Harmonie zu stören. Tut man es trotzdem, so ist dies, eine sehr schwere Auflehnung gegen Gott, die nicht ungestraft bleiben kann, da sie eine schwere Sünde des Hochmutes und des Stolzes ist. Daraus ergibt sich die große Verantwortung der Erzieher, in besonderer Weise jener, die für die heikelste Aufgabe in meiner Kirche bestellt sind.

Diese Aufgabe verlangt Heiligkeit und Vollkommenheit des Lebens... man kann anderen nicht geben, was man selber nicht hat.

... Sie erfordert absolute Rechtgläubigkeit, unbedingten Gehorsam dem Heiligen Vater gegenüber und eine Fülle anderer christlicher Tugenden. Die Erzieher müssen über jeden Zweifel erhabene Personen sein, die durch die Lauterkeit ihres Lebens geachtet werden, mit einem Wort: Sie müssen Vorbilder wahren christlichen Lebens sein!

Furchtbare Verantwortung der Erzieher, die den Glauben zerstören

Die Seelenhirten haben eine schwere Verantwortung bei der Wahl der Erzieher für die Seminarien. Besser ein geschlossenes Seminar als eines mit Zerstörern des Glaubens, der christlichen Tugenden, wie in vielen Seminarien unserer Tage.

Wehe den Hirten, die sich durch falsche Auswahl eine schwere Verantwortung aufgeladen haben; aus Unfähigkeit oder Schwäche, aus Feigheit oder Furcht werden sie zu Gehilfern Satans bei dessen zerstörendem Wirken zum Ruin der Seelen.

Bischöfe und Erzieher werden der göttlichen Gerechtigkeit genauestens Rechenschaft ablegen müssen über alles Böse, für das sie verantwortlich sind ... Sie sollen nicht erwarten, Barmherzigkeit zu finden, weil sie das höchste Wohl der Seelen sich selbst und ihrem persönlichen Ansehen geopfert haben: Verirrte Priester, zerstörte Seelen werden sich vor dem Richterstuhl, der keine Ausreden zuläßt, als Zeugen erheben.

Mein Sohn, sei auch diesmal nicht verwundert, wenn ich wiederhole, was ich schon früher betont habe; denn es ist wirklich nötig, daß alles, was ich dir sage, niedergeschrieben und bekanntgemacht wird; das Wohl meiner Kirche verlangt es.

Man antwortet mit eisiger, berechnender Kälte

Viele haben die tragische Lage der von Irrlehren verwüsteten Seminarien und religiösen Orden bedauert ... Viele Seelen haben sich zum Opfer dargebracht, um so vieler Zerstörung und Verirrung entgegenzuwirken! ... Doch ihr Opfer hat die eisige, berechnende Kälte jener nicht zu ändern vermocht, die aus vielen Gründen für dieses Problem ... diese wesentliche Aufgabe der Kirche überempfindlich sein müßten.

Die Priester der erneuerten Kirche werden eine sehr verschiedene Auffassung von der Natur, der Aufgabe und dem Ziel ihres Priestertums haben; sie müssen und werden wirklich echte Miterlöser sein und mein Reich in den Seelen aufbauen.

Nun segne ich dich, mein Sohn. Habe keine Angst, schreibe alles. Weg mit den Ängstlichkeiten! Ich werde stets bei dir sein.

1. Dezember 1976

85. Unerkannte Wirklichkeit

Was wird in den Seminarien oder in religiösen Bildungsstätten gelehrt? Man lehrt von allem etwas, aber man macht keinen Unterschied zwischen dem Heiligen und dem Weltlichen. Was den unbedingten Vorrang haben müßte, wird nicht selten hintangestellt; das genügt, um verständlich zu machen, wie sehr das Böse, der Materialismus, die verantwortlichen Erzieher vom guten Weg und Zweck abgebracht hat, dem die Gottgeweihten ihr Leben, ihre Kraft und ihren vollen Einsatz widmen müßten.

Ich habe dir schon gesagt, daß die Priester natürlicherweise Opfer sind, weil der göttliche Meister voll und ganz Opfer ist, der in einem Akt der Liebe und Barmherzigkeit seine Auserwählten der eigenen königlichen und priesterlichen Macht teilhaftig machen will. Er will, daß sich seine Auserwählten, in der Liebe und im Opfer, in diesem Leben und dann in der Herrlichkeit ihm gleichen.

Das Priestertum umfaßt eine solche Fülle von Macht, daß die Chöre der Engel darüber erzittern. Der Erzengel Gabriel, der vor dem Allerhöchsten steht, fühlte sich hochgeehrt, zum Gesandten des Himmels erwählt zu sein, auf Geheiß des Einen und Dreieinigen Gottes der allerseligsten Jungfrau das erhabene Geheimnis der Menschwerdung zu verkünden.

Wenn man an die königliche Macht, an die Würde denkt, die vom fleischgewordenen Wort seinen Priestern übergeben wird, so begreift man, daß die Engel darüber staunen, daß Satan und seine unheilvollen Horden erschüttert sind und von blinder Wut gepackt werden. Sie können nicht verstehen, wie Menschen, die tiefer stehen als sie, zu solcher Würde erhoben werden.

Das ist wirklich so, mein Sohn, aber es ist eine unbegreifliche Wirklichkeit; sie wird nicht angenommen und nicht empfunden, und die Dämonen lachen über diese menschliche Blindheit und diesen Hochmut.

Warum eine so bedauernswerte Lage der Dinge? Wie kann ein angehender Priester mit dieser Auffassung von seiner Berufung leben, wenn die ihn betreuenden Wächter und Beschützer, die vom göttlichen Sämann für das begonnene Werk zusätzlich bestellten Mitarbeiter unfähig sind, ihre Berufung in übernatürlicher Weise zu leben? Wie können sie anderen etwas vermitteln, an das sie selbst nicht glauben, nicht empfinden und nicht leben?

Die Berufung ist eine sehr zarte Pflanze; wenn um sie herum Dorngestrüpp wächst, erstickt sie und stirbt ab... Nicht wenige Erzieher in den

Seminarien sind heute nichts anderes als das, denn durch ihre irrige, irdische Gesinnung entziehen sie ihr Licht und Wärme...

Die Berufung muß in einer Oase heranreifen

Im Getümmel des modernen Lebens, das durchsetzt ist von Schrecken, Lärm, Gleichgültigkeit, Gesetzlosigkeit, Auflehnung kann eine Berufung nicht heranreifen... Die Berufung verlangt eine Auffassung und Schau des Lebens, die von der heutigen heidnischen Welt sehr verschieden ist.

Die Berufung muß in einer Oase wachsen und reifen, Oasen aber sind umgeben von der Wüste und befinden sich in der Stille!

Mein Sohn, wie viele Berufungen gehen verloren! Welche Verantwortung fällt auf jene, die in erster Linie für das Apostolat auserwählt sind; wie können sie Berufene Schritt um Schritt auf unbekannten Wegen und Pfaden führen?

In der erneuerten Kirche werden sich die Dinge ändern; ich will gewissenhafte und ihrer priesterlichen Größe und Würde bewußte Priester; ich will demütige und gutgesinnte Priester, die gewillt sind, mir auf dem Weg des Kreuzes zu folgen, die nicht die Wege der Welt gehen!

Sie müssen wissen, daß die Welt vom Bösen beherrscht ist, und er nur in der Demut des Kreuzes überwunden werden kann. So habe ich ihn besiegt, und meine Priester werden ihn nicht anders besiegen!

Ich segne dich, mein Sohn; liebe mich und bete.

Opfere dich auf, damit die Gnade den Geist und die Herzen vieler Priester durchdringe, die im Begriff sind, ewig verloren zu gehen.

1. Dezember 1976

86. Widersinnige Umwälzung

In gewissen Seminarien wird der Unterricht in der Religion als zweitrangig angesehen; das Hauptgewicht wird auf andere Gebiete gelegt, auf weltliche, die Psychologie und Pädagogik; das ist völlig verkehrt.

Der religiöse Unterricht muß als Fundament und Mittelpunkt des ganzen Unterrichts der Priesterkandidaten angesehen werden. Für mich, den Meister, und meine Mutter, die Königin der Apostel, ist es unwichtig, ob die Diener Gottes in den weltlichen Wissenschaften gelehrt sind oder nicht! Überaus wichtig ist aber, daß sie Gelehrte der Wissenschaft Gottes sind, ohne die ihnen jede geistige Fruchtbarkeit fehlt. Die Aneignung von Kenntnissen, die die Ausbildung des zukünftigen Priesters ergänzen, darf jedoch nicht übergangen werden.

In den Seminarien muß die wesentliche, grundlegende und unersetzliche Schulung das Anliegen wahrer, rechtschaffener Vorgesetzter und Lehrer sein; Vorgesetzter, die sich unter keinen Umständen zu einem Kompromiß irgendeiner Art hergeben, weder mit sich selbst noch mit der Welt.

Es müssen heilige Vorgesetzte und Lehrer im wahren Sinn des Wortes eingesetzt werden; denn ohne ihre Mitwirkung ist eine Schule der Heiligkeit unmöglich.

Doch, mein Sohn, heute gibt es in widersinniger Umkehrung dem Irrtum verfallene Vorgesetzte und Lehrer. Die Irrlehre blüht und gedeiht im Hochmut, und der Hochmut ist Begierlichkeit des Geistes und wird nach und nach in der Begierlichkeit des Fleisches aufflammen.

Natürliche Gaben nützen nichts, wenn...

Über mich steht richtig geschrieben: «Coepit facere et docere» (Er begann zu wirken und zu lehren). Das muß man von allen Erziehern sagen können.

Sorge der Seelenhirten muß es sein, den Seminaristen eine in jeder Hinsicht zuverlässige geistige Führung zu gewährleisten.

Hauptaufgabe des geistigen Führers ist es, begreiflich zu machen, daß jeder Priester ein Opfer sein muß und eine überaus hohe Sendung in der Kirche Gottes hat: Sich selbst zum Opfer darzubringen, vor allem durch die Selbstverleugnung; im Gegensatz zu den weltlichen Lehrern, die in nichts mit den Gotteslehrern verglichen werden können, die in der völligen Hingabe ihrer selbst nach dem Beispiel des göttlichen Meisters, der Heiligen und der Märtyrer wirken müssen. Von diesen Vorbildern müssen sich die Berufenen führen und leiten lassen.

Aufgabe des geistigen Führers ist es, den Priesterkandidaten zum Bewußtsein zu bringen, daß natürliche Gaben unnütz sind, wenn sie nicht demütig in den Dienst Gottes, zu seiner Verherrlichung, in den Dienst der eigenen Heiligung und des Heils der Brüder gestellt werden.

Dazu gehört auch, die Auserwählten zu überzeugen, daß nur äußerliches Tun nicht zur Heiligung und Rettung der Seelen dienen kann. Wer rettet, vermag es allein mit Gott...

Wen er zu seinem Miterlöser erwählt, der verdankt dies nur der Güte Gottes, seiner unendlichen Liebe. Niemand aber kann je mit ihm Erlöser, Werkzeug des Heiles werden, der nicht mit ihm gekreuzigt ist; es gibt keinen anderen Weg zur Fruchtbarkeit des Dienstes an den Seelen. Entweder ist man mit ihm am Kreuz und Opfergabe für die Vergebung der Sünden der Welt und der Seelen, die man retten will, oder man ist Betrüger und Verräter am erhaltenen Auftrag und an der empfangenen Macht.

Berufskrise der Priester — unverzeihliche Mängel

Es ist nötig, daß die Auserwählten vom göttlichen Leben der Gnade durchdrungen und geprägt sind, vom Wissen um die Größe, die Würde und die Macht des Priestertums.

Durch unverzeihliche Mängel und Fehler in der Ausbildung wissen die Priester heute nicht mehr, wer sie sind und über welche Kraft sie zum Wohl der durch die Bosheit der Dämonen gequälten und zermarterten Seelen verfügen.

Es ist nötig, daß die Auserwählten von ihrer priesterlichen Sendung als Väter, Lehrer, Führer des großen Heeres Christi, des Erlösers, völlig überzeugt sind.

Es ist nötig, daß die Priester von einem tiefen, unerschütterlichen Glauben erfüllt sind und daher an die wirkliche Gegenwart Christi im unergründlichen Geheimnis seines eucharistischen Sakramentes glauben.

Wehe den Auserwählten, die sich von Anpassung und Fortschritt anstecken lassen; ihr Glaube kann nicht rein und klar sein. Der verunsicherte Glaube aber schwächt die Hoffnung und die Liebe und richtet das göttliche Gnadenleben in der Seele zugrunde. Das ist die fürchterliche Krise, die in der Kirche herrscht und Tausende von Priestern und Ordensleuten verdorben hat; es ist die größte Tragödie, wie tödlich die Kirche heute verwundet ist...

Die wirkliche, persönliche Gegenwart Christi im Geheimnis der Eucharistie ist unbestreitbare Wahrheit; sie ist das Geheimnis unendlicher Demut, unendlicher Liebe, unendlicher Macht und Weisheit Gottes. Wenn ein Priester nicht an diese persönliche Gegenwart Christi in seiner Kirche glaubt, kann er nie Miterlöser sein.

Ich segne dich, mein Sohn, liebe mich!   *1. Dezember 1976*

87. Grundlegende Wahrheit

Mein Sohn, gestern sagte ich dir, daß jeder Priester ein Opfer sein müsse, das sich mit mir vereint meinem Vater für die Vergebung der Sünden und zur Befreiung der Seelen aus der Tyrannei des Bösen darbringt. Glaubst du, daß diese Grundwahrheit in den Seminarien gelehrt wird?

Glaubst du, die Seelenhirten wachen und bemühen sich, daß die nach dem Priestertum strebenden jungen Männer erleuchtet, eingeführt und empfindsam gemacht werden für ihre Verantwortung, die mehr als menschlich, die göttlich ist in ihrem Priestersein von morgen, wenn sie meine Diener und die Verwalter der Früchte meines Blutes und meines Leidens sein werden?

Nein, mein Sohn, nie wird man anderen geben oder mitteilen können, was man selber nicht hat. Die den Priesterkandidaten vermittelte Orientierung und Ausbildung ist völlig anders als sie von mir gefordert wird, ja, sie ist ihr ganz und gar entgegengesetzt. Wenn die Hirten und die Erzieher nicht selbst Opferseelen sind, sind sie nicht imstande, hochherzige und heilige Seelen heranzubilden.

Die Irrlehre von der übertriebenen Geschäftigkeit

Mein Jesus, es gibt sehr eifrige Hirten und Priester, und nicht wenige!

Ja, mein Sohn, ich bestätige dir, daß es heilige Hirten und Priester gibt, aber nur sehr wenige!

Es gibt Hirten und Priester, die eine hektische Tätigkeit entfalten, sie sind von der Irrlehre der Geschäftigkeit angesteckt; ich urteile nicht nach dem Schein, sondern nach der nur mir bekannten Wirklichkeit.

Die Opferseelen verbergen sich gern; sie ziehen es vor, mit mir in ununterbrochenem Gebet verbunden zu sein...

Heute, mein Sohn, gibt es in den Seminarien, in den religiösen Kongregationen wenig gute Früchte. Man hat die alte Ordnung aufgegeben und durch eine neue ersetzt, die beinahe überall nach falschen Grundregeln ausgearbeitet wurde, die meinem Willen, meinem Evangelium nicht entsprechen.

Freiheit bedeutet weder Zügellosigkeit noch Gesetzlosigkeit

Mein Sohn, ich will dir verständlich machen was geschieht, wenn der Begriff der Freiheit mit dem der Gesetzlosigkeit vertauscht wird... Was bedeutet Freiheit für viele Erzieher, Priester und Hirten? Sie haben die Freiheit umgemodelt und mit der Zügellosigkeit vertauscht; dadurch kam in die Seminarien eine Lockerung, die ihren Priesterkandidaten nichts Besseres bietet, als den anderen jungen Menschen, die die Sinneslust nicht abweisen:

Pornographische, gewalttätige, also unmoralische und vom Materialismus geprägte Filme, sexuelle Erfahrungen jeder Art... Man sagt, es sei nötig, das Leben kennenzulernen, um fähig zu sein, nach eigener Auffassung zu wählen, es gebe kein Leben ohne Bewegung, das gelte auch für das Leben des Menschen, der nach dem Bild und Gleichnis Gottes erschaffen ist. Der Mensch ist frei, sich auf das Gute oder auch zum Bösen hin zu bewegen; aber nur in der Hinwendung zum Guten verwirklicht er den Sinn seines Lebens, seiner Berufung, seines Daseins, denn er ist für das Gute erschaffen worden. Er besudelt aber seine Freiheit und damit auch seine Würde, wenn er sich zum Bösen wendet. Freiheit bedeutet weder Zügellosigkeit noch Gesetzlosigkeit!

Es scheint, mein Sohn, daß dies gerade von denen nicht verstanden wird, die dies lehren sollten.

Angsterregende moralische und geistige Umwälzung

Mein Sohn, vom Augenblick an, da Gott seinen Samen in die von Ewigkeit her Auserwählten legt, ist dieses Samenkorn vom Empfänger zu behüten, zu beschützen und zu verteidigen; zu behüten aber auch durch die von der Vorsehung dazu Verpflichteten, die ihre Aufgabe als Erzieher zur Verwirklichung der Berufung zu erfüllen haben.

Bis zu welchem Grad moralischer und geistiger Umwälzung aber sind gewisse Seminarien gelangt, die wahre Brutstätten von Irrlehren und Entartung wurden!

Du hast gut getan, mein Sohn, allen, die sich an dich gewandt haben, vom Besuch von Seminarien und religiösen Instituten abzuraten, weil die Fragenden selbst im Zweifel und unsicher waren und darum unfähig, das persönliche Problem ihrer religiösen Berufung zu lösen. Nur aus Feigheit, Angst, Menschenfurcht und um Unannehmlichkeiten zu vermeiden, wurde zur Bereinigung dieser peinlichen Zustände von jenen nichts unternommen, deren Pflicht es gewesen wäre, zu handeln, ohne auf irgend etwas Rücksicht zu nehmen.

Wer im Glauben fest ist, unterstellt sein Tun nicht dem Urteil der Welt, sondern allein Gott. *1. Dezember 1976*

88. Die Kirche leidet als mystischer Leib Christi

Schreibe, mein Bruder, ich bin Don Orione.

Die Kirche leidet heute in ihrem Wesen als mystischer Leib Christi. Haupt dieses mystischen Leibes ist Christus selbst, der mit seiner Gottheit und Menschheit persönlich gegenwärtig ist. Als Haupt und Gründer leidet Christus, der nach seiner Auferstehung physisch nicht mehr leiden kann; er leidet in geistiger Weise durch die Schuld der Menschen, die seine Erlösung, seine unendliche Liebe, zurückweisen. Das ist widersinnig... aber wahr.

Jesus, das menschgewordene Wort Gottes, ist... die Wahrheit, die volle Wahrheit. Wie oft hat er außerordentliche Dinge gewirkt, um den zerstreuten, gleichgültigen, nicht selten bösen und verdorbenen, von Haß gegen ihn erfüllten Menschen zu verstehen zu geben, daß er die Liebe ist!

Sie haben Angst, zu glauben

Wie oft hat er sich beklagt bei Seelen, die er liebt und wie oft ist er Heiligen erschienen, denen er seine unendliche Traurigkeit und sein Leiden anvertraute wegen der Undankbarkeit der Menschen, der Gottgeweihten und der Priester.

Zur heiligen Margareta sagte er: «Sieh dieses Herz, das die Menschen so sehr liebte und von denen es nur Beleidigungen, Undankbarkeit und Verachtung erhält...» Hat er sich nicht blutüberströmt gezeigt?

Zusammen mit anderen Sehern bist du sein Zeuge. Wie vielen anderen hat er sein mit Dornen umwundenes Herz gezeigt, und was wollte er damit ausdrücken... in dieser Zeit der Finsternis? Auf die Zweifler, die Gleichgültigen und Gegner kommt es nicht an, aber wie verhalten sich die Gottgeweihten bis hin zu den Bischöfen?

Sie glauben nicht und wollen nicht glauben; sie fürchten das Übernatürliche anzuerkennen wegen der unabdingbaren Folgerungen, die damit verbunden sind; ja, die Gottgeweihten, die ihn am meisten lieben und für ihn vor der gottlosen Welt Zeugnis ablegen sollten, sind es, die ihn in Trauer versetzen und sein erbarmungsvolles Herz enttäuschen.

Wenn man an die Lauheit und den Unglauben der Gottgeweihten denkt, an die nicht endende Lawine von Sünden, Unterlassungen, Verbrechen, Untaten jeder Art... und an all das Böse, das von Christen und anderen Menschen in der ganzen Welt begangen wird, ist sein ungeheurer, grenzenloser Schmerz verständlich!

Für den, der die Seelen unendlich liebt, der für sie unendlich gelitten hat und noch leidet, gibt es und kann es kein größeres Leid geben als sehen zu müssen, wie zahllose Seelen den Weg des ewigen Verderbens gehen.

Der Papst unter dem Kreuz

Bruder, wie das unsichtbare Haupt der Kirche leidet, so leidet auch, wenn auch in anderem Maß, das sichtbare Haupt der Kirche, der römische Oberhirte. Er steht an der Spitze, und von dieser Warte aus sieht er, wie kein anderer auf die Kirche. Er sieht den Hochmut, von dem sie durchdrungen ist; die Finsternis, die alles verdunkelt; er sieht die Risse, die sie teilen; die Irrtümer und Irrlehren, mit denen anmaßende Theologen sie zerstören; er sieht die geistige und moralische Gleichgültigkeit, die Gesetzlosigkeit, gegen die sie sich wehrt; er sieht die Ärgernisse, den Haß und die von seinen Feinden im dunkeln geplanten Verschwörungen. Sein Herz wird davon zutiefst erschüttert; nur die besondere Gnade und der göttliche Beistand verhindern, daß er diesem Leid nicht erliegt.

Zu alldem kommt noch die Falschheit seiner Umgebung hinzu; so steigert sich sein Schmerz noch viel mehr.

Viele Bischöfe und die meisten Priester kennen die ungeheuren Leiden des sichtbaren und unsichtbaren Hauptes der Kirche nicht.

Wenn die Leiden für das sichtbare Haupt der Kirche so zahlreich und schwer sind, Bruder, so bedenke, wie unendlich schwerer die Leiden des unsichtbaren Hauptes sein müssen, weil er nicht nur das Böse im allgemeinen sieht, sondern auch die persönliche Schuld jedes Gliedes seines mystischen Leibes und der ganzen Menschheit.

Was dem menschlichen Auge entgeht, selbst oft das Offensichtlichste, entgeht dem göttlichen Auge nicht.

Fürchterliche geistige Armut

Die Kirche, mein Bruder, leidet in ihren Heiligen und in ihren Gerechten; sie leiden in dem Maß, als sie lieben; sie leiden und sie möchten den schweren Verlust aufholen, der durch die schreckliche geistige Armut der Bischöfe, Priester und der anderen gottgeweihten Seelen entstanden ist. Die Heiligen und Gerechten leiden, weil die höllischen Mächte gegen sie anstürmen und sie manchmal einem wahren Martyrium aussetzen. Bruder, ich konnte dir nicht alles sagen, es wäre zu viel, aber ich wollte dir in

Erinnerung rufen, daß auch die gesunden Glieder, die einfachen Gläubigen, einem schweren Leiden unterworfen sind. Auch sie erleiden Schaden durch die Lauheit und oft schlechte Haltung vieler Geistlicher.

Laß dich trotz allem durch meine Worte nicht entmutigen ... sorge dich nicht wegen des menschlichen Unvermögens. Ich hätte während meines irdischen Lebens nichts getan, wenn ich auf das Geschwätz der Menschen gehört hätte. Wir müssen unser Ohr nach oben richten, auf die Stimmen, die aus der Höhe kommen. Diesem Grundsatz habe ich stets gehorcht, und so geschah es, daß ich zum Werkzeug der Vorsehung für meine persönliche Heiligung geworden bin und der vieler anderer Seelen.

Mut, Bruder, die irdische Pilgerschaft ist kurz, ewig aber der Lohn, der dich erwartet.

Du bist nicht allein; wir, die euch ins Haus des gemeinsamen Vaters vorangegangen sind, sind mit dir und deinen Freunden.

12. Januar 1977

89. Schmerzvolle Passion und lichtvolle Auferstehung

Schreibe, mein Sohn, ich bin Pater Pio.

Schon auf Erden sah ich in aller Klarheit durch Gottes Güte die künftige Entwicklung der Kirche und ihre Verwirrung. Ich sah ihren Aufstieg auf Kalvaria, der schon begonnen hatte; ich sah, in welche Dunkelheit die Kirche geraten war und in die sie stets tiefer eintauchte, die Judasse und die Folgen ihres Verrats; ich sah ihre Märtyrer, ihre Hingeopferten; das Blut, das reichlich über die Erde floß; aber auch lebenerfüllte Knospen, die Morgenröte ihres Frühlings; ich sah ihr schmerzvolles Leiden und ihre strahlende Auferstehung. Auch dich sah ich, Don Ottavio, mit dem Kreuz dem Lamm auf dem Weg nach Kalvaria folgen, mit der Last deiner Mühsale auf den Schultern, als du der Kirche das Hauptproblem der Seelsorge vortrugst, das von einem guten Teil der Hirten und der großen Mehrzahl der Priester beiseite geschoben wird, die sich, ich weiß nicht im Namen welcher Erneuerung oder welches Konzils, vornahmen, alles zu ändern, die Heilige Schrift umzuwandeln, ebenso das Evangelium und die Überlieferung; sie anerkennen von Christus nur noch seine Menschheit und leugnen seine Gottheit; sie wollen Gott, die Lehre und die Moral verändern, was nichts anderes ist als Anmaßung und Hochmut im höchsten Grad ...

Mein Sohn, die Kirche kannte schon in ihrer Vergangenheit Menschen dieser Art... nie aber in so großer Zahl in einem Jahrhundert, und nie wurde die Offenbarung und das ganze Gesetz in Frage gestellt. Wie dir gesagt wurde, ist heute der Sinn für das Gute und das Böse, das Erlaubte und das Verbotene, verlorengegangen.

Der Feind wird die Kirche nicht überwältigen

Mein Sohn, wieviel Zeit hat Satan gebraucht, um seinen großen Plan der Verweltlichung von Kirche und Menschheit vorzubereiten? Tausend Jahre! Aber in den letzten beiden Jahrhunderten hat er, im Namen des Fortschrittes und mit Hilfe der Technik, die Entwicklung beschleunigt; er hatte seinen mörderischen Plan von der Zerstörung der Kirche, die er haßte, schon bevor der Erlöser sie als Sakrament des Heiles der Menschheit schenkte.

Aber das Vorhaben des Feindes, das Werk Gottes zu zerstören, ist ihm nur teilweise gelungen, weil es ihm nicht erlaubt ist, eine bestimmte Grenze zu überschreiten. Er wird die Kirche also nicht überwältigen; der den Seelen zugefügte Schaden aber ist unberechenbar; der menschliche Geist kann ihn nicht ermessen.

Mein Sohn, es ist unnütz, eine Antwort auf das Warum dieser Lage zu suchen; die Antwort ist dir schon oft gegeben worden. Du wurdest als Werkzeug der göttlichen Vorsehung auserwählt, um das wahre Problem der Seelsorge in Erinnerung zu rufen, weil es die Grundlage jeder kirchlichen Tätigkeit ist und es keine Erneuerung geben kann, wenn man sie nicht auf die soliden, unerschütterlichen Grundsätze des Glaubens und der Moral aufbaut.

Schon weht der Wind der Läuterung

Mein Sohn Don Ottavio, tausend Jahre sind für Gott weniger als ein flüchtiger Augenblick, und die gegenwärtige Lage der Kirche ist wie ein nebliger Herbsttag... ohne Sicht, voller Schwierigkeiten und Unbehagen. Sobald sich aber ein Wind erhebt, verschwindet der dichte, düstere, kalte Nebel, die Sonne scheint wieder und gibt den müden, enttäuschten Seelen neues Vertrauen... Der Wind der Läuterung weht bereits; die Wolken am Himmel quellen auf und werden dunkler; ein Gewitter zieht auf, ein Sturm, der alles in Bewegung setzt und die verrückten Hoffnungen des Feindes zerschlägt. Die Sonne der neuen Zeit, des Friedens und der

Gerechtigkeit wird die Erde mit einem noch nie gesehenen, unbekannten Licht überfluten, und ihre Wärme wird die Erde fruchtbar machen wie noch nie ...

Mein Sohn, Gott blickt liebevoll auf dich; liebe ihn, folge ihm bis zum Gipfel!

Er segnet dich und euch und beschützt euch immer vor den Angriffen eurer Feinde!

90. Armes Leben

Ich bin der Priester, Don A., der, dank der Güter, über die meine Familie verfügte in gesicherten Verhältnissen, ohne wirtschaftliche Probleme leben konnte, der aber das einfache, arme Leben in der Nachfolge des göttlichen Meisters vorzog. Ich habe seine Worte des Lebens, sein leuchtendes Beispiel der Armut, der Demut, des Gehorsams befolgt.

Ich liebte den höchsten Priester und das Priestertum. Ich betete und litt für die Priesterberufungen, eiferte für das Heil der Seelen, gründete das Werk R., das für die Erde ein Mißerfolg, für den Himmel dagegen ein Triumph war. Dies sage ich dir, Don Ottavio, da das Urteil der Menschen selten mit dem Urteil Gottes übereinstimmt.

Antwortet man mit Glauben?

Wie viele Priester, von heiliger Glut beseelt und treu der empfangenen Berufung, antworten mit Glauben auf die eindringlichen Anrufe des göttlichen Meisters und der Mutter der Kirche?

Welche Anschauung haben die meisten Priester von Christus, dem Sohn Gottes, der im Geheimnis der Liebe und des Glaubens im unendlichen Wunder der Demut gegenwärtig ist?

Merken sie nicht, daß sie am Rand eines entsetzlichen Abgrundes gehen, den Bösen an ihrer Seite, der ihnen schlau und listig folgt, um sie auf ewig zu verderben?

Wie ist soviel Dunkelheit selbst bei den Hirten der Kirche möglich, von denen viele die Wahrung und den Schutz ihres persönlichen Ansehens zum Hauptproblem ihrer Seelsorge machen?

Wie ist es möglich, daß sie die Unfruchtbarkeit ihrer Werke nicht bemerken, eine schreckliche Bestätigung ihres Scheiterns, die offensichtlich ist?

Wie ist es möglich, in der überheblichen Haltung zu verharren, die Gott beleidigt, die Kirche verdunkelt und das Antlitz verunstaltet, das ihr von ihrem göttlichen Gründer aufgeprägt wurde? Es gibt so viele Entgleisungen, die die Kirche, die aus meinem barmherzigen Herzen hervorgegangen ist, herabwürdigen und entstellen?

Die Kirche braucht keine listigen Diplomaten, keine stolzen Führer, die Kirche braucht heilige Hirten, die mit ihrer Vaterschaft eine weise Festigkeit verbinden, um dem Zustand der Gesetzlosigkeit, der noch immer die Kirche erniedrigt, ein Ende zu setzen.

Die Priester können darüber nicht in Unkenntnis sein, daß Satan, der Fürst der Finsternis, der Aufwiegler von Skandalen, Irrlehren und Spaltungen nie rastet. Satan hat mächtige Verbündete in den Freimaurerlogen, in den gottlosen und auch in den christlichen Parteien.

Die Seelenhirten mögen wissen: Während sie sich die Zeit mit eifersüchtigem Getue um ihr Ansehen vertreiben, verwüstet und vernichtet Satan den Weinberg des Herrn, stürzt Seelen in die Hölle, spottet über die Torheit seiner Feinde, weil sie nichts Wirksames unternehmen, um sich ihm zu widersetzen.

Eine ihrer Pflichten

Der göttliche Meister, der Gründer und das Haupt der Kirche, heilte die Kranken, trieb die Teufel aus.

Was läßt die Bischöfe ihre Pflicht vergessen?

Was veranlaßt sie, die göttlichen Worte über dieses schwierige Problem zu übersehen?

Was verdunkelt ihren Geist und ihre Augen so sehr, daß sie die zahllosen Menschen nicht sehen, in die Satan eingefahren ist und die er unterjocht? Wie viele jeden Geschlechts, jeden Alters und sozialen Standes werden von ihm seelisch und körperlich beeinflußt und gequält!

Was berechtigt die Bischöfe, diese wesentliche Aufgabe nicht auszuüben und sogar den Priestern zu verbieten, denen sie die Exorzistenweihe erteilt haben?

Die Bischöfe sollen auf diese Fragen antworten!

Sehen sie die Wunden nicht, an denen der mystische Leib des Herrn leidet?

Warum ihre Tatenlosigkeit angesichts so vieler Probleme, die energische, dringende, unaufschiebbare Lösungen fordern?

Sie sehen nicht die Vorboten der gewaltigen Stunde, die naht; sie mißachten die schmerzlichen Flehrufe und Mahnungen der Mutter...

Don Ottavio, Mut! Der Weg ist dir bekannt.

Das Leiden möge dich nicht ängstigen, die Dämonen können dich
nicht erschrecken!

Ich segne dich.   *3. September 1976*

91. Festliches Zeichen

Ich bin Monsignore Pranzini; schreibe!

Don Ottavio, du erinnerst dich an den 12. März 1932, an dem ich dich
im Dom von Mirandola zum Priester weihte; es schneite während der
Nacht. Ich, dein Bischof, sagte zu dir, daß dieser Schnee nicht zufällig
gefallen, sondern ein Zeichen sei, ein festliches Zeichen, das die göttliche
Vorsehung gegeben habe, um meine Eingebung für dich zu bestätigen,
daß diese Priesterweihe im Leben der Kirche etwas Großes bedeute. Ich
erklärte dir offen, daß der Schneefall eine gute Vorbedeutung habe. Es
schien mir aber, daß du mich nicht verstanden hast; und wirklich, du
hast meinen Worten nicht geglaubt; der Schneefall hatte für dich keine
Bedeutung. Doch für mich bedeutete er, dein Priestertum werde unge-
wöhlich sein. Ich erhielt die Bestätigung im Himmel, du hast sie jetzt.

Du kanntest bereits das Hauptanliegen deiner priesterlichen Aufgabe... das zentrale Problem der universalen Kirche zur Sprache zu bringen... Don Ottavio, wie ist es erklärbar, daß die wahre, heilige, katholische und apostolische Kirche so sehr verdunkelt werden konnte, daß sie
den Zweck ihres Daseins auf Erden vergaß, obwohl zu jener Zeit ihre
sichtbaren Häupter heilige Männer waren? Heilig waren die Oberhirten,
die in den letzten hundert Jahren auf dem Stuhl Petri folgten!

Die Kirche, das Geheimnis, in dem sich das Menschliche
und das Göttliche begegnen

Don Ottavio, du weißt, daß die Kirche ein Geheimnis ist, in dem sich
das Menschliche und das Göttliche begegnen, sich verbinden und verschmelzen. Der menschliche Teil wird in wunderbarer Weise mit dem
göttlichen vereinigt, er bleibt stets menschlich und ist deshalb den Übeln

unterworfen, die aus der seit der ersten Sünde geschwächten und verwundeten Menschennatur hervorgehen. Die Geschichte wiederholt sich; aber mehr noch ist die menschliche Natur vom Augenblick ihrer tödlichen Verwundung an immerfort der unbarmherzigen Verfolgung durch ihren Todfeind ausgesetzt; wenn sie sich nicht verteidigt und nicht verteidigt wird, wird sie unerbittlich in Unordnung geraten. Arme menschliche Natur!

Überdies weißt du, daß die Kirche ein Leib ist, ein wahrer, wirklicher Leib, dessen Haupt der göttliche Erlöser ist, Jesus, das fleischgewordene Wort Gottes; ihm am nächsten steht sein Stellvertreter auf Erden. Beide, das göttliche und das menschliche Haupt regieren und bewegen den ganzen Leib durch die Glieder, nicht mehr und nicht weniger, als es im menschlichen Leib geschieht. So gehen auch in der Kirche vom Haupt die Impulse aus, die die verschiedenen Glieder in Bewegung setzen. Indes die verschiedenen Glieder des menschlichen Leibes, die Augen, die Ohren, der Mund, die Beine, die Arme... lassen sich nur vom Kopf in Bewegung setzen. Die Glieder am Leib der Kirche aber sind frei und intelligent und gehören der verwundeten und geschwächten Natur an, die leicht beeinflußbar ist durch ihren heftigsten Feind, die finsteren Mächte des Bösen, die stets auf der Lauer sind und die Freiheit zu schmälern versuchen. Unablässig setzen sie sich ein, die Keime des Bösen, die mit dem ersten Sündenfall eingepflanzt wurden, zur Auswirkung zu bringen.

Keine positiven Ergebnisse ohne das Leiden

Don Ottavio, mit anderen Worten: Wenn das Gehirn jener verunreinigt ist, die an der Spitze der Kirche stehen, so breitet sich die Verschmutzung mit größter Kraft über die ganze Kirche aus... Es wurde dir gesagt, daß die die Kirche umhüllende Dunkelheit aus dem Hochmut stammt. Verstehe mich wohl: Wer auf verschlungenen Wegen und aus hintergründiger Streberei an die Spitze einer lokalen Kirche gelangt, ist ein Eindringling, der nicht aus Demut und aus Liebe handelt und darum in der Kirche angeberisch und egoistisch wirkt wie ein Söldner. Deshalb sind so viele nicht «Väter», sondern Bürokraten und Beamte, die sich nicht anders verhalten als Funktionäre einer Gesellschaft: ohne Gott und damit auch ohne Liebe.

Don Ottavio, das ist schrecklich, aber es ist so! Begreife deshalb die Eindringlichkeit, mit der dir nahegelegt wird, der Kirche vorzuschlagen, das grundlegende Problem ihrer Berechtigung, inmitten der Welt und der

Völker zu stehen, eingehend zu studieren. Der Grund dafür liegt im ständigen Kampf zwischen Licht und Finsternis, zwischen Gott und Satan, zwischen Gut und Böse. Wundere dich also nicht, daß Botschaften mit diesem Hinweis auf das wichtigste Problem der Seelsorge aufeinander folgten.

Du arbeitest für die Erneuerung der Kirche; das muß für dich ein Anlaß zur Freude sein, auch wenn diese Arbeit aufs engste mit dem Kreuz verbunden ist. Du wirst in deiner Aufgabe zu keinem positiven Ergebnis gelangen, ohne zu leiden; das weißt du und wirst es in Zukunft noch tiefer erfahren.

Gott, der Allmächtige, der Eine und Dreieinige, das ewige Wort Gottes, das persönlich in seiner Kirche gegenwärtig ist, in Vereinigung mit der allerseligsten Mutter mögen dich und euch segnen, jetzt und immer!

15. Juni 1978

92. Freunde und Miterlöser

Ich, Jesus, habe dir gesagt, daß alle Dinge mir gehören, die sichtbare und die unsichtbare Welt.

Alles und alle gehören mir. Alles ist durch mich erschaffen, und ohne mich wurde nichts von dem, was ist. Auf besondere Weise aber, wie ich schon sagte, gehören mir meine Priester.

Die Priester sind meine Miterlöser. Sie sind mit geheimnisvoller, übernatürlicher Macht ausgestattet und müssen mit mir innig verbunden sein. «Nicht Knechte, sondern Freunde habe ich euch genannt.»

Mein Sohn, nur wenige Priester haben die Bedeutung dieses Geschenkes meiner wirklichen Freundschaft verstanden. Darum fühlen sich nur wenige Priester bewußt verantwortlich für die notwendige, unauswechselbare Gemeinschaft des Glaubens und der Liebe, die zwischen mir, ihrem Meister und Erlöser, und meinen Freunden und Miterlösern bestehen muß.

Nur wenige Priester haben begriffen, daß zwischen mir und ihnen eine Wechselwirkung stattfinden muß. Ich schenke mich ihnen ganz, und sie müssen sich völlig mir überlassen.

Wenn dieser absolut wesentliche und unersetzbare Austausch fehlt, erstirbt das geistige Leben meiner Diener. Und Tod besagt Verwesung, die ansteckt und die Seelen verdirbt. Viele Priester scheinen sich nicht Rechenschaft zu geben über die Folgen, die sich daraus ergeben.

Ist diese Lebenskraft nicht mehr vorhanden, wird aus meinem Diener, dem Freund und Miterlöser, ein Verbündeter Satans, ein Dämon.

Die Gefühllosigkeit vieler meiner Diener gegenüber dem Ärgernis der Gottlosigkeit und des allgemeinen Abfalls, die Untätigkeit, mit der sie dem Verderben so vieler Seelen zuschauen, bilden wahrhaftig eine klaffende Wunde in meinem erbarmungsvollen Herzen.

Du wirst mir sagen, daß viele nicht untätig sind. Sie sind geschäftig, doch in der falschen Richtung. Wenn sie wenigstens das Bedürfnis spürten, mich um Hilfe für ihre Bekehrung zu bitten, ich würde sie keinem verweigern, der mich mit lebendigem Glauben und aufrichtiger Demut darum bittet.

Sie lieben mich nicht

Es ist wahr, daß es heilige Priester gibt, aber nur wenige. Es fehlen gute Beichtväter und Seelenführer.

Mein Sohn, du kannst dir ein Bild davon machen, wie viele Seelen... dahinsiechen wie kranke Pflanzen; sie welken aus Mangel an erleuchteter geistiger Führung. Selbst in den Klöstern bei den gottgeweihten Seelen ist es so.

Es gibt dort Seelen, die die höchsten Stufen der Heiligkeit erklommen hätten, wenn sie entsprechend geführt worden wären.

Viele meiner Priester befinden sich im Tod, weil sie mich nicht lieben und mich nicht kennenlernen wollen.

Johannes sagt: «Er kam in sein Eigentum, aber die Seinen nahmen ihn nicht auf.» Wer von meinen Auserwählten mich nicht in sein Herz aufnimmt, der begeht eine ungeheure Sünde.

Wer der Liebe mit Kälte und Ungerechtigkeit antwortet, verursacht eine große Wunde in meinem erbarmungsvollen Herzen.

Ich wurde schon verfolgt, als ich noch im mütterlichen Schoß eingeschlossen war... und werde weiter verfolgt durch meine mit unendlicher Liebe auserwählten Diener.

Mit ihrer Würde und Macht habe ich meine Priester über die Chöre der Engel erhoben.

Ich habe mich ihrem Willen anvertraut und ihnen die göttliche Macht zugestanden, Sünden zu vergeben, Brot und Wein in meinen Leib und mein Blut... zu verwandeln. Wer konnte ahnen, daß meine Liebe eine solche Höhe erreichen würde?

Mein Sohn, liebe mich über alles, um diese widersinnige Undankbarkeit gutzumachen. Schenke dich mir völlig mit allem, was du hast, mit allem, was du bist. Sühne, mein Sohn, für die zahllosen Judasse, die mich täglich verraten.

Sei bereit, zu leiden

Meine Diener irren in der Dunkelheit umher, unwissend durch ihre eigene Schuld...

Sie haben die zahllosen Vermittlungen meiner Mutter nicht verantwortungsbewußt aufgenommen. Müßten sie doch die Gläubigen mit unmißverständlicher Klarheit darüber aufklären. Aber was tun sie? Vorurteil, Hochmut, Angst vor den Menschen und Unglauben haben sie verblendet.

Welcher Verlust an gottgeweihten Seelen!

Wie viele Judasse wird es noch geben!

Wieviel Blut wird noch vergossen werden...

Soviel Zeit stand ihnen zur Verfügung, viele Ereignisse haben sie miterlebt!... Die Verfolgung in den Ländern des Kommunismus haben nichts oder nur wenig genützt. Die Glaubenskrise hat sie so verweltlicht, daß nicht wenige das christliche Lebensgefühl verloren haben.

Wie können diese meine Priester, die ich trotz allem retten möchte, den Gläubigen gegen Satan beistehen, wenn sie selbst seine Gehilfen sind?

Sie haben die wiederholten Mahnungen meines Stellvertreters auf Erden überhört. Sie lieben ihn nicht. Wie können sie da den Seelen die Liebe zu ihm und zu mir vermitteln?

Mein Sohn, welche Trostlosigkeit! Bete, sühne, nimm das Leiden für die Rettung dieser meiner Diener an.

Ich segne dich, mein Sohn, liebe mich! *26. August 1975*

93. Wie ein Arbeitskleid

Mein Sohn, du weißt, daß sich nur wenige Priester an den Altar begeben, um die dreimal heilige Handlung im Geist des Glaubens und der Gnade zu vollziehen.

Wir sprechen nicht von jenen, die meinen Leib und mein Blut sakrilegisch entweihen, es sind nicht wenige, sondern von jenen Priestern, die

die heiligen Gewänder nachlässig in einer geistigen Verfassung von Arbeitern anziehen, die, bevor sie ihr Tagewerk beginnen, mit Geschwätz über dieses oder jenes in ihr Arbeitsgewand schlüpfen.

Sie gehen ohne einen Gedanken der Sammlung zur Feier des heiligen Ritus über, ihr Geist beschäftigt sich mit tausenderlei fremden Dingen. Sie gelangen zur Wandlung, ohne sich Rechenschaft zu geben, daß sich in diesem Augenblick in ihren Händen das Wunder aller Wunder, meine Menschwerdung, die Inkarnation des Wortes Gottes, wieder vollzieht.

«Et verbum caro factum est» (Das Wort ist Fleisch geworden).

Sie geben sich keine Rechenschaft darüber, daß sie in diesem Augenblick in ihren Händen auch das Einwirken der Allerheiligsten Dreifaltigkeit veranlassen.

Meine Mutter hat mit ihrem Fiat veranlaßt:

— daß der Vater in ihr meine menschliche Seele erschuf;

— daß ich, das Wort, mich mit der vom Vater erschaffenen Seele vereinigte;

— daß der Heilige Geist meine jungfräuliche Empfängnis im reinsten Schoß Mariens bewirkte.

Von diesem Augenblick an war ich wahrer Gott und wahrer Mensch.

In den Händen des zelebrierenden Priesters erneuert sich im Augenblick der Wandlung wahrhaftig das Geheimnis der Menschwerdung. Nur wenige meiner Priester denken daran.

Wenn der Glaube und die lebendige Überzeugung fehlen, vollzieht er die heiligste aller Handlungen wie einer, der seine gewohnte Arbeit tut. Der Priester wird zu einem Werktätigen, das ist alles!

In seinem Gesicht zeigt sich kein Zug der Teilnahme und der inneren Sammlung. So geht es mit derselben Gleichgültigkeit bis zur heiligen Kommunion...

Abgewiesene Liebe

Mein Sohn, die teilnahmslose Haltung meiner Priester verwundet mein erbarmungsvolles Herz stärker als die wütenden Beleidigungen meiner erklärten Feinde. Wie zahlreich sind meine Priester, die mich auf diese Weise behandeln!

Die Liebe stößt an eine Mauer von Kälte und Gleichgültigkeit und wird trotz aller meiner Gnaden, die hochherzig und ohne jedes Verdienst geschenkt werden, zurückgewiesen.

Ich will nicht auf Einzelheiten eingehen, um dir nicht alle Lieblosigkeiten zu nennen, die mir gegenüber geschehen und deren man sich vor weltlichen Persönlichkeiten hüten würde. Dagegen scheint mir gegenüber alles erlaubt zu sein...

Mich betrachten sie als eine unklare, ferne historische Erinnerung. Schuldhaft übersehen sie die lebendige Wirklichkeit, an der sie einen so bedeutenden Anteil haben. Wenn sie theoretisch annehmen, daß das heilige Opfer der Messe das Opfer des Kreuzes ist, so leugnen sie es praktisch durch ein Benehmen, das den Mangel des Glaubens, der Hoffnung und der Liebe offenbart.

Mein Sohn, welch unendlicher Ozean von Elend, Verweltlichung, Verrat und geistiger Finsternis! Wären doch meine Priester alle von einem lebendigen Glauben, von einer brennenden Liebe beseelt, wenn sie mich in ihren Händen halten! Welche Ströme von Gnaden würden für sie und für die Seelen, die ihnen anvertraut sind, aus meinem erbarmungsvollen Herzen fließen!

Warum sind viele meiner Priester so eigensinnig und mir fern, warum sind sie meinen wiederholten Mahnungen zur Umkehr so schlecht zugänglich?

Hochmut, Anmaßung, Eitelkeit, Unreinheit! Wie viele von ihnen gehen verloren, sie, die Miterlöser sein sollten!

Welch schreckliche Qual für sie in der Hölle! Sie waren Ausspender und Verwalter der Früchte meiner Erlösung! Sie, die auserwählten Freunde, wollten mich nicht kennenlernen. Ihr Wirken in meinem mystischen Leib blieb unfruchtbar, weil sie den Glauben in ihrem Herzen auslöschten, sich weigerten, mir auf dem Weg des Kreuzes zu folgen und die Einheit meines mystischen Leibes zerstörten.

Von der Liebe gedrängt

Mein Sohn, die Eindringlichkeit, mit der ich auf diese peinlichen Zustände hinweise, bedrückt dich.

Es drängt mich, die überaus schmerzliche Lage ins richtige Licht zu stellen, damit man deutlich erkennt, wenn das zerstörende Geschehen ins Rollen kommt durch den strafenden Eingriff der Gerechtigkeit meines Vaters, daß es an Warnungen, Mahnungen und Aufrufen zur Vermeidung der unbeschreiblichen, für die Christenheit zu erwartenden Übel nicht gefehlt hat.

Man muß auch wissen, vor allem die Guten, daß der Vater trotz der Strenge seiner Gerechtigkeit stets von der Liebe geleitet wird, denn Gott ist die Liebe. Er will nicht den Tod des Sünders, sondern daß er sich bekehre und lebe. Noch haben die Menschen und auch viele meiner Priester nicht auf die zahlreichen Einladungen zur Bekehrung gehört; sie haben sich die Lehre aus vielen Geschehnissen, die gewollt waren, um sie zur Wirklichkeit zurückzurufen, nicht zunutze gemacht. So wird der göttliche Zorn auf sie fallen...

Gott wird die Früchte ihrer Torheit und ihres Hochmuts vom Angesicht der Erde austilgen.

Mein Sohn, bete und laß beten; der Erdrutsch ist in Bewegung.

11. September 1975

94. Ein Beruf wie jeder andere?

Die gegenwärtige Seelsorge ist schrecklich angesteckt von schwerwiegenden Übeln; davon ist eines die Berufsauffassung. Die Seelsorge wird jedem anderen Beruf gleichgesetzt.

Es kann nicht anders sein, weil es am Glauben mangelt, der dem Wirken die Prägung verleiht...

Seht die Priester dieser Generation in ihrer Verhaltensweise! Gibt es einen Unterschied in ihrer Art, wie sie sich kleiden und benehmen zu der gewöhnlichen des Volkes?...

Der Glaube, die Hoffnung und die Liebe, diese drei eingegossenen Tugenden, müssen im Priester mit ganz besonderem Glanz aufscheinen, da sie miteinander so innig verbunden sind, daß sie ein Ganzes bilden, das Leben der Gnade...

Wenn es dem Priester an Glauben gebricht, fehlt ihm auch die Hoffnung, die unentbehrliche Triebfeder, um die zahllosen Schwierigkeiten zu überwinden, die das seelsorgliche Leben mit sich bringt. Darum entstehen Gleichgültigkeit, Skandale, seelisches Elend, ja sogar Abfall vom Glauben!

Wie viele Priester sind schon vom Glauben abgefallen! Wie viele andere sind dürre Äste am mystischen Leib, für viele Seelen wie ansteckende Geschwüre, Ursache nicht des Heiles, sondern des Untergangs!

Welch entsetzliche Ketten fesseln diese unseligen Priester an den Feind des Priestertums!

Ohne Liebe

Wie kalt, unfruchtbar und heuchlerisch ist die Tätigkeit eines Priesters ohne Glauben, ohne Hoffnung und ohne Liebe. Für die Leiden der Seelen, deren Vater der Priester ist, hat er nur leere Worte des Anstandes, ohne jegliche Wirkung, Worte ohne Seele.

Die Worte des Priesters, der mit dem ewigen Hohenpriester innig verbunden ist, sind Worte des Lebens. Durchdrungen von ihrer Salbung und Wirksamkeit werden sie für viele leidende Seelen zu linderndem Balsam.

Der Priester, der sich über seine wahre Berufung hinwegsetzt, ist nicht imstande, sich ein Bild vom schmerzlichen, seelischen Zustand zu machen, von der Ursache des Bösen her, an den er unter anderem nicht glaubt.

Sein Geist ist ausgedörrt, und diese Dürre ist den Übeln des Geistes gegenüber ohnmächtig, wenn sie schuldhaft ist, wie bei vielen Priestern dieser ungläubigen Generation.

Welches ist die Haltung, die man diesen Priestern gegenüber einnehmen muß?

Sie sind die erbarmungswürdigsten Menschen, und trotz aller gegenteiligen Meinung verdienen sie, daß man ihnen durch Gebet, Opfer und mit ehrfürchtigem, behutsamen und aufrichtigem Zuspruch hilft.

Ihr Herz muß Gefühle echter Freundschaft und Brüderlichkeit empfinden.

Sie wissen nicht mehr, manche haben sie es nie gewußt, daß sie... Teilhaber an meinem Leben, meinem Priestertum und meiner Macht sind.

Sie wissen nicht, daß sie Männer Gottes sind, von Gott erwählt zum ewigen Heil der Seelen, die er mit dem Opfer seines eingebornen Sohnes erlöst hat.

Sie wissen nicht, daß die Seelen ihrer bedürfen, um in meinem Blut gewaschen, gereinigt, geheilt zu werden...

Bete mein Sohn, sühne und segne, um ihnen zu helfen, die Ketten zu zerbrechen, die sie in der schrecklichsten aller Sklavereien gefesselt halten.

Ich segne dich; liebe mich! *29. Mai 1976*

95. Liebe und Wahrheit drängen mich

Ich tue und sage nichts, ohne daß die Liebe mich drängt. Ich liebe meine Priester unendlich und um so mehr jene, die von mir die Fülle des Priestertums erhalten haben.

Doch die Liebe kann mich nicht hindern, die Wahrheit zu sagen, weil ich die Liebe und die Wahrheit bin.

Liebe und Wahrheit drängen mich, die unerhörte Bitterkeit kundzutun, die die gegenwärtige Stunde, diese schwere, von düsteren Wolken belastete Zeit, die meine ganze Kirche überschattet, meinem erbarmungsvollen Herzen bereitet.

Ich habe mich an die Priester gewandt. Jetzt ist der Augenblick gekommen, mich klar und entschieden an die Nachfolger der Apostel zu wenden.

Unter den Bischöfen meiner Kirche gibt es wahrhaft gute und heilige, für die ich Liebe und Wohlwollen empfinde. Andere hingegen müssen unbedingt ihr Hirtenamt überdenken und überprüfen.

Sie müssen es rasch, ernst und mit großer Demut tun, im Licht meines Evangeliums, im Licht des klaren, von mir allen Menschen gewiesenen Weges, in erster Linie aber für jene, die den Menschen Lehrer, Hirten und sichere Führer sein müssen.

Mein Weg auf Erden begann im Schoß meiner und eurer Mutter, damals, als sie ihr Fiat sprach. Sein Anfang war und ist das Geheimnis unendlicher Güte: Gott, der Mensch wird. Mein Erscheinen in der Welt war von äußerster Armut gezeichnet. In einer als Stall dienenden, kalten und feuchten Felsgrotte, in absoluter Armut, begann mein Weg auf Erden, und die Armut war die Begleiterin meines ganzen menschlichen Lebens. In Arbeit, Gebet, Gehorsam — usque ad mortem (bis zum Tod) — verlief mein Weg.

Ich bin immer der Weg für alle Menschen aller Zeiten, selbst wenn die Bedingungen, die Gebräuche und Sitten der Völker sich ändern.

Die Pflicht, voranzugehen

Die Bischöfe haben in erster Linie die große Pflicht, ihren Priestern und den Christen auf diesem Weg voranzugehen, wenn sie wollen, daß diese ihnen nachfolgen.

Darum will ich, daß diese Botschaft allen Bischöfen übermittelt werde, denn es fehlt unter ihnen nicht an Mitbrüdern, für die es äußerst dringlich ist, ihre Seelsorge in Demut zu überprüfen und zu erneuern. Mein Sohn, es genügt eine Gegenüberstellung meines irdischen Lebens und ihrer Lebensauffassung.

Mit aller Klarheit wird deutlich, wie nötig es ist, daß nicht wenige Bischöfe Hand an sich legen und fest und mutig vorgehen müssen.

Es ist kein Geheimnis, daß Bischöfe und sogar Purpurträger sich gegen die Weisungen meines Stellvertreters auf Erden auflehnen und widersetzen.

Sie denken nicht an das Ärgernis und an das Böse, das sie verursachen. Es ist ein Unterschied, mit erforderlicher Zurückhaltung zu diskutieren, oder öffentlich gegen meinen Stellvertreter Stellung zu nehmen, was Ausdruck offenen Ungehorsams ist.

Von wem wird das Handeln dieser Bischöfe geleitet? Gewiß nicht von meinem Beispiel! Ich habe Menschen und meinem himmlischen Vater bis zum Tode gehorcht. Und sie...

Mein Sohn, es gibt Bischöfe, die wegen ihrer unerklärlichen und nicht zu rechtfertigenden Schwäche für die Krise in der Kirche mehr oder weniger verantwortlich sind. Ihre Schwäche vermochte den Auszug Tausender und Abertausender Gottgeweihter nicht aufzuhalten.

Güte und Väterlichkeit dürfen nicht mit Schwäche verwechselt werden, worin das Sich-gehen-Lassen so vieler Priester begründet ist.

Güte, Väterlichkeit und Liebe dürfen nicht zur Zügellosigkeit führen, die Ursache ist so vieler Übel und Ärgernisse, an denen nicht wenige Seelenhirten, wenn auch unfreiwillig, mitschuldig sind.

Darf ein Bischof dulden, daß in seinem Seminar Irrlehrer unterrichten, nachdem den Vorgesetzten die wichtige Aufgabe zusteht, die Seelen der Priester von morgen heranzubilden?

Diese Bischöfe wissen nicht, daß die Wahrheit Liebe ist. Ich bin die Wahrheit und die Liebe, während Irrlehre und Irrtum aus einem anderen Brunnen stammen.

Demut und Armut

Mein Sohn, sage den Bischöfen, daß ich verlangt habe, mir auf dem Weg des Kreuzes zu folgen. Erinnere sie, daß ich meinen Weg auf Erden in unendlicher Demut und Armut begann. Ich war der Arme unter den Armen. Kann dies auch von vielen Bischöfen gesagt werden?

Eine andere große Gefahr für die Bischöfe ist die Selbstüberschätzung. Nicht einmal meinem Stellvertreter ist Sündenlosigkeit versprochen worden. Ihm wurde die Unfehlbarkeit gegeben als dem Lehrer der Völker, soweit er Hüter meines Lehrgutes ist. Aber die einzelnen Bischöfe sind nicht unfehlbar. Vereint mit meinem Stellvertreter sind sie Nutznießer und Teilhaber an dieser ihm geschenkten Gabe. Einige Bischöfe haben dies vergessen und auch einige Purpurträger, was meinem mystischen Leib viel Leiden verursacht ...

Ich will, daß alle Nachfolger der Apostel gut, ja heilig leben, in einer starken, hochherzigen und mutigen Heiligkeit. Wenn sie es nicht tun, was unternehmen sie dann, um ihre Herde gegen die reißenden Wölfe zu verteidigen?

Der Bischof ist einem Fahnenträger zu vergleichen; er muß vorangehen! Wie könnte ich die schwerwiegenden Unterlassungen vieler Hirten verschweigen? Keinem, vor allem nicht den Christen, noch den Priestern und am wenigsten den Bischöfen, kann die fürchterliche, von Satan und allen Kräften des Bösen bewirkte Verwüstung entgehen, die Verwüstung durch die Mächte der Hölle, die sich der Seelen der Erlösten bemächtigen, sie anstecken, beeinflussen und beherrschen wollen.

Satan verbirgt sich im menschenmörderischen Materialismus. Er hat den Glauben nicht nur verdunkelt, sondern ihn in Hunderten von Millionen Seelen der christlichen und nichtchristlichen Welt erstickt und zerstört.

Alle Priester aber wissen, daß äußerliches Vorgehen nichts vermag, um diese Schlacht zu gewinnen, sondern nur die von mir in Wort und Beispiel genannten Taten.

Der Kampf gegen Satan

Dazu, mein Sohn, wiederhole ich für die Bischöfe, was ich den Priestern erklärte, daß Vergeuden von Zeit und Mitteln in Versammlungen, Begegnungen und Gesprächen in vielen Fällen zum Anlaß von Zusammenstößen und Entzweiung wird.

Man versammelt sich oft zum Essen und zum Diskutieren, selten aber zum Beten. Satan und die Mächte des Bösen aber sind durch das Gebet und die Buße zu bekämpfen und werden dadurch besiegt.

So lauten die Mahnungen meiner Mutter! Wiederholte Mahnungen, die infolge einer übertriebenen, übel angebrachten Klugheit, die zur schwerwiegenden Unklugheit wird, ins Leere gefallen sind.

Mit größerer Aufmerksamkeit und mehr Wohlwollen, mit weniger Vorurteilen und Furcht müssen meine und meiner Mutter Mahnungen aufgenommen werden.

Ich komme zurück auf die Unterlassung, die ich meinen Bischöfen und mit ihnen vielen Priestern vorwerfen muß. Sie treffen keine geeigneten, auf Glauben und Weisheit gegründeten Maßnahmen zur Eindämmung und Vertreibung der Mächte des Bösen.

Sie stellen sich nicht dem zentralen, grundsätzlichen Problem, dem Kampf gegen sie. Mit anderen Worten: Satan mit seinen Legionen hatte leichtes Spiel mit einem geistig unbewaffneten Gegner.

Nur wenige tun Buße, nur wenige beten, wie man beten muß.

Innerliche und äußere Abtötung... Wer bereitet noch die Soldaten, meine Gesalbten, zum Kampfe vor?

Man hat nicht einmal den Mut, zu bekennen, daß der Feind existiert, eine schreckliche Wirklichkeit ist und mit bestimmten Waffen bekämpft werden muß, zum Beispiel mit dem Rosenkranz. Der Rosenkranz ist heute eine außerordentlich wirksame Waffe.

Eine sehr schwerwiegende Unterlassung von seiten der Bischöfe und Priester ist es, nicht beizeiten dafür gesorgt zu haben, die Bruderschaften vom allerheiligsten Sakrament, vom Rosenkranz, fromme Vereinigungen und weitere wichtige Einrichtungen früherer Zeiten mit neuen, wirkungsvolleren Formen zu versehen, um die zerstörende Macht Satans in den Seelen zu verringern.

Was wartet man noch zu, diese folgenschwere Bresche mit Gebetsgruppen und anderen Unternehmungen schließen?...

Satan läßt sich nur mit den von mir genannten Mitteln, die ich meinen Aposteln übergab, bekämpfen.

Geistiger Einsatz

Gehört zu den Verteidigungs- und Angriffsplänen eines Generalstabchefs nicht auch die regelmäßige Erneuerung der Waffen?

In meiner Kirche geschieht dies nicht. Ich spreche selbstverständlich von den geistigen Waffen.

Es darf keine Zeit mehr verloren gehen. In jeder Pfarrei müssen dringend Gebetsgruppen gegründet, ausgebildet und gefördert werden.

Die Seelenhirten dürfen sich nicht mehr in unnütze Diskussionen und Beratungen einlassen. Die Priester müssen sich den Seelen zuwenden und mit ihnen entsprechende Maßnahmen treffen.

Ich wiederhole, es ist äußerst dringend, dies mögen auch jene bedenken, die in ihrem bequemen Nicht-wissen-Wollen nicht mehr an die Gerechtigkeit Gottes glauben...   *14. Oktober 1975*

96. Wer sind die Bischöfe?

Die Bischöfe habe ich, der ewige Hohepriester, berufen, um sie an meinem ewigen Priestertum teilhaben zu lassen. Sie sind die Nachfolger meiner Apostel. Die Bischöfe sind die Häupter der Ortskirchen.

Zusammen mit dem Papst, meinem Stellvertreter auf Erden, an der Spitze, bilden sie das Apostolische Kollegium.

Die Bischöfe, mit dem Papst vereint, sind die Bewahrer und Wächter, die Verkünder und Verteidiger meines göttlichen Wortes: «Geht und verkündet allen Menschen das Evangelium!»

Die Bischöfe, zusammen mit dem Papst, sind die Ausspender der Früchte der Erlösung, und weil sie an der Fülle meines Priestertums teilnehmen, sollten alle die Gabe der Weisheit besitzen.

Leider ist dem nicht so, und jene, die sie haben, besitzen sie in verschiedenem Grad, wie das Licht nicht immer die gleiche Stärke aufweist: So das Licht der Mittagssonne, der Schimmer des Mondes, das Licht der Lampe und...

Der Grad der Weisheit entspricht dem Grad der Zustimmung für den Anregungen meiner Gnade.

Wer sie wachsam, hellhörig, hochherzig und mutig, ja, heldenhaft erwidert, der ist von der Weisheit erfüllt.

Wer weniger entspricht, empfängt weniger. Wer überhaupt keine Weisheit besitzt, beweist, daß er durch Einbildung und Stolz, den Wurzeln aller Übel, dem Heiligen Geist den Weg versperrt hat.

Eingebildete Einfalt

Während der drei Jahre, die die Apostel an meiner Seite verbrachten, haben sie auf dem Weg der Vollkommenheit keine großen Fortschritte gemacht. Was war der Grund? Die eingebildete Einfalt, wovon ihr Geist erfüllt war. Das beweisen die törichten Fragen, die sie mir bei verschiedenen Gelegenheiten stellten, ausgenommen der Lieblingsjünger, denn sein reiner, einfacher, demütiger Geist fand mein Wohlgefallen und das des Heiligen Geistes, der ihn schon vor dem Pfingstfest mit der Gabe der Weisheit bereicherte.

Nach meiner Auferstehung erschien ich meiner Mutter, Magdalena, Lazarus, den Jüngern von Emmaus und anderen Getreuen, nicht aber sogleich meinen Aposteln, was sie gedemütigt hat und das sie auch ein wenig empfunden haben.

Diese Lektion führte sie zur Selbsterkenntnis, half ihnen, über die Schwere ihrer Flucht, über ihr wenig ehrenhaftes Verhalten während der Zeit meines Leidens nachzudenken.

Die eingebildete Einfalt, von der ihr Geist erfüllt war, verursachte ihre schwere Schläfrigkeit. Sie waren nicht wachsam, und so wurden sie das Opfer des Feindes.

Während der vierzig Tage nach meiner Auferstehung habe ich ihren Stolz abgebaut, sie auf den Abschied im Hinblick auf meine Himmelfahrt vorbereitet. Vor allem habe ich ihren Geist für den Geist der Weisheit empfänglich gemacht. Ich verlieh ihnen die Priestergewalt mit der Fülle meines pfingstlichen Priestertums.

Ein unaufhörlicher Kreuzzug

Die Einbildung ist wie eine unüberwindliche Mauer, die sich zwischen Gott und der Seele erhebt. Die Bischöfe, die davon angesteckt sind, werden es nie anerkennen, daß ich dich zur Ausführung meines Liebesplanes auserwählt habe.

Warum stellen sich viele Hirten meiner Herde nicht die Frage nach der Unfruchtbarkeit ihrer fieberhaften Tätigkeit?

Darüber habe ich schon in meiner Botschaft an sie gesprochen; aber ich will bewußt noch einmal darauf zurückkommen, denn das ist so wichtig und entscheidend für sie selbst wie für die ihnen anvertrauten Seelen, daß man darüber nie genug sprechen kann.

Im Mittelalter hat man zur Befreiung des heiligen Grabes Kreuzzüge durchgeführt. Ja, mein Grab ist heilig, denn es hat meinen heiligsten Leib beherbergt. Mein Grab ist aber nur eine Totennische, die weniger wert ist als eine Seele, deren Preis unendlich und das Geheimnis meiner Erlösung ist.

Die Kreuzzüge sind im gegenwärtigen Heilsplan einbezogen. Sinnbildlich weisen sie auf die Notwendigkeit hin, einen unaufhörlichen Kreuzzug gegen den Fürsten der Finsternis und seine finsteren Scharen zu führen. Satan ist der Mörder im wahrsten Sinn des Wortes.

Einziger Zweck

Meine Menschwerdung, mein Leiden und mein Tod haben als einzigen Zweck die Befreiung der Seelen aus der tödlichen Knechtschaft Satans.

Die Teilhabe der Bischöfe und Priester an meinem Priestertum soll sie zu meinen Miterlösern im Kampf gegen die Macht der Finsternis machen, und zwar durch einen ununterbrochenen Kreuzzug, der mit Weisheit, Intelligenz und Ausdauer geführt werden muß, indem man die von mir empfohlenen Waffen gebraucht, das Wort, aber vor allem das Beispiel. Es gibt keine Wahlmöglichkeit. Wenn man in meiner Kirche von diesen Waffen guten Gebrauch gemacht hätte, würde die Weltlage ganz anders aussehen. Satan spielt den Herrn, da er in seinem Vormarsch nicht behindert wurde.

Miterlöser sein heißt, mir auf dem Weg der Demut, der Armut, der Leiden, der Liebe, des Gehorsams, der starken Vaterschaft und der standhaften Verteidigung der Wahrheit zu folgen, denn dafür sind die Bischöfe und Priester zusammen mit meinem Stellvertreter die Bewahrer und die Wächter, die Verteidiger der unterdrückten und verachteten Gerechtigkeit.

Die Bischöfe dürfen keinen Augenblick vergessen, daß man geboren wird, um zu sterben, daß man stirbt, um das wahre, ewige Leben zu erlangen. Darauf muß man Geist, Herz und Kräfte ausrichten, nach diesem ewigen Leben, das der Vater in der Menschwerdung und durch meine Aufopferung am Kreuz vorbereitet und bezahlt hat. Die Bischöfe und die Priester dürfen nicht verkennen oder vergessen, daß sich der Menschenfeind Tag und Nacht keine Ruhe gönnt und ständig seine Angriffe unternimmt, die Seelen ins Verderben zu stürzen.

Nicht mit äußeren Werken, nicht mit der irrigen Auffassung bloßer Geschäftigkeit oder mit unbrauchbaren Mitteln vermag man dem stärkeren und mächtigeren Feind beizukommen...

Es darf nichts unterschätzt werden

Ich habe den Verteidigungsplan entworfen, den die Bischöfe nicht zu verwirklichen vermochten. Wenn sie mich am Kreuz betrachteten und mir folgten, könnten sie Kraft schöpfen, um ihrem Gegner, der nicht unterschätzt werden darf, Einhalt zu gebieten und ihn zu besiegen.

Mein Sohn, die Widersprüche in der heutigen Kirche, die herrschende Unordnung, die Umkehrung und Zerstörung von Lehre und Moral, die Verwirrung, in der Priester und Gläubige verstrickt sind, haben ihre Ursache. Hier einige Beispiele: In der Kirche wird eine bestimmte Wahrheit verkündet. Im Kino und Fernsehen, die man für unentbehrlich hält, wird das Gegenteil gesagt. In der Kirche spricht man über Gott. In den Pfarrsälen verbreitet man oft den Materialismus, die Sinnlichkeit, die

Gewalttätigkeit. In der vorhergehenden Botschaft habe ich gesagt: Besser keine Priester, als daß man das Seminar in eine Brutstätte von Irrlehrern verwandelt. Wer trägt die Verantwortung für soviel Unheil? Für dieses Chaos? Ein großer Teil der Verantwortung fällt auf jene, die über die erforderlichen Vollmachten verfügen, aber nicht handeln.

Diese Haltung ist schrecklich. Man ist untätig, unbewaffnet gegenüber dem rasenden Vormarsch der Kräfte des Bösen.

Trotzdem, ich habe die Welt besiegt. Meine Mutter hat durch ihre Demut der Schlange den Kopf zertreten. Einzig zusammen mit mir, in der Demut, in der Armut, im Gehorsam und im Leiden vereint, kann man den Feind eurer Seelen besiegen.

Aber das bequeme Leben, die Menschenfurcht, die eigenen Interessen, die Angst, die Gunst der Leute zu verlieren, haben jene blind gemacht, die die Führer und das Licht der Seelen sein sollten.

Was ich über Kino und Fernsehen gesagt habe, kann man leider auch über andere traurige Dinge sagen, zum Beispiel über die religiöse Unterweisung in den Schulen, die irrigen Priestern anvertraut ist.

Ja! Wie viele Samenkörner des Irrtums wurden in die Seelen von Jungen und Mädchen in ihrem kritischen Alter gesenkt von Priestern, die kein vorbildliches Leben führten.

Es wäre besser gewesen, diese heikle Aufgabe guten Laien anzuvertrauen als Priestern, die sich in Teufel und reißende Wölfe verwandelt hatten.

Die Härte, mit der in dieser Stunde der Finsternis viele Hirten gegen meine und meiner Mutter Ermahnungen vorgingen, sie totschwiegen, wäre anderswo besser angebracht gewesen.

In vielen Einrichtungen der Pfarreien wird direkt und indirekt dem Irrtum und der Unsittlichkeit Verschub geleistet. Haben die Bischöfe dieses ungemein wichtige Problem der Kirche erkannt?

Sie geben sich keine Rechenschaft darüber, daß sie dem Feind, dessen Verschlagenheit, Hinterlist, Macht und Verführungskunst sie noch nicht zu erkennen vermochten, die Tore selber weit geöffnet haben?

Sie geben sich keine Rechenschaft über die furchtbaren Widersprüche, von denen ihre Seelsorge durchsetzt ist? Durch den Materialismus hat der Feind, der sich in ihm verbirgt, einen großen Kampf entfesselt. Seine Angriffe hat er durchgeführt, ohne namhaftem Widerstand zu begegnen.

Mein Sohn, mit großer Bitterkeit muß ich diesen Aufruf erlassen, denn es ist höchste Zeit, Abhilfe zu schaffen, um die Seelen durch Gebet und Buße vorzubereiten.

Die Barmherzigkeit ist daran, der Gerechtigkeit den Platz zu räumen. Man muß wenigstens die Seelen über ihre Lage aufklären, denn die schlimme Stunde, die bald schlagen wird, darf nicht meinem Vater angelastet werden, sondern der Sünde und der Gleichgültigkeit gegenüber den Mächten des Bösen. Es muß ohne Verzug gehandelt werden, damit nicht die vielen Seelen vom Dunkel der einbrechenden Nacht überrascht werden.

Fürchte dich nicht! Rufe laut, denn die Menschen haben Ohren und hören nicht, haben Augen und sehen nicht.

Das Licht in ihren Herzen ist erloschen. Aber die Kräfte des Bösen werden nicht siegen! Meine Kirche wird von den Torheiten des menschlichen Hochmuts gereinigt werden, und die Liebe meiner und eurer Mutter wird am Ende triumphieren.

Ich segne dich, mein Sohn, bete und opfere mir deine Leiden auf!

23. Oktober 1975

97. Widersprüche in der Seelsorge

Mein Sohn, ich habe in der Botschaft an die Bischöfe von den herrschenden Widersprüchen in der Seelsorge der Bischöfe und der Priester gesprochen.

Diese Widersprüche zu erkennen ist nicht schwer, man muß sie nur erkennen wollen. Wichtiger ist, ihre Ursachen zu umschreiben. Es lasse sich niemand von der Versuchung verleiten, Einwände vorzubringen! Wenn man in Demut auf mich hört, bin ich nahe, um Licht und Mut in die Herzen zu gießen.

Ich habe gesagt, daß jetzt die Zeit der Umkehr, der dringenden Umkehr ist. Es ist Zeit, mit Entschlossenheit, Liebe und Klugheit zu handeln. Man darf sich nicht vom bösen Feind einschüchtern lassen, der ob der Schläfrigkeit, in die meine Kirche verfallen ist, stark und kühn geworden ist.

Der Mangel an Tatkraft wird noch von vielen zersetzenden Widersprüchen weit übertroffen, die ein christliches Leben unmöglich machen.

Die Folgen dieser Widersprüche in meinem mystischen Leib sind unabsehbar, und sie sind nicht das einzige Übel.

Hier ist aber nicht der Ort, von den vielen Seelen zu sprechen, die sich zum Atheismus bekennen, sondern von jenen, die allgemein als gute Christen angesehen werden.

Sie besuchen am Sonntag die Kirche, treten aber vielleicht erst am Schluß der endlos dauernden Erklärungen meines Wortes ein. Sie gehen zu den Sakramenten, wenige mit tiefem Glauben, viele aus Gewohnheit oder Familientradition. Überzeugung ist selten vorhanden, so daß sie abends keine Hemmungen haben, pornographische Filme anzusehen, oder Filme, die geradezu eine Anleitung geben für Raub und Gewalt jeder Art.

Das Gift des Materialismus dringt so in alle ein. Und in die Jugend ergießt sich Verderben und Sittenlosigkeit wie ein ausufernder Fluß.

Alle Türen stehen offen für die Sünde, auch bei den sogenannten «guten Christen»...

Gewissensrichter

Sie und viele Beichtväter wissen es, fahren aber fort, für alle Vergehen und jedem Beichtenden die Absolution zu erteilen. Morgens die heilige Kommunion, abends der Besuch von Vergnügungen, Lokalen und Orten, wo die Erregung zur Sinnlichkeit Gesetz ist.

Ehebrüche werden mit der Gewißheit gebeichtet, daß der Priester stets Nachlassung gewährt. Vergessen sind die klaren, deutlichen Worte: «Werft die Perlen nicht den Schweinen vor!» Vergessen ist auch, daß die Sakramente die Früchte meiner Erlösung sind.

Vergessen sind die Worte, mit denen ich, euer Erlöser und Befreier, meinen Aposteln und ihren Nachfolgern die Macht gegeben habe, die Sünden zu vergeben oder zu behalten.

Viele meiner Priester denken nicht mehr daran, daß sie zu Richtern über die Gewissen bestellt sind. Die Aufgabe des Beichtvaters ist es jedoch, bei der Ausübung seiner Aufgabe die Vergehen und ihre Ursachen zu untersuchen.

Die Sorglosigkeit, mit der man alle Vergehen und jeden Beichtenden absolviert, entspricht nicht der Absicht meiner Barmherzigkeit, sondern einem Plan Satans. Die Mittel der Erlösung in Mittel zur Verdammnis umzuwandeln, heißt, den unendlichen Wert der Gnade und der Mittel, die ich zu ihrer Austeilung vorgesehen habe, zu verkennen.

Ich habe dir von sakrilegischen Messen gesprochen, und jetzt füge ich hinzu, daß es auch sakrilegische Beichten gibt, in doppeltem Sinn. Du siehst, mein Sohn, die sakrilegischen Kommunionen haben ihre Wurzeln. Diese Oberflächlichkeit macht unfähig, Erlaubtes und Unerlaubtes, Gutes und Böses zu unterscheiden. Und wo befinden sich die Wurzeln? Darum muß unverzüglich eine Umkehr erfolgen.

Die gesetzliche Unordnung ist widerspruchslos vom Äußeren ins Innere gedrungen, wo gewisse Priester neue Lehren und eine neue Moral anwenden, die alles erlaubt und alles zugesteht.

Die Folgen davon sind begreiflich. Für viele Priester haben das sechste und neunte Gebot keine Berechtigung mehr. Das ist der Gipfel des Hochmuts! Man will sich an die Stelle Gottes setzen und nicht mehr an ihn glauben, an seine Allmacht, Allwissenheit und Allgegenwart.

Satan verleitet beständig Priester, seine eigene Sünde des Hochmuts und des Ungehorsams zu begehen. Er hat in meiner Kirche treue Helfer gefunden und macht diese zu Mitarbeitern in seinem Werk der schrittweisen Zerstörung.

Aber Satan und sein Anhang verkennen meine Worte, die immer noch Gültigkeit haben: «Ich bleibe bei euch bis zum Ende der Welt!» und «Die Pforten der Hölle werden sie nicht überwältigen!»

Meine Kirche wird gereinigt und befreit werden! Meine Liebe zu ihr erfordert es, ebenso meine Gerechtigkeit und Barmherzigkeit. Aber darüber denkt man nicht nach.

Ich bin das Feuer

Mein Sohn, wieviel habe ich in den früheren Botschaften von den Wolken gesprochen, die meine Kirche in große Finsternis hüllen. Ich tat es nicht unbegründet.

Bei anderen Gelegenheiten habe ich dir gesagt, daß die Liebe mit einem Feuer verglichen werden kann, das imstande ist, Dinge zu verwandeln und ihnen die eigene, von Licht und Wärme sprühende Natur zu verleihen. Ein Eisenstück im Ofen glüht wie Feuer, leuchtet wie Feuer und hat alle Wirkungen des Feuers.

Ich bin das Feuer, das auf die Erde gekommen ist, um die Seelen mit meiner Liebe zu entzünden, sie mit meinem göttlichen Leben zu durchdringen. Um es auszulöschen, wird auf dieses Feuer nicht etwa Wasser gegossen, sondern aller Schmutz geworfen, aller Abfall und die volle Dunkelheit im Geiste dessen, der Finsternis und Sünde, Haß und Auflehnung ist.

Was bleibt vom brennenden Feuer, auf das Wasser gegossen wird? Ein wenig schwarze, rauchende Kohle. Der Affe Gottes tut und unternimmt alles im Widerspruch zu Gott, dem Schöpfer, dem Erlöser und Heiligmacher.

Ich bin auf die Erde gekommen, um ihr mein Feuer der Liebe zu bringen, um die Seelen mit der Wärme und dem Licht meiner göttlichen Liebe zu erfüllen und aus den Menschen, den Sklaven, Kinder Gottes und aus meinen Brüdern mit mir Erben der Herrlichkeit des Vaters zu machen.

Satan hat von der Macht, die ihm zugestanden wurde, nichts verloren und auch nichts von seiner natürlichen Freiheit, die er ständig einsetzt, um Seelen zu Erben mit ewigen Strafen in der Hölle zu machen, in schwarze, rauchende Brandherde zu verwandeln.

Mein Sohn, man will nicht begreifen, daß das irdische Dasein der Menschen auf das ewige Leben ausgerichtet ist, die Erde Verbannung und Kampfplatz ist, nicht weil Gott es so wollte, sondern wegen des Hasses, des Neides und der Eifersucht Satans und seiner teuflischen Legionen.

Sein Plan ist ihm geglückt, die Menschen von seiner Nichtexistenz zu überzeugen und Bischöfe und Priester in einen geistigen Schlaf einzuhüllen, damit sie sich keine Rechenschaft über die Widersprüche geben, in die sie sich eingelassen haben.

Das letzte Wort aber wird meine und eure Mutter haben, die mit ihrem Fuß den Kopf der verfluchten Schlange von neuem zertreten wird.

Ein Aufbruch zum Glauben, zu einer richtigen, verantwortungsbewußten Erkenntnis der Widersprüche, in denen man lebt, eine Rückkehr zu aufrichtiger Reue könnte die ins Rollen gebrachte Katastrophe aufhalten. Aber sind vorher nicht die Finsternis, die Überheblichkeit und der Hochmut zu überwinden?

Keine Illusionen

Rufe es laut hinaus, mein Sohn: Niemand soll sich Illusionen machen, die Tage sind gezählt! Wehe denen, die stumm bleiben, die auf meine Mahnungen nicht hören! Zuviel Widerstand wurde meiner Barmherzigkeit entgegengesetzt.

Es ist Zeit zur Umkehr, Zeit, die Axt an die Wurzeln zu legen, aus der Trägheit zu erwachen und den Kampf gegen den höllischen Feind aufzunehmen.

Ich habe Satan besiegt, die Welt und den Tod!

Es ist die letzte sich bietende Gelegenheit. Die Mittel fehlen euch nicht, und sie sind mehr als geeignet, das anmaßende Vordringen des Feindes aufzuhalten und einzudämmen.

Ich segne dich, mein Sohn, opfere mir deine Mühsale auf. Sie entschädigen mich für die törichte, sinnlose Hartnäckigkeit vieler mir geweihter Seelen.
26. Oktober 1975

98. Ich stehe an der Türe und klopfe an!

Wofür sind viele meiner Bischöfe und überaus viele meiner Priester verantwortlich?

1. Sie sind schuldig für die Irrlehre der übertriebenen Geschäftigkeit, des angeblichen Eifers, hinter dem sich Eitelkeit verbirgt.

2. Sie sind schuldig, daß sie sich durch äußere Tätigkeit, oft bis zur Erschöpfung, in Anspruch nehmen lassen; das entspricht nicht der Absicht des göttlichen Willens, sondern einem feinen, durchtriebenen Stolz und einem listigen Wirken des Bösen.

3. Diese übertriebene Geschäftigkeit hatte und hat kein Gegenwicht in entsprechender Innerlichkeit; so hat sich in ihrem Geist die Überzeugung eingewurzelt, tragende Säulen zu sein, ohne die alles zusammenbrechen würde; mit einfachen Worten: Übertriebene Achtung für sich selbst mit der Folge der Verminderung des Vertrauens auf Gott und der Hingabe an Gott.

4. Weigerung, sich selbst und ihre Kirchen nach dem Geist und den Grundelementen des Evangeliums ernst und wirksam zu erneuern; das ist eine sehr schwere Schuld, denn es haben ihnen Mahnungen, Aufrufe, Tatsachen und übernatürliche Ereignisse von oben nicht gefehlt.

5. Bequeme Klugheit, auf Grund derer sie unermeßliches Heil für die Seelen verhindert haben; außerdem haben sie selbst unzählige Unklugheiten begangen.

6. Nicht wenige meiner Bischöfe sind vom bloßen Verstandesglauben und sogar vom Marxismus durchtränkt.

7. Ich mache ihnen den schweren Vorwurf, stets nachgegeben zu haben, um sich Unannehmlichkeiten zu ersparen, und aus Furcht, von den

Gläubigen getadelt zu werden; diese Nachgiebigkeit aber stammt nicht von Gott; sie war nie und wird nie Sache seiner Heiligen sein, weil sie im Gegensatz zu meinem Evangelium steht.

8. Sie sind ebenfalls verantwortlich für die in der Kirche herrschende Unordnung.

9. Überdies sind sie verantwortlich für die Verschlimmerung auf dem Gebiet der Lehre und oft auch der Moral; verantwortlich für die Lage vieler Seminarien und damit für die Verbreitung von Irrlehren und Irrtümern; so haben sie aus der Kirche ein furchtbares Durcheinander gemacht, in dem man nur noch wenig und falsch versteht.

10. Wem kann man die zahlreichen Widersprüche der modernen Seelsorge zulasten, wenn nicht den Hirten und Priestern, die von ihrer Stellung ungebührlichen Gebrauch machten?

Mit Recht sagte ich, daß die Amtsgewalt vor einer ausufernden Unordnung verteidigt und geschützt, aber auch ihre Ausübung verändert werden muß und sich Vaterschaft und Festigkeit sehr gut in einem Seelenhirten verbinden können.

11. Eine äußerst schwere Schuld vieler Bischöfe und Priester besteht darin, daß sie sich durch das moderne, teuflisch durchsetzte Leben beeinflussen lassen und es in manchen Belangen für gut befunden und gelobt haben, sie, die auserwählt waren für ein völlig gegenteiliges Handeln, nämlich die finsteren Mächte des Bösen einzudämmen und ihrem zerstörenden Wirken in meiner Kirche Einhalt zu gebieten; sie, das «Licht der Welt», haben sich von der Finsternis der Hölle überwältigen... lassen; sie, das «Salz der Erde», haben sich durch die Angriffe der Dämonen schal machen und lähmen lassen.

12. Sie haben außerdem die Großen und Mächtigen der Erde im Herrschen nachgeahmt und dadurch Schuld auf sich geladen. Sie sind stolz auf ihre Diplomatie und vergessen, daß ich, das Ewige Wort, der Erlöser der Menschheit... nur die Vermittlung der Wahrheit und der Liebe kannte.

Ich war während der drei Jahre meines öffentlichen Lebens kein Herrscher, ich suchte nicht Ehren, Beifall und menschliche Zustimmung; ich hatte als Guter Hirte, als Vater des verlorenen Sohnes stets nur den einen Wunsch: Den Willen des Vaters zu erfüllen und die Seelen vom schrecklichen Joch Satans zu befreien, an den man heute nicht mehr glaubt.

13. Als schwere Schuld muß ich schließlich den Hirten und Priestern auch die Gleichgültigkeit anlasten gegenüber den geistig und körperlich Kranken, die durch die Schuld der finsteren Mächte der Hölle leiden. Eine unglaubliche, unfaßbare Gefühllosigkeit, die im schärfsten Gegensatz zu den Lehren meines Evangeliums steht, zu der Gewalt, die ich meinen Aposteln und ihren Nachfolgern gegeben habe, die Kranken zu heilen und die bösen Geister auszutreiben...

Glauben sie denn, daß ich Worte gesprochen und Lehren gegeben habe, die unnütz und nicht für alle Zeiten notwendig sind?

Ich bin Gott und weder durch Zeit noch durch Raum beeinflußt; meine Lehren sind für alle Generationen gültig...

Meine Bischöfe denken, die gegenwärtige Zeit sei anders als damals, da ich als Mensch auf Erden lebte.

Haben sie nicht bemerkt, daß aller moderne Fortschritt, von Satan manipuliert, als Mittel der sozialen Zwietracht und des weltweiten Verderbens dient?

Sind sich denn meine Bischöfe und Priester nicht bewußt, daß das Endziel des Menschen nicht die Technik und das materielle Wohlergehen sind, wenn sie vom höchsten geistigen Interesse der gesamten Menschheit abgetrennt werden?

Haben denn Bischöfe und Priester nicht begriffen, oder hat sie ihre Bequemlichkeit nicht verstehen lassen, daß sie sich gegen die finsteren und geheimnisvollen Kräfte des Bösen nicht wehren, wenn sie, statt mit der Waffe der Wahrheit gegen sie zu kämpfen, lieber diabolische Zugeständnisse eingehen.

Was haben sie mit der großen Verantwortung gemacht, die auf ihr Priestertum fällt, sie, die als Lehrer die Pflicht haben, die Seelen vor der Gefahr und den Versuchungen zu warnen, die dem materiellen Fortschritt innewohnen?

Nein, mein Sohn, ängstige dich nicht vor der Wahrheit; selig sind alle, die die Wahrheit für das persönliche und soziale Wohl meiner Kirche in Demut anzunehmen verstehen.

Aber meine wiederholten Einladungen sind ungehört geblieben; ich habe Bischöfe und Priester gebeten, ihr Gewissen zu erforschen; sie sind jedoch nicht darauf eingegangen.

Mein Sohn, schrecklich ist es, der göttlichen Güte, die an die Türe der Seelen klopft, die sie retten will, zu widerstehen. Judas hat widerstanden, und es ist ihm zum Verderben geworden.

Ich segne dich, mein Sohn, bete, sühne und liebe mich!

6. Dezember 1976

99. Wenn die Wächter nicht wachen

Die Bischöfe sind zusammen mit dem Papst die Wächter der unschätzbaren Werte der Wahrheit, für das aus meiner Lehre und meinem Wort gebildete Erbe..., die moralischen und geistigen Werte, die meiner Kirche unverdienterweise anvertraut sind.

Die Bischöfe sind zusammen mit dem Papst die Wächter des Glaubens, meiner Lehre und des lebendigen Wortes, das göttlich und ewig ist, das sich mit den Zeiten nicht verändert, wie viele in meiner Kirche denken, so die häretischen Theologen, die hochmütig und anmaßend sind. Die Bischöfe zusammen mit dem Papst sind die bestellten Wächter der geistigen Werte der Erlösung, meines unveränderlichen Gesetzes, und niemand auf Erden, nicht einmal mein Stellvertreter, hat die Vollmacht, es nach Gutdünken zu handhaben und dem Hochmut und dem menschlichen Egoismus zu unterstellen.

Die Bischöfe zusammen mit dem Papst haben auch in Zukunft die heilige Pflicht, sorgfältig und beharrlich darüber zu wachen, daß diese kostbaren, geistigen, von Gott der Menschheit unverdient geschenkten Schätze, dazu dienen, die Menschen aus der Tyrannei des Fürsten der Finsternis zu befreien und sich so vom Bösen loslösen zu können, um sich mit Gott, dem Einen und Dreieinigen, dem Schöpfer und Herrn aller Dinge, zu vereinigen.

Es ist die Pflicht der Bischöfe, den Glauben gegen die Angriffe der finsteren Mächte des Bösen zu verteidigen, die Gott nachäffen und sich in ihrer zersetzenden Tätigkeit gerade jener bedienen, die als Auserwählte Gottes zu seiner Verherrlichung und zum Wohl der Seelen seine frommen, treuen, liebevollen und eifrigen Söhne sein sollten. Aber viele vom Hochmut... verblendete Gottgeweihte sind sich des diabolischen und ruinierenden Wirkens meiner Feinde, die auch eure Feinde und die Feinde meiner Kirche sind, nicht bewußt; und wenn sie die Gefahr erkannt haben, wirken sie ihr nicht mit der nötigen Entschiedenheit und Kraft entgegen, weil sie fürchten, ihren Ruf zu verlieren und Angst haben, ihrer Ehre zu schaden.

Und wenn ein Blinder den Führer spielt...

Mein Sohn, wie erklärt sich die Verbreitung des Irrtums und der Sittenlosigkeit?

Wie erklärt sich das Um-sich-Greifen von Irrlehren, die Verteidigung von naturwidrigen Gesetzen, die Abtreibung, das Recht zur Prostitution, die Verteidigung des Verbrechens?

Gewiß, Stimmen des Protestes vieler Gutgesinnter fehlen nicht; doch es mangelt am entschiedenen Auftreten des Kirchenvolkes, das sich aller erlaubten Mittel, der geistigen wie der materiellen, zur Verteidigung der göttlichen Rechte der Wahrheit und des Heils der Seelen hätte bedienen müssen. Es ist die sehr schwere Schuld der Bischöfe und Priester, die nicht eingegriffen haben, wie es ihre Pflicht gewesen wäre, die sogar manchmal aus Gründen, die besser verschwiegen werden, indirekt zu Mittätern und Werkzeugen des Bösen wurden!

Da siehst du, mein Sohn, die offenen und verborgenen Widersprüche der modernen Seelsorge. Es ist wahr, man gibt sich keine Rechenschaft darüber, daß Einrichtungen der Kirche ausgeschaltet werden oder sich in einer schweren Krise befinden, während das Wirken Satans ständig zunimmt, denn die durch Satan gottlos gewordene und vermaterialisierte Gesellschaft trägt zur Verbreitung aller Übel auf den Gebieten der Lehre, der Moral und oft auch der Natur bei.

Welche Blindheit und Schwäche in meiner Kirche! Die Heiligen und Märtyrer waren und sind nie furchtsam!

Die Feinde meiner Kirche sind mit dem Bösen im Bund; wären sie im gleichen Maß für das Gute vereint, meine Bischöfe und Priester, würde das Antlitz meiner Kirche anders aussehen als heute!

Fürchterliche Verantwortung wegen schwerster Unterlassungen

Die vorgebrachte Rechtfertigung und Behauptung, die Mittel des modernen Fortschritts, im besonderen die Kommunikationsmittel, seien für die in meiner Kirche vorhandenen Übel verantwortlich, haben vor meinem Richterstuhl keine Gültigkeit... Ich bin Gott und kenne alle Wurzeln der gegenwärtigen Krise; ich weiß um ihre Herkunft, und darum sage ich erneut, diese Rechtfertigung hält meiner Gerechtigkeit nicht stand.

Die gleichen Mittel und die gleiche Technik können dem Guten dienen und vermögen das Böse einzudämmen, wenn ein lebendiger, reiner Glaube den Mächten des Bösen wirksam entgegengestellt wird.

Meinem Gericht ist es vorbehalten, den Grad der gemeinsamen und persönlichen Verantwortung meiner Priester und Bischöfe offenzulegen!

Jede Ausrede wird unnütz sein; dem Urteil Gottes kann keiner entgehen. Auf dem Gewissen vieler Hirten und Priester liegt eine schreckliche Verantwortung; ich erinnere an die äußerst schwerwiegenden Unterlassungen zur

Eindämmung der Kräfte des Bösen. Meine Bischöfe und Priester hätten ihnen mit allen Mitteln, die ich und meine Mutter eindringlich genannt haben, entgegentreten müssen, mit ihrem Vorbild, mit Demut, Gebet und Buße.

Sie dagegen sind von den Regeln des christlichen Lebens wesentlich abgewichen; denn das Leben ist Prüfung, Kampf gegen die Nachstellung der finsteren Mächte der Hölle; diesen Weg verlassen, heißt, vom Christentum, von der Erlösung abweichen, sie in ihrem Wesen verkennen.

Nein, mein Sohn, besser und weiser wäre es, sich nicht aufzulehnen, sondern demütig die begangenen Fehler zu bereuen.

Ich segne dich, liebe mich!   *9. Dezember 1976*

100. Sie haben keinen Mut

Schreibe, mein Sohn. Habe keine Furcht! Ich bin es, der zu dir spricht und dich dazu erwählte, meine Feder zu sein. Fürchte dich nicht; ich habe es dir klar vorhergesagt, wie du beurteilt werden wirst. Das muß dich im Leiden trösten. Deine Richter wissen nicht zu unterscheiden, weil sie nicht im Blick auf Gott sehen, was gerecht und ungerecht ist.

Siehst du, sie schweigen, und wer schweigt, stimmt oftmals zu. Sie schweigen und wagen den vielen dem Irrtum verfallenen Priestern, nur wenig oder nichts zu sagen und lächeln noch. Doch müßten sie wissen, welch enormen Schaden es bedeutet, in den guten Weizen Unkraut zu säen.

Wie viele säen Unkraut heute in der Kirche gerade unter jenen, die die Ernte mit eifriger Sorge pflegen und zur Reife bringen müßten! Statt dessen setzen sie sich in direkten Widerspruch zu den Weisungen des Papstes, fahren fort, die Verwirrung und Auswegslosigkeit in die Seelen zu bringen.

Was tun sie, denen der Weinberg anvertraut wurde? Nichts!... Man hat nicht den Mut, die Irrlehrer zurechtzuweisen, ihre Zeitschriften und Bücher mit dem Bann zu belegen...

Falsche Klugheit

Dagegen versetzte man einen armen Priester in eine weltverlorene Bergpfarrei, weil er an die Existenz des Teufels, die Ursache geistiger und körperlicher Leiden, glaubte, und an die Wirksamkeit der Segnungen, mit denen er den Leidenden half, die in der Kirche eurer Zeit immer zahlreicher werden.

Wie viele Beispiele könnte ich anführen, mein Sohn! Man geht gegen die Ausbreitung der Irrlehre nicht vor und führt als Vorwand Klugheit an. Dabei besteht die Gefahr, daß sich diese große Tugend in eine sehr schwere Schuld verwandelt.

Die Irrlehrer, die Unkraut säen, müssen entlarvt und ihre Lehren den Gläubigen als eine Gefahr für ihre Seelen aufgezeigt werden. Aber man wagt dies nicht unter dem falschen Vorwand der Klugheit. Die Hirten jedoch wissen sehr wohl, daß der eigentliche Grund ein anderer ist, ihre Bequemlichkeit!

Du wirst indessen bemerken, daß die Klugheit, die so oft ins Feld geführt wird, sich in Übereifer verwandelt, wenn es darum geht, Schriften und Worte anzugreifen, die als einziges Ziel die Bekräftigung der Wahrheit verfolgen. Die Wahrheit brennt oft, und Brandwunden tun weh. So ist es, mein Sohn; man macht große Worte, wo Schweigen besser wäre, und schweigt, wo man die Stimme zum Zeichen des Widerspruchs kräftig erheben müßte.

Aufrichtige Vaterschaft

Viele Bischöfe werden sich überzeugen müssen, daß ihre Seelsorge nicht immer jene des Evangeliums ist. Sie werden die Augen auftun, wenn es zu spät sein wird.

Man muß beten und zum Gebet aufrufen, weil der Feind des Menschen im Weinberg haust und ungestört, ja von vielen sogar unterstützt, sein unheilvolles Werk vollbringt.

Schluß mit dem Mißbrauch. Auch unter dem Vorwand der Tugend für die eigene, persönliche Bequemlichkeit.

Es ist Zeit, nachzudenken, zu überlegen, die Wegstrecke der Jahrhunderte zurückzugehen zu den Quellen, um eine Gegenüberstellung mit meiner aufrichtigen, offenen Redeweise machen zu können, der einzigen, die einer wahrhaftigen Vaterschaft ziemt. Es ist dringend, die Mehrdeutigkeit aufzugeben, denn die Politik der Schlauheit und List hat nichts mit der Einfalt der Tauben und mit der Klugheit der Schlange zu tun. Schlauheit soll doch nicht Doppelzüngigkeit oder Lüge besagen. Ich habe oft betont, daß meine Wege nicht die der Welt sind.

Die Seelenhirten, meine Priester, müssen meine Wege kennen, auf ihnen wandeln und nicht auf jenen der Welt.

Mein Sohn, fürchte dich nicht, bete und sühne! Es ist das beste, was du tun kannst. Ich segne dich. *4. Juni 1976*

101. Sie sind zum Feind übergegangen

Ich sehe meine Kirche heute ganz anders geartet, als ich sie ursprünglich gegründet habe.

Was ist von ihrer wahren Gestalt geblieben? Sie ist kaum mehr zu erkennen...

Sind die Bischöfe von heute die Apostel von gestern? Vom gleichen Eifer beseelt wie sie? Von ihrem Geist der Demut und Armut? Sind die Priester von heute den Jüngern von gestern ähnlich? Nein, mein Sohn!

Ich will damit nicht sagen, daß es damals nicht auch Schwache und Abtrünnige gegeben hat, aber die Guten waren wirklich vom Geist Gottes erfüllt. Der Glaube, der sie beseelte, die Hoffnung, die sie aufrecht hielt, kamen von Gott. Die Liebe, die sie einte, war wahre Liebe, so groß, daß die Heiden, die sie beobachteten, zu einander sagten: «Seht, wie sie einander lieben!»

Heute, mein Sohn, stehen die Dinge ganz anders, wenige wirklich Gute und Heilige immer ausgenommen. Nicht einmal die Bischöfe lieben ihre Priester mit der wahren Liebe Christi. Äußerlich sind sie zwar salbungsvoll, innerlich jedoch hart.

Unter den Priestern besteht die Nächstenliebe oft nur in Worten, mehr herrscht Böswilligkeit vor.

Sie fallen über ihre Mitbrüder her und spielen sich zum Richter auf. Mit Neid, Eifersucht, Groll, übler Nachrede und Verleumdungen... tränkt der Teufel die Kirche unserer Tage.

Ich erinnere dich auch an die Wunden, die meinem mystischen Leib durch die Sünden gegen das sechste und neunte Gebot zugefügt werden.

Die Sakrilegien sind nicht mehr zu zählen und werden mit einer Gleichgültigkeit begangen, zu der nicht einmal Judas fähig gewesen wäre...

Ich kann es nicht zulassen, mein Sohn, daß so viele Seelen weiterhin in die Hölle stürzen, und nicht tatenlos zusehen, wie mein unendliches Leiden, mein Blut und sogar mein Sterben für sie unnütz sind.

Meine unendliche Barmherzigkeit fordert die Stunde der Gerechtigkeit gegen die Ungerechtigkeit, die Satan, der Menschenmörder und Dieb, mit der freiwilligen Verbindung und Mitarbeit von Personen geschaffen hat, die willentlich an der Verderbnis der Seelen arbeiten, die ich seit Ewigkeit liebe.

Schreckliche Verantwortung

Mein Sohn, wenn ich dich die schreckliche Verantwortung der Geweihten bei diesem Werk des Ruins, der Qual und der Zerrissenheit der Seelen in Verbindung mit den Mächten der Hölle zeigen würde, könntest du keinen Augenblick weiterleben.

Ich will, daß es alle wissen: Wenn das moralische und geistige Übel in meiner Kirche bestehen bleibt, kann die Stunde der Reinigung nicht hinausgezögert werden, nicht einmal auf die Bitten meiner Mutter und trotz der Leiden meiner Sühneseelen, die doch so wirksam sind.

Die Rettung der Seelen ist ein so großes Anliegen, daß ihm nichts anderes vorangestellt werden darf. Ich sehe, was ihr nicht zu sehen vermöget.

Meine Barmherzigkeit, Geduld und Langmut sind viel größer als alle eure Vorstellungen, aber sie können nicht länger den Massenmord an Seelen durch die Sünden bei Tag und Nacht ertragen.

Mein Sohn, wann geben sich wohl die Menschen, die im Verstehen so langsam sind, Rechenschaft über die Flüchtigkeit der Dinge, für die sie Zeit und Energie verbrauchen?

Ich spreche hier nicht von den Fernstehenden, sondern von denen, die sich meine Nachfolger nennen, die aber in großer Zahl Gott und die Seelen an den letzten Platz stellen. Für Gott und ihre Seelen würden sie niemals die Opfer bringen, die sie täglich für die Launen ihres Körpers auf sich nehmen, aus dem sie ein Idol gemacht haben. Was habe ich dann erst von den anderen zu erwarten...

Was mich aber am meisten schmerzt, ist die Tatsache, daß sehr viele meiner Wächter, meiner Geweihten zum Gegner übergelaufen sind.

Ich wiederhole: Ihr seht nicht, was ich sehe. Ich sehe alles, auch die verborgensten Gedanken. Ihr werdet die unendliche Traurigkeit meines Herzens und des unbefleckten Herzens meiner Mutter nie verstehen können.

Man fährt fort, auf den krummen Wegen der Heuchelei voranzuschreiten, der Großteil will den Königsweg des Kreuzes und des Gebetes nicht einschlagen.

Für jetzt genügt es. Ich segne dich; opfere mir deine Leiden auf. Jetzt sind sie groß; aber nur, wenn du sie voller Liebe aufopferst, schenkst du meinem Herzen Freude. *3. Dezember 1975*

102. Der dritte Weg

Mein Sohn, wie oft habe ich die Bekehrung vieler meiner Priester verlangt, die eine falsche Auffassung vom priesterlichen Leben haben. Aber der Anfang jeder Bekehrung ist die Demut.

Der Hochmut ist eine unersteigbare Mauer, die sich zwischen der Seele und Gott erhebt. Sie muß niedergerissen werden, wenn man zu Gott gelangen will.

Der Hochmut hält viele Priester von mir fern und liefert viele der Hölle aus. Wenn man mir auch nicht zustimmt, so ist dies doch unwiderlegbare Wirklichkeit.

Man sagt, daß zwei vorgeschriebene Wege zur Rettung führen, die Unschuld und die Buße.

Ich sage dir aber, daß es noch einen dritten Weg gibt, einen kürzeren und nicht weniger sicheren als die beiden ersten; es ist der Weg der Liebe.

Der Weg der Unschuld ist voll von Kindern, die der Tod getroffen, bevor eine Schuld sie berührte.

Mit ihnen zusammen gibt es noch andere Seelen, die die Demut und die dauernde, hochherzige Aufmerksamkeit auf jede Regung meiner Gnade von der Berührung mit dem Bösen ferngehalten und behütet hat, so daß sie das Ziel ihres irdischen Pilgerwegs mit allem Glanz erreichen.

Im Paradies bilden sie einen himmlischen Chor, der den dreimal heiligen Gott lobpreist.

Der zweite Weg ist der Weg der Buße, den alle gehen müssen, die unglücklicherweise die harte und bittere Erfahrung der Sünde gemacht haben. «Wenn ihr nicht Buße tut, so werdet ihr nicht in das Himmelreich eingehen.»

Die Sünder sind überaus zahlreich, doch wenige schlagen den Weg der Buße ein. Ihr kennt den Grund nicht; nur ich allein vermag den unauslotbaren Abgrund des menschlichen Herzens zu erforschen.

Kein Mensch, auch der verirrteste, ist völlig schlecht. In jedem ist stets in verschiedenem Ausmaß Gutes und Böses vorhanden. Ich schenke genügend Gnaden, damit die Menschen gerettet werden, und ich schenke sie allen.

Nicht alle hingegen nehmen sie an und machen sie zu ihrem Schatz.

Aber es gibt noch andere Gründe, die die Priester kennen müssen, wenn sie ihre Berufung nicht verraten wollen. Sind die Priester nicht meine Miterlöser? Kennen sie diese grundlegende Seite ihres priesterlichen

Lebens nicht? Haben sie vielleicht mein grenzenloses Leiden für die Seelen vergessen? Wollen sie ihren Blick nicht mehr auf mich, den Gekreuzigten, richten? Wissen sie vielleicht nicht, daß sie ihre geistige Fruchtbarkeit einbüßen, wenn sie mir nicht auf dem Kreuzweg, dem Weg innerer und äußerer Buße, folgen?

Viele Priester denken nicht an das entgangene Gute, an so viele verlorene Seelen. Wissen sie nicht, daß es ihre Pflicht der Gerechtigkeit und Liebe ist, in Heiligkeit zur Rettung der Seelen zu wirken?

Sie haben keine Zeit, vor dem Gekreuzigten zu einer ernsten Gewissenserforschung niederzuknien, um auf meine Stimme zu hören... Täten sie es, welches Licht würde in ihre Seele dringen!

Der Weg der Liebe

Jetzt laß dir ein Wort sagen über den dritten Weg, den kürzesten, den Steilweg zum Himmel, den viele bevorzugte Seelen wählen; es ist der Weg der Liebe.

Es ist nicht so, daß er den Seelen erst seit den letzten Jahren offen stehen würde. Er war stets da wie die beiden anderen Wege. Maria Magdalena hat diesen Weg gewählt und viele Seelen nach ihr. Aber während der letzten Zeit wurde er neu entdeckt und von zahlreichen Seelen gewählt und beschritten, so von Theresia vom Kinde Jesu.

Ich habe mich, mein Sohn, zum Opfer dargebracht, um eine Einheit zu schaffen, wie sie zwischen euch und mir, zwischen mir, dem Vater und dem Heiligen Geist besteht.

Die Liebe hat zwei Richtungen, die senkrechte zu Gott, und die andere hin zum Nächsten. Das gilt für mich und für euch.

Diese Liebe muß alle Probleme eures Lebens beherrschen. Wäre es nicht so, so würdet ihr vom rechten Weg abweichen.

Die Liebe vereinigt, die Liebe verbindet. Vater, Sohn und Heiliger Geist sind Drei in Einem. Darum führt die Liebe zur Einheit, zur Vereinigung.

Die Liebe, die die Seele mit Gott und den Brüdern verbindet, ist Feuer, das reinigt und die Schlacken der menschlichen Schwäche verbrennt. Mein Geist ist der Geist der Liebe, der erwärmt, erleuchtet und beseelt. Er löst die Nebel der menschlichen Schwäche auf, die sich auf die Seele legen.

Aber die Liebe ist auch Kraft und Macht wie das mit dem Zement verbundene Eisen. Beide Naturen verbinden sich, verwandeln sich in eine einzige und werden ein unzerstörbarer Block, gegen den die Kraft eines

Zerstörers vergeblich anrennt. So vereinen göttliche und menschliche Liebe, die miteinander verschmolzen sind, die Seelen mit Gott und unter sich, um einen einzigen Block zu bilden, der so fest wird, daß die Mächte des Bösen vergeblich gegen ihn anstürmen.

Mein Sohn, bemühe dich, dir ein Bild von meinem mystischen Leib zu machen, wie er sein sollte, ein schwerer Block aus seinen mit dem Haupt vereinten Gliedern, den weder eine irdische noch die höllische Macht aufzubrechen vermag.

Die geläuterte und erneuerte Kirche des nächsten Jahrhunderts wird dieser Granitblock sein, den niemand aufzubrechen und zu spalten vermag.

Die Ichsucht zum Schweigen bringen

Ich betone die Notwendigkeit, die Hand an die Axt zu legen.

Wenn die Ortskirchen die Zeichen der Zeit klug erfassen wollen, müssen sie alles entsprechend den beiden Richtungen der Liebe untersuchen und erneuern.

Es ist Zeit, die Ichsucht, die Strebereien, den Neid und die Eifersucht zum Schweigen zu bringen. Es ist Zeit, aus dem Nebel, der euch umgibt, herauszutreten und den Staub von den Kleidern zu schütteln, euch der Last des Materialismus zu entledigen, sei dieser marxistisch oder kapitalistisch; der eine wie der andere ist mörderisches Gift. Es ist für viele meiner Priester, die von diesem Gift angesteckt sind, Zeit, sich zu bekehren und sich zu erneuern, wenn sie nicht zugrunde gehen wollen.

Die Wege zu Gott und zur Verwirklichung des Zweckes der Schöpfung und Erlösung und, was die Priester und die gottgeweihten Seelen besonders angeht, zur Verwirklichung ihrer Berufung sind also dreifach, und alle drei eignen sich vorzüglich, weil bei ihnen das wesentliche Element vorhanden ist, die Liebe, wenn auch in verschiedener Weise.

Mein Sohn, teile es meinen Priestern mit: Sie haben keine Zeit mehr zu verlieren! Die Guten haben die Liebespflicht zu beten und sich für die Lauen und die abseits Stehenden aufzuopfern, die in den Schwierigkeiten und Versuchungen einer Welt stehen, die von Satan beherrscht ist, für jene, die Gewissensbisse spüren, für jene, deren verhärtetes Gewissen aufzubegehren beginnt, weil es von einer Last bedrückt ist, die es nicht mehr zu tragen vermag.

Ich segne dich; liebe mich!   *5. Oktober 1975*

103. Meisterwerk der Dreifaltigkeit

Mein Sohn, ich habe dir schon gesagt, wie ich mir meine Priester wünsche, wobei ich mich nur auf die grundsätzlichen Dinge beschränkt habe.

Jetzt werde ich dir sagen, wie ich den Priester formen will, der die Anregungen meiner Gnade fühlt und auf sie achtet, natürlich nicht ohne seine Einwilligung.

Manchmal genügt es mir, wenn er meiner Meißelarbeit keinen Widerstand leistet, dieser Arbeit, die den Priester nicht nur mit Verdiensten der Tugend bereichert, sondern aus ihm ein Meisterwerk der göttlichen Dreifaltigkeit formt.

An ihm hat der Vater sein Wohlgefallen und der Heilige Geist seine Freude; er wird sich seiner Lippen bedienen, um die Weisheit kundzutun, die in den Seelen Licht erstrahlen läßt.

Mit ihm bin ich zufrieden, und ich mache aus ihm einen Strom der Gnade, der die Seelen, mit denen er in Verbindung kommt, durchdringen wird.

Aus ihm mache ich ein zweites Ich; mit ihm gehe ich durch die Welt und mit der Kraft seines Gebetes und seiner Leiden ziehe ich ihn an mich. Wie ich wird er in Demütigungen und im Unverstanden-Sein siegen.

Mein Sohn, der Priester, wie ich ihn wünsche, muß auf meine Worte achten, in der Ganzhingabe seiner selbst an mich und an die Brüder, auf mich eingestellt sein, wie ich mich ganz dem Vater und ganz euch hingegeben habe. Der Priester muß nach meinem Vorbild ein Mann des Gebetes sein.

Eine trockene Wüste

Mein Sohn, welch umwälzende Lage in meiner Kirche! Man betet nicht oder schlecht. Es ist ein irdisch ausgerichtetes Gebet.

Deshalb gibt es keine Berufungen mehr. Wie sollte ich Berufungen wecken, um aus ihnen nicht Priester, sondern Diener Satans zu machen, denn das ist die Wirklichkeit: Viele Priester haben sich, statt meine Diener zu sein, in den Dienst Satans gestellt.

Meine wahren Priester wissen wohl, daß dem Gebet eine bedeutende Zeit gewidmet werden muß. Nur im Gebet und im Leiden, das heute verabscheut wird, ist der Priester stark, hat er teil an meiner eigenen Stärke.

Der Priester, wie ich ihn will, lebt aus dem Glauben. Es ist unmöglich, daß ein Priester nicht ein Mann des Glaubens ist.

Oder meinst du, daß jene Glauben hatten, die mich verlassen haben, um der eitlen Freude der Welt zu folgen? Und jene, die geblieben sind, meinst du, daß sie einen starken Glauben haben? Leider nein... Was für eine schreckliche Öde, welch trockene Wüste hat der Feind in meiner Kirche angerichtet.

Der Priester in meiner zu neuem Leben gereinigten Kirche muß in sich das Feuer der Liebe tragen. Bin ich denn nicht auf die Erde gekommen, um es zu entzünden, und was will ich anderes, als daß es brenne! Daß es sich ausbreite, damit eine große Feuersbrunst auflodere! Dagegen platzen die Herzen einiger Hirten und vieler Priester beinahe vor Hochmut und Egoismus.

Der wahre Priester sehnt sich Tag und Nacht nach mir wie der durstige Hirsch nach frischem, klarem Wasser.

Glaubst du, daß die Priester dieser Generation mich suchen? Nein, mein Sohn, sie wünschen sich Autos, träumen von der Ehe, lieben die Öffentlichkeit. Sie lieben Filme, auch unmoralische, und vertrödeln ihre Zeit mit Fernsehen.

Viele haben ein Herz für alle Eitelkeiten und Bequemlichkeiten, nur nicht für Gott. Alles ist ihnen wichtiger als Gott!

Sie haben keinen Mut

Und die Bischöfe?

Einige von ihnen schlafen. Trotzdem sie um die Dinge wissen, bringen sie nicht den Mut auf, die Hand an die Axt zu legen und suchen neue Mittel und Wege. Neue Wege gibt es nicht, wie auch keine anderen Mittel außer den von mir aufgezeigten.

Die Bischöfe fahren im Namen der Klugheit fort, Unklugheiten zu begehen zum schweren Schaden der Seelen und der Kirche, der vorzustehen sie berufen sind. Im Namen der Klugheit schlafen sie, denn in vielen Fällen sind sie furchtsam und täuschen eine Liebe und Sorge vor, die sie nicht haben, und eine Väterlichkeit, die in nicht wenigen Fällen unehrlich ist.

Es gibt Bischöfe, die aus Berechnung handeln, aber die Liebe rechnet nicht. Die Liebe schreitet in einer ganz anderen Richtung voran; die Liebe überwindet alles, besiegt alles und verliert sich nicht in Kleinigkeiten. Die Liebe ist ein glühendes Feuer, das brennt und nicht auslöscht.

Sie sollten diese Stelle beim heiligen Paulus nachlesen, und viele von ihnen müßten dann zugeben, daß sie sich gleichsam in der Gegenrichtung bewegen.

Ich habe dir in den früheren Botschaften gezeigt, daß ich meine Priester heilig haben will. Jetzt habe ich dir im einzelnen klarer dargelegt, wie der Priester sein oder nicht sein soll, um heilig zu sein oder zu werden. Ich segne dich, mein Sohn. Bete und leide für die Bekehrung meiner Priester. *28. November 1975*

104. Trüber Fluß

Es ist meine Absicht, über die Probleme der gegenwärtigen Seelsorge zu sprechen, indem ich zuerst deren Lücken hervorhebe. Wenn jemand einwendet, dies sei nicht ergiebig, dem antworte ich, daß es nicht weise ist, die Ursachen zu verkennen, die die Krankheiten des Körpers bewirken; eine aufmerksame Diagnose bleibt stets die erste Aufgabe des gewissenhaften Arztes.

Es ist also weise, wenn Oberhirten und Priester, denen die Sorge um meine Kirche anvertraut ist, eine wahre, mutige Diagnose der Übel erstellen, von denen mein mystischer Leib befallen ist. Wenn dieser Grund nicht genügt, sie zu überzeugen, wird es auch kein anderer vermögen.

Warum haben sich in meiner Kirche so viele Übel angehäuft? Die Gründe sind zahlreich, und wir werden in der Folge weitere erkennen; der Hauptgrund aber bleibt die Fehlhaltung gegen Satan, wie ich bereits dargelegt habe. Das ist die erste Ursache für den schlammigen, trüben Fluß all der Verderbnis, die sich seit dem Sündenfall über die ganze Menschheit ergießt.

Ich will, daß du diese Tatsache weiterhin energisch betonst, damit es die Taubgewordenen begreifen, falls sie überhaupt noch begreifen wollen... In meinem Evangelium habe ich gesagt, daß die Söhne der Finsternis viel scharfsinniger sind als die Kinder des Lichtes. Und meine Worte sind Wahrheit. Schau, wie die Kinder der Finsternis sich mit ihren dunkeln Problemen befassen..., bei Tag und Nacht. Ihre bösen Vorsätze beschäftigen sie ununterbrochen; für diese Aufgabe leben sie, wirken sie; auf sie setzen sie ihre Hoffnung.

Du siehst, mit welchem Mut sie handeln; sie haben weder Furcht noch Scham; sie trotzen auch Beschwerlichkeiten und Opfern, kurz, sie leiden nicht an jener Schlaffheit, von der so viele Christen befallen sind.

Sie gehen in ihren Programmen auf, die gewiß nicht auf die Eroberung der Wahrheit, der Freiheit und der Gerechtigkeit abzielen, auch wenn es unter ihnen Leute gibt, die dies in gutem Glauben meinen.

Christen trennen oft ihr Leben von den religiösen und sozialen Aufgaben, die das Leben mit sich bringt. Ich sehe, wie sie ihr Leben auf falschen Überzeugungen aufbauen... mit Folgerungen...

Du weißt nicht, mein Sohn, wie viele Geweihte jenseits des irdischen Lebens mit der Hölle oder mit einer ungeheuer langen Zeit Fegfeuer für die Sünden unrechtmäßiger Bereicherung durch unterlassene oder ungerechte Entlöhnung Untergebener bezahlen müssen, wie auch für Betrug, und wegen anderer Dinge, die in meiner Kirche häufiger vorkommen, als man glaubt.

Die religiösen und sozialen Probleme und Pflichten von den übrigen persönlichen Pflichten zu trennen, ist schlechthin widersinnig...

Die Wahl treffen

So sind die Seelen losgerissen von Gott; sie verhärten sich in einer unsittlichen Lebenshaltung und sind schwer zu bekehren...

Man muß den Getauften von frühester Kindheit an verständlich machen, daß es keinen anderen Weg gibt als den meines Evangeliums. Man kann nicht gleichzeitig zwei Herren dienen, die entgegengesetzte Interessen und Ziele haben. Entweder Gott oder Satan! Der menschliche Geist muß jeden Augenblick seine Wahl treffen. Entweder denkt man an etwas Gutes oder Schlechtes. Entweder vollbringt man eine gute Tat oder eine schlechte...

Ich segne dich, mein Sohn.   *8. Juni 1976*

105. Der mystische Leib

Mein Sohn, ich sehe das Wirken meiner Kirche, das auf alle Menschen ausgerichtet ist, damit sie ohne Zögern und beharrlich den christlichen Grundsätzen gehorchen. Dieses Wirken zu fördern und zu leiten, obliegt der Hierarchie, was die richtige und gebührende Mitarbeit guter Laien nicht ausschließt.

Ich habe die Anweisungen für das seelsorgliche Wirken gegeben, als ich sagte: Ihr seid das Licht der Welt..., das Salz der Erde. Ich habe auch gesagt: Eure guten Werke sollen leuchten und den Vater verherrlichen, der im Himmel ist... Ihr seid die Hefe, die den Teig aufgehen läßt. Wenn ein Priester nicht vom übernatürlichen Licht durchdrungen ist, seine Seele das Gnadenlicht nicht so durchscheinen läßt, daß alle es klar erkennen können, wird er einsehen müssen, daß sein Wirken unfruchtbar ist.

Ich habe die Welt überwunden. Mir ist alles gegeben, für mich wurde alles gemacht; doch mein umfassender Sieg wird sich erst bei der Vollendung der Zeiten beim Jüngsten Gericht verwirklichen. Ich werde vor allen, vor dem Himmel und der Erde, meinen vollständigen Sieg offenbaren. Ich, der ich Mensch geworden bin, werde meinen mystischen Leib, die Kirche, mit der ich eins bin, zur vollkommenen Entfaltung bringen.

Dies ist der wahre Grund meines verzögerten totalen Triumphes, ich wollte meinen mystischen Leib als Teilnehmer an diesem Triumph; denn Haupt und Glieder bilden eine völlige Einheit. Wer sich darüber wundert, daß mein totaler Triumph mit meiner Auferstehung und Himmelfahrt nicht verwirklicht ist, hat vom Geheimnis der Menschwerdung wenig begriffen.

Auf Kalvaria

Ich habe mich mit der menschlichen Natur, für deren Befreiung und Sieg ich mich hingeopfert habe, innig vereint, sie mit allen göttlichen und menschlichen Ereignissen meines zeitlichen und ewigen Lebens verbunden. Deshalb wird die Kirche, mein wahrer mystischer Leib, mir nach Kalvaria folgen müssen, um auch zu mir in die Herrlichkeit eingehen zu können.

«Wer mir nachfolgen will, nehme sein Kreuz auf sich und folge mir!» Wohin mit dem Kreuz, wenn nicht nach Kalvaria?

Die große Schlacht, die ich mit dem Geheimnis meiner Menschwerdung, meines Leidens und meines Todes eröffnet habe, dauert an und wird bis zum Ende der Zeiten mit vielen Kämpfen unterschiedlicher Härte weitergehen. Es werden Augenblicke so unerhörter Gewalttätigkeit kommen, daß sich nicht erkennen läßt, was beim nächsten feindlichen Angriff geschieht, der bereits eingeleitet ist.

Ist den Getauften diese der Wirklichkeit entsprechende Sicht einer Kirche im ewigen Kampf mit ihren kriegsgerüsteten Feinden — Satan, die Welt und die Leidenschaften — nicht gegeben worden?

Die Seelsorge muß die Seelen dazu bringen, die christlichen Grundsätze — Gott, sein Gesetz, seine Wahrheit, seine Geheimnisse — bereitwillig anzunehmen und zu bewahren. Die mit Organisation allein getätigte

Seelsorge taugt zu nichts, wenn die Grundlagen fehlen. Die Tatsachen beweisen es.

Kampf und Pilgerschaft

Eure Kirchen sind verlassen, eure Kino und Unterhaltungsstätten dagegen voll Gift; in euren Versammlungslokalen wird nicht selten geflucht und eine Sprache verwendet, die nicht christlich ist.

Viele Einrichtungen sind zusammengebrochen. Die sogenannte innere Seelsorge befindet sich in einem bankrotten Zustand. Es ist zwecklos, sich etwas vorzumachen. Die materialistischen Lebensanschauungen können nur in jenen Christen feste Wurzeln schlagen, die geistig schwer erkrankt sind.

Gemischte Jugendgruppen von Jungen und Mädchen, die wegen der unanständigen Mode und durch den verderblichen Einfluß von schlechter Literatur und erotischen Filmen nicht bestehen dürften, haben vom Christentum nur die Etikette, ihr Weg aber ist heidnisch.

Dies sind Fehler einer inneren Seelsorge, die nicht Fuß fassen kann, weil ihr die wahre Sicht des Lebens abgeht.

Das christliche Leben muß als unablässiger Kampf gegen Satan und seine Gefolgschaft aufgefaßt werden und als Pilgerweg. Die bisherigen Einrichtungen für eine wirksame Seelsorge waren gültig, als die Christen noch gut waren. Heute aber, da sie Neuheiden geworden sind, sind die traditionellen Einrichtungen oft Anlaß zum Bösen.

Ich segne dich, mein Sohn.   *9. Juni 1976*

106. Schatten über meinem mystischen Leib

Mein Sohn, alle Glieder des Menschen streben harmonisch auf ein einziges Ziel hin, die Gesundheit und das Wachstum des Körpers.

So verhält es sich auch mit meinem mystischen Leib; alle Glieder müssen auf sein höchstes Wohlergehen hinwirken, das auf der Gesundheit aller seiner Glieder beruht.

Die Tatsache, daß diese Glieder frei und intelligent sind, daß sie zu unterscheiden wissen und das Gute oder Böse zu wollen fähig sind, bildet einen Grund mehr dafür, daß alle auf das Gemeinwohl hinstreben. Dem ist aber nicht so. Viele Glieder sind verführt und umgarnt. Sie zerstören die Harmonie des Körpers, dessen Glieder sie sind. Hartnäckig verharren sie im Bösen. Sie schaden nicht nur sich selbst, sondern auch allen anderen Gliedern des Körpers.

Wenn nun diese Glieder Priester sind, zerstören sie den harmonischen Zusammenhalt unter unvorstellbarem Schaden für sich selbst und die ganze christliche Gemeinschaft.

In meiner Kirche müssen alle Priester nach Kräften auf das Gemeinwohl aller Seelen hinarbeiten; zu diesem erhabenen Zweck sind sie ausnahmslos berufen.

Es gibt in meiner Kirche keine verschiedenen Ziele. Ihr Ziel ist für alle Glieder das gleiche, besonders gilt dies für meine Priester: Seelen retten!

Der einfachste Priester, der im heiligen Meßopfer sein Leben in der Hingabe seiner selbst verzehrt in Vereinigung mit mir und in Gegenwart meines Vaters, ist größer als viele Würdenträger, die dies nicht immer tun.

In meinem mystischen Leib sind viele Glieder schrecklich krank an Anmaßung, Hochmut und Unreinheit. Es gibt in meinem mystischen Leib viele Priester-Söldner, die sich mehr mit ihrer Bereicherung als mit dem Heil der Seelen beschäftigen.

Viele Priester sind stolz auf ihre spitzfindige Anpassungsfähigkeit. Sie vergessen, daß diese Kunst des Handelns oft, wenn auch nicht immer, die Kunst des Lügens ist: Das aber ist die Schlauheit Satans.

Euer Reden sei jedoch einfach und aufrichtig: ja, ja; nein, nein; die Wahrheit ist Liebe.

Nicht ihre Worte

In meiner Kirche gibt es Priester, die sich selbst predigen. In der ausgesuchten Sprache, in der Eleganz ihrer Sätze und mit hundert anderen Mitteln suchen sie die Aufmerksamkeit der Zuhörer auf sich selbst zu lenken.

Es ist wahr, daß mein Wort durch sich selbst wirksam ist, aber ihre Worte entsprechen nicht meinem Wort. Bevor mein Wort verkündet wird, soll es gelesen, betrachtet, einverleibt werden. Dann wird es voller Demut und in Einfachheit wiedergegeben.

In meinem mystischen Leib gibt es Entzündungen, eitrige Wunden. In den Seminarien hat es Verseuchte, die jene anstecken, die meine Diener von morgen sein sollen. Wer vermag das Übel zu ermessen?

Wenn in einer Klinik oder in einer Gemeinschaft eine ansteckende Krankheit ausbricht, greift man mit großem Eifer zu wirksamen Maßnahmen: zu Untersuchungen, Absonderungen und Heilungsmöglichkeiten. In meinem mystischen Leib zeigen sich viel schwerwiegendere Übel, aber man ist ruhig, als ob alles in Ordnung wäre... Ungerechtfertigte Furcht und Angst, sagt man.

Zusehen bei der Verbreitung des Bösen, das die Seelen ins Verderben führt, zeugt weder von Gottesliebe noch von Nächstenliebe.

Mit der Barmherzigkeit Gottes wird Mißbrauch getrieben, als ob die Gerechtigkeit neben der Barmherzigkeit nicht vorhanden wäre.

Wer Verantwortung trägt, muß mit Geradheit handeln; er darf sich nicht um die Folgen sorgen, wenn Maßnahmen nötig werden, böse Wirkursachen auszumerzen.

Mein Sohn, unverantwortlich erfüllen viele meiner Priester die wichtige Aufgabe des religiösen Unterrichts in den Schulen.

Sicher gibt es auch gutausgebildete und gewissenhafte Priester, die ihre Pflicht ernst nehmen, doch daneben sind so viele oberflächliche, gedankenlose und sogar verdorbene Priester. Sie richten unter der Jugend, die dringend moralische und geistige Hilfe braucht, unendlich viel Böses an.

Eine besondere Kleidung

Von höherer Stelle aus sind Weisungen für eine würdige priesterliche Kleidung ergangen. Meine Priester in der Welt sind von der Welt nicht abgesondert. Ich will meine Priester von den Laien unterscheidbar, nicht nur in einer vollkommeneren Haltung im geistlichen Leben, sondern sie müssen auch äußerlich durch eine eigene Kleidung erkennbar sein.

Wieviel Ärgernis, wie viele Mißbräuche, wieviel mehr Gelegenheiten zur Sünde, wenn dies nicht beachtet wird.

Welch unannehmbare Sorglosigkeit jener, die die Macht zum Verordnen besitzen! Mit der Macht haben sie auch die Pflicht, ihren Verordnungen Achtung zu verschaffen. Warum tun sie es nicht? Ich weiß, es würde nicht wenig Schwierigkeiten geben. Ich habe aber meinen Priestern nie ein leichtes, bequemes, von Unannehmlichkeiten freies Leben versprochen.

Man fürchtet schlimme Folgen. Doch, jede Lockerung der Sitten zieht größere nach.

Vom Staat, von Unternehmen abhängige Leute und Militärpersonen haben ihre Uniform. Viele meiner Priester aber schämen sich nicht, den Vorschriften entgegenzuhandeln und wetteifern in der Gefallsucht mit den Weltleuten.

Wie, mein Sohn, sollte ich mich nicht liebevoll beklagen? Wer im kleinen nicht treu ist, ist es auch im großen nicht.

Was soll ich sagen über die Art, wie viele meiner Priester die Sakramente verwalten? Man tritt hemdsärmlig in den Beichtstuhl, oft ohne Stola... Das, mein Sohn, ist Zügellosigkeit...

Wie viele Priester haben für das Gebet keine Zeit mehr, weil sie in unnützen Geschäftigkeiten, auch in scheinbar heiligen, aufgehen? Unnütze Tätigkeiten, weil die Seele fehlt, meine Gegenwart! Wo ich nicht bin, gibt es keine geistige Fruchtbarkeit.

Viele Priester aber haben Zeit, sich unmoralische und pornographische Filme anzusehen unter dem Vorwand, man müsse sie kennen, um sie beurteilen zu können. Diese Rechtfertigung ist satanisch. Priester, die sich so etwas erlauben, sind nicht mehr fähig, Seelen zu führen und zu beraten.

Die Pflicht des Gehorsams

Das ist die Lage, in der wir uns befinden. Aber es gibt noch Schlimmeres.

Ich habe die Kirche hierarchisch aufgebaut, und man soll nicht sagen, daß die Zeiten sich geändert haben und deswegen in allem eine Veränderung nötig geworden sei.

In meiner Kirche gibt es feste Stützpunkte, die auch bei anderen Zeiten nicht verändert werden dürfen. Niemals darf der Grundsatz der Autorität geändert werden und niemals die Pflicht des Gehorsams.

Die Art der Ausübung der Autorität kann geändert, die Autorität selbst darf nie aufgehoben werden.

Nie darf die nötige Väterlichkeit in den hohen Rängen mit Schwäche verwechselt werden. Vaterschaft schließt Festigkeit nicht aus, sondern verlangt sie.

Mein Sohn, warum habe ich einen Teil der vielen Übel, an denen meine Kirche leidet, aufgedeckt? Ich habe es getan, um meine Priester unmittelbar vor ihre Verantwortung zu stellen. Ich will ihre Umkehr zu einem wahrhaft heiligen Leben!

Ich will ihre Bekehrung, weil ich sie liebe. Sie wissen, daß ihr verkehrtes Verhalten Anlaß zum Ärgernis wird und für viele Seelen den Ruin bedeutet. Es ist nicht recht, die Liebe Gottes zu mißbrauchen, auf seine Barmherzigkeit zu vertrauen und von seiner Gerechtigkeit nichts wissen zu wollen.

Mein Sohn, ich habe oft wiederholt, daß das Strafgericht schon begonnen hat. Nur eine aufrichtige Rückkehr aller meiner Priester und Christen zu Gebet und Buße vermag den Zorn meines Vaters noch zu besänftigen und die zwingenden Folgen seiner Gerechtigkeit aufzuhalten ...

Es gibt auch viel Gutes

Es ist wahr, daß es in meiner Kirche auch viel Gutes gibt. Wehe, wenn dem nicht so wäre! Aber ich bin nicht für die Gerechten gekommen, diese haben es nicht nötig, sondern für die Sünder; sie will ich retten ...

Nicht umsonst habe ich den Finger auf einige der zahlreichen Übel und Wunden gelegt, die Ursache des Verderbens so vieler Seelen sind.

Man sagt, daß man nicht in die Hölle komme. Man leugnet sie oder verläßt sich auf meine Barmherzigkeit, die niemand der Hölle überlassen könne.

Ob dieser Irrlehren und Irrtümer hat die Hölle nicht zu bestehen aufgehört. Schon wegen der zahlreichen Reuelosen nicht; ebenso werden ihr viele Priester nicht entgehen.   *17. September 1975*

107. Mein mystischer Leib befindet sich in einer Krise

Die Sache, von der ich zu dir reden will, ist nicht neu. Schon mehrmals habe ich auf die finsteren Schatten hingewiesen, die meine Kirche überdecken. Es sind verschiedene, aber alle haben die gleiche Ursache, die große Glaubenskrise.

Der Glaube kommt nicht vom Menschen, sondern ist eine Gabe Gottes, die kostbare Frucht meiner Erlösung, die aus meinem geöffneten, erbarmungsvollen Herzen hervorgegangen ist.

Ich bin das Leben der Menschen. Das Leben ist Licht, das in der Finsternis leuchtet, aber die Finsternis nicht angenommen hat.

Das Leben, mein göttliches Leben, kann sich bei euch entwickeln, wachsen, es kann aber auch schwach werden und erlöschen, so daß es jede Kraft verliert.

Mein mystischer Leib befindet sich in einer Krise, er ist von dunklen Wolken umgeben wie die Erde, wenn sich am Himmel ein Sturm entfesselt.

Meine Kirche befindet sich in einer Krise, weil ihre Glieder durch den Einbruch des Materialismus das göttliche Leben, das innere Leben des Glaubens und mit dem Glauben das Leben der Hoffnung und der Liebe verlieren.

Ich habe vom erloschenen Licht gesprochen, vom Licht, das in vielen Seelen meiner Priester und zahlloser Gläubiger erloschen ist, in denen das göttliche Leben der Gnade nicht mehr strömt und wirkt...

Jeder Christ und mehr noch jeder Priester muß ein leuchtendes Licht sein in der von Finsternis umhüllten Welt; er muß Zeugnis geben, für mich, das ewige Wort Gottes, das Fleisch geworden und das Licht der Welt ist.

Ganzheit und Treue

Um das zu erreichen, muß der Glaube in seiner Ganzheit treu gelebt werden.

Dazu hat mein Stellvertreter während der letzten Jahre mehrmals kraftvoll und von meiner Eingebung geleitet seine Stimme erhoben. Weder Priester noch Gläubige haben in großer Zahl auf ihn gehört, und nicht selten wurden seine Worte zur Zielscheibe für Spott und Lächerlichkeit. Mein Sohn, wie sollte ein solch grobes, schamloses Verhalten nicht verletzen.

Der seit Jahrzehnten schlimmer gewordene Materialismus, diese Lockspeise Satans, hat die Menschheit besudelt. Er bringt in immer mehr Seelen die unvergleichliche Gabe des Glaubens, der Hoffnung und der Liebe zum Erlöschen. Er löscht das innere Leben, das Leben der göttlichen Gnade aus, ohne die es keine Erlösung gibt.

In meinem mystischen Leib gibt es kräftige Keime; sie sind aber vielen Augen verborgen. Sie werden fruchtbar aufgehen in der Wüste, die meine erneuerte und geläuterte Kirche umgibt, denn heute sind Steppengebüsch, Dornen, verdorrte Äste im Überfluß vorhanden und machen den Guten den Weg schwer.

Doch das Feuer, das schon unter der Asche schwelt, wird alles verzehren und verbrennen. Dann werden die zahllosen Lebenskeime das vom Hochmut der Menschen, von der Unreinheit und allem Schlechten gereinigte Land wieder gewinnen.

Die Erde wird den klug und weise gewordenen, mit Gott versöhnten und unter sich im Frieden lebenden Menschen wie ein fruchtbarer, aufblühender Garten sein.

Der Sinn des Lebens

Wie sehr wünschst du, daß Priester und Gläubige, befreit von der Last, die sie erdrückt und erstickt, den Sinn des Lebens wieder finden, daß sie sich zu mir, dem Licht, dem wirklichen Leben bekehren, ins Haus des Vaters zurückkehren, der sie trotz ihrer Verirrung liebt.

Ich spreche zu dir, damit du meinen Priestern von der Bitterkeit meines erbarmungsvollen Herzens und der Bedrücktheit meines Vaters Kenntnis gibst, der zusehen muß, wie seine Kinder seiner Liebe entzogen werden und den Weg des Verderbens und des Todes gehen.

Arme, von mir erlöste Seelen, die, berauscht und verblendet, sich im Schmutz verlieren. Sie wissen nicht mehr, daß das irdische Leben, das Geschenk des Schöpfergottes, auf das ewige Leben ausgerichtet sein muß. Sie geben sich nicht mehr Rechenschaft, daß das Leben kurz und flüchtig ist wie ein Grashalm und eine Blume auf dem Feld, die hingemäht werden, trocknen und verdorren.

Arme Kinder! Hochmut, Eitelkeit und Anmaßung haben sie so tief in die Dunkelheit gebracht, daß sie diese nicht mehr erkennen.

Mein Sohn, es darf nichts unterlassen werden, um für sie die Gnade echter Bekehrung zu erlangen, denn, ich wiederhole, es geht um viele Bekehrungen.

Notwendig ist das Gebet, das Almosen des Gebetes, die Aufopferung von Schwierigkeiten und Widerwärtigkeiten. Wenn ihr die in jedem Leben vorhandenen Leiden mit tiefem Glauben annehmt und mit Hochherzigkeit als Opfer darbringt, werden sie zur Quelle der Gnade und der Barmherzigkeit.

Doch die zur Verfügung stehende Zeit ist kurz. Wehe, wenn sie nicht genützt wird!

Ich segne dich und alle, die mit dir im Glauben und in brüderlicher Liebe verbunden sind. Liebe mich; du weißt, daß ich dich liebe!

25. September 1975

108. Fast völliges Fehlen von geistigen Führern

Ich will die Botschaft weiterführen, in der ich vom «fast gänzlichen Fehlen geistiger Führer» sprach. Warum? Ich nenne einige Gründe:

1. Das Fehlen seelsorglicher Feinfühligkeit bei vielen Hirten.
2. Das Eindringen des Materialismus in alle Bereiche meiner Kirche, in die Seminarien, religiösen Orden und Klöster...
3. Der Mangel an aszetischer und mystischer Bildung nach der Lehre der Kirchenväter.
4. Das Fehlen innerlichen Lebens mit der Folge der Unmöglichkeit und Unfähigkeit, Seelen zu führen. In schreiendem Gegensatz dazu die offensichtlichen Bedürfnisse der nach Wahrheit und vertiefter Mystik dürstenden Seelen, die ob der geistigen Kälte der mit dieser Aufgabe betrauten Priester keine Hilfe finden.

Mein Sohn, wenn du in ein schmutziges, kaltes Haus eintrittst, wo erhältst du darin Licht und Wärme, wenn diese völlig fehlen? Wie kann eine nach Gott sehnende Seele von einem ihm fernstehenden Menschen Hilfe bekommen? Wie viele Seelen sind wie gelähmt und unfähig zu gehen, weil sie niemand haben, der ihnen beisteht!

Die ewige Seligkeit, Endziel des Lebens

An der Spitze der örtlichen Kirchen stehen die Bischöfe, denen die Verantwortung für das geistige Leben der ihnen anvertrauten Herde obliegt. Geistiges Leben will besagen: Strömendes, göttliches Leben in ihrer Kirche, in den ihr zugehörigen Seelen. Der Bischof ist deshalb verpflichtet, sich über die wichtigsten Bedürfnisse der ihm anvertrauten Seelen Rechenschaft zu geben. Wenn er ein heiligmäßiger Vorgesetzer ist, wird ihm die Weisheit nicht fehlen; die Eingebung des Heiligen Geistes. Dieser wohnt in seinem Herzen, das vom Eifer verzehrt wird, den Seelen alle nötige Hilfe zu geben, die sie für den rechten Weg brauchen? So wird der Bischof alle Mängel, Schatten und Bedürfnisse seiner Herde, die er zu weiden hat, erkennen und alles Nötige vorsehen, wenn er feststellen muß, daß das religiöse Leben in den Familien leidet und zahlreiche Seelen, Gemeinschaften und Gebetsgruppen Lähmung befallen hat, weil sie sehr oft aus Mangel eines sicheren Führers in Verwirrung geraten sind.

Die erste große, von allen menschlichen und materiellen Interessen losgelöste Pflicht des Bischofs wird es sein, die besten Priester um sich zu scharen und sie zu guten Seelenführern auszubilden. Mit diesen Priestern zusammen wird er festlegen, was für eine wahre Erneuerung seiner Kirche das dringendste ist, damit ihr auf dem Weg zur Heiligkeit nichts fehlt.

Der Bischof ist nicht nur der Vorsteher einer Versammlung, sondern auch der geistige Vater seiner Kirche, die er pflegen, nähren und vor jeder Irrlehre und Unmoral bewahren muß. Seine Aufgabe ist also groß, und er muß sie mit Klugheit und Mut, mit großem Glauben und tiefer Liebe erfüllen. Er muß sich vom Urteil der Menschen lösen und darf sich nur auf den Willen Gottes ausrichten. Mein Wille aber ist es, mein Sohn, daß die Bischöfe heilig seien, und mein Leben und meine Sendung als Gottmensch betrachten. Sie müssen die Axt an die Wurzel legen, um das Böse überall, wo es sich eingenistet hat, ohne jede Furcht auszurotten. Meine Hilfe wird ihnen nie fehlen, wenn sie nur für die Verherrlichung Gottes, die Ankunft seines Reiches und für die Verwirklichung seines Willens tätig sind. Habe ich nicht gelehrt, täglich darum zu bitten?

Also, vollkommene Entgiftung aller verseuchten Bereiche! Wenn ein Bischof von diesem Eifer nicht beseelt ist, kann er nicht mein Apostel in der Welt sein.

Das Hauptproblem der Seelsorge: Satan die Seelen zu entreißen

Die materialistische Lebensauffassung, die meine Kirche in einen noch nie dagewesenen, üblen Zustand geführt hat; die Glaubenskrise, die Völker von Gott entfernt hat, kann nur durch die Rückkehr zum Glauben geheilt werden. Es ist daher Aufgabe der Bischöfe, für die Priester wie für die Gläubigen eine weise, erleuchtete Seelsorge zu entwickeln. Dafür sind Ausbildungsstätten für Katecheten zur Vermittlung einer grundlegenden Kenntnis der Heiligen Schrift, der Kirchenväter und Kirchenlehrer nötig. Ich brauche keine Wissenschaftler als Priester, keine anmaßenden Theologen, sondern weise, heilige Priester, die sich ihrer priesterlichen Würde und Macht voll bewußt sind.

Die Bischöfe müssen dafür sorgen, daß sie ihre Seelsorge in dem Sinn ausrichten, daß sie alles beiseite schieben, was am Rande liegt. Noch einmal, mein Sohn, sage ich, daß das Hauptproblem der Seelsorge, dem sich Hirten und Priester mit allen ihren geistigen und materiellen Kräften widmen müssen, darin liegt, Satan und seinem Anhang die Seelen zu entreißen und sie mir zuzuführen, weil sie mir gehören; auf jede Weise muß verhindert werden, daß die Gutgesinnten und Herzensreinen von den Ränken des Feindes umgarnt und abtrünnig gemacht werden.

Ob man es will oder nicht: Ich will es! Die beginnende Läuterung wird das bewirken, was die Torheit meiner Gottgeweihten zu tun nicht verstand oder nicht tun wollte.

Ich segne dich, mein Sohn, liebe mich! *5. Januar 1978*

109. Eitelkeit der Eitelkeiten

Die Weisheit, mein Sohn, ist eine wunderbare, große Gabe, die nie älter wird, und wer sie besitzt, bleibt in seinem Geist und in seiner Seele ewig jung. Hirten, Diener und Gläubige sollten sie vom Heiligen Geist, der sie geben kann, erbitten.

Die Weisheit ist das Licht, das die Finsternis verscheucht, das den Menschen vom Hochmut und von der Eitelkeit heilt, doch darüber gibt man sich keine Rechenschaft. Das ansteckende Fieber, das diese schlimme Generation infolge ihrer Ungläubigkeit befallen hat, hat sie die Forderungen des übernatürlichen Lebens, des Lebens der Gnade, die Forderungen des Geistes und der Weisheit, vergessen lassen. Arme Christen, arme Priester, arme Bischöfe!

Höre, mein Sohn, wenn ich dich die Arbeits- und die Ruheräume vieler meiner Diener sehen ließe, fändest du Berge von Büchern, Zeitungen, Zeitschriften aller Art. Es wäre eine Gelegenheit, sich an das zu erinnern, was ich über die hebräischen Priester sagte: Tut, was sie euch sagen, aber ahmt sie nicht nach. Bücher echter Frömmigkeit findet ihr darunter nur wenige. Die Weisheit, diese wundervolle Gabe des Heiligen Geistes, ist verschwunden. Sie kann sich in den von der Glaubenskrise befallenen Seelen nicht aufhalten, nicht in ihnen wohnen.

Mein Sohn, alles ist von Grund auf zu erneuern, wie mein großer Stellvertreter Pius XII. erklärt hat. Das bedeutet, daß sich der Zerfall überall breitmacht, an der Basis wie an der Spitze. Viele wollen dies nicht anerkennen. Denn man müßte zugeben, daß man an dieser katastrophalen Lage teilweise mitverantwortlich ist. Und das setzt eine große Demut voraus, die man nicht besitzt. Wenn diese Tugend, mit der ich Satan und seine Legionen besiegte, vorhanden wäre, hätten die Mächte des Bösen ebenso besiegt werden können.

Nein, mein Sohn, Gott ist großmütig, geduldig, gütig und barmherzig; die Menschen aber sind undankbar und mißbrauchen in einemfort die unendliche Güte Gottes. Die Menschen von heute eilen im Wirbel Satans dem Abgrund zu, der sie verschlingen wird.

Sie haben die Wahrheit und das Licht zurückgewiesen...

Es gibt eine fürchterliche Tragik in dieser ganzen Verderbnis, eine grenzenlose Bosheit, daß deren Grausamkeit in teuflischer Weise den meisten Opfern des Dämons verborgen gehalten wird, so wie auch der grenzenlose Haß, mit dem die Mächte der Hölle die arme Menschheit tyrannisieren, meine Kirche nicht ausgenommen, auch dies im verborgenen, damit man die Horden Satans nicht gewahr wird, nicht an sie glaubt und so ihren schlimmen Folgen verfällt.

«Mein Jesus, so gewinnt also der Haß die Übermacht über die Liebe, wird das Licht von der Finsternis überdeckt und die Wahrheit vom Irrtum unterjocht?»

Nein, mein Sohn. Die Menschen selbst rufen die drohende Auseinandersetzung hervor, und ich werde die Mächte des Bösen unter das Gute zwingen, und meine heiligste Mutter wird der Schlange den Kopf zertreten und damit die neue Zeit des Friedens eröffnen.

Dies wird der Beginn meines Reiches auf Erden sein, die Rückkehr des Heiligen Geistes für ein neues Pfingsten, und meine erbarmungsvolle Liebe wird den Haß Satans vernichten. Die Wahrheit und die Gerechtigkeit werden über die Irrlehren und Bosheit siegen. Das Licht wird die Finsternis der Hölle verdrängen.

Ich segne dich, mein Sohn, liebe mich!   *9. Dezember 1976*

110. Chaos in der Lehre, in der Moral und Liturgie

Ich will mit dir über das Chaos sprechen — es ist wahrhaftig Grund genug, den Ausdruck Chaos zu gebrauchen —, das in der Lehre, in der Moral und Liturgie herrscht.

Man hat beabsichtigt, alles zu ändern, aber in einem antikonziliaren Sinn; das ist der eigentliche Beweggrund der Tatsachen... Die Absicht, gegen das Konzil zu handeln, sollte gut getarnt werden und der offensichtliche Wille, alles dem Konzil entsprechend zu erneuern, bleiben; damit aber ist das ganze Werk der geistigen Erneuerung, das vom Konzil so sehr gewollt und empfohlen wurde, zur Zersetzung des großen Erbes der Offenbarung und der ganzen Erlösung geworden.

Deshalb finden sich unter trügerischen Vorwänden eine sehr große Anzahl von theologischen, dogmatischen und moralischen Irrtümern, die den wesentlichen Inhalt der Heiligen Schrift berühren. Hätte man nur einige der vielen aufgestellten Irrlehren angenommen, wäre die ganze Glaubwürdigkeit der Bibel tödlich getroffen, und folgerichtig würde das Evangelium mit seinem ganzen Inhalt nicht mehr die Richtlinie bilden.

Darum herrscht Chaos in der Lehre und nicht Abklärung und Entdeckung neuer Ausblicke auf die biblischen und theologischen Wahrheiten...

Wahrheit und Gerechtigkeit werden Lüge und Heuchelei überwinden

Im Namen der Gedanken- und Redefreiheit herrscht ein Chaos höchsten Grades in der Glaubenslehre. Es herrscht die Meinung, sich der Freiheit hemmungslos bedienen zu können zum Guten wie zum Bösen, für die Wahrheit wie für den Irrtum.

In meiner erneuerten Kirche wird der Mißbrauch der Freiheit aufhören. Sie wird nicht mißbraucht, wenn man die Verbreitung von Irrlehren verhindert, die die Seelen vom Ziel und ihrem Heil wegführen; ein solches Handeln liegt im Sinn des richtigen Gebrauchs der Gabe der Freiheit, wie es nicht schlecht ist, jene zu hindern und streng zu bestrafen, die im Namen der Freiheit todbringende Bakterien verbreiten. Führen Irrlehren etwa nicht zum Tod der Seelen, deren Leben unvergleichlich kostbarer ist als das leibliche Leben?

Wann werden sich die Menschen endlich entschließen, ihr Herz und ihren Geist dem Guten und der Wahrheit zu öffnen? Wann werden sie sich der demütigenden Lage, in der sie leben, bewußt werden?

Sie reden von Freiheit, sind aber mit dem Herzen, der Seele und dem Leib in der schlimmsten Tyrannei, in der Tyrannei Satans versklavt!

In meiner erneuerten Kirche müssen bei Mißbrauch der Freiheit, dieser Gabe Gottes, die Strafbestimmungen für jene, die Menschen unter die verdemütigende und erniedrigende Herrschaft der Mächte des Bösen treiben, wieder Geltung erhalten...

Wahrheit und Gerechtigkeit werden Lüge und Heuchelei überwinden!

Mein Sohn, Chaos herrscht im Gesetz meiner Kirche, weil heute für viele meiner Diener die Sünde nicht mehr existiert...

15. November 1978

111. Chaos in der Lehre

Nimm die Feder zur Hand, mein Sohn, und schreibe; ich bin es, Jesus. Chaos in der Lehre, habe ich gesagt, und welches Chaos!

Ich habe dir einige Hinweise auf biblische Wahrheiten gegeben, die geleugnet oder so schlecht ausgelegt werden, daß jetzt der protestantische Grundsatz der freien und persönlichen Auslegung der geoffenbarten Wahrheiten allgemein angewandt wird...

All das ist widersinnig; aber was ist dies nicht beim gegenwärtigen Stand der Dinge!

Ein anderer verabscheuungswürdiger, doch stillschweigend angenommener Grundsatz lautet: Die Offenbarung ist gemäß der Entwicklung der Zeit zu verstehen und auszulegen; folglich können die Völker gemäß dem Entwicklungsgrad ihrer Zivilisation die Offenbarung den im Verlauf ihrer Geschichte entstandenen Forderungen anpassen.

Das genügt, um zu verstehen, zu welch gewaltiger Verwirrung es in meiner Kirche führen kann, wenn nicht die Wahrheit, die ewige, unveränderliche Wahrheit, sondern die persönliche Meinung der freien Beurteilung des von der Sünde geschwächten Menschen überlassen wird, der durch seine Leidenschaften und vor allem unter dem Druck der finsteren Mächte der Hölle, durch die Lüge beeinflußt ist.

Alles wird umgewälzt..., die Wurzel aber bleibt dieselbe

Die Folgen der Zersetzung der Wahrheit aufzuzeigen ist nicht nötig; alles wird umgewälzt, alles ist Chaos!

Praktische Beispiele stehen massenhaft zur Verfügung:

So sind Adam und Eva keine geschichtlichen Personen, die wirklich gelebt und Gott gegenüber den schrecklichen Ungehorsam begangen haben. Nein, es sind Gestalten des Mythos, der von den Menschen und nicht von Gott geschaffen wurde... Die Folgen dieser Anschauung sind so schwerwiegend und von solcher Tragweite, daß kein menschlicher Geist dies zu begreifen imstande ist. Mit dieser Verneinung wird in der Tat alles ausgelöscht, auch die Jungfräulichkeit und die Unbefleckte Empfängnis meiner heiligsten Mutter. Ja, selbst meine Gottheit wird verhandelt. Wenn sie aber geleugnet wird, löscht man auch das Geheimnis meiner Kirche als Sakrament des Heiles aus; es fällt das Geheimnis der Gnade, die Teilnahme des Menschen am göttlichen Leben durch die

Sakramente, die, wenn es gut geht, noch als Symbole angenommen werden, wie auch das heilige Meßopfer noch als Symbol bezeichnet wird.

Der Zusammenbruch der Lehre vollzieht sich und überstürzt sich mehr und mehr. Er reißt das ganze Erbe der Offenbarung mit sich, diesen von Gott der Kirche für die Menschheit überlassenen, heiligen Reichtum, ein Geschenk, für das sich die Menschen nie genügend dankbar zeigen können!

Ein jeder macht sich zum Lehrmeister und leugnet die Echtheit des einzigen, wahren und großen Lehrmeisters, der ich bin! Warum so viele Ruinen!

Der Hochmut, den einige zu überwinden und zu unterdrücken vermochten, wurde von anderen gepflegt und genährt... Daher die Glaubenskrise, die Finsternis. Sie ist keine innere, persönliche Angelegenheit; sie wirkt sich auch nach außen, auf andere Personen aus.

Wenn nicht mehr an die Gültigkeit der Sakramente geglaubt wird, wenn man nicht mehr beichtet und keine Fragen mehr stellen kann, wird man sich sagen, es genüge, Gott die Sünden zu bekennen, und alles sei damit in Ordnung... Ja, man findet, daß die gemeinsame Bußfeier genügt, und empfiehlt, nicht allzu häufig beichten zu gehen, ein Reueakt reiche aus... Es ist darum keine Seltenheit, daß Firmlinge und Erstkommunikanten ohne vorherige Beichte zu den Sakramenten zugelassen werden.

Wie viele Christen haben seit Jahren nicht mehr gebeichtet und gehen trotzdem ruhig und unbeschwert zur heiligen Kommunion... Wie viele Priester lassen Jahre und Jahre vergehen, ohne zu beichten... Mein Sohn, das sind meine geheimen, aber wirklichen Wunden; für diese und so viele andere Übel verteidigt man sich öffentlich und privat mit dem Hinweis auf das Konzil, das von Erneuerung spricht... Ist das die beabsichtigte kirchliche Erneuerung, von der das Konzil spricht?

Täuschendes Vorgehen, um die Kirche zu zerstören

Erneuern heißt neu machen; für viele aber bedeutet die Erneuerung der Kirche ihre tägliche, planmäßige, geistige Zerstörung, deren Urheber erneut mit Täuschungen versucht, meine Kirche zu vernichten. An diesem gewaltigen Werk beteiligen sich Kardinäle, Bischöfe, Priester und Gottgeweihte beiderlei Geschlechts mit großem Eifer, der von außen gesehen echt scheint, es aber nicht ist!

Ich erinnere dich, mein Sohn: Wenn ich von Kardinälen, Bischöfen, Priestern... spreche, will ich nicht verallgemeinern; ich tue es stets mit

Vorbehalt. In Wahrheit gibt es gute Priester, gute Bischöfe und Kardinäle, aber ihre Zahl ist gering!

Ich segne dich, liebe mich, bete und sühne, denn die Lawine der Sünden, in der die ganze Menschheit versinkt, ist ungeheuer, und mein erbarmungsvolles Herz und das unbefleckte Herz meiner und eurer Mutter sind sehr verwundet! *16. November 1978*

112. Chaos im Gesetz (I)

Das Chaos im Gesetz ist die unvermeidliche Folge des Chaos in der Lehre, weil das Gesetz auf die Lehre, der Glaube aber auf die Offenbarung abgestimmt ist, und wenn Offenbarung und Glaube sich in der Krise befinden, überträgt sie sich auch auf das Gesetz.

Alles wird offenbar durch das erste Gebot: «Ich bin der Herr, dein Gott, du sollst außer mir keinen Gott anerkennen.» Was geschieht mit diesem ersten, grundlegenden Gebot?

Es wurde als Fundament des ganzen Gesetzes gegeben, das in Gott gegründet ist, der dies dem Menschen bestätigt. Ich allein bin euer Gott, mich allein müßt ihr ehren... Ich bin die erste, einzige, absolute Wirklichkeit, aus der alles andere, das Sichtbare und Unsichtbare, hervorgeht. Vor dieser Wirklichkeit allein muß der Mensch sich beugen; ihr allein ist er unterstellt.

Sich ihr zu entziehen, bedeutet eine fürchterliche Auflehnung, die mit Strafen, die Raum und Zeit übersteigen, mit ewigen Strafen also geahndet wird; eine furchterregende Tatsache, weil sie das Ergebnis der Auflehnung der finsteren Mächte der Hölle ist und zum schrecklichen Los des Menschen wird, der sich weigert, Gott als seinen Herrn und den Herrn aller Dinge anzuerkennen.

Alles wurde zu Gott gemacht, nur nicht Gott

Aus dieser erhabenen Wirklichkeit ergibt sich als natürliche Folge die Furcht des Herrn, die der Mensch heute nicht nur mit Füßen tritt, sondern sein Leben ohne Gott gestaltet. Wenige Menschen, auch wenige Christen, leben in der Furcht Gottes... Man stelle sich nur die Flut von Lästerungen vor, die oft kunstvoll ausgedrückt, gelehrt und verbreitet, ja, sogar bezahlt und mit Auszeichnungen bedacht werden!

Bei anderer Gelegenheit sagte ich dir, daß alles zu Gott gemacht wird: Geld, schmutzige Leidenschaft, Wissenschaft... alles; wenn das nicht Chaos ist, mein Sohn, was könnte man dann noch Chaos nennen?

Nehmen wir ein anderes Beispiel: «Heilige die Sonn- und Feiertage.» Du siehst, wie die Feiertage gegenwärtig geheiligt werden! Um das schlimmste zu vermeiden, hat man herausgeklügelt, die Samstag-Vorabendmesse zu feiern... Aber der Sonntag ist der Tag des Herrn, der Tag, der euch an die Auferstehung erinnert.

Aber für diese letzten Generationen sind die Werte des Geistes, des Glaubens, der Treue zu Gott, wertlos; die Materie soll Gott ersetzen; koste es, was es wolle, die Materie muß den Geist überwältigen... Darum sieht der Sonntag überfüllte Stadien, Meeresufer und Berge bevölkert wie Städte; man muß sich vergnügen statt sich auszuruhen, vergnügen um jeden Preis!

Gott hat dem Menschen den Sonntag gegeben, damit er die täglichen Beschäftigungen beiseite legt, sich erholt und damit er seine Würde als Kind Gottes, das sein Ziel in der ewigen Glückseligkeit sieht, nicht vergißt, ihm die Ehre gibt und sich durch das Gebet heiligt!...

Ich will keine weiteren Einzelheiten über die Folgen dieses Vermaterialisierungsprozesses der göttlichen Dinge anführen; viele andere Beispiele ließen sich noch geben, nicht nur diese kurze Botschaft.

Wer in gewollter und schuldhafter Finsternis ist, kann nicht sehen

Ich habe von den gewaltigen Unternehmungen zur Verfinsterung meiner Kirche gesprochen. Alles, was ich gesagt habe, betrifft nur einen besonderen Teil des großen inneren und äußeren Zerstörungsplanes, den man mit kleinlichen und lächerlichen Vorwänden zu rechtfertigen versucht. Diese Vorwände haben nur Bedeutung für die Leute, die den Glauben im eigenen Geist erstickt haben; sind aber völlig sinnlos für alle, die eine richtige, großartige Schau vom Glauben besitzen, eine Schau, die Raum und Zeit übersteigt und bis zum unendlichen Licht Gottes reicht.

Vergiß nicht, mein Sohn, daß keiner richtig sieht, der sich in gewollter und schuldhafter Finsternis befindet!

Werfen wir noch einen Blick auf die Familie, diese weitere Säule der Kirche! Auch in ihr herrscht Chaos: Der Mensch in der Krise hat diese auch in die Familie hineingetragen, die sich nun in voller Auflösung befindet.

Beachte den wahrhaft diabolischen Plan, der die völlige Verweltlichung der heutigen Familie ermöglicht hat:

— Nachlassen des geistigen Lebens, weil seit mehreren Generationen das Gebet, vor allem das gemeinsame Gebet, vernachlässigt wurde. Kein Leben kann bestehen, wenn es nicht genährt wird. Das gilt auch für das Leben der Gnade; wenn es nicht genährt wird, erlischt es, wie in vielen christlichen Familien, in die sich die Sünde eingeschlichen hat.

— Die Ehe wird oft nur noch als Mittel zur Befriedigung aufgefaßt.

— Die Sünden und Verbrechen gegen das werdende Leben.

Das genügte, um den Mächten des Bösen Eingang in die Familie zu verschaffen und ihr Zerstörungswerk auszuführen... Presse, Kino, Fernsehen taten das übrige...

Ich segne dich, mein Sohn; fürchte dich nicht. Gott ist überall gegenwärtig, und ich bin mächtiger als alle Gewalten des Bösen.

Liebe mich und sühne! *16. November 1978*

113. Chaos im Gesetz (II)

Mein Sohn, ich habe dir gesagt, daß in dieser Zeit großer Übel die Hölle im Begriff ist, den höchsten Grad ihrer Macht zu erreichen. Die unergründlichen Absichten Gottes haben es zugelassen.

Aber es ist auch die Zeit der großen Wahrheiten, weil ich will, daß alle sie kennen und allen Menschen guten Willens geholfen wird, den richtigen Weg des Heils zu finden... Viele Seelen werden heute von Zweifeln gequält! Sie leben in einem Halbdunkel, das weder Licht noch Finsternis ist; ein kleiner Lichtstrahl kann für sie jedoch wirklich entscheidend sein, dies um so mehr, als sie für ihre ungewisse Lage nicht immer verantwortlich sind.

Es ist also Zeit, die Binden zu lockern, um die blutenden Wunden meines mystischen Leibes aufzudecken, nicht aus dem bösen Verlangen, darüber verächtlich zu sein, sondern um sie zu heilen. Der Blick auf ein so trauriges Schauspiel soll viele Seelen zum Nachdenken bringen, die in unmittelbarer Gefahr sind, in den Abgrund zu stürzen, aus dem nur schwer herauszukommen ist.

Der Priester muß entweder Gott
und ein starkes, innerliches Leben wählen oder...

In der letzten Botschaft habe ich dir einen kurzen Hinweis auf einige böse Wunden gegeben, die meinen mystischen Leib quälen, Wunden, die lebenswichtige Teile wie die Familie betreffen. Heute richte ich meinen Blick wieder auf meine Gottgeweihten, die Priester...

Ich will nicht wiederholen, wer der Priester ist, also nicht über seine Würde und Macht sprechen, sondern über die großen Schwierigkeiten, in denen er sich befindet, sich im Gleichgewicht zwischen Glauben und Gnade zu halten, denn auf diesem Gebiet sind zersetzende Kräfte vorhanden, die auf ihn einwirken:

— Innere Versuchungen, die von den finsteren Mächten der Hölle stammen und keinem erspart bleiben, vor allem nicht dem Priester, der nicht aus sich selbst, sondern aus Berufung Priester ist, und mit einer göttlichen Sendung beauftragt ist. Er steht als Person in der Öffentlichkeit mit vielen Seelen um sich.

— Er ist Gegenstand einer natürlich negativen Aufmerksamkeit durch die Gottlosen, die ihn feindselig beobachten.

— Er wird mißverstanden von den sogenannten Guten, die durch ihre starre, innere Haltung es nicht verstehen können, wie der Priester Mensch sein kann, obwohl er nicht von der Welt ist, aber in ihr leben muß, in einer Welt, die nicht Gott ehrt, sondern Satan dient.

Darum leben die Priester heute in großer Gefahr, irrtümlich zu wählen: Gott und ein starkes, innerliches Leben oder einzutauchen in die allzumenschlichen Bereiche!

Was wird getan, um so viel Böses auszuschalten?

Wenn der Priester die menschlichen Gegebenheiten wählt, wird er die Freude an Gott langsam verlieren. Dann gelangt er zum Überdruß und schließlich zum Verrat an Gott...

Je mehr er in die menschlichen Gegebenheiten eintaucht, um so rascher geht es mit ihm abwärts; er verliert den Glauben und damit das Leben in der Gnade. Dieser Abstieg wird ihm zum Fall; er stürzt endgültig ins Böse und damit ins ewige Verderben.

Sind diese menschlichen Gegebenheiten so gefährlich?

— Die modernen öffentlichen Kommunikationsmittel, Fernsehen, Kino, Zeitungen und Zeitschriften sind voll von gefährlichen geistigen Strömungen. Die ganze Presse ist von Trägern der Zersetzung verseucht.

— Das stetige Beisammensein mit Personen des anderen Geschlechts. Der Priester ist ein Mensch, der wie alle anderen die Keime der Leidenschaften in sich trägt, und mit der in ihm durch die Glaubenskrise entstandenen Leere ist er unausweichlich dem Feuer der Leidenschaften ausgesetzt, das für ihn besonders gefährlich ist. Wer die Gefahr liebt, kommt darin um!

In dieser Lage kann er jede Zurückhaltung und Schamhaftigkeit verlieren, und zusammen mit allem in ihm aufgestauten, verborgenen Bösen wird er fähig, andere mit seinem Übel anzustecken und so stets mehr Seelen mit sich zu reißen.

Wie viele Priester sind auf diese schiefe Bahn geraten..., eine sehr große Zahl. Sie sind geistig tot zu Quellen des Ärgernisses und des Verderbens geworden... Was unternimmt man, um so viel Bösem zu begegnen?

Von seiten der Hirten nahezu nichts... Sie kennen zwar den Pestgeruch, der in ihrer Herde sich ausbreitet, aber sie tun, als wüßten sie von nichts.

... Und das, was ich dir sage, mein Sohn, sind nur Bruchstücke. Eine Gesamtschau wäre zuviel für dich!   *16. November 1978*

114. Chaos im Gesetz (III)

In meinem Gesetz steht geschrieben: «Du sollst nicht stehlen.» In Wirklichkeit ist heute der ganze Welthandel von Betrügereien durchsetzt. Selbst die als gediegen, gut und ehrlich eingeschätzten Personen haben keinerlei Skrupel, gewohnheitsmäßig zu betrügen... Die Tatsache, daß sich Betrug allgemein ausbreitet, ist zu bedauern, aber nie zu rechtfertigen!

Fortgesetzter Betrug ist eine Sünde gegen die Gerechtigkeit. Diese Sünde verlangt von ihrer Natur her die Wiedergutmachung, die Rückgabe des böse Erworbenen, und wer das unterläßt, läuft große Gefahr, sein ewiges Heil aufs Spiel zu setzen.

Welcher Natur das Böse auch ist, es stört und verwirrt die Gesellschaft, unter deren Gliedern es vollzogen wird. Aus diesem Grund wurde meine Kirche bewußt in die Welt gestellt, damit sie den Seelen das Gleichgewicht gibt, sie erleuchtet, pflegt und heilt; so arbeitet die Kirche für das soziale Wohlergehen.

In meinem Gesetz steht geschrieben: «Du sollst nicht Unkeuschheit treiben.» Auf diesem Gebiet ist das Chaos vollständig, sind alle Grenzen verschwunden. Das Böse verbreitet sich wie ein Fluß nach einem Dammbruch und überflutet die ganze menschliche Gesellschaft. Rein sind nur die Seelen geblieben, in denen der Glaube wirklich lebendig geblieben ist.

Was ist die Ursache all dieser Übel, an denen die Menschheit gegenwärtig leidet?

— Der Materialismus, eine rein irdisch gesinnte Lebensauffassung, ist die Irrlehre, die alle anderen in sich schließt. Die Mächte der Hölle haben sich ihrer bedient, und sie hat die Menschheit mit absolutem Erfolg durchsetzt. Die Verantwortung des Christentums ist gewaltig; es hat diese äußerst große Gefahr für die Seelen nicht erkannt, ihr keinen Widerstand entgegengesetzt und dieses gewaltige Vordringen nicht mit allen zur Verfügung stehenden Mitteln bekämpft.

— Die Waffen sind nicht mit der nötigen Eile eingesetzt worden; man hat nicht mit der erforderlichen Anstrengung geantwortet, darum ist es zur gegenwärtigen Lage gekommen.

— Die Zwietracht unter den verschiedenen christlichen Konfessionen ist mit ein Grund; deshalb sagte ich in einer früheren Botschaft, daß die jetzige Krise ihre Wurzeln in den letzten Jahrhunderten hat.

— Die industrielle Entwicklung hat die Familien zerrissen, die Menschen von Gott weggeführt mit der unablässigen marxistischen Propaganda, der es langsam gelungen ist, den Glauben in den Herzen auszulöschen.

Das ist die große Krise, die ihren Ursprung in der Vergangenheit hat und gegenwärtig ihren Gipfel erreicht; doch bald wird sie völlig aus dem Angesicht der Erde ausgelöscht sein.

Mein Gesetz hingegen, das jetzt wie durch ein großes Erdbeben erschüttert ist, wird ewig und unveränderlich gelten, wie ich ewig und unveränderlich bin!

Die Sendung des Priesters ist eine religiöse Sendung

Das Chaos im Gesetz ist so groß, daß die Menschen, wie es in früheren Botschaften gesagt wurde, sogar die Unterscheidung des Guten und Bösen verloren haben:

— entartete Eltern haben kein moralisches Gefühl mehr;

— Gotteslästerungen sind zur Gewohnheit geworden;

— ebenso die Schamlosigkeiten;

— Streitigkeiten sind überaus häufig, nicht selten entwickeln sie sich zu großen Gewalttätigkeiten;

— Bücher und pornographische Zeitschriften werden schon kleinen Kindern überlassen;

— die Ausdrucksweise wird immer rauher und gemeiner;

— eheliche Untreue wird oft zugestanden und in gegenseitigem Einverständnis vollzogen; in vielen Familien ist der Begriff von Gut und Böse wahrhaftig verschwunden...

All dies und vieles andere ist die Frucht des Materialismus, der auch die Strukturen der Kirche in anderen Formen, doch stets in giftiger, tödlicher Weise durchdrungen hat. Von ihm sind auch Priester geprägt, als hätten sie ihr Wesen geändert, denn in größter Gleichgültigkeit geben sie den Beichtkindern für alle Vergehen die Lossprechung.

Für sehr viele Priester sind nur die sozialen Probleme wichtig und vorrangig; dadurch entgleitet ihre Auffassung vom Priestertum; denn der Priester ist mein anderes Ich, und ich, der alleinige Hohepriester, bin auf die Erde gekommen, um die Seelen aus der Tyrannei der Hölle zu retten. Die Sendung des Priesters ist deshalb keine politische oder gewerkschaftliche, sondern eine religiöse, die völlig auf das Wohl der Seelen ausgerichtet sein muß!

Viele Priester sind fahnenflüchtig geworden; viele sind entgleist, viele sind in ihrem priesterlichen Leben erschlafft, weil die weltlichen Wirklichkeiten, von denen sie eingenommen sind, ihren Blick auf das wahre Wesen ihres Priestertums und ihrer Berufung getrübt haben. Das alles, weil ihnen in einem entscheidenden Augenblick der Einfluß der Gnade fehlte, die eine Frucht des lebendigen, tätigen Glaubens und aufrichtiger Frömmigkeit ist.

Soviel zu einigen Folgen des Chaos in der Beobachtung des Gesetzes. Genug jetzt; liebe mich; ich segne dich; bete und sühne!

17. November 1978

115. Chaos in der Liturgie

Mein Sohn, wir wollen weiter über das Chaos sprechen, diesmal in der Liturgie.

Die Christen müssen immer nach der Einheit streben, in allem, was sie in enger und heiliger Weise zusammenführen kann, um eins zu werden, wie ich es mit meinem Vater bin. Darum ist die Kirche nach göttlichem Willen das Band, das die Christen zu einer großen Familie der Kinder Gottes vereint. In der Kirche gilt es, diese Vereinigung zu stärken und zu pflegen. In den Diözesen und Pfarreien wird die Einheit gesucht, gewollt und gestärkt durch die Liturgie, die gleichsam den Atem darstellt, durch den der mystische Leib sein eigenes Leben nährt. Die Liturgie stärkt ihn mit den Worten der Wahrheit und den Sakramenten, die Quellen der Gnade und des göttlichen Lebens sind.

Der mystische Leib ist in sich ein großartiger Organismus, dem zu seiner Erhaltung, seinem Wachstum und seiner Ausstrahlung nichts mangelt. Er schenkt jedem, der danach strebt, Herrlichkeit, Reichtum an Kraft und geistiger Macht...

Die Kirche ist vollkommen, aber sie ist nicht gefeit gegen die Nachstellungen der Mächte des Bösen, die nichts unterlassen, um sie zu verwirren, in ihr Abweichungen, Mißbräuche, Neid, Eifersucht und weitere Übel zu erzeugen. Sie unternehmen alles, um ein Chaos zu erzeugen, damit die Liturgie in meinem Heiligtum statt zur Einheit zu führen, unter dem Einfluß des Hochmuts, der stets die Wurzel aller Übel ist, zum Mittel der Zwietracht wird.

Anmaßung und Auflehnung

So kann sich aus liturgischen Ursachen ein Schisma ergeben, wenn noch andere Gründe hinzukommen:

— Die Kommission für die Liturgie erläßt Weisungen zur Feier der heiligen Riten..., aber nicht alle halten sich daran... Wenn man sich Rechenschaft geben will, wie die liturgische Einheit für die gesamte Kirche zerschlagen wird, so genügt es, zu beobachten, wie die Sakramente verwaltet werden!

— ... Man rechtfertigt sich damit, daß viele es unterlassen... Das ist keine Folgerung eines Mannes, der Lehrer der Weisheit sein sollte!

Was soll ich von den hastig gelesenen Messen sagen? Von den Priestern, die für die Feier der heiligen Messe wenige Minuten benötigen?...

Der wichtigste Vorgang der Gottesverehrung, der feierlichste Akt der Liturgie wird schlechter vollzogen als irgendeine weltliche Feier!

Sicher trägt dieses Tun nicht dazu bei, die von mir vorgesehene und gewollte Einheit zu fördern...

Die Liturgie ist eine wirkungsvolle und mächtige Sprache

Chaos also auch in der Liturgie...

Wären sich doch alle meine Priester ihrer Würde, der keine andere auf der Erde gleichkommt, bewußt! Wieviel mehr Seelen könnten sie meinem erbarmungsvollen Herzen zuführen!

Die Liturgie mit ihren Symbolen und Gesten ist eine wirkungsvolle und mächtige Sprache, die das Herz dessen ergreift, der sie mitfeiert, wenn sie mit Glaubensgeist und Überzeugung vollzogen wird.

Wie oft sind meine Engel, die stets sehr zahlreich allen liturgischen Zeremonien beiwohnen, traurig, wenn sie feststellen müssen, wie kalt der innere Zustand der Priester ist, die nicht im Glauben und in der Liebe feiern, sondern in abscheulicher Heuchelei!

Auch das ist nur ein kleiner Blick auf einen Ausschnitt meiner Kirche, die unter der Last so vieler Übel sich behaupten muß. Sie wird auch dem gewaltigen, entscheidenden Zusammenstoß widerstehen, den ihre Feinde unter der gewissenlosen und treulosen Mitarbeit vieler meiner entarteten Söhne vorbereiten!

Noch einmal wiederhole ich, daß der Tag nicht fern ist, an dem die Kirche wie eine leuchtende, reine Taube wieder die Braut ihres Jesus sein wird, von der das Hohelied spricht.

Genug, mein Sohn! Ich segne dich und zusammen mit dir segne ich alle, die dir nahe stehen und für die Verherrlichung Gottes und das Heil der Seelen arbeiten. *17. November 1978*

116. Eine große Demut

Habt ihr die Umstände nie erwogen, unter denen ich, vor allem in der Wüste, vom Bösen versucht wurde?

Diese Umstände von Zeit und Ort müssen aufmerksam erwogen werden, da ich das Ewige Wort Gottes, nichts getan und gesagt habe, was nicht auf ein überaus hohes Ziel ausgerichtet gewesen ist. Und wenn ich Satan erlaubte, sich mir zu nahen, um mich zu versuchen, so habe ich es getan, damit ihr, an die ich dachte, die ich sah, lernen könnt, wie man dem Bösen und seinen arglistigen Horden entgegentreten muß.

Die Versuchung fand am Ende meines Aufenthalts in der Wüste statt, nach meinem Fasten.

Ich wollte dies veranlassen, um euch eine bestimmte Haltung im Kampf zu empfehlen. Ich wollte euch sagen: Nur durch viel Gebet und Buße kann man hoffen, siegreich aus dem Kampf hervorzugehen.

Heute schweifen die Mächte der Hölle in der Welt umher, spielen die großen Herren und lachen höhnisch über die Einfalt jener, die wohlgepanzert in vordester Reihe gegen die feindlichen Kräfte kämpfen müßten.

Zusammenhanglosigkeit

Heute fürchtet die Hölle weder Bischöfe noch Priester, von Ausnahmen abgesehen, weil sie nicht den mindesten Einblick und auch nicht die Überzeugung haben, daß das grundlegende Problem der Kirche, das Heil eurer Seelen, gegen jene erkämpft werden muß, die sie verderben wollen. Bischöfe und Priester lehnen vielmehr diese geistigen Wirklichkeiten ab, sowie meine Ermahnungen...

Sie bestätigen damit ihre unheilbare Blindheit, das Unverständnis für eine Aufgabe, die sie nicht im ewigen Heil der Seelen, sondern in ihren eigenen Interessen, zu sehen scheinen.

Da ihr in einer unpriesterlichen Haltung festgefahren seid, braucht es eine große Demut, um aus ihr herauszukommen. Ein Akt des guten Willens wird euch auf die rechte Bahn zurückbringen.

Außerordentliche Übel verlangen außerordentliche Heilmittel! Gewiß ist es eine schwierige Sache für einen Bischof, die Entscheidung zu fällen, seine Priester um sich zu versammeln und ihnen zu sagen:

«Meine Söhne, wir sind alle mehr oder weniger irregeführt; wir haben uns durch die List unserer unbeugsamen geistigen Feinde vom rechten Weg abbringen lassen. Ihnen ist es gelungen, unsere Sorgen und unsere Aufmerksamkeit von einem lebenswichtigen Problem der Seelsorge abzulenken. Wir müssen unser ganzes Wirken auf eine bessere, den Tatsachen entsprechendere Auffassung ausrichten, die den Bedürfnissen und Interessen der Seelen gerecht wird.

Ich, der Hirte der Seelen, werde jenen nahe sein, die durch die Schuld der dunklen Höllenmächte leiden, und wachsamer meine Herde schützen gegen ihren Ansturm durch die Benützung der Mittel, die der göttliche Meister mir durch sein Wort und Beispiel gegeben hat.»

Mut!

Mein Sohn, ich weiß wohl, welchen Kampf ein Seelenhirte ausstehen müßte, um diese Haltung der Demut kundzugeben; aber sie würde ihn vor Gott und der Kirche großmachen.

Sie bemänteln sich in ihren Reden und Ansprachen oft mit großer Demut; aber wenn ihnen jemand die Dinge zu sagen wagt, die sie von sich selbst sagen, würdet ihr eine hartnäckige Feindseligkeit erleben... Versuche, mein Sohn, die salbungsvolle Demut, die aus gewissen öffentlichen Äußerungen über ihre Schwierigkeiten, ihre Begrenztheit hervortritt, mit der wahren Demut des heiligen Franziskus zu vergleichen...

Auch ich habe in wahrer Demut den Kuß des mich verratenden Apostels angenommen und die Beleidigung vergessen, die mir Petrus durch seine dreimalige Verleugnung zugefügt hat.

Wenn sie diese Vorfälle erwägten, wie vieles würde sich ändern!

Ich segne dich, mein Sohn!   *16. Juni 1976*

117. Wer ist der Stärkste?

Schreibe, mein Sohn!

Jetzt will ich den Einwänden vieler zuvorkommen, die sich bei dieser Lage der Dinge fragen, wer schließlich stärker sei...

Die Menschen und Völker dieses ungläubigen Jahrhunderts haben überall eine Lösung für ihre Probleme gesucht: in den politischen Ideologien, in der Wissenschaft, in neuen Philosophien, in Entdeckungen und Reisen, in Vergnügungen, in Revolutionen und sogar in Kriegen, aber keine gefunden!

Die einzige Zuflucht auf Erden, die des Übernatürlichen, die ihren Hunger und Durst stillen könnte, die sie in ihrem Innern quälten, haben sie nicht erkannt.

Wie viele Entdeckungen, Erfindungen wurden gemacht, aber das Übernatürliche, das ihnen alles vermittelt hätte, was sie benötigten, um ihr Streben nach Glück, wahrer Freiheit, Gerechtigkeit und Liebe richtig zu lenken, haben sie nicht entdeckt.

Völker und einzelne Menschen haben das Licht gesucht und sind dabei in stets tiefere Dunkelheit geraten; heute sind Völker und Kirche von dichtester Finsternis umgeben. Sie haben die Liebe gesucht und den Haß gefunden; sie haben den Frieden gesucht und Revolutionen und Kriege erfahren; sie haben die Gerechtigkeit gesucht und müssen die härtesten Ungerechtigkeiten erleiden... Hochmütige glauben, den magischen Schlüssel des Glücks in Händen zu halten, statt dessen stürzen sie in Unzufriedenheit und Unglück.

Das ist es, was die Generationen des 20. Jahrhunderts erleben, weil sie glauben, den allmächtigen, allweisen, allwissenden, allgegenwärtigen Gott auf die Seite stellen, ja sich sogar ungestraft an seine Stelle setzen und sich gegen Ihn wenden... zu können.

Die ganze Menschheit wird in die Läuterung einbezogen

Man muß wirklich blind sein, wenn man in der gewaltigen gottlosen Bewegung nicht eine Auseinandersetzung sieht, wie sie in den Anfängen der Zeit zwischen den Mächten der Finsternis und des Lichtes stattgefunden hat!

Darum habe ich dir, mein Sohn, schon früher gesagt, daß die Stunde der Läuterung so gewaltig sein wird, daß sich in der Geschichte der Menschheit, im stets dauernden Konflikt zwischen den Engeln der Auflehnung und den Engeln des Lichtes, die Gott die Treue gehalten haben, nichts Vergleichbares findet. Die ganze Menschheit wird in sie einbezogen, nicht nur die auf Erden lebende, sondern auch die gerettete im Himmel und die verlorene in der Hölle. Mein Sohn, wir befinden uns auf dem Höhepunkt der größten Krise, und obwohl du dem Schein nach dem Gipfelpunkt der Zivilisation und des Fortschritts zu sehen meinst, ist doch die Wirklichkeit weit davon entfernt!

Bei anderer Gelegenheit sagte ich dir, daß du, augenblicklich sterben müßtest, wenn ich dich hinter die Fassade meiner Kirche sehen lassen würde. Heute füge ich hinzu: Wenn ich dich schauen ließe, wie es hinter dem Vorhang der Welt steht, könntest du auch keinen Augenblick weiterleben.

Ich wiederhole, daß die riesenhafte, ungeheure, von Satan zum Schaden der Menschen bewirkte Täuschung nichts Vergleichbares aufzuweisen hat, und nur die gewaltige Wolke des Bösen, die die Menschheit bedeckt, sie hindert, sich Rechenschaft über diese tragische Wirklichkeit zu geben.

Mein Sohn, du siehst und verstehst die Wirkung des Hochmuts, dieser Wurzel aller Übel, und welche Wahrheit in meinen Worten liegt. Bete darum, daß sich die Demut, die Wurzel alles Guten, in dir vertiefe.

Ich segne dich, mein Sohn, und zusammen mit dir segne ich alle, die vor Gott in der Demut des Geistes voranschreiten; in Wahrheit sage ich dir, diese werden Gott schauen! *15. November 1978*

118. Retten wir die großen Grundsätze der Kirche

Kurz vor seinem Hinscheiden sagte mein Stellvertreter auf Erden, Paul VI., und wenige Tage darauf wiederholte sein Nachfolger Johannes Paul I.: «Retten wir die großen Ordnungsgrundsätze der Kirche!»

Was wollten sie mit diesem an die ganze Kirche gerichteten Aufruf, dieser angstvollen Mahnung... ausdrücken?

Man sucht etwas zu retten, das in Gefahr ist, zerstört zu werden oder schon teilweise zerstört ist... Ein brennendes Haus... In dieser Lage ruft man um Hilfe, um zu retten, was noch zu retten ist...

Mein Sohn, meine Kirche steht in Flammen, die ihre Fundamente zerstören, auf der ich sie aufgebaut habe.

Die geistigen Festungen, mit denen ich sie umgab und die ich überall errichtete... befinden sich in der Krise!

Bald werden wirkliche Flammen die Zerstörung vervollständigen, so daß sich meine Kirche ganz erneuern muß.

Bei anderer Gelegenheit habe ich dir gesagt, daß Klöster, Gemeinschaften, Kongregationen und religiöse Orden auch Krisenorte und Brandherde sind, aus denen die Flammen nach langem Schwelen unter der Asche ausschlagen, sich ausbreiten und eine riesige Feuersbrunst bilden, so wie sich jetzt meine Kirche in voller Krise befindet, die alles verbrennt!

Krise des Glaubens und des inneren Lebens, darum die Gesetzlosigkeit

Diözesen, Pfarreien, Seminarien und alle anderen Strukturen befinden sich überwiegend in schlechter Verfassung, die durch den einen Grund hervorgerufen ist — die Glaubenskrise, die zugleich eine Krise des inneren Lebens ist...

Gegenwärtig befindet sich meine Kirche in einem gesetzlosen Zustand. Davon will man aber nichts hören, vor allem jene nicht, die ihn in besonderer Weise verursacht haben und zum größten Teil dafür verantwortlich sind.

Gesetzlos ist, wie sich der Klerus kleidet! Wer ein Gesetz erläßt, hat auch die Pflicht, seine Befolgung zu überprüfen; wenn nicht, welchen Sinn hat dann das Gesetz? Warum erläßt man es, dringt aber nicht darauf, daß es beachtet wird? Fehlt da nicht der Sinn für die Verantwortung?

Willkür in der Liturgie und in der Spendung der Sakramente! Ich erinnere dich an frühere Botschaften. In vielen Fällen werden die Sakramente verwaltet, als ob es sich dabei um materielle Dinge handelt. Man vergißt die Heiligkeit des Sakramentes, das die Frucht meiner Erlösung ist. Ich kann die Sakrilegien und Entweihungen nicht mehr länger dulden. Sogar weniger feinfühlende Gläubige nehmen daran Ärgernis!

Völlige Unordnung im priesterlichem Verhalten! Wie oft gehorcht man nicht... Wie viele Priester sind Abonnenten gottloser und unmoralischer Zeitungen und Zeitschriften... Wie viele Priester besuchen Filmvorstellungen, von denen sich sogar Laien fernhalten sollten.

Die Bischöfe wissen es, warum aber schreiten sie nicht ein? Und wenn sie es nicht wissen, warum kümmern sie sich nicht um die Lage ihrer Priester...

Man kann Gott nicht ungestraft verraten

... Mein Sohn, wenn ein Feld mit viel Unkraut durchsetzt ist, wird es unfruchtbar, oder man nimmt eine energische Säuberung vor... In dieser Lage befindet sich heute meine Kirche! Eine tiefgreifende Gesundung, die zur Erneuerung meiner Kirche führen wird, hat schon im verborgenen begonnen...

Meinen Verrätern rufe ich in Erinnerung, daß ich zwar geduldig, langmütig und barmherzig bin, Gott sich aber nicht straflos verraten läßt!...

18. November 1978

119. Die Verteidigung organisieren

Mein Sohn, ich sagte dir, daß die rebellischen Horden aus einer äußerst großen Zahl von Teufeln bestehen. Sie bilden ein ungeheures Heer; ihr könntet mit euerem Geist seine Größe nicht erfassen.

Nicht alle Teufel wirken mit gleicher Niederträchtigkeit; die Schwere ihrer Sünde ist unterschiedlich. Sie gehören auch in der Hölle verschiedenen Rangordnungen an.

Sie lehnten sich gegen Gott auf, und nun erfahren sie die grausame Tyrannei ihres Oberhauptes, Satans und seines Generalstabs.

Alle arbeiten für das Böse, hassen die heiligste Jungfrau, die ganze Menschheit, alle hegen in ihrem Haß eine tiefe Eifersucht gegen die Auserwählten und einen ungeheuren Neid gegen euch in der ständigen Angst, daß ihr gerettet werden könntet.

In ihnen gibt es keinerlei Gefühl des Mitleids — sie sind unfähig dazu, sie haben nur Lust zu quälen. Ihr kennt die Grausamkeiten nicht und könnt euch nicht einmal vorstellen, mit welcher Niederträchtigkeit sie die Opfer mißhandeln, die in ihre Klauen fallen. Seelen, die sie an sich zu binden vermochten, die sich zu ihren Werkzeugen machen ließen, die sich ihnen vollkommen übergeben haben. Glaubt, daß es nicht wenige sind...

Worauf warten sie noch?

Nun, mein Sohn! Stell dir ein gewaltiges Heer vor, mit ungeheurer Waffenmacht, das einen bis in die kleinsten Einzelheiten intelligent vorbereiteten Plan besitzt.

Dieses riesige Heer, mit seiner mächtigen Organisation greift die Kirche und die menschliche Gesellschaft an, die auch über eine beträchtliche Zahl von Soldaten, Offizieren und Generälen verfügt. Diese aber wissen nicht oder wollen nicht wissen, daß sie einem kriegsbereiten und haßerfüllten Feind gegenüberstehen; sie denken nicht daran, sich zu verteidigen. Vielmehr verhöhnt man die wenigen, die davon reden und eine Verteidigung organisieren möchten; sie werden der Verrücktheit oder des religiösen Wahns bezichtigt.

Unterdessen schleicht sich der Feind überall ein, sucht die eigenen Kräfte zu verbergen und die Einfalt des Gegners auszunützen. Er bemächtigt sich der Schlüsselstellungen und setzt dort seine Agenten ein; so wird er Herr über den Gegner. Da und dort gibt es Widerstandsgruppen, aber der durch seine Erfolge übermütig gewordene Feind macht sich darüber keine Sorgen.

An diesem Punkt wird er, überzeugt von seinem Sieg, auf jeden ernsthaften Versuch des Gegners mit verblüffendem Ungestüm antworten. Mein Sohn, du weißt aus persönlicher Erfahrung wohl, daß der Feind keine Gegenschläge der Abwehr duldet, daß er vielmehr versucht, jeder Bewegung gegen ihn zuvorzukommen.

In diesen Bedrängnissen warten die Bischöfe noch zu, von ihren Thronen herabzusteigen, ihre Paläste zu verlassen, die Kommandozügel in die

Hände zu nehmen und ihre Soldaten, die Christen, zum Gegenangriff auszubilden und zu führen?

Wissen sie nicht, daß die Überlegenheit des Feindes nur scheinbar ist ...?

Weg mit der Einbildung!

Mein Sohn, wie oft muß ich es sagen, daß ich die Welt mit der Demut, der Armut und dem Gehorsam besiegt habe? Mit diesen Tugenden, ihrem Jawort, hat meine und eure Mutter die Erlösung ermöglicht!

Die Liebe ist stärker als der Haß!

Bischöfe und Priester mögen sich überzeugen, daß sie jene Reformen in die Tat umsetzen müssen, die sie mit dem Konzil verkündet und die durch die Einmischung und das Wirken der Hölle so schlecht angewandt wurden.

Wenn sie sich endgültig entscheiden, den rechten Weg zu beschreiten — ich bin der sichere Weg —, dann werde ich mit ihnen sein, die Kirche wird wieder jung werden und bald einen bisher nie gekannten Glanz erhalten.

Was wartet man noch? Weg mit den Vorurteilen, weg mit dem Hochmut!

Sie mögen beten, daß das Licht den zu beschreitenden Weg erhellt, und dann vorwärts!

Mein Sohn... Weil ich dich schauen ließ, leidest du jetzt; du möchtest, daß auch die anderen sehen.

Ich segne dich. Liebe mich! *15. Juni 1976*

120. Suchet und ihr werdet finden!

Die Wahrheit zu entdecken ist mehr als den größten Schatz zu finden. Der Mensch in seiner durch den Hochmut erzeugten Unwissenheit, weiß von all dem nichts; darum strebt er auch nicht nach der unerläßlichen Demut des Geistes, und da er sie nicht sucht, findet er sie nicht.

Es gibt Menschen, die nach ihr suchen, aber nicht im Geist der wahren Demut, ohne die jede Anstrengung eitel und unnütz ist.

Mein Sohn, ich wiederhole, daß gerade jene, die von mir auserwählt sind, das Licht der Welt, das Salz der Erde, der Sauerteig zu sein, ganz von Finsternis umhüllt sind, weil ihnen der Geist der Demut mangelt. Darum sehen und verstehen sie die Wahrheiten und die geistigen Wirklichkeiten nicht, die sie deutlich kennen, mit starkem Glauben, brennender Liebe und großem Eifer leben und anderen weitergeben müßten. Ich denke an viele Bischöfe und überaus zahlreiche Priester meiner Kirche.

Durch diese schuldhafte Unwissenheit und Verfinsterung ist meine Kirche, in der sich Irrtümer und Irrlehren in solcher Zahl ausbreiten, daß sich dafür in der Vergangenheit nichts Vergleichbares findet, in eine fürchterliche Krise des Glaubens und der Moral geraten sind. Noch widersprüchlicher und abwegiger ist, die Ursachen dieser Krise am falschen Ort zu suchen, natürlich ohne Erfolg. Viele Bischöfe und Priester sehen das Böse nicht, an dem sie selbst leiden und von dem sie betroffen sind. Wenn sie sich dessen bewußt wären, was ihnen ihr Hochmut verbirgt, wären sie höchst erstaunt, feststellen zu müssen, daß einfache, demütige, unbekannte Gläubige, die ohne die innewohnenden Gaben der Bischofs- oder Priesterweihe die geoffenbarten Wahrheiten klar erkennen und ihren Wert erfassen: Diese Seelen leiden an der Zersetzung, die Hochmut und Strebertum in meinem mystischen Leib hervorrufen.

Anmaßung und Hochmut sind die Wurzeln der Glaubenskrise

Mein Sohn, ich will mich klarer ausdrücken. Viele Bischöfe und überaus zahlreiche Priester glauben kaum oder überhaupt nicht an die Wirklichkeit des gegenwärtigen, durch die Auflehnung Satans und seiner Legionen hervorgerufenen Kampfes.

Sie glauben im natürlichen Sinn, nicht aber übernatürlich, was die Bibel, das Evangelium und die Überlieferung darüber sagen; denn ihr Wissen ist nicht mehr von Gottes Geist erfüllt, von seinem Licht, das aus der Weisheit fließt, der Gabe des Heiligen Geistes, die man mit der Weihe erhält, aber durch Anmaßung und Hochmut erstickt und zerstört.

Damit wird bestätigt, was ich dir sagte: Sie suchen außerhalb ihrer selbst und beschäftigen sich mit vielen anderen Dingen, in endlosen, unnützen, unfruchtbaren Gesprächen. Satan hat ihre Erkenntnis eingegrenzt, darum sind sie übereifrig in weltlichen Belangen und können sich nicht zu geistigen Eroberungen durchringen, für die sie berufen, mit großer Würde und unüberbietbarer Macht ausgestattet wurden.

Arme Unglückselige! Sie sehen nicht, verstehen nicht, tappen in der dichtesten Dunkelheit umher... Sie sind, wenn nicht die einzige, so doch die schwerwiegendste Ursache der vielen Übel in meinem mystischen Leib.

Der Feind lacht und triumphiert. Er, Satan, bedient sich mit seinen Legionen der tödlichsten Waffe, des Hochmuts, mit dem er die Welt und in der Welt die Kirche angesteckt hat.

Bischöfe und Priester, die die Bibel, das Evangelium und die Überlieferung nur auf natürliche Weise kennen, sind für die Kirche schädlich; denn das Gift, das wie ein Mantel teuflisch über ein Kleid falscher Demut gelegt ist, hat zerstörerische Wirkung.

Mein Sohn, jetzt verstehst du die Wurzel der vielen Übel besser, die die Seelen ins Verderben führen.

Wem ist die Stunde der nun baldigen Läuterung anzulasten?

Bischöfe und sehr viele Priester, wie verhalten sie sich? Frage dich:

1. Glauben sie den Worten der Bibel über die große Schlacht zwischen den getreuen Engeln und den rebellischen Dämonen?

2. Glauben sie an meinen, den Aposteln gegebenen Auftrag, in die Welt zu gehen, mein Wort des Lebens zu verkünden, die Kranken zu heilen und die Dämonen auszutreiben?

3. Glauben sie an die furchtbaren, von allen Heiligen im Lauf der Jahrhunderte ausgetragenen Kämpfe?

4. Viele Bischöfe und äußerst viele Priester glauben an die physischen, moralischen und geistigen Übel, die die Menschheit bedrücken; wie aber erklären sie ihrer Herde deren Ursache?

5. Wissen sie, daß jedes Übel eine Unvollkommenheit ist und als solche nicht von Gott sein kann?

Sie glauben, mein Sohn; aber sie glauben auf natürliche Weise, wie in der menschlichen Wissenschaft geglaubt wird, nicht mit göttlicher Weisheit. Darum konnten sie den Kampf gegen die Hölle nicht organisieren, die heute unwidersprochen die Menschheit und meine Kirche beherrscht.

Die Stunde der Läuterung kommt näher! Wem ist sie zur Last zu legen?

Mein Sohn, ich segne dich, liebe mich! *2. Januar 1977*

121. Ein Blick würde genügen

Mein Sohn, was nützen Ruhm, Achtung, Reichtum und Gesundheit, Wohlergehen, Geist und Kultur, wenn am Ende die Seele verlorengeht? Diese Worte waren für viele Seelen guten Willens Anlaß einer grundlegenden geistigen Erneuerung und Bekehrung.

Ein ernsthaftes, tiefgreifendes Überdenken meiner Worte vermag die Seelen zum Streben nach heldenhaften Tugenden, zur Erreichung der Vollkommenheit und Heiligkeit zu veranlassen.

Diese Besinnung bringt sie dazu, die kostbare Perle zu entdecken, von der ich im Gleichnis gesprochen habe. Um sie zu erwerben, ist keine Mühe zu groß, energisch mit der Sünde zu brechen, sich entschlossen von den trügerischen Gütern und Reizen dieser Welt zu trennen, mir auf meinem Weg nach Kalvaria zu folgen und damit eine unvergängliche Krone der Herrlichkeit im Hause meines Vaters zu erwerben.

Mein Sohn, die Seele in der Sünde ist wie ein Felsblock, der nach dem Naturgesetz der Schwerkraft von der Höhe in die Tiefe fällt und während des Falles an Gewicht und Schnelligkeit zunimmt. Die Seele in der Sünde stürzt dem Abgrund zu und nimmt während des Falles an Gewicht der Sünden, der Leidenschaften zu. Welches Naturgesetz vermag einen fallenden Felsblock aufzuhalten und seine Richtung zu ändern? Den Fall in die Tiefe in einen Aufstieg zur Höhe umzukehren? Kein Naturgesetz vermag ein solches Wunder zu vollbringen. Nur ein Gesetz der höheren Ordnung ist dazu imstande.

Ich allein bin das übernatürliche Gesetz, die göttliche Macht, die den Sünder in seinem Fall aufhalten und seinen Sturz in den Abgrund in einen Aufstieg zur Höhe, dem Leben entgegen, verändern kann.

Es ist mein brennendster Wunsch, mit den Sündern so zu verfahren, vor allem mit meinen Priestern, die vom Bösen, von niederen Begierden des Geistes und der Sinne befallen sind.

Ihr Blick auf mich, den Gekreuzigten, eine Anrufung meines erbarmungsvollen Herzens und ein Wort nach dem Beispiel Petri: «Herr, rette mich», würden genügen.

Mein Sohn, würden sie mich doch anflehen, meine Hand auszustrecken, daß ich sie rette!

Gibst du dir Rechenschaft über die tragische Lage vieler meiner Priester, die mit großen Schritten der ewigen Verdammnis entgegenschreiten? Kann es auf Erden eine größere, schrecklichere Tragödie geben als diese?

Kann es eine teuflischere Umnebelung geben als die unserer Zeit, in der falsche Lehrer behaupten, es gebe keine Hölle, und die göttliche Barmherzigkeit könne die ewige Verdammung einer Seele nie zulassen? Diese Prediger von Irrlehren und Irrtümern wollen die göttliche Gerechtigkeit ausschalten, obwohl sie wissen müßten, daß in mir Barmherzigkeit und Gerechtigkeit untrennbar vereinigt sind.

Mein Sohn, ich bin das Licht, das in diese Welt gekommen ist. Das Licht leuchtet in der Finsternis, aber die Finsternis hat es nicht ergriffen.

Ich liebe die Seelen und will ihre Rettung. Dazu bin ich gekommen, aber ich brauche euch und eure Mitarbeit. Ihr seid meine Glieder, und alle Glieder streben nach dem einen gleichen Ziel. Ich brauche euch, damit sich das Geheimnis der Erlösung in seiner ganzen Fülle vollzieht.

Nach meinem Beispiel und nach dem Vorbild meiner heiligsten Mutter, der Märtyrer, der Heiligen müßt ihr hochherzig euer Kreuz auf euch nehmen und mir nachfolgen. Wenn das Kreuz zu sehr auf euch lastet, wißt ihr, daß ich in euch bin, um es zu erleichtern.

Mein Sohn, ich habe dir wiederholt gesagt: Das ist eine Pflicht der Gerechtigkeit und der Liebe. Keiner kann sich ihr entziehen, am wenigsten meine Diener.

Hab keine Angst, ich bin es, der dich führt. Schreite voran und mache dir keine Sorgen. Man will nichts wissen von meinem Evangelium und verzerrt meine Wahrheit. Man glaubt den Opferseelen nicht, zu denen ich gesprochen habe. Ihren Aussagen habe ich das Siegel meiner Gnade aufgeprägt, aber man widersetzt sich allem...

Ich segne dich wie immer, mein Sohn. Liebe mich.

19. September 1975

122. Der wahrhaft heilige Priester

Der Glaube an meine eucharistische Gegenwart bei euch genügt nicht, mein Sohn. Nicht alle Priester, die in Sünden, also in sakrilegischer Weise zelebrieren, sind ohne Glauben. Die meisten besitzen einen geschwächten Glauben, sie glauben noch, und trotzdem sind sie sehr schlechte Priester. Sie glauben an mich, spüren aber eine Abneigung gegen mich, die aus dem Schuldgefühl stammt, das sie erfüllt.

Der Priester im Zustand der Sünde verschließt seine Seele willentlich gegen die Wirkung der Gnade, die Gott in seiner unendlichen Güte den Seelen entsprechend ihrer Aufnahmefähigkeit zukommen läßt. Wenn man sich aber Gott verschließt, öffnet man sich dem Dämon, der ohne Schwierigkeit schuldbeladene Seelen beeinflussen kann, bis sie seine Sklaven werden.

Wenn ein Priester sich nicht zum Tabernakel hingezogen fühlt, ist er ein vom Stamm abgeschnittener Ast. Sein Geist verdorrt und wird unfruchtbar.

Mein Sohn, wie viele Priester befinden sich heute in diesem Zustand der schuldhaften Dürre und der geistigen Unfruchtbarkeit? Viele, viele...

Wir haben Verbündete

Mein Sohn, ich will dir den Zweifel klären, der deinen Geist in diesem Augenblick belastet. Du hast gedacht: Wenn sich ein Priester in der Sünde befindet und jede Beziehung zu Gott abgebrochen hat, kann er Gott nichts geben und auch nichts von Gott erhalten; überdies begibt er sich in den Einfluß Satans; deshalb besteht für ihn keine Hoffnung auf Rettung. Ist es nicht so?

Mein Sohn, du darfst den großen Kampf zwischen den Mächten des Bösen und den Mächten des Guten, und das Wirken des Schutzengels, des Schutzpatrons und der Seligen des Himmels nie vergessen. Dieser Kampf ist im Gang und wird erst am Ende der Zeiten vorüber sein...

Es genügt nicht, an die Eucharistie zu glauben, an dieses Geheimnis, dessen Verwalter der Priester ist. Er muß sich auch des großen Anteils, den Gott ihm daran zuerkannt hat, immer bewußt sein.

In der heiligen Messe verwirklicht der Priester zusammen mit mir und meiner Mutter das Geheimnis des Kreuzes. Der Priester nimmt an meinem königlichen und ewigen Priestertum teil... Er muß sich zusammen mit mir und meiner Mutter dem Vater für die Vergebung der Sünden darbringen, und dieses Opfer ist die Quelle, die wahre und wirkungsvolle Quelle des Heiles für ihn selbst und für die Seelen, und doch wird es oft so oberflächlich, so teilnahmslos und verständnislos dargebracht...

Der Priester muß dieses sein Selbstopfer... so oft er die heilige Messe feiert, Gott darbringen. Das ist äußerst wichtig, damit das Opfer wirksam wird...

Auf diese Weise gelangt der Priester zur Heiligkeit; so wird er fruchtbar, denn darin liegt die Quelle der befruchtenden Gnade für die Seelen und das ganze pastorale Wirken, das der Priester entfalten muß.

Die heutigen Priester, abgesehen von den wahrhaft beseelten, sind vertrocknet, unfruchtbar, dürre Äste...

Der heilige Priester, der seine heilige Messe in Vereinigung mit mir und meiner Mutter feiert, ist das Ziel der Liebe Gottes und gleichzeitig ein mächtiger Magnet für die Seelen, die der Hilfe und geistigen Stärkung bedürfen.

Diese Seelen empfinden in ihm den Wohlgeruch Christi; sie sehen in ihm den anderen Christus, der meinem Herzen gleichförmig ist und zusammen mit mir Miterlöser wird.

Nur so wird der heilige Priester selbstlos, ohne Falschheit und Täuschung; seine klare, reine Seele wird zum Spiegel für viele andere Seelen.

Der wahrhaft heilige Priester ist und bleibt überzeugt, daß er nicht nur für die Seelen, seine Tätigkeit, sein Apostolat verantwortlich ist; er weiß gut und ist voller Überzeugung, daß ich der Erlöser bin. Er weiß auch, daß er mein auserwählter Mitarbeiter sein muß, der zutiefst an die Worte glaubt: «Nicht ihr habt mich erwählt, sondern ich habe euch erwählt.»

Ich segne dich, mein Sohn, bete und liebe mich!   *2. Dezember 1976*

123. Das Weizenkorn ist in der Erde und muß keimen

Was habe ich zu Beginn meiner öffentlichen Tätigkeit getan?

Ich habe mir nicht zufällig Apostel auserwählt. Bei Gott gibt es keinen Zufall, er handelt stets für einen genau bestimmten Zweck. Er läßt sich nicht durch kleinliche Berechnung leiten, wie es die Menschen oft tun. Das Fehlen der richtigen Absicht wirft Hirten und Priester aus dem Geleise.

Nun werden sich viele ärgern, weil sie nicht glauben können, daß Hirten und Priestern die gute Absicht fehlen könnte... Doch welche Listen werden eingesetzt, um zur Macht zu gelangen? Wie viele gewandte «Kletterer» denken nicht daran, daß sie früher oder später ins Leere stürzen können?

Mein Sohn, wenn auch meine Kirche in eine große Krise gestürzt ist, darf man nicht glauben, daß die Verantwortung dafür nur bestimmten

Gruppen angelastet werden darf; in verschiedenem Maß und Verhältnis haben die einfachen Gläubigen, die Priester und die Bischöfe ihren Teil der Verantwortung zu tragen.

Die Zeit ist da; das Weizenkorn ist in der Erde und muß keimen. Zuerst zeigt sich ein sehr schwaches Pflänzchen, aber mit der Zeit wird es stark und kräftig und wird überreich Körner hervorbringen...

Wiederholt habe ich dir gesagt, daß ich alle retten will...; aber wenn ihr euch nicht bekehrt und Buße tut, so sage ich euch, daß alle zugrunde gehen werden.

Mein Sohn, liebe mich immer mehr! Opfere dich mir auf mit allem, was du hast und was du bist!

Ich segne dich und zusammen mit dir segne ich alle, die mich aufrichtig lieben. *3. Dezember 1976*

124. Erneuerte Kirche, geläuterte Theologie

Mein Sohn, die Wahrheit, die ich dir in einfacher und klarer Weise darlege, ist vom Irrtum, von menschlichem und höllischem Hochmut geschändet worden...

Die Theologie, die göttliche Wissenschaft, erwartet eine unumgängliche Säuberung, um ihren natürlichen Glanz wieder zu gewinnen, der sie für meine Kirche schön, neu und heilig macht.

Sie wird in ihrer wesentlichen Einfachheit zur Quelle reinen, lebendigen Wassers werden; fähig, die Seelen zu erquicken, zu beleben und auf ihrem Weg auf Erden zu leiten...

Wehe allen, die, um sich selbst zu erhöhen, nicht gezögert haben, viele Seelen ins ewige Verderben zu reißen! Es wäre besser für sie, nicht geboren zu sein.

Ich segne dich, mein Sohn, bete und sühne! *15. November 1977*

125. Meine Kirche: Lehrmeisterin und Führerin aller Völker

Ich nehme die begonnenen Darlegungen über meine Kirche, die noch keineswegs abgeschlossen sind, wieder auf. Ich habe die Kirche auf Erden gegründet mit ihrem Auftrag für alle Völker und Nationen. Sie ist durch göttlichen Willen zu ihrer Lehrmeisterin und Führerin bestimmt worden. Das ist die ihr zukommende Sendung und der Platz, der ihr nach der Läuterung zuerkannt wird.

Unveränderlich ist ihre Aufgabe in der Zeit zwischen meiner ersten Ankunft auf Erden im Geheimnis der Menschwerdung und meiner Ankunft zum Gericht der Lebenden und der Toten, am Ende der Zeiten. Zwischen diesen beiden, der ersten aus der Barmherzigkeit Gottes und der zweiten aus der göttlichen Gerechtigkeit, meiner Gerechtigkeit, als wahrer Gott und wahrer Mensch, als Priester, König und höchster Richter, gibt es eine dritte Ankunft, die im Gegensatz zur ersten und zweiten, die sichtbar sind, unsichtbar sein wird.

Diese dritte Ankunft ist mein Reich in den Seelen, das Reich des Friedens und der Gerechtigkeit, das nach der Läuterung seinen vollen, leuchtenden Glanz zeigen wird.

Meine Kirche ist hineingestellt in die Nationen der Welt, aber keine Nation hat das Recht, sich über sie zu erheben; wer es tut, handelt gegen die Absicht der göttlichen Vorsehung und ruft ihren Zorn hervor.

Meine Kirche birgt alles in sich, was sie benötigt, um ihre göttliche Sendung zu erfüllen, denn ich bin gegenwärtig durch meinen Stellvertreter, den römischen Oberhirten, sowie wahrhaft und wesentlich im Geheimnis des Glaubens, in der Eucharistie. Ich bin auch gegenwärtig im göttlichen Wort, denn ich bin das ewige Wort Gottes.

Freie und unabhängige Heilssendung

Mein Sohn, keine Autorität der Erde steht über der höchsten Autorität von allem und allen, Gott. Außer Gott gibt es keine Autorität!

Unter dieser Voraussetzung muß meine Kirche als Sakrament des Heiles ihre freie, unabhängige Heilssendung vollziehen, weil sie von Gott stammt und Gott in ihr ist. Wehe denen, die ihr aus Hochmut und Stolz auf ihrem irdischen Weg Hindernisse entgegenstellen! Sie werden dem Zorn der göttlichen Gerechtigkeit verfallen.

Meine Kirche auf Erden wird in ihren Beziehungen zu den Nationen Achtung und gegenseitiges Verstehen pflegen, denn beide verfolgen den gleichen Zweck: das Wohl der Menschen... Die kirchliche und die weltliche Macht sind, wenn sie nicht vom Hochmut, der stets Neid und Eifersucht erzeugt, verdorben werden, wie zwei gleichlaufende Wege...

Notwendigerweise müssen zwischen beiden, der Kirche und den Nationen, Beziehungen bestehen, die sich stets auf dem Gebiet der entsprechenden Zuständigkeit und in gegenseitiger Achtung abwickeln müssen. Gott ist außerordentlich wachsam über die Gabe der Freiheit, die menschliche Größe und Würde. Jede Einschränkung und jeder Übergriff bedeutet ein Anschlag auf die Freiheit, der schwer bestraft wird.

Menschen, die Werkzeuge Satans sind, werden wie Staub hinweggefegt

Nie wird meine erneuerte Kirche Maßnahmen treffen, die die Freiheit eines Menschen beeinträchtigen oder verwunden könnten oder die ihrem göttlichen Auftraggeber nicht entsprächen; ebenso müssen die weltlichen Mächte handeln... die militärischen, zivilen, politischen, richterlichen...; diese dürfen ihre Grenzen nicht überschreiten, denn, wenn sie es tun, brechen sie das Gleichgewicht des Friedens in der Welt und laden eine schwere Schuld auf sich, die vor dem göttlichen Thron um Vergeltung ruft.

Mein Sohn, wir sprechen nicht über das, was in der Welt das Werk verdorbener Menschen ist. Diese sind zu jeder Schandtat fähig und so verblendet wie Satan, ihr Meister. Sie wollen sich an Gottes Stelle setzen mit dem Bestreben, die ewigen, göttlichen Gesetze zu vernichten. Sie nehmen für sich das Recht in Anspruch, das Gott allein und niemand in der Welt zusteht, das Recht, über Leben und Tod zu verfügen. Damit handeln sie gegen Gott, den Urheber des Lebens. Diese Menschen sind unmittelbare Werkzeuge Satans... Sie werden in der Stunde, die unaufhaltsam näherrückt wie Staub im Wind hinweggefegt werden. Dann wird man verstehen, daß Gott wahrhaftig existiert, und es schrecklich ist, seinen Zorn zu erleben.

In sakrilegischer Weise haben diese Menschen meine Gebote verletzt und meine Kirche verweltlicht; sie haben sie mit ihrem höllischen Rauch erfüllt. Aber ein Feuer wird vom Himmel auf die Erde fallen und alle Zeichen der menschlichen Torheit auslöschen... bis der fürchterliche Zorn Gottes besänftigt ist.

Mein Sohn, genug für jetzt! Bete, sühne und bringe mir deine Leiden als Opfer dar! Liebe mich!

Ich segne dich und zusammen mit dir segne ich alle, die dir teuer sind.

1. Dezember 1977

126. Meine Kirche, die eine, heilige, katholische, apostolische, römische Kirche

Meine Kirche ist und bleibt die eine, heilige, katholische, apostolische, römische Kirche. Nichts ändert sich an dieser Bezeichnung, und nichts kann durch menschliches Eingreifen verändert werden. Niemand kann sie ihrer Ehrentitel berauben.

Meine Kirche ist in der Welt und für die Welt; sie ist nicht unbeweglich, sondern ständig unterwegs wie der Hirte mit der Herde. Ihre Sendung ist ausgesprochen missionarisch; ihre Aufgabe ist, allen Völkern die Frohbotschaft des Evangeliums zu bringen. Sie ist nicht alleinherrschend und ebenso wenig demokratisch. Sie ist hierarchisch geordnet, weil ich, ihr Gründer, es so gewollt habe...

Ihre Mitglieder sind alle Getauften. An der Spitze steht der Papst, der in Ausnahmefällen allein regieren kann, da er in sich jede beratende und ausführende Macht besitzt. Der Papst ist wahrer und direkter Nachfolger von Petrus und das Haupt meiner Kirche, die eine vollkommene Gemeinschaft ist und als solche über sämtliche Mittel verfügt, ihre Ziele unabhängig von jeder anderen menschlichen Einrichtung zu verfolgen und zu erreichen. Nicht wenige der gegenwärtigen Formen werden fallen, und andere werden vereinfacht werden!

Einer bringt die Botschaft, ein anderer empfängt sie

Das unsichtbare Haupt meiner Kirche bin ich, das sichtbare ist der römische Oberhirte, dem ohne irgendeine Ausnahme, von allen Bischöfen, Priestern und Gläubigen stets Liebe, Ehrfurcht und demütiger Gehorsam geschuldet werden.

Die Kirche ist in der Welt, aber verschieden von der Welt. Nie kann sie sich mit der Welt gleichsetzen. Das verbietet ihre Natur als Lehrmeisterin und ihre Sendung; einer ist es, der die Botschaft verkündet, ein anderer, der die Botschaft empfängt.

Von dem gegenwärtigen Niedergang der Kirche sind viele Hirten, Priester und Gläubige erfaßt. Aber sie wird in ihrer Wahrheit und ihrem Gleichgewicht, das gegenwärtig von so vielen Übeln erschüttert ist, wieder hergestellt werden...

Zwar wird sie immer angefochten werden. Der Leib folgt dem Los des Hauptes. Doch die weltlichen Mächte und die finsteren Kräfte des Bösen werden sie nicht überwältigen. Sie erfreut sich des besonderen Beistands des Heiligen Geistes, der sie stets mit seinen Gnadengaben beschenkt. Charismen sind in der Kirche stets vorhanden; alle Heiligen waren von ihnen erfüllt. Ich spreche hier vom Charisma als einer besonderen, außerordentlichen Gabe, die bestimmten Personen für die kirchliche Gemeinschaft geschenkt wird, nicht von den allgemeinen Charismen, die allen Christen in ihrem sakramentalen Leben zuteil werden.

So zerstreut der Herr die Hochmütigen ...

Die finsteren Mächte der Hölle setzen alle Mittel ein, um Zwietracht, Neid, Eifersucht unter den Begnadeten zu säen, um ihre Wirkung zu vermindern und wenn möglich auszuschalten.

Diese Seelen müssen sich dessen bewußt sein, damit sie dem Feind nicht ermöglichen, dem Plan der göttlichen Vorsehung zuwider zu handeln. Sie müssen wachsam sein, um den Fallen des Feindes zu entgehen und alle Tugenden pflegen, in besonderer Weise die Demut, die tragende Säule der Heiligkeit.

Die erneuerte Kirche wird durch und durch von solchen Gaben erfüllt und wahrhaft heilig sein. Der Heilige Geist wird sie beleben und heiligen, um sie zum Leuchtturm zu machen, der sein Licht über die ganze Menschheit ausstrahlt.

Was sind die Menschen, die sich Gott in der verrückten Absicht entgegenstellen, seine Schritte zu hemmen? Weniger als ein Stäubchen, das der Wind verweht. Staub in der dichtesten Finsternis ihres Hochmuts sind die Herrscher der Völker!

Was kostet es, sie zuschanden zu machen? Sie haben ihr Herz verschlossen; ihr Mund spricht anmaßend. Siehe, sie nähern sich mir, um mich niederzuringen. Aber ich werde sie wegfegen wie Staub. Sie haben vor mir einen Graben aufgeworfen, in den sie selbst hineinfallen und zugedeckt werden. So schlage ich die Hochmütigen, die Verschwörungen gegen mich anstiften. Meine Kirche wird das Heil verkünden bis an die äußersten Grenzen der Erde.

Mein Sohn, genug jetzt; liebe mich! *1. Dezember 1977*

127. Meine Kirche;
wenige nur bemerken eine geheimnisvolle Kraft

Ich will in der Darlegung über meine gegenwärtige Kirche fortfahren. Ihre Erneuerung hat schon begonnen; aber nur wenige Seelen sind sich meiner göttlichen Tätigkeit bewußt. Dir habe ich sie deutlich zu erkennen gegeben. Du hast einige Seelen gesehen, die ich mir für die Erfüllung einer bedeutungsvollen Aufgabe in meinem mystischen Leib auserwählt habe. Doch unter meinen Dienern bemerken nur wenige dieses geheimnisvolle Wirken; die meisten sind mit ihren eigenen Belangen beschäftigt, die nicht die meinen sind. Meine Diener sollten stets tätig sein, um meine Interessen zu behüten und zu verteidigen, die Ehre Gottes und das Heil der Seelen. Doch daran denken nur wenige!

Sie sind schwerhörig, immer bereit zum Aufbegehren, gleichgültig gegenüber den Fragen, warum sie erschaffen, wozu sie berufen und auserwählt sind ... eine solche Haltung, die nein sagt zur Liebe, zum Licht, zur Wahrheit, aber ja zu den Dingen, die entgegengesetzt sind, ist wahrhaftig, widersinnig, unbegreiflich und nicht mehr erträglich.

Ich will nur heilige Priester ...
die anderen werde ich wie Staub im Wind zerstreuen

Ich, das Wort Gottes, gegenwärtig in meiner Kirche, beginne die Stunde der Läuterung in ihr zu verwirklichen und ihr Gleichgewicht, das durch die ständige, bösartige Einwirkung des Fürsten der Finsternis und der Lüge zerstört ist, wieder herzustellen.

In meiner erneuerten Kirche will ich nur heilige Priester haben, die andere zu heiligen imstande sind. Ich will nur ihrer Verantwortung, ihrer Größe, ihrer Macht und ihrer priesterlichen Würde bewußte, gewissenhafte Priester. Die anderen werde ich wie Staub im Wind zerstreuen ...! Meine heiligen Priester werden von Liebe und Gottesfurcht beseelt sein. Sie werden wissen, daß sie nur Werkzeuge ... in meinen Händen sind.

Sie werden wissen und wirklich glauben, daß sie Diener des allmächtigen und unumschränkten Königs sind und imstande sind, den Preis der Seelen richtig einzuschätzen, für deren Heil sie Tag und Nacht eifrig bemüht sein werden. Sie werden wissen, daß sie meine Diener sind, mehr noch meine Freunde ...

Ich will sie als Häupter mitten unter meinem Volk. Sie werden meinen heiligen Namen von Geschlecht zu Geschlecht hochhalten; sie werden die Völker und Nationen zum Lamm Gottes führen und die Liebe zu ihm erwecken; sie werden Gott als das Alpha und das Omega von allem und von allen, als die Auferstehung und das Leben, als die ewige, unerschaffene Liebe bezeugen, von der das Weltall erfüllt ist; sie werden allen Menschen meine Herrlichkeit verkünden und den Völkern die Wundertaten des lebendigen Gottes aufzeigen; sie werden ihnen seine Gebote einprägen und überall das Bild des himmlischen, verklärten, und nicht des irdisch gesinnten Menschen vor Augen führen; und ihnen so das Bild des Lebens in seiner Reinheit, Heiligkeit und Wahrheit vorstellen.

Zeit des Elends, aber auch des Heils

So müssen und werden die Diener meiner erneuerten Kirche sein, die von Licht erstrahlen wird wie nie zuvor. Jetzt ist die Zeit des Elends, aber auch die Zeit großer Barmherzigkeit; die Zeit der Klage aber auch der Freude; die Zeit des Verderbens aber auch der Rettung. Frei wird meine Kirche auch von den Listen Satans sein, der sie für immer zerstören möchte. Es wird die Zeit des Sieges sein und des Triumphes meiner Mutter, die wieder mit ihrer Ferse der bösartigen Schlange den Kopf zertreten wird; es wird die Zeit der Auferstehung und des Lebens sein...

Mut, mein Sohn! Nimm meinen Segen als Unterpfand meiner Liebe entgegen. Mit dir zusammen segne ich alle, die dir teuer sind und für die du betest; liebe mich und opfere mir deine Leiden auf!

1. Dezember 1977

128. Meine Kirche, eine wunderbare Verschmelzung des Göttlichen mit dem Menschlichen

Mein Sohn, die Kirche gehört mir, denn sie ist aus meinem geöffneten Herzen hervorgegangen. Meine Kirche ist ein Sakrament des Heiles, von mir eingesetzt, damit alle Menschen in den Hafen des ewigen Heiles gelangen können.

Die Kirche ist eine wunderbare Verschmelzung des Göttlichen mit dem Menschlichen. In der natürlichen Ordnung besteht ein Bild dafür in der

Verschmelzung des Geistes mit der Materie in der menschlichen Person. Ein anderes Bild ist die Verschmelzung des natürlichen Wesens der Seele, mit dem übernatürlichen der Gnade.

Ich habe meine Kirche als Werkzeug gewollt, um auf Erden die zweite Schöpfung zu verwirklichen und ihr Dauer zu geben. Ich bin das unsichtbare aber wirkliche Haupt der Kirche, das in ihr stets gegenwärtig und auf übernatürliche Weise wirksam und fruchtbar ist. Ich bin der unfehlbare Lehrmeister der Kirche, ihr sicherer Führer. In ihr bin ich der Weg, die Wahrheit und das Leben.

Meine Kirche ist die vollkommenste Gemeinschaft, sie ist menschlich und göttlich zugleich. Menschlich, weil die Menschen ihre Glieder sind; göttlich, weil ihr Ursprung, ihre Natur, ihre Lehre, ihre Mittel zur Heiligung und die von ihr erstrebten Ziele göttlich sind. Meine Kirche ist vollkommen, weil ihr nichts mangelt und das Leben göttlich ist, das in ihr pulsiert; weil sie durchdrungen ist vom Wirken und der Gegenwart des Heiligen Geistes, der ihr beisteht, sie auf ihrem Weg der irdischen Pilgerschaft belebt und heiligt.

Der Rauch der Hölle ist in sie eingedrungen

Mein Sohn, ich will deinem Einwand zuvorkommen, warum dann die Kirche so schrecklich an zahllosen Übeln leidet. Das ist so, weil in meiner Kirche auch das menschliche Element vorhanden ist, und wo der Mensch ist, da ist Unvollkommenheit. Wenn er, von Anmaßung und Stolz getrieben, sich mit Satan einläßt, ergreift dieser Besitz von ihm und macht aus ihm ein Werkzeug für das Böse. Vergiß es nie: Satan ist der Affe Gottes und alles, was Gott im Guten tut, tut er im Bösen.

Warum ist die Kirche so schwer krank?

Weil der Rauch der Hölle in sie eingedrungen ist und den Geist jener verfinstert, die dies in ihrem Hochmut gewollt haben; die Unglücklichen werden den unberechenbaren, der Kirche zugefügten Schaden nie ermessen können!

Ich antworte noch auf einen anderen Einwand, ob vielleicht der Heilige Geist weniger in ihr gewirkt hat. Nein, mein Sohn, Gott bleibt seinen Verheißungen treu, aber dem Menschen hat es an Treue gefehlt.

Nie schränkt Gott die Freiheit des Menschen ein, obwohl der Mensch sehr oft diese erstaunliche Gabe gegen Gott mißbraucht...

Die Ziele meiner Kirche sind die Ziele des Geheimnisses meiner Erlösung. Die Kirche hat den Auftrag, diese Ziele zu verfolgen. Die Mittel dazu sind: Demut, Armut, Gehorsam und den Aufstieg nach Kalvaria, den heute äußerst viele verweigern, sogar Bischöfe, Priester und Gottgeweihte. Nur wenige sind bereit, mir auf dem Weg des Kreuzes zu folgen. Das ist die Ursache für die geistige Trockenheit in meiner Kirche.

Meine Kirche ist die Hüterin meines Wortes, das sie erklärt und bewahrt. Wer sich erkühnt, ihr dieses Vorrecht abzusprechen und sich dessen in sakrilegischer Weise bemächtigt, wer mein Wort verletzt, erniedrigt und verändert, begeht eine schwere Sünde gegen den Heiligen Geist...

Mein Sohn, ich segne dich! Mache mir Freude mit deiner Bereitschaft zum Kreuz! *1. Dezember 1977*

129. Meine Kirche interessiert sich für jede Tätigkeit des Menschen

Die Tätigkeit meiner Kirche ist nicht begrenzt auf irgendeinen Abschnitt des christlichen Lebens auf Erden. Der Christ ist das Glied der familiären, sozialen und kirchlichen Gemeinschaft, weil alle Grundformen, in denen er sich bewegt, arbeitet und lebt, auch Gegenstand der kirchlichen Tätigkeit sind.

Diese auf nur einige Abschnitte des Lebens einschränken zu wollen, um andere auszuschließen, käme einem Anschlag auf die Eigenständigkeit der Kirche, einer Veränderung ihrer Natur gleich und hieße die Ziele beschneiden, für die Gott sie gewollt und in die Welt gestellt hat. Wer dies wagt, stellt sich in offenen Gegensatz zu Gott...

Es ist die Aufgabe meiner Kirche, über die einzelnen Seelen zu wachen und auch über alle Einrichtungen, mit denen die Seelen leben. Sie hat sie zu verteidigen und vor allen Gefahren zu schützen, die ihre Sitten und ihre Unversehrtheit der Lehre bedrohen. Die Aufgaben und die Verantwortung meiner Kirche sind wahrhaftig groß, weil sie in ständiger Wachsamkeit leben muß, da die Kräfte des Bösen, der Hölle und der Welt sie stets von allen Seiten belagern und sie sich mit den geeigneten Mitteln verteidigen muß. Diese Mittel und der Beistand des Heiligen Geistes fehlen nicht, wenn er sie gegen den Neid und die Listen ihrer Feinde schützen muß.

Nichts von allem, was mit dem menschlichen Leben zusammenhängt, kann der Kirche gleichgültig sein

Groß und schwierig ist die Aufgabe meiner Kirche in der Welt! Mit ihrer Gegenwart und ihrem Auftrag und den ihr zur Verfügung stehenden Mitteln muß sie das Leben der Christen heiligen und ebenso die Umgebung, in der sie leben. Nichts kann ihr gleichgültig sein, was das Leben des einzelnen Menschen, der Familie, der Schule, der Presse und der Kultur im allgemeinen betrifft und auch nicht die Formen der Gesellschaft.

Niemand ist es erlaubt, das fruchtbare Wirken meiner Kirche in seinem Ablauf zu behindern. Es tun, hieße, sich jenem entgegenzusetzen, der in seiner Allmacht und Vorsehung mit dem Preis seines Blutes die Kirche als Sakrament des Heiles für alle Menschen geschaffen hat. Wenn sich die Menschen nicht ein für allemal davon überzeugen, daß an der Wurzel jeder Bedrängnis meiner Kirche stets Satan, ihr unversöhnlicher und unbarmherziger Feind, wirkt, und wenn man an diesen Feind nicht glaubt und sich nicht bemüht, ihn als solchen zu erkennen, wird man ihn nie besiegen können...

Der Mensch steht in der Mitte, als Gegenstand und Opfer

Wer gegen meine Kirche arbeitet, ist, ob er es wahrhaben will oder nicht, ein Mitarbeiter Satans; er handelt wie Satan in unauslöschlichem Haß, den dieser bei jeder Gelegenheit gegen Christus einsetzt und nährt. Ich habe dir dies gesagt, damit es alle erfahren und durch diese Kenntnis bewogen werden, sich nicht vom Irrtum und Bösen umgarnen zu lassen.

Man kann nicht gleichzeitig zwei Herren dienen, die in dieser Welt des Lichtes und der Finsternis, des Lebens und des Todes, der Wahrheit und des Irrtums entgegengesetzte Interessen haben. Entweder dient man Gott oder Satan, ein Zwischending gibt es nicht: Entweder Gott, dem allmächtigen, allwissenden, Gott der ewigen unendlichen, unerschaffenen Liebe, Gott, der Licht ist — oder Satan, dem ersten Rebell, der Finsternis, dem Haß, der Zwietracht, dem Hochmut, dem Menschenmörder, dem Anstifter von Irrtümern, Irrlehren und jeder Art von Bosheit.

Der Mensch steht als Wesen und Opfer mitten drin. Nur er, der frei und geistbegabt ist, kann zwischen den beiden Gegensätzen wählen.

Das ist die große geschichtliche Wirklichkeit, in die er beim Eintritt in diese Welt hineingestellt wird. Diese Tatsache wird in meiner erneuerten Kirche den grundlegenden Kern darstellen...

Genug für heute, mein Sohn! Bete, leiste Sühne und liebe mich!

2. Dezember 1977

130. Meine Kirche;
das völlige Versagen des Materialismus

Die Menschen sind stolz auf ihre Zivilisation, ihren materiellen Wohlstand. Manche sind überzeugt, ein zweites irdisches Paradies geschaffen zu haben. Sie meinen, kaum eine Handbreite noch trenne sie von der so ersehnten Glückseligkeit, die sie übereifrig erstreben.

Sie suchen sie in der Lust des Fleisches, in einer aufreizenden, fanatischen Überspannung der Sinnlichkeit, in der Pornographie, im Laster. Man setzt enorme finanzielle Mittel ein für das, was sich die lebhafteste Phantasie vorstellt... Die vermaterialisierten Menschen dieses verdorbenen Jahrhunderts suchen das Glück in Schwelgereien, im Reichtum, in der Ehrsucht, in Errungenschaften der Wissenschaft, in der verkommenen, entwürdigten Kunst, wo der Glaube fehlt und niedrige Gefühle überborden. Doch ich habe gesagt, daß das fieberhaft gesuchte Glück nicht in diesen Dingen liegt. Sie beginnen, es zu merken und versuchen vergeblich, dies vor sich selbst zu verbergen.

Mein Sohn, das gänzliche Versagen des Materialismus wird der menschliche Hochmut nie zugeben. Doch er wird gestürzt und eingeäschert! Diese Worte sind buchstäblich zu verstehen. Es wird zur Stunde der Läuterung geschehen, die seinen Schmutz und sogar die Erinnerung daran wegfegen wird...

Die Schlacht hat begonnen, der Sieg steht fest

Marx rief die Arbeiter und Völker der ganzen Welt auf, sich gegen Gott zu erheben, um ihn und seine Kirche zu zerstören. Das ist das wahre

Ziel des Marxismus mit seiner diabolischen Maske unter dem Mantel des sozialen Wohls. Hat der Marxismus nicht erklärt, daß die Religion Opium für das Volk sei?

Meine und eure Mutter, die den wahren Ursprung des atheistischen Kommunismus kennt, hat seine Herausforderung angenommen. Die Schlacht hat begonnen, der Sieg steht fest; er wird meiner Mutter gehören, die zur rechten Zeit mit ihrer Ferse der giftigen Schlange den Kopf zertreten wird.

Für die Feinde Gottes und seiner Kirche, für die Anhänger des als der große Sieg des Menschen verkündeten Materialismus gibt es nichts anderes als die eisige Tünche des Grabes, über dem das Wort «Ende» eingemeißelt ist. Der atheistische Marxismus bildet die gewaltigste Täuschung, die von den finsteren Mächten der Hölle zum Schaden der ganzen Menschheit erlogen wurde. Und man hat mehr als genug Grund zum Staunen und Verwundern, daß einzelne Menschen, Völker und Nationen, intelligente, nach dem Ebenbild Gottes, ihres Schöpfers, erschaffene Geschöpfe dieser schaurigen, fürchterlichen Täuschung erliegen konnten... Nur ein blind machender Hochmut kann dafür eine Erklärung liefern, denn es ist nicht schwer, sich über die zahllosen Widersprüche im atheistischen Marxismus Rechenschaft zu geben. Die Wirklichkeit Gottes offenbart sich dem Menschen selber überall in der Schöpfung, und verborgen durch seine Weisheit, Macht und Gegenwart.

Nicht weniger verdorbene Verräter als Judas

Kein Mensch kann den Marxismus annehmen ohne sich selbst zu entwürdigen, ohne Verzicht auf die eigene ursprüngliche menschliche Größe, seine Freiheit, die nie aus der Materie stammen kann.

Mein Sohn, wenn es nicht leicht ist, die widersinnige Blindheit des Menschen zu begreifen, die ihn zu einer so unglaublichen Verdorbenheit brachte, sich selbst zu verleugnen und auf die niedrige Stufe des Tieres zu sinken, so sage mir, ob es vielleicht verständlich ist, daß Gottgeweihte und sogar Bischöfe dieser negativen Lebensauffassung verfallen und für sie Zeit und Kraft verschwenden, um sich selbst und andere zu überzeugen, daß der Kommunismus verdiene, ernstgenommen zu werden. Man erblickt in ihm einen Fortschritt, schlimmer noch, man nährt sich mit seinem tödlichen Gift. Diese Treulosigkeit fordert Gottes Strafe heraus.

Diese Bischöfe, nicht weniger verdorbene Verräter als Judas, haben die Augen vor der Wahrheit verschlossen. Sie sind Totengräber des Geistes und werden unter vielen die Mörder der Kirche sein, obwohl sie als Auserwählte zu Trägern des Lebens bestimmt waren.

Meine Kirche hat viele dürre Äste, dorniges Gestrüpp, vergilbte Blätter, von Finsternis umhüllt. Trotzdem ist sie ein lebendiger Leib, reich an Heiligen, Gerechten, Bekennern, Märtyrern und besonders an fruchtbaren Opferseelen.

Sie erwartet ihre völlige Läuterung, danach wird sie von überfließender Lebenskraft sein. Aller Abfall aber wird weggeschafft werden. So wird sie sich der Welt schön und göttlich zeigen; sie wird herrlicher aufblühen als der schönste Frühling und in übernatürlichem Licht aufleuchten; sie wird meine gewollte, ersehnte, mit kostbaren und fruchtbaren Gaben geschmückte Braut sein; Weisheit, Klugheit, Demut, Reinheit, Liebe, der Glaube und die Hoffnung werden wie Perlen ihre Stirne schmücken.

Ich segne dich und zusammen mit dir segne ich alle, die dir teuer sind.

3. Dezember 1977

131. Meine Kirche schön, bekleidet mit Reinheit und Liebe; so will ich sie, und so wird sie sein

Was in meiner Kirche, in der gewiß großartige Seelen nicht fehlen, geschieht, ist wahrhaft schändlich.

In früheren Botschaften sagte ich dir, daß du augenblicklich sterben würdest, wenn ich dich hinter die Fassade meiner Kirche sehen ließe: Eine heimtückische Verbindung besteht zu den Mächten des Bösen, ein übles Mitspielen meiner Diener, meiner Gläubigen und sogar von Bischöfen... Das ist nur eine tragische Seite der trostlosen Wirklichkeit... die einen energischen Eingriff erfordert.

Mein Sohn, ich bin der Bräutigam, der von Sehnsucht brennt, seine Braut aus dem Schmutz zu ziehen, in den sie geworfen wurde, um sie schön, mit Liebe und Sittenreinheit bekleidet, wiederzusehen. So will ich sie haben, und so wird sie sein, meine Braut von morgen. Wehe denen, die sich an ihrer Reinheit vergreifen! Ich bin eifersüchtig und werde nicht dulden, daß sie weiterhin beleidigt wird.

Es ist wirklich widersinnig und abwegig

Mein Sohn, der vom Fürsten der Finsternis angeführte Kampf, der sich der Waffe der materialistischen Lebensauffassung bedient, hat die Kirche und die ganze Menschheit, in einen dunklen Abgrund gestoßen, aus dem es keinen Ausweg gibt und der zur schrecklichsten Tragödie der Geschichte des Menschengeschlechtes führen wird. Es ist wahrhaft widersinnig und abwegig, so leichtfertig in eine derart riesige Katastrophe zu rennen.

Die Vergötzung des Materiellen in allen seinen Formen und auf allen Gebieten, die Verherrlichung der brutalen Gewalt, die Huldigung des Vergänglichen, die Verachtung aller Werte des unsterblichen Geistes, die allein bleiben und nicht vergehen... sind zwingende Folgen des Niedergangs, in dem sich die Kirche und die Völker der Erde befinden.

In meiner erneuerten Kirche muß das Leben des einzelnen wie der Familie und der Gesellschaft losgelöst sein von allen falschen und verderblichen Dingen, für die sich heute die Menschen abmühen und abrackern und sich dadurch in der traurigen Wirklichkeit der Sünde die ewige Verdammnis zuziehen...

Das Leben der Menschen auf Erden muß neu geordnet werden, was die Bedürfnisse und die unersättlichen Ansprüche betrifft.

Arme Menschheit! Sie wird gerettet... aber um welchen Preis!

Mein Sohn, die Menschen werden selbst ihre materialistische Zivilisation zerstören. Sie wissen nicht mehr, daß wahres Menschentum nicht aus materiellen Dingen besteht, sondern vom unsterblichen Geist abhängt. Nicht mir dürfen sie den Zerfall ihrer heidnischen, abwegigen Lebensverhältnisse anlasten, die sie zum völligen Ruin, zur brutalen Gewalt, zur Verherrlichung und Gutheißung des Verbrechens der Abtreibung führt. Nicht ich, mein Sohn, sondern ihr Versagen führt die schreckliche Stunde der Läuterung herbei!

Die zu neuem Leben wiedergeborene Kirche wird sich nicht mehr mit dem Materialismus einlassen, der einhellig von allen Kommunikationsmitteln, der Presse, von Funk und Fernsehen... auf tausenderlei Weise verherrlicht und gepriesen wird. Diese heidnische Konsumgesellschaft hat alles entheiligt und geschändet, die Natur, ihre unveränderlichen Gesetze, Meere, Flüsse, Seen; alles wurde verschmutzt und vergiftet! Sie hat die Harmonie der geistigen und physischen Welt zerstört.

Arme Menschheit, du wirst gerettet werden, nicht durch dein Verdienst, sondern ... durch Gottes Güte, die dich erschaffen, erlöst und geheiligt hat.

Bete, mein Sohn, und liebe mich! Ich segne dich! *3. Dezember 1977*

132. Meine Kirche muß völlig neu gestaltet werden

Vieles wird in meiner Kirche zur Stunde der Läuterung verbrannt werden! ... Sie muß völlig neu gestaltet werden, weil in erster Linie deutlich werden muß, daß ich ihr meine Mutter und meine Apostel gegeben habe.

Meine heiligste Mutter blieb nach meiner Auferstehung auf der Erde. Sie, Miterlöserin zusammen mit mir, folgte meinen Aposteln, um meine Kirche in Einfachheit, Demut, Liebe und Schmerz aufzubauen. Es ist klar, mein Sohn, daß das Erbe der Offenbarung unverändert und unberührt bleiben mußte; menschliche Anmaßung und Stolz aber werden immer versuchen, es zu verändern, zu verstümmeln, umzuwandeln. Das ist ein unverzeihliches Vergehen, ein Hochmut, der von Satan kommt. Er wirkt im Geist der Pseudo-Theologen, mancher Bischöfe, unzähliger meiner Priester und Gottgeweihten, die sich das unsinnige Recht anmaßen, das Wort Gottes nach ihrem Urteil auszulegen, es zu beugen und den Forderungen der Zeit anzupassen, so daß heute durch die Veränderungen des menschlichen Lebens nicht mehr sein kann, was gestern war. Diese Irrlehre ist nicht neu. Wie viele haben sich zu ihren Vorkämpfern gemacht, vor allem die Protestanten mit ihrer falschen Reformation!

Mein Sohn, was von Gott ist, verändert man nicht, denn es wandelt sich nicht. Wer wagt es, Gott herauszufordern?

Beachte die Einfachheit meines irdischen Lebens

Handlanger Satans sind sie; ich werde sie hinwegfegen wie Staub, der im Wind verweht. Nicht einmal die Erinnerung an sie wird bleiben, die meine Barmherzigkeit, Geduld und göttliche Langmut mißbraucht haben ...

Meine Kirche wird neu gestaltet werden, ebenso die ganze Menschheit. Sie wird ihr früheres Antlitz zurückerhalten; das zerrissene, geschändete, das die Menschen verursacht haben, wird zerstört werden.

Wie oft, mein Sohn, habe ich dir gesagt, daß ich unendlich einfach bin und alle Dinge einfach haben will! Ich verabscheue den menschlichen

Hochmut, der aus persönlichem Strebertum danach trachtet, alles, was von Natur aus einfach ist, möglichst kompliziert und schwer verständlich auszudrücken. Die Form der Einfachheit entdeckt der weise Mensch in allen Dingen; darin zeigt sich mein göttliches Siegel.

Mein Sohn, beachte und betrachte, wie groß das Geheimnis meiner Menschwerdung ist; beachte aber auch die Einfachheit, mit der ich es der Welt kundgetan habe; blicke auf die Einfachheit der Familie in Nazareth, das Vorbild jeder Familie. Es staunen darüber die Engel des Himmels und die Großen der Erde wie die Weisen aus dem fernen Morgenland. Gib dir auch Rechenschaft über die Einfachheit meines ganzen irdischen Lebens... fernab der Habsucht der Tempelpriester, die in vielem den Kirchenmännern der heutigen materialistischen Generation gleichgesetzt werden können.

Der Mensch wird sein eigener Richter sein!

Mein Sohn, Feuer wird vom Himmel fallen, das von menschlichem Hochmut gewollt und verursacht wird. Es wird alles, was vom Menschen vergiftet ist, einäschern. So wird er sich selbst richten. Jene, die dem zerstörenden Feuer, das die Kirche und die Menschheit vom Schmutz reinigt, entgehen werden, sind schon bezeichnet...

Mut, mein Sohn, du wirst mich begreifen, wenn du bei mir bist, wenn die Völker und die Kirche im Frieden und in Brüderlichkeit, in der Einfachheit Gottes, des Schöpfers und Herrn aller Dinge vereint, gemeinsam ihren Weg gehen.

Die heiligen Väter, die großen heiligen Kirchenlehrer, hätten sich nie angemaßt, von jenen abzuweichen, denen das rechtmäßige Urteil über das Erbe der Offenbarung durch göttlichen Willen anvertraut war, den allein berechtigen Auslegern des Glaubensgutes. Sie hätten sich dem verbindlichen Lehramt der Kirche... nicht widersetzt. Denn sich ihm widersetzen, ist offensichtlich in jedem Fall ungerechtfertiger, böser Glaube. Weder Hirten, noch Priester, noch Gottgeweihte haben das Recht, zu behaupten, das Wort des ewigen und unveränderlichen Gottes, habe sich den veränderten Zeiten oder... Menschen anzupassen.

Kann man wirklich vergessen, daß Gott, die ewige, höchste Wahrheit, sich nie verändert und sich nicht verändern kann? Nein!... Der Mensch muß sich stets und überall vor Gott beugen!

Mein Sohn, es ist immer Satan, der den Menschen dazu treibt, sich an Gottes Stelle zu setzen, sich ihm zu entziehen und sich selbst in den Abgrund des Verderbens zu stürzen.

Ich segne dich, liebe mich, bete und opfere mir deine Leiden auf!

4. Dezember 1977

133. Die Entscheidungsstunde ist nicht fern

Ich habe dir schon einiges über die erneuerte Kirche gesagt, aber nicht alles. Nun höre: Alle geben sich jetzt Rechenschaft darüber, daß die gegenwärtige Lage der Völker und meiner Kirche voller Widersprüche und gefährlicher Spannungen ist; alle können sehen, wie sich finstere Wolken am Himmel drohend zusammenballen und ahnen in geheimnisvoller Weise, daß schwerwiegende Ereignisse von gewaltiger Bedeutung bevorstehen, die den Lauf der Geschichte verändern werden.

In dieser bedrückenden Lage... suchen Politiker und Wissenschaftler nach Lösungen; Männer der Kirche wenden sich mit den Großen der Welt machtlos gegen das Böse, wofür sie teilweise verantwortlich sind.

Mein Sohn, ich will das Böse nicht. Es kommt immer vom Feind Gottes und seinen sichtbaren oder unsichtbaren Mitschuldigen. Ich lasse es oft aus Gründen zu... die euch noch unbekannt sind. Ihr werdet sie einmal im Hause meines Vaters erkennen... Die Stunde der Entscheidung... ist nicht fern!

Das Maß ist voll

Die Welt und sogar meine Kirche sind auf einen derartigen Stand der moralischen und geistigen Verdorbenheit gesunken, daß es von der göttlichen Gerechtigkeit nicht mehr hingenommen werden kann. Sie hat ihren Lauf schon begonnen und wird immer deutlicher erkennbar. Sie überläßt die Welt und die Kirche sich selbst, die von den finsteren Horden der Hölle größtenteils tyrannisiert werden... Die Gewalttaten gegen Kirchen, Anschläge auf Personen und Dinge mehren sich; es wird viel Blut fließen! Ja, mein Sohn, schon heute erlebt ihr sehr schwerwiegende, unmenschliche und furchtbare Dinge, so daß ihr euch fragt, wie solche Ausschreitungen geschehen können.

Wenn diese Stunde vorüber ist, die in ihrer Dunkelheit mit keiner anderen in der Geschichte der Menschheit verglichen werden kann, wie ich in anderen Botschaften schon erklärt habe, wird die sich jetzt schon läuternde Kirche erneuert sein. Sie wird eingetaucht sein in den Glauben, in die Hoffnung und in die Liebe, das heißt, in meine Gnade; sie wird gereinigt sein durch das Leiden, belebt vom Wort Gottes, erleuchtet, geheiligt und gestärkt vom Heiligen Geist; sie wird einen einzigen Leib bilden, dessen anerkanntes und geliebtes Haupt ich bin, das ewige, menschgewordene Wort Gottes, eins mit dem Vater und dem Heiligen Geist, Erlöser, ewiger Hohepriester und König der Universums. Ich werde herrschen auf der Erde, um den Völkern und meiner Kirche Frieden und Zufriedenheit zu bringen, denn nach ihrer Läuterung wird die Kirche den Platz einnehmen, der ihr als Mutter und Lehrmeisterin der Völker zukommt.

Die Kirche wird nicht zugrunde gehen

Mein Sohn, der Vater hat alles gut erschaffen; die Menschen aber haben in ihrer Verdorbenheit aus allem Götzen gemacht. Der Mensch dieser unseligen und gottlosen Generation hat Gott... verschmäht. Er hat die Kenntnis seines Wesens verloren, weil er verirrt im Schmutz umhertappt. Er kennt seine Menschen- und Christenwürde als Kind Gottes nicht mehr.

Gott hat die Menschheit so sehr geliebt, daß er für sie seinen eingebornen Sohn als höchsten, unendlichen Beweis seiner Liebe dahingab. Aber was hat die Welt mit dem Sohn Gottes gemacht? Was hat die Kirche aus ihrem unsichtbaren Haupt gemacht? Was haben die Hirten, die Priester und die Christen getan? Glauben die Menschen wirklich, daß sie sich in törichter Weise über Gott hinwegsetzen können? Wie lange noch?

Die im Heiligen Geist erneuerte Kirche wird von den Intrigen, Anmaßungen und Spaltungen befreit sein, die sie ihren sichtbaren und unsichtbaren Feinden als Beute zum Verderben auslieferten.

Die wiedergeborene, erneuerte Kirche äußert sich in der Einheit, in heiligmäßigen Hirten, heiligmäßigen Priestern, heiligmäßigen Christen; alle vereint im ersten und höchsten Gebot, im Gebot der Liebe zu Gott und zum Nächsten.

Erneuerte Kirche bedeutet: Granitblock, den keine Kraft zu spalten vermag, auf dessen Spitze ich, das ewige Wort, wahrer Gott und wahrer Mensch stehe, bis zur Erfüllung der Zeiten.

Nein, mein Sohn, die Kirche mit ihrem unsichtbaren Haupt und dem sichtbaren, römischen Oberhirten, wird nicht zugrunde gehen.

Mein Wort ist Wahrheit und Leben... Die Kirche ist mein mystischer Leib, der eine Wirklichkeit ist. Wie sich euer Leib durch Abstoßung der abgestorbenen Zellen erneuert, so wird mein mystischer Leib alle toten Zellen ausmerzen, um neuen, lebenskräftigen Zellen Raum zu geben. Diese Erneuerung, mein Sohn, hat begonnen; sie wird unter der wunderbaren Einwirkung des Heiligen Geistes, des Lebendigmachers, im Augenblick, der in den ewigen Absichten Gottes festgelegt ist, gleichsam überquellen.

Mein Sohn, habe keine Angst! Liebe mich, bete, sühne und bringe dich zum Opfer dar!   *5. Mai 1977*

134. Was haben sie aus der kostbaren Frucht meiner Liebe gemacht?

Mein Sohn, ich liebe den Vater mit unendlicher Liebe. Wäre es nicht so, so wäre ich nicht Gott. Mit der gleichen Liebe liebe ich die Menschheit und meine Kirche. Für sie hat mich der Vater auf die Erde gesandt, für sie war ich einverstanden, mich am Kreuz hinzuopfern. Ich habe die Kirche eingesetzt, denn durch sie konnte ich eine neue Schöpfung hervorbringen. Durch mich wurden alle Dinge erschaffen; durch mich wurden alle Seelen zurückgekauft. Wegen der Sünde seufzt die Schöpfung unter der Last der ersten Schuld und aller Schuld, die ihr folgte und ihr bis zur völligen Befreiung folgen wird. Darum, mein Sohn, ist das Geheimnis der Erlösung weiterhin wirksam und wird es sein bis zum Ende der Zeit.

Nachher erfolgt die endgültige Wiederherstellung des zerstörten Gleichgewichts, das durch die Auflehnung gegen Gott hervorgerufen wurde.

Blind sind die Menschen, wenn sie sich weigern zu glauben. Es gibt keine Tragödie in der Welt, die der ersten Schuld vergleichbar wäre... Nie wird man die Lage des Menschengeschlechtes in seinem schmerzvollen und wandlungsreichen Ablauf richtig einschätzen können, ohne die Jahrtausende der Geschichte bis zur Quelle zurückzugehen, aus der die Menschheit zum Leben hervorging.

Befremdend ist die Tatsache, daß man diese Wahrheit um jeden Preis verdrehen will, um sie durch sinnlose Theorien zu ersetzen. So hat die Evolutionstheorie in Kreisen meiner Kirche, die sich gegen diesen schändlichen Anschlag und das falsche Bild der Wahrheit hätten erheben müssen, stumme Annahme, schweigende Zustimmung gefunden... Man weigert sich, der Autorität Gottes Glauben zu schenken, während man hochmütigen und streberischen Menschen Vertrauen entgegenbringt. So legt sich mit Satans Hilfe und der Zustimmung von Männern der Kirche eine Nebeldecke über die Offenbarung, die Quelle des Lichtes und der Wahrheit.

Wenn die Quelle verunreinigt ist, ist auch das Wasser schmutzig, das aus ihr hervorquillt. Die Verschmutzung geht weiter und wird noch größer. Die Verdrehungen der Wahrheit sind nicht mehr zu zählen. Die Verwirrung der Gedanken auf theologischem Gebiet gleicht der babylonischen Sprachverwirrung: Verwirrung über die Herkunft, die Geschichte, über die Verfasser und somit über die Verantwortlichen...

Mein Sohn, du weißt, wenn die Gedanken der Menschen verseucht sind, so werden es früher oder später auch ihre Handlungen sein. So war es stets, und so ist es noch. Die materialistische Lebensauffassung hat den Begriff der Moral im christlichen Volk zerstört, vom Christen ist nur der Name geblieben, aber gewiß nicht seine Lebensanschauung.

Nicht zum erstenmal in der Geschichte der Menschheit bestätigt sich die traurige Tatsache, daß die Menschheit durch die Zulassung Gottes fast völlig vernichtet wurde, so in der Sintflut mit Ausnahme Noahs und seiner Kinder und Kindeskinder. Heute herrscht der gleiche Zustand wie vor der Sintflut; darum wird die Menschheit mit Ausnahme jener, die der Herr zu retten beschloß, vernichtet werden. Die Menschheit in ihrer großen Mehrzahl ist wiederum gegen alle Einladungen zur Reue und Bekehrung taub geblieben.

Ich bestätige die Stunde der Läuterung

Die Menschen haben sich geirrt und irren sich noch in ihrer Ansicht, die sie sich über die göttliche Barmherzigkeit und Gerechtigkeit willkürlich zurechtgelegt haben; sie irren sich über meine Langmut; sie irren sich entgegen aller deutlichen Beweise, in der Tatsache meiner Existenz. Abwegig sind sie, wenn sie mein Dasein und das Werk meiner Hände leugnen.

Die Wissenschaftler aber, seien sie atheistisch oder nicht, müßten nach dem Studium der während der letzten Jahrzehnte entdeckten wunderbaren Gesetze, die die ganze Dynamik des Universums regeln, verstehen, daß solche Gesetze notwendigerweise einen Geist voraussetzen. Aber nicht alle wissen, daß dieser Geist, der sie erschaffen hat, kein anderer sein kann als der Heilige Geist.

Verworrene Trugschlüsse, die die klare Wahrheit verbergen, fehlten und fehlen nie. Doch das ganze Gebilde menschlichen und satanischen Unsinns wird wie ein Häufchen Staub weggefegt werden; nichts von all dem Hochmut wird bleiben.

Mein Sohn, ich bestätige dir noch einmal die Stunde der Läuterung, in der die Erde gereinigt und meine Kirche erneuert werden; allen wird der entscheidende Eingriff meiner Mutter, der Königin des Sieges, offenbar werden, ebenso meine Macht und Herrlichkeit... Eine neue Epoche in der Geschichte der Menschheit wird ihren Anfang nehmen.

Mein Sohn, liebe mich! Ich segne dich und segne euch! Betet und leistet Sühne. *21. Juni 1978*

135. Herr, was wirst du tun?

Mit seiner zerstörerischen Macht verwüstet der Teufel voller Wut die Menschheit und besonders meine Kirche.

Tatsächlich ereignen sich heute in der Kirche Dinge, die menschlich nicht erklärt werden können, sondern nur als Einfluß höllischer Mächte, die unter dem unsinnigen Druck Satans den Seelen nachstellen, sie aufhetzen und quälen.

Es genügt, an die Sakrilegien zu denken, die in den verschiedenen Nationen durch Presse, Filme und Fernsehen begangen werden. Satan schont niemand. Er ist überall in der Kirche eingedrungen und spielt den Herrn; auch die Spitze verschont er nicht.

Der Papst, mein Stellvertreter auf Erden, muß unter tausenderlei Schwierigkeiten leben.

Ich möchte nicht auf Einzelheiten dieses schweren Angriffs der Hölle gegen meine Kirche eingehen. Was ihr mit eigenen Augen sehen könnt, ist mehr als genug, auch wenn es nur einen Teil der Tatsachen widerspiegelt.

— Herr, was wirst du tun, um zu verhindern, daß die Kirche unterliegt?

Ich wiederhole dir, daß es nicht allein der vergiftenden Tätigkeit der Hölle zuzuschreiben ist, wenn die faulen Wasser weiter ansteigen. Verantwortung tragen auch die Hirten, die Priester und die Ordensleute, die auf das Wirken des Feindes nicht richtig erwidert und das Böse nicht eingedämmt haben; nicht selten haben sie seinen Plänen beigepflichtet, und manchmal ihm sogar bei deren Ausführung geholfen. Das ist eine sehr schmerzliche Tatsache, die die Kühnheit der Mächte des Bösen gesteigert und das Gute wesentlich geschwächt hat.

Was habe ich getan, und was tue ich? Ich bin das Leben, und Leben ist Bewegung zum Heil der Seelen, die ich liebe und gerettet haben will. Ich habe euch große Heilige geschenkt und meine Mutter gesandt, die sich an vielen Orten und vielen Personen kundgetan hat.

Ich habe schon gesagt, daß viele Eingriffe meiner Mutter bekämpft und ihre Echtheit aus falscher Furcht, aus Menschenfurcht geleugnet wurden. Um Unannehmlichkeiten zu vermeiden, sucht man den Frieden, aber so wird man den wahren Frieden nie finden können.

— Meiner Kirche habe ich heilige Päpste erwählt.

— Ich habe Bewegungen zur Heiligung des Klerus hervorgerufen.

— Ich habe das Konzil gewollt und gefördert.

Wenn alles, was ich in meiner Kirche angeregt habe, angenommen worden wäre und mit einem entsprechenden Einsatz der Gottgeweihten, wie das übrigens Papst Pius XII. in einem Aufruf von der ganzen Kirche verlangte, eine wirksame Antwort gefunden hätte, so wären die trüben Wasser niemals auf das heutige Niveau angestiegen.

Du fragst mich, mein Sohn, was ich tue, um meine Kirche zu retten. Ich fahre fort, mein Blut zu vergießen, auch wenn es auf sakrilegische Weise entweiht wird.

Die wahren Begnadeten

Ich habe meinen Geist, die Liebe, ausgegossen. Er ist Feuer, das brennt und umgestaltet, erleuchtet und erwärmt, das reinigt und belebt; es ist auf viele Seelen herabgekommen.

Ich habe in der ganzen Kirche solche begnadete Seelen erweckt. Aber auch unter sie hat sich Satan eingeschlichen und sät Ehrgeiz, Gegensätze und Spaltungen. Diese Seelen müssen geistig vereinigt bleiben und die empfangenen Gaben in den Dienst der kirchlichen Gemeinschaft stellen.

Die wahren Begnadeten sind vom Heiligen Geist in der Kirche und für die Kirche auserwählt worden...

Sie vervollständigen die geistige Einheit und fügen sich ein, trotz ihrer besonderen Sendung...

Der Begnadete ist ein Werkzeug des Heiligen Geistes; als solches muß er demütig und verfügbar sein zur Ausführung eines Planes, den nicht einmal er selber in seiner ganzen Fülle kennt, der aber von der göttlichen Vorsehung stammt, die ihn für seine Ausführung vorgesehen hat.

Der Begnadete verwaltet einen Schatz zum Wohl aller. Er kann von diesem Schatz nicht Besitz ergreifen, nicht einmal für einen Augenblick. Wehe, wenn er sich von diesem Ziel abbringen läßt! Wer einen Schatz in Verwahrung hat, muß wachen, um jeden Versuch des Feindes, ihn zu rauben, vereiteln zu können.

Ihr Pilger auf Erden, wie viele Zeichen, Hinweise und Wunder habt ihr von meiner Mutter und den Heiligen erhalten!... Aber die Finsternis des Hochmuts hat viele Gläubige, Priester und auch Hirten blind gemacht. Man hat das Licht zurückgewiesen und die dringenden inneren und äußeren Weisungen unbeachtet gelassen. Deshalb habt ihr euch immer mehr von Gott entfernt!

— Was wird kommen, Herr? Mein Jesus, was wird geschehen?

Du weißt, was kommen wird. Die göttliche Barmherzigkeit und Gerechtigkeit können es nicht mehr dulden, daß man mit ungeheurer Undankbarkeit fortfährt, die Hölle zu bevölkern. Gott kann auch nicht dulden, daß die von ihm festgelegte Ordnung vom Feind so unverschämt verworfen wird und er weiter den Herrn spielt über die Menschheit, die durch mein Blut erlöst wurde.

Ich wiederhole es dir, die Bischöfe und Priester sollen es sich wohl merken, daß der Menschenfeind deshalb in den Weinberg eingedrungen ist, weil sie, denen der Weinberg anvertraut ist, nicht wachten, ihn mit den ihnen zur Verfügung stehenden Mitteln nicht festigten und verteidigten. Darüber müssen sie eine ernste Gewissenserforschung anstellen.

Man darf die Waffen angesichts eines kriegsbereiten Feindes, der stets auf der Lauer ist, nicht niederlegen. Schwäche, Unwissenheit und Ehrgeiz sind die offenen Türen, durch die der Feind eindringen kann.

Die geistige Erschlaffung der Ordensleute, der Gottgeweihten im allgemeinen, die sich den Tücken des Feindes durch ein Neuheidentum sanft angepaßt haben, hinterläßt so viele niedergerissene Schranken.

Die Verbreitung ansteckender Theorien einiger Theologen, die mehr nach sich selbst, als nach der Wahrheit trachten, hat das Chaos in meiner Kirche vermehrt. Der Schaden, der den Seelen zugefügt wird, ist mit menschlichem Verstand nicht abzuschätzen.

Ich allein, der ewige Richter, sehe seine Schwere und Tiefe. Ich allein vermag die Verantwortung und die Folgen zu ermessen.

Diese Theologen haben Gott mit Füßen getreten; sie haben meinen mystischen Leib durchbohrt; sie haben mein Blut entweiht und viele Seelen auf den Weg des Verderbens geführt. Als Diener und Mitarbeiter Satans haben sie ihr Haupt stolz gegen meinen Stellvertreter erhoben und den teuflischen Ruf «Non serviam» wiederholt.

Wenn diese Schlangen sich nicht bekehren, werden sie in den Flammen der Hölle zugrunde gehen, an die sie nicht glauben wollten.

Ich bin Richter von unendlicher Barmherzigkeit, aber auch von furcht-erregender Gerechtigkeit.

Die Lauen überwiegen

Mein Sohn, du wirst hingehen und meine Botschaften den Bischöfen und Priestern bringen. Sie sollen über die Verantwortung nachdenken, die auf ihren Gewissen lastet.

Ich sagte dir, daß heilige Bischöfe und sehr gute Priester nicht fehlen, aber leider sind die Lauen, die Gleichgültigen und Voreingenommenen in der Überzahl. Irrgläubige und Ungläubige gibt es auch! Dies scheint unsinnig und völlig unzeitgemäß zu sein! Und doch ist es Wirklichkeit.

Bete, mein Sohn, du darfst nicht müde werden; opfere mir deine Leiden auf. Aus dir will ich eine brennende Lampe machen, ein Werkzeug in meinen Händen zur Rettung vieler deiner Mitbrüder.

Du darfst dich nicht um die Meinung der Menschen kümmern und deinen Blick von mir, der ich dich liebe, abwenden.

Ich segne dich, in Vereinigung mit jenen, die mit dir für die Verbreitung meiner Botschaften zusammenarbeiten.   *1. Januar 1976*

136. Der Abfall ist ein Schmerz, der das Herz zerreißt

Erinnerst du dich, mein Sohn, was ich dich im Jahre 1975 schauen ließ. Du sahst in einem Augenblick den Zustand der Bedrängnis meiner Kirche, meines mystischen Leibes; er verschlimmert sich immer mehr. Du siehst in welcher Verlassenheit ich mich befinde!...

Es kommt vor, daß entartete Väter und Mütter ihre eigenen Kinder im zartesten Alter verlassen. Warum tun sie das? Gewiß nicht, weil sie sie lieben, sondern weil sie von schändlichsten Leidenschaften entbrannt sind und das Böse dem Guten, die Sünde der Vater- und Mutterliebe vorziehen.

Wie viele Leiden verursacht das Verlassenwerden: Leiden, die viele nicht verstehen können, die aber das Herz quälen und zerreißen.

Mein Sohn, überlege und denke nach über das Verlassenwerden durch Menschen, füge nun aber hinzu: Von Söhnen Gottes, von meinen Brüdern, meinen Freunden, meinen Dienern und von so vielen meiner Hirten. Betrachte und überdenke, wie ich im Geheimnis der Liebe behandelt werde; schau auf die Einsamkeit, in der sie mich lassen; die Sakrilegien, durch die ich verraten und verkauft werde. Wie viele verleugnen mich und von wie vielen werde ich gehaßt.

Die Liebe verlangt als einzige Antwort Liebe. Aber sie findet Abneigung, Feindseligkeit und oft sogar Haß! Der Weg wird verlassen, die Wahrheit durch den Irrtum geleugnet; das Leben wird zurückgewiesen und der seelische Tod hingenommen... Ich, der ich wahrhaft das Licht bin, mir wird die Finsternis vorgezogen!

Bekehrt euch zum Herrn, sonst werdet ihr alle zugrunde gehen

Mein Sohn, bedenke, nicht nur das Verlassensein, sondern mehr noch das Verlassenwerden verursacht großes Leid und Tränen bei dem, der das Opfer ist. Opfer der Abneigung in meiner Kirche sind heute mein erbarmungsvolles Herz und das unbefleckte Herz meiner und eurer Mutter...

Ich spreche eindringlich darüber, weil du, meine kleine, spitze Feder, es schreiben und allen laut zurufen sollst: «Bekehrt euch zum Herrn, sonst werdet ihr alle zugrunde gehen!»

Ich habe dir stets gesagt, daß du dich nicht um das Urteil der Menschen, sondern immer nur um das Urteil Gottes kümmern sollst.

Taub gegenüber meinen und meiner Mutter Mahnungen

Mein Sohn, für jede aufrechte Seele ist es klar und verständlich, daß der Zusammenprall zwischen den Mächten der Finsternis und den Söhnen des Lichtes erfolgen wird. Ebenso erkennbar ist, daß es nicht dazu käme, wenn das Heer der Gefirmten in meiner Kirche, meine Soldaten, meine Diener, meine Hirten meine Lehren nicht vergessen hätten, die ich ihnen mit meinem Wort und meinem Leben der Demut, des Gehorsams, der Liebe und des Leidens gegeben habe. Wenn meine Diener und

Bischöfe meine klare und deutliche Einladung, mir auf dem Weg des Kreuzes bis zum Ende nachzufolgen, nicht vergessen hätten, würde über meiner Kirche und der Welt nicht drohend der fürchterliche Zorn der göttlichen Gerechtigkeit stehen, die hart herausgefordert und beleidigt wurde.

Wie lange noch wird mein Vater die Menschen dieses verdorbenen Jahrhunderts gewähren lassen? Sie sind gegenüber den Mahnungen meiner Mutter taub geblieben; sie haben über meine Propheten gespottet und sie lächerlich gemacht. Was wird mit ihnen geschehen?

Mein Sohn, ich segne dich. Liebe mich und opfere mir stets deine Leiden auf als Sühne für so viele Greuel! *11. März 1978*

137. Morgenlicht der Auferstehung

Ich habe dir von finsteren Mächten, von Wolken gesprochen, die meine Kirche einhüllen. Dies ist eine Wirklichkeit, die man glauben muß!

Mein Sohn, ich will dir das gut erklären, denke an den Propheten Isaias; er sagt: «Auf, werde Licht! Denn dein Licht kommt. Die Herrlichkeit des Herrn erstrahlt über dir; Finsternis bedeckt die Erde und Dunkelheit die Völker, über dir aber leuchtet der Herr» (Is 60,1-6).

Ich kam in einer finsteren Nacht in die Welt. Die Nacht der Zeiten war über die Menschheit hereingebrochen.

In der Mitte der Nacht wurde ich geboren, um die Finsternis anzuzeigen, die die gesamte Menschheit einhüllte, die Satan durch die List hervorrief, mit der er die Stammeltern betrogen hatte.

Dem Licht der Gnade folgte in Adam und Eva und ihren Nachkommen die Nacht der Sünde, der Unwissenheit, alles Bösen.

Nicht ohne Grund wurde meine Geburt durch das Erscheinen eines Sterns am Himmel angekündigt, und ein wunderbares Licht erhellte die Finsternis des Stalles, in dem ich geboren wurde.

Ich, das Licht, kam, um die Finsternis der Menschheit zu vertreiben.

Auch auf Kalvaria wurde es dunkel. Es war hoher Mittag, als ich von der Erde erhöht wurde, aber von diesem Augenblick an wurde das Tageslicht immer schwächer, und es folgte tiefe Dunkelheit, als ich meinen Geist aufgab.

Äußere Dunkelheit, um die innere Dunkelheit der Priester, Schriftgelehrten, Pharisäer und des ganzen Volkes anzuzeigen, als alle mit bösartiger Lust sich an meinem Leiden und Sterben weideten.

Die Sünde des Hochmuts

Die Sünde, mein Sohn, bringt immer Dunkelheit, in besonderer Weise die Sünde Satans. Die Sünde des Hochmuts verdichtet die Finsternis und verwandelt sie in gänzliche Dunkelheit, so daß die befleckte Seele nichts mehr sieht.

Die Wunder, die ich während meines Leidens vollbrachte, erzielten nicht die gewünschte Wirkung des Glaubens, auch nicht die Wunder während meines öffentlichen Lebens. Nicht einmal die Auferstehung des Lazarus, der viele Priester und Gesetzeslehrer beigewohnt hatten, konnte die Dunkelheit in den Seelen der voreingenommenen Tempelpriester verscheuchen.

So sehen viele Seelen, viele Priester heute die Wunder nicht, die ich ständig in meiner Kirche wirke. Mein Tod war von außerordentlichen Ereignissen begleitet:

— ein heftiges Erdbeben ließ die Erde erzittern;

— der Tempel von Jerusalem wurde in seinen Grundmauern erschüttert;

— der Vorhang des Tempels riß entzwei, und einige Tote standen auf.

Sie aber, die Hochmütigen des Tempels, sahen nichts und verstanden nichts. Der heidnische Hauptmann aber klopfte an seine Brust und sagte: «Wahrhaftig, dieser war Gottes Sohn!»

Dunkelheit führte einst und führt noch heute zur Ablehnung Gottes. Deshalb, ich wiederhole es, werden auch viele diese Botschaften ablehnen.

Warum, mein Sohn, habe ich dir das sagen wollen?

Es besteht eine große Ähnlichkeit zwischen den gegenwärtigen Zeiten und jenen meines Erdenlebens, denn mein Leiden beginnt sich in meinem mystischen Leib zu erneuern.

Schriftgelehrte, Priester und Pharisäer fehlen auch heute nicht und sind nicht weniger heuchlerisch als damals.

Du siehst nur wenig von der Wirklichkeit in meiner Kirche: Soviel bloß äußeres Tun... und wieviel Dunkelheit!

Ja, die Stunde der Finsternis, der Karfreitag für meine Kirche, wird kommen! Aber ich werde ihr ein strahlendes Morgenlicht der Auferstehung folgen lassen.

Ich segne dich, mein Sohn!   *30. Dezember 1975*

138. Ich habe immer gesprochen

Jetzt kannst du nicht verlangen, daß ich dir noch mehr über die Krise des Glaubens sage, die in meinem mystischen Leib herrscht, damit du an sie glauben kannst.

Du hast gesehen, wie mühsam es für meine sogenannten Guten ist, an mich, das menschgewordene Wort Gottes zu glauben, das in der Kirche, im Geheimnis des Glaubens und der Liebe wirklich gegenwärtig ist. Wie schwer ist es für sie, dem Sohn Gottes das Daseinsrecht auf Erden zuzugestehen! Und man sträubt sich noch mehr, zuzugeben, daß das Wort Gottes sich irgend jemand kundtun darf, wann und wo Gott es für gut findet.

Ich möchte mit allen Seelen sprechen; das verlangt meine unendliche Liebe: Sich ihnen mitteilen, kundtun, ihnen Licht geben. Aber, nur sehr wenige sind bereit, das Licht zu empfangen und innere Zwiesprache mit mir aufzunehmen. Meistens fehlen der Glaube, die Demut und die Liebe.

Seelen, denen diese Tugenden abgehen, wollen nicht zugeben, daß andere sie haben.

Wenn sie wirklich glauben würden

Die Christenheit lebt in Widersprüchen. Sie erklärt, an mich, das menschgewordene Wort Gottes zu glauben, aber in Wirklichkeit verweigert man mir das Recht, zu sprechen. Wenn man wirklich an mich glaubte, so würden sie an das glauben, was ich als Gott seit Anbeginn der Menschheit getan habe:

— ich habe immer zu den Menschen gesprochen;
— direkt zu Adam und Eva;
— zu Kain;
— zu den Patriarchen und durch die Propheten;
— ich habe durch meine Heiligen gesprochen.

Und heute? Kann und darf ich nicht sprechen?... Du weißt, weshalb? Weil ich für die weltlich Gesinnten nicht existiere.

Das Sprechen, so sagte ich, ist ein Sich-Mitteilen...

Was immer und überall ein Bedürfnis der menschlichen Natur ist, will man dem Urheber eben dieser Natur verweigern.

Einige, zum Beispiel, werden nicht glauben, daß ich durch dich gesprochen habe. Warum? Habe ich mich nicht des heiligen Paulus bedient? Und wer war Paulus vor seiner Bekehrung? Habe ich mich nicht des heiligen Augustinus bedient, und wer war Augustinus vor seiner Bekehrung?

Durch wie viele Augustinus habe ich im Lauf der Jahrhunderte zu den Menschen gesprochen?...

Es ist widersinnig zu sagen: «Ich glaube, daß Jesus das lebendige Wort, der Sohn Gottes ist» und zu verneinen, daß er zur Seele sprechen kann. Die erste Behauptung wird durch die zweite verneint.

Wie vieles in meiner Kirche ist heute widersprüchlich! So auch die Haltung einiger Priester, die sagen, daß sie an meine eucharistische Gegenwart glauben, während ihr Leben einer Leugnung ihres Lippenbekenntnisses gleichkommt. Wenn sie an meine Gegenwart im Geheimnis der Liebe glaubten, müßten sie auch daran glauben, was mich zur Einsetzung des eucharistischen Wunders bewogen hat.

O mein Sohn, wenn man das Leben und den Glauben meiner Diener gründlich untersuchen wollte, würde man zu bitteren Schlußfolgerungen kommen...

Bete, mein Sohn, und werde nicht müde zu beten! Ich segne dich!

25. Februar 1976

139. Klagen ist kein Ausdruck der Schwäche

Mein Sohn, ich habe geklagt und nicht nur einmal, wie manche glauben. Ich habe geklagt, als ich auf die Stadt Jerusalem schaute, der meine große Liebe galt.

Meine Tränen waren das Überfließen eines Schmerzes, den mein Herz nicht mehr fassen konnte.

Ich habe nicht aus Schwäche geklagt, sondern weil ich in meiner vielgeliebten Stadt die Übel, die Auflösung und die von der göttlichen Gerechtigkeit vorgesehenen Strafgerichte sah. Wie einfältig sind jene Menschen, die glauben, sich mit steter Hartnäckigkeit über Gott hinwegsetzen zu dürfen, und wie ebenso einfältig sind die anderen, die meinen, im Vertrauen auf die göttliche Barmherzigkeit ihr Sündenleben weiterführen zu können.

Sie vergessen, wie ich schon gesagt habe, daß in Gott Barmherzigkeit und Gerechtigkeit untrennbar sind.

Mein Sohn, ich habe nicht nur einmal über Jerusalem geklagt. Ich habe auch oft über den Ruin der geliebten Seelen geklagt und nicht gezögert, mich für sie zum Opfer der Sühne und Erlösung auf Kalvaria... darzubringen.

Ich habe über Judas geklagt, wie du weißt, weniger wegen seines Verrates an mir, sondern vor allem wegen seiner hochmütigen, unreinen und reuelosen Gesinnung. Judas hat sich meiner Liebe und jeder Einwirkung meiner Gnade widersetzt. Ein einziger Akt der Reue hätte genügt, und voll Freude hätte ich ihn gerettet.

Die hundertmal zahlreicher gewordenen Judasse dieser Zeit und auch die zahllosen Söhne, die mich hartnäckig übergehen, müssen diese Tatsache ernsthaft bedenken!

Mein Klagen ist darum nicht Schwäche, sondern durchdringender Schmerz meines tödlich verwundeten Herzens über so viele Seelenruinen, zu denen nicht wenige mir Geweihte gehören.

Auch meine Mutter hat geklagt

Auch meine Mutter, die beste und mutigste Mutter der ganzen Menschheit, hat geklagt. Sie hat schon früher über die große Gleichgültigkeit vieler meiner Priester und Gläubigen bittere Tränen vergossen und tut es heute noch.

Sie kennt die schwere Krise, an der meine Kirche und die Welt leidet, die auf jeden Anruf meines erbarmungsvollen Herzens verstockt bleibt und in einer furchterregenden Finsternis verharrt, die das Vorspiel des nahen Sturmes ist.

Lacht nicht, ihr Söhne der Sünde, ihr Kinder der Finsternis, das Schwert der göttlichen Gerechtigkeit schwebt über euren Häuptern!

Mein Sohn, was konnte ich mehr für meine bevorzugte Stadt tun? Ich sagte damals: Jerusalem, Jerusalem, du mordest und steinigst die Propheten, wie oft wollte ich deine Kinder sammeln wie eine Henne, die ihre Küklein unter ihre Flügel nimmt; du aber hast nicht gewollt! Nun aber wird euer Haus veröden, und in dir wird kein Stein auf dem anderen bleiben!

Sind vielleicht meine Kirche, die Städte und die Völker heute besser als Jerusalem? Aber was kann ich zu ihrer Rettung noch tun, was ich nicht schon getan habe?

Jerusalem hat mich abgewiesen und verurteilt. Es fehlten damals nicht die Guten, die auf meine Worte hörten, wie sie auch heute nicht fehlen.

Städte und Völker, die in ein abscheuliches Heidentum zurückgefallen sind, verweigern sich mir und erneuern die ungerechte Verurteilung.

Mein Sohn, der Lauf der göttlichen Gerechtigkeit wird unerbittlich und unaufhaltsam sein.

Verkünde meine Botschaft deinen Mitbrüdern, ohne dich um die Wirkung zu kümmern, die sie auslösen wird. Als guter Sämann streu deinen Samen aus, und wenn nur ein Körnchen auf guten Boden fällt, wird dein Bemühen und dein Leiden nicht unnütz sein.

Du wirst deinen Mitbrüdern einen guten Dienst erweisen und mir ein wenig Freude bereiten neben so viel Bitternis, die ich erfahre.

Ich segne dich, mein Sohn; liebe mich!   *30. September 1975*

140. Charisma, ein außerordentliches, unverdientes Geschenk

Wir haben über die vielen Übel gesprochen, von denen mein mystischer Leib jetzt befallen ist. Nun wollen wir uns den Gütern zuwenden, den Reichtümern meiner Kirche.

Zu diesem geistigen Reichtum gehört das Charisma (Gnadengabe), dieses außerordentliche, unverdiente Geschenk, das der Gemeinschaft ohne Verdienst zur Verfügung steht... Auch die heilige Weihe ist ein Charisma, das aus der gleichen Quelle stammt, die gleiche Natur und das gleiche Ziel hat wie das außerordentliche Charisma.

Richter über die Rechtmäßigkeit eines mit der Weihe zum Bischof oder Priester geschenkten Charismas ist die Kirche.

Richter über das außerordentliche, einer Seele verliehenen Charismas ist der Bischof.

Um ein Urteil über einen Begnadeten zu fällen, muß der Bischof sich der Klugheit bedienen. Er muß beten und beten lassen, weil von der Wirkung seines Urteils das Wohl und Wehe vieler Seelen abhängen kann. Der

Bischof soll das Urteil nicht auf die lange Bank schieben aus Furcht, Unentschlossenheit oder anderen, weniger edlen Gründen, damit er dem Plan Gottes nicht Schwierigkeiten in den Weg legt, ihn verändert oder sich ihm gar widersetzt.

Wieviel Gutes geht verloren, weil der menschliche Hochmut es verhindert!

Mein Sohn, du möchtest das «Warum» dieser Anweisungen wissen... Nun, wo Anmaßung vorliegt, verbindet sich mit ihr stets Neid und Eifersucht; denn ein echtes, vom Heiligen Geist stammendes Charisma, erhöht in den Augen des Volkes den damit Beschenkten, und man befürchtet, daß der Bischof deshalb erniedrigt wird...; so ist es oft und oft geschehen... Wenn aber die Demut Grundlage für das Vorgehen und die Beurteilung ist, können schwerwiegende Übel vermieden werden.

Das vom Heiligen Geist geschenkte außerordentliche Charisma hat den Zweck, die anderen Charismen zu vervollkommnen. Darum braucht man nie ängstlich besorgt zu sein; im Gegenteil, man soll sich freuen und Gott danken für diese Gabe zum gemeinsamen Wohl der Seelen. Das können aber viele nicht mehr sehen und verstehen, deren Geist von der Dunkelheit verfinstert ist.

Nie sollte es zwischen der Hierarchie und den echten, wahren Begnadeten Gegensätze geben... So geht viel Gutes in der Kirche verloren, weil es vom menschlichen Hochmut verhindert wird, der zusammen mit dem Neid und der Eifersucht, die Ursache aller Übel ist, die in meiner Kirche soviel Zwietracht und Verblendung hervorrufen und sie zerstören würden, wenn es möglich wäre!

Feuer und Wasser werden wie eine Walze sein

Noch einmal: Die Stunde der Läuterung hat mit ihren Erschütterungen schon begonnen, und der Höhepunkt wird erreicht, wenn der völlig losgelöste Berg sich in Bewegung setzt und alles mit sich reißen und zerstören wird, was menschlicher Hochmut geschaffen hat.

Dies alles wird sich mit einer auf der Erde nie gesehenen Gewalt vollziehen: Feuer und Wasser werden wie eine Walze sein; dann folgen Erdbeben, Stürme, Überschwemmungen, Hunger, Durst...

Die Menschen haben meine wiederholten Mahnungen zu Reue und Bekehrung abgelehnt. Nein haben sie gesagt auf die Liebe, Wahrheit,

Barmherzigkeit und die Geduld Gottes; nein auf die vielfachen Eingriffe der himmlischen Mutter. Sie haben sich damit jeden Weg zur Rettung verbaut; darum werden sie die göttliche Gerechtigkeit erfahren.

Deshalb will ich in meiner neuen Kirche demütige, heilige Bischöfe, die in Demut den Weg an der Stelle wieder aufnehmen, an dem ich, das ewige Wort Gottes, ihn mit dem Geheimnis meiner Menschwerdung begonnen habe, meinen Weg der echten Demut, Armut und des Gehorsams! Nur so wird es möglich sein, Gleichgewicht und Ordnung wieder herzustellen.

Ich habe über die Anarchie in meiner Kirche und in den Völkern gesprochen. Du weißt: Anarchie besagt moralische und geistliche Unordnung, Verweigerung der Ordnung und Verherrlichung der Unordnung. Mit heiligen Bischöfen aber werde ich heilige Priester haben und damit wird meine ganze Kirche heilig werden!

Ich segne dich...   *22. November 1978*

141. Ständiges und außerordentliches Charisma

Schreibe, mein Sohn, ich bin es, Jesus...

. Das Charisma ist nichts Neues in der Kirche; es wurde ihr von Anfang an gegeben und tat sich zu allen Zeiten kund. Das ordentliche Charisma wird durch einige Sakramente vermittelt, während das außerordentliche vom Heiligen Geist für die in der letzten Botschaft genannten Zwecke unmittelbar geschenkt wird.

Beide Charismen, das ordentliche wie das außerordentliche, greifen ineinander und verschmelzen in sich wie das Licht zweier Lampen...

Beide sind in den Absichten Gottes vorgesehen, wenn es nicht so geschieht, sind Hochmut und Anmaßung mit im Spiel, die durch ihr zerstörendes Wirken den Plänen Gottes entgegenarbeiten.

Wie oft ist es vorgekommen und wie oft geschieht es noch, daß dadurch furchtbare geistige Hohlräume geschaffen werden! Wie oft sind Schätze von Gnaden aus Hochmut und Anmaßung vergeudet worden!

Die erneuerte Kirche
in ihrem besten Teil von außerodentlicher Gnade beschenkt

Der Begnadete empfängt sein Charisma nicht für sich, sondern für die Gemeinschaft, und wehe jenen, die der starken Versuchung nachgeben und ihr Charisma nicht zur Verherrlichung Gottes und für das Wohl der Seelen nützen, sondern für persönliche Zwecke und Vorteile!

Das Charisma prägt kein besonderes Zeichen in die Seele ein wie die Taufe, Firmung und Priesterweihe. Gott schenkt es und kann es jederzeit zurückziehen...

Mehrmals habe ich dir gesagt, mein Sohn, daß meine erneuerte Kirche in ihrem besten Teil von außerordentlicher Gnade beschenkt sein werde, weil der Heilige Geist mit seinem heiligmachenden Atem über ihr ist und sie in den Augen Gottes und der Völker herrlich gestalten wird. Er wird nicht zulassen, daß ordentliche und außerordentliche Begnadete sich gegenseitig bekämpfen und damit das viele, mit den Charismen verbundene Gute verhindern...

Ich segne dich, mein Sohn, und zusammen mit dir segne ich alle, die dir teuer sind; wie immer ersuche ich dich um dein sühnendes Gebet.

23. November 1978

142. Opferseelen

Wer sind die Opferseelen? Was ist ihr Zweck? Warum sind die Opferseelen nur sehr wenigen anderen Seelen bekannt? Warum stoßen Opferseelen so oft auf Widerstand, Unverständnis und Verfolgung von seiten jener, die ihnen eigentlich Verständnis und Unterstützung jeder Art entgegenbringen müßten?

Wer sind sie?

Opferseelen sind auserwählte Seelen, im voraus vom Himmel, von der heiligsten Dreifaltigkeit auserwählt... vom Vater am meisten geliebte, dem Sohn und dem Heiligen Geist innigst verbundene Seelen. Sie sind hochherzige, oft heldenhafte Seelen, die ihr Leben Gott zum Opfer darbringen, sich ganz dem Willen Gottes überlassen, nur wollen, was er ihnen geben will, die nichts anderes wünschen als dem einen, wahren, unendlich gütigen Gott anzugehören. Sie opfern und verzehren sich selbst aus Liebe zu Gott, dem höchsten Gut, dem Sinn und Ziel ihres Lebens, um die eigenen und die Sünden anderer zu sühnen.

Was tun sie?

Sühneseelen sind bevorzugte Seelen, die mir nachfolgen wollen gemäß meinem Wort: «Wer mir nachfolgen will, verleugne sich selbst, nehme sein Kreuz auf sich und folge mir.» Es genügt ihnen aber nicht, mir nach Kalvaria zu folgen; sie lassen sich mit mir kreuzigen.

Sie sind mutige, hochherzige Seelen, die ihre Verbundenheit mit der Kirche tief erleben, vor allem in der geschwächten Kirche, für die sie sich zum Opfer darbringen.

Sühneseelen sind erleuchtete Seelen, die begreifen, daß es ohne Leiden keine Liebe zu Gott und den Brüdern gibt. Sie sind die treuesten und wahrhaftigsten Verkünder und Befolger der Gebote der Liebe.

Sie erheben sich über die dichte Dunkelheit, die über der Menschheit liegt... und stehen trotzdem mit festen Füßen auf der Erde. Ihre Seelen aber und ihre Gedanken sind oben, im Himmel, verbunden mit Gott und in Gott.

Sühneseelen sind die Blitzableiter der Menschheit! Wehe den Menschen, der Erde, wenn es sie nicht gäbe! Die göttliche Gerechtigkeit hätte längst unaufhaltsam ihren Lauf genommen, und alles und alle im Feuer verzehrt.

Warum sie nur wenig bekannt sind?

Weil das Gute, die Tugend, vom Tagesgespräch der Welt, vom Denken und von der Lebensweise der Welt ausgeschaltet wird. Darum ziehen diese Seelen die Zurückgezogenheit vor, um stets die Stimme und das Licht von oben aufnehmen zu können und sich dem göttlichen Willen mehr und mehr anzugleichen, der sie in der Welt so haben will. Er will sie vor den Augen der Welt verbergen, die sie nicht verstehen und nicht begreifen kann. Diese Seelen sind so in die Liebe Gottes versenkt, daß sie ihr Zwiegespräch mit Gott nur in ihrer demütigen Zurückgezogenheit halten können.

Sie sind auch deshalb wenig bekannt, mein Sohn, weil sie den Menschen, die sie nicht verstehen, dumm und sinnlos erscheinen. Die Welt liebt sie nicht, verachtet sie oft, macht sie lächerlich und meidet sie. In Wirklichkeit aber werden sie gefürchtet und oft angefeindet, denn ihre heldenhafte Selbstverleugnung ist eine strenge, gerechte Verurteilung und Mahnung, was laue Gewissen nicht ertragen.

Die Menschen werden einmal ihre Einstellung und ihr Urteil über die Sühneseelen, die sie verachtet und verkannt haben, richtigstellen müssen.

Mein Sohn, ich habe dir bei anderer Gelegenheit gesagt, daß meine Wege von euren Wegen verschieden sind. Wer an mich glaubt, wird sich in den dunklen Labyrinthen der vom Bösen beherrschten Welt nicht verlieren; denn wer an mich glaubt, folgt mir auf den Wegen, die ich während meines Lebens auf Erden für alle vorgezeichnet habe.

Ich segne dich, liebe mich. Komm, mein Sohn, folge mir, du wirst es nicht bereuen! *30. November 1976*

143. An die Madonna glauben und sie lieben

Schreibe, Bruder Don Ottavio, ich bin Don Michele Rua, der erste Nachfolger des heiligen Johannes Bosco; ich kannte ihn gut; er besaß ein heiteres Wesen und verstand seine großen Leiden zu verbergen, die ihn während seines Erdenlebens begleiteten. Sein fester, nie wankender Glaube hat ihm dabei sehr geholfen, besonders aber auch seine innige Andacht zu Maria, der Hilfe der Christen. Der Glaube an die Madonna und seine Liebe zu ihr waren die sichere Stütze seines ganzen bewegten Lebens; sie ermöglichte ihm, jede Schwierigkeit zu überwinden.

Johannes Bosco war ein großer Pionier der Kirche, ein mutiger Bannerträger..., der sein Leben als Priester für die Erneuerung der Kirche darbrachte...

Durch die Reinheit seines Lebens und seinen stets wirksamen Glaubenseifer, durch das Feuer seiner Liebe vor allem für die sich selbst überlassene Jugend, der die geistige Nahrung fehlte, ohne die ein Leben der Gnade unmöglich ist, besaß er eine klare Einsicht in die Übel, von denen die Kirche seiner Zeit befallen war. Darum stellte er sich in den Dienst der Erneuerung des mystischen Leibes.

Diese völlige, hochherzige Hingabe machte ihn Gott wohlgefällig. Gott erfüllte seine Seele mit Strömen von Gnade, was den Zorn der Hölle gegen ihn entfesselte. Diese bediente sich der Freimaurerei, von der Italien damals wie heute durchsetzt war. Don Bosco wußte gut, woher die Schwierigkeiten kamen. Er kannte seine Feinde, denen er klug, aber mutig hartnäckigen, gut beratenen und bewußten Widerstand leistete, so daß sie das Licht, die Wahrheit und die Gerechtigkeit nie zu überwältigen vermochten...

Don Bosco war die Klugheit in Person. Aufmerksam wachte er, daß er seine Füße nicht in Fallen setzte. Er war offen und zurückhaltend, weil er eine tiefe Menschenkenntnis besaß und wußte, wie er mit den Menschen umgehen mußte. Dabei wurde er von einer großen Gabe unterstützt, der Unterscheidung der Geister, die ihm ermöglichte, stets mit größter Sicherheit zu handeln. Andere, nicht weniger schöne und wertvolle Gaben vervollständigten seine Fähigkeiten, so eine tiefe Frömmigkeit, große Weisheit, eine ungewöhnliche Seelenstärke, Demut, Sanftmut, Milde; er war ganz groß!

Don Ottavio, du weißt, daß der Feind sich nur durch Demut und Geduld schlagen läßt. Vom göttlichen Lehrmeister konnte man sagen: «Er begann zu wirken und zu lehren.» Das muß man von allen sagen können, die er für seine Liebespläne auserwählt hat. Laßt euch also nicht entmutigen: Der Kampf hat begonnen und wird siegreich sein! Jesus hat die Welt, den Tod und die Hölle besiegt; so wird es auch bei euch sein, wenn ihr mit ihm in vollkommener Demut, Geduld und in den anderen Tugenden vereint seid.

Es wurde euch gesagt: mit Liebe und Gerechtigkeit. Wichtig ist, daß jeder Groll, ja jeder Schatten davon in euch ausgelöscht ist. Groll stammt nie von Gott; überwindet sein unwillkürliches Aufkommen; betet und opfert eure Leiden auf. Gerechtigkeit und Demut passen gut zusammen.

Mut, vorwärts, wir sind mit euch! Gott möge euch seinen Segen geben, jetzt und immer. *12. Juni 1978*

144. Ich will meine Revolution

Mein Sohn, die Welt will ihre Revolution; sie will sie und wird sie haben.

Aber auch ich will meine Revolution, die die Verneinung und die feierliche Verurteilung der Revolution der Welt ist.

Die von der Welt gewollte und angestrebte Revolution ist von Haß, Rache, Zwietracht, Gewalt, Verbrechen und jeder anderen Bosheit durchsetzt.

Meine Revolution hingegen wird völlig von der Liebe erfüllt sein; sie wird sich vollziehen in der Ordnung, in Gerechtigkeit, im Frieden und in der Achtung der natürlichen Rechte der Völker.

Wehe allen, die Ihn, der vorübergeht, nicht aufnehmen wollen! Mein Sohn, wenn die Menschen Ihn, der vorübergeht, nicht verstehen und anerkennen wollen, werden sie den schrecklichen Zorn Gottes erleben.

Die auf die Menschheit niedergehende Katastrophe wird die Erde verändern, und die Menschheit wird vermindert werden. Die düstere Tyrannei Satans wird aufhören. Er wird, besiegt von meiner heiligsten Mutter, mit seinen Horden in seine unselige Hölle eingeschlossen werden.

Ich segne dich, mein Sohn, und sage dir: Selig, die glauben werden!

28. Oktober 1976

145. Ihr seid nicht allein

Schreibe, mein Sohn: Die marianische Priesterbewegung gehört zum Plan der Vorsehung. Sie ist die Stoßtruppe, an der Seite meiner Mutter bei der großen Schlacht, die jetzt gegen Satan und die Verbündeten der Hölle stattfindet, deren es innerhalb der Kirche leider auch viele gibt.

Der Himmel schaut auf euch, ihr gesegneten Priester, die ihr das Glück habt, zu dieser Bewegung zu gehören. Ihr seid in diesen Notzeiten mehr denn je erwählte Soldaten, geführt und geleitet von der Königin der Siege zur Verteidigung meines Stellvertreters und meiner Kirche.

Die Hölle haßt und bekämpft euch, aber ihr habt nichts zu fürchten. Eure körperlichen, moralischen und geistigen Leiden werden vom Heiligen Geist durchdrungen und in Licht, Liebe und Gnade für viele Seelen eurer Brüder umgewandelt, die ohne eure Teilnahme an meinen Leiden ewig verloren wären.

Ihr Priester, die ihr meinem Herzen und dem unbefleckten Herzen der Königin des Universums treu seid, auf euch schauen bewundernd die Engel und alle Heiligen des Himmels; sie beten für euch und legen Fürbitte ein für euch.

Ihr seid Balsam für mein Herz, das so sehr beleidigt und beschimpft wird. Ihr seid ein Lächeln der Liebe für das durchbohrte Herz meiner Mutter.

Fürchtet euch nicht!

Vorwärts, meine Söhne! Ein Platz voller Ehre und Glorie im Hause meines Vaters ist von Ewigkeit her für euch bereit. Fürchtet euch nicht!

Mein Auge und die Augen meiner Mutter wachen stets über euch. Ich segne euch, meine Söhne, in der Einheit mit dem Vater und dem Heiligen Geist. Mit mir zusammen segnet euch meine Mutter!

Mit euch zusammen segnen wir die guten Laien, die euch im Glauben, in der Liebe und mit dem wirksamen Beistand ihrer Leiden zur Seite stehen. Ihr seid also nicht allein. Ihr steht mitten im Kampf, aber mit euch ist der Himmel, mit euch sind die Seelen im Reinigungsort, mit euch sind die Heiligen der streitenden Kirche. *20. Januar 1976*

146. Freunde des allerheiligsten Sakramentes

Ich, Jesus, wünsche eine Einrichtung, die auf jede Weise den Glauben, die Frömmigkeit, die Liebe und meine Verehrung fördert, denn ich bin im tiefsten Geheimnis des Glaubens und der Liebe, in der Eucharistie wirklich gegenwärtig.

1. Dieser «Pia unio» (frommen Vereinigung) können alle beitreten, Jungen und Mädchen, Männer und Frauen, ohne Altersunterschied.
2. Ihr Ziel besteht darin, den Glauben und die Liebe zu mir, der ich wirklich im Geheimnis der Eucharistie gegenwärtig bin, mit allen Mitteln, die von der Kirche gutgeheißen sind, in sich und in anderen zu fördern.
3. Die Verpflichtungen sind folgende:
— der tägliche Besuch bei mir in der Kirche oder ein geistiger Besuch und eine geistige Kommunion zu Hause, sofern ein Kirchenbesuch nicht möglich ist;
— der Empfang der heiligen Kommunion, zumindest einmal in der Woche;
— eine Anbetungsstunde wenigstens einmal im Monat;
— die monatliche Versammlung.
4. Es ist gut, ein kleines Verzeichnis mit den Namen der Mitglieder zu führen.

Anmerkung des Herausgebers:
Auf diözesaner Ebene hat noch keine Gründung stattgefunden. Wir hoffen, daß die Verbreitung dieses Werkes den Anstoß dazu gibt. Jede Pfarrei kann unter Führung ihres Pfarrers frei auf die Einladung Christi, der in der heiligen Eucharistie gegenwärtig ist, antworten in der Erwartung, daß ein Bischof diese «Pia unio» anerkennt.

5. Aufgabe des Pfarrers oder seines Stellvertreters ist es, die Gruppe zu führen, bei den Versammlungen eine Katechese über die heilige Eucharistie zu halten, mit Wort und Beispiel die Liebe zu mir im allerheiligsten Sakrament zu fördern.

6. Diese «Pia unio» soll «Freunde des allerheiligsten Sakramentes» genannt werden.

Ich, Jesus, wünsche sie inständig...

147. Der Gerechte lebt aus dem Glauben

«Der Gerechte lebt aus dem Glauben», der Glaube findet seine Rechtfertigung, weil er auf mich gerichtet ist, der ich das ewige, lebendige Wort Gottes bin. Der Glaube hat seinen Urgrund in mir, der ich die Wahrheit bin und den Menschen Zeugnis von mir gegeben habe, als dem Weg, der Wahrheit und dem Leben.

Mein Sohn, von allem wollt ihr stets *die Ursache* kennen. Ich habe dir davon abgeraten, damit dein Glaube vollkommen ist und dich zu einer völligen Hingabe an mein erbarmungsvolles Herz entflammt.

Heute ist das Fest meines Leibes und meines Blutes. Dieses Geheimnis wird auf die Wahrhaftigkeit meines Wortes hin anerkannt und gelebt. Ich habe dieses Geheimnis mehrmals verkündet. Es wurde von mir beim Letzten Abendmahl geoffenbart und eingesetzt; es ist das größte Geschenk, das Gott der Menschheit, vor allem aber seiner Kirche für ihr eigenes Leben geben konnte; es steht im Mittelpunkt der Prüfung, die der Vater für den Eintritt der Seele ins Himmelreich fordert...

Mein Sohn, wenn sich die Menschen ihr Herz von der Sünde rein und frei bewahren wollten, welches Licht könnten sie in diesem Mysterium der Liebe finden! Das Geheimnis meines Leibes und Blutes ist das Höchste, das Gott in seiner unendlichen Hochherzigkeit der Menschheit als Beweis seiner unendlichen Liebe schenken konnte und wollte.

Die Liebe macht mich zum Gefangenen im eucharistischen Geheimnis

Dieses beständige Wunder, mein Sohn, ist nicht geringer als das Wunder der Erschaffung des Universums, der Erlösung; nicht geringer als alle Wunder aller Zeiten zusammen, vor und nach meinem Kommen: eine ständig fließende Quelle des Lebens in der Welt, an der sich die Menschen auf ihrem irdischen Weg erquicken und von diesem Leben nähren können, wie die Israeliten in der Wüste das Manna bekamen, das der Vater auf den ausgedorrten und unfruchtbaren Boden fallen ließ, damit sie nicht eine Beute des Todes wurden. Wer von diesem Brot ißt, wird das Leben haben und in Ewigkeit nicht sterben. Wer es aber willentlich nicht ißt und wer es unwürdig ißt, wird auf ewig zugrunde gehen.

— O mein lieber Jesus, du kennst von jeher das Los, das deiner göttlichen Gegenwart im Geheimnis der Liebe durch die menschliche Undankbarkeit und Bosheit beschieden ist! Wie kommt es, daß du nie dafür gesorgt hast, daß soviel Böses nicht geschehe?

Mein Sohn, die Liebe, die mich ans Kreuz gebracht hat, ist dieselbe Liebe, die mich zum Gefangenen im eucharistischen Geheimnis macht. Meine Liebe zu den Menschen ist unendlich und übertrifft bei weitem die menschliche Bosheit und Undankbarkeit.

Die Gründe für die Glaubwürdigkeit dieses großen Geheimnisses fehlen nicht, sondern sind im Überfluß vorhanden, und wenn es Christen gibt, die behaupten, nicht daran zu glauben, so geschieht es in schuldhafter, religiöser Unkenntnis. Wenn sie dieses Geheimnis der Liebe mißachten, so deshalb, weil sie sich Satan überlassen haben, der ihr Herz so tief durchdrungen hat, daß er dessen unbeschränkter Herr geworden ist.

Die Stunde ist nahe und unvermeidlich

Und wenn es Priester gibt, und es sind ihrer viele und nicht nur einfache Priester, die das Opfer der heiligen Messe sakrilegisch feiern, so verhalten sie sich wie die alten hebräischen Priester, die von den zwei Begierlichkeiten des Geistes und des Fleisches beherrscht wurden. Sie sind nicht imstande, zu verstehen noch zu sehen, weil sie von der dämonischen Finsternis umhüllt sind, von der mit Recht gesagt werden kann: Der Mensch als Lebewesen erfaßt nicht, was des Geistes Gottes ist.

Mein Sohn, du kennst den erschreckenden Niedergang, in dem sich meine Kirche befindet... Alle Mahnungen haben nichts genützt; die Stunde ist nahe und unvermeidlich, und meine Feinde, die neuen Judasse, werden vernichtet und wie Staub im Winde zerstreut.

Bete, mein Sohn, sühne durch deine Leiden! Es kommt nicht darauf an, daß du verstehst, sondern nur darauf, daß du in großer Demut felsenfest an mich glaubst, das lebendige und ewige Wort Gottes, das in meiner

Kirche im großen Geheimnis der Liebe und des Glaubens gegenwärtig ist und so oft in seinen Tabernakeln allein gelassen wird.

Ich segne dich, mein Sohn, und zusammen mit dir segne ich alle dir teuren Seelen. *28. Mai 1978*

148. Eine sehr bedeutungsvolle Schlacht

Es steht geschrieben: «Gedenke der letzten Dinge, und du wirst in Ewigkeit nicht sündigen.»

Diese Worte aus dem Mund der Weisheit wurden dem Volk Gottes als Lebensregel gegeben. Sie sind eine Quelle des Lichtes, damit der Mensch in der Finsternis sicher zum letzten Ziel seines Erdenlebens voranschreiten kann.

Jetzt ist diese wichtige und wirksame Weisung im Namen des Fortschritts zusammen mit anderen in die Ecke gestellt worden; neue Formen des Lebens und der Sitten wurden gefordert und geschaffen.

Ein wenig Unterscheidungsvermögen hätte genügt, um in dem entfesselten Sturm nach Neuem einen listigen Betrug des Feindes der Menschen zu erkennen.

Die Weisung, Tag und Nacht die großen Wahrheiten des Glaubens zu betrachten, stammt von Gott, der brennende Durst nach Neuem hingegen vom Bösen!

Wenn vor allem die Gottgeweihten um Licht gebetet hätten, hätte ich es ihnen nicht versagt; aber vom Feinde verblendet, haben sie sich betören lassen, und jetzt sind Folgen eingetreten, die du selber sehen kannst.

Ich will den Menschen zum ewigen Heil führen, aber wenn der Mensch das wenige an Mitarbeit, das er leisten sollte, verweigert, so überlasse ich ihn sich selbst. Ich will den Menschen retten, aber nur mit seinem Einverständnis, nicht gegen seinen Willen.

Gott im Schweigen suchen

Mein Sohn, wer sucht heute Gott im Schweigen? Die Menschen im allgemeinen und auch meine Diener haben sich im Werk der Erniedrigung der menschlichen Würde mit Satan verbündet. Nicht nur an der Erniedrigung helfen sie mit, sondern auch an der Zerstörung dieser Würde, so daß sie sich nicht mehr erkennen.

Der Mensch weiß nicht mehr, wer er ist. So schädlich wirkt der Materialismus, der satanisch ist.

Alle möglichen Kräfte hätten darangesetzt werden müssen, um eine solch dramatische Lage zu verhindern; sie haben das nicht nur unterlassen, sondern waren sogar einverstanden, sich mit den finsteren Mächten des Bösen zu verbinden und haben so den Prozeß der Auflösung aller geistigen und übernatürlichen Werte verschlimmert und beschleunigt, die die Größe des Menschen als freies und intelligentes Geschöpf, das nach dem Ebenbild Gottes geschaffen ist, ausmachen.

Mein Sohn, ich habe dir schon gesagt, daß die Stunde der Finsternis nahe ist und die Menschheit den fürchterlichsten Kampf erleben wird, der je von der Hölle in der Welt entfesselt wurde; sie wird alles unternehmen, damit ihr der Sieg, den sie erringen will, nicht entgeht.

Ich habe dir schon gesagt, daß dieser Kampf sich nur mit der Schlacht vergleichen läßt, die sich einst im Himmel zwischen den Söhnen des Lichtes und jenen der Finsternis abspielte...

Viele, auch viele meiner Gottgeweihten und sogar Nachfolger der Apostel, wissen nicht, daß Satan samt seinen Legionen diese Stunde seit dem Sündenfall Adams und Evas immer ersehnt und mit allen Mitteln herbeizuführen versucht. Er meint, diese Schlacht werde für ihn zu einem sicheren Sieg über Gott, über mich als Erlöser und die Kirche, die Frucht meiner Erlösung führen, denn ich habe ihm die Menschheit, die zu seiner Sklavin geworden war, entrissen.

Alle müssen es wissen

Ich will, daß alle Menschen von den kommenden Ereignissen erfahren. Ich wiederhole es nochmals: Es handelt sich um die schwerwiegendsten Ereignisse in der Geschichte des Menschengeschlechtes.

Warum aber wollen sie sich nicht überzeugen lassen, da doch die Zeichen angekündigt und sie von meiner Mutter gewarnt sind?

Jetzt spricht man von der Barmherzigkeit, weil man sich dem Licht verschließt. Warum hat man nicht früher davon gesprochen, als sich die Barmherzigkeit in Fatima, Lourdes und anderswo wunderbar kundgetan und zur Buße und zum Gebet aufgerufen hat?

Es ist eine Anmaßung, Gott abzuweisen und dann von seiner Barmherzigkeit zu sprechen.

Die Barmherzigkeit Gottes ist wie ein Magnet; sie muß anziehen können und nicht abgewiesen werden.

Ich will das Unglück nicht und werde die menschliche Torheit und Bosheit zum Triumph der Barmherzigkeit und Gerechtigkeit in ein Werk der Reinigung umwandeln.

Wer auf das Licht verzichtet, um ein Sohn der Finsternis zu werden, kann nicht Worte der Wahrheit und des Lichtes besitzen...

Arme Menschheit, die immer mehr enttäuscht wird und sich verirrt, den rechten Weg aber nicht zu finden weiß...

Bete, mein Sohn! Ich segne dich.   *21. November 1975*

149. Die Gerechtigkeit

In der menschlichen Gesellschaft bestehen Laster und Leidenschaften, Schwierigkeiten und Unvollkommenheiten jeglicher Art, außerdem vielerlei Unterlassungen.

Auch die Tugenden sind vorhanden, die in verschiedenen Graden geübt werden. Zu ihnen gehört die Gerechtigkeit.

Die Gerechtigkeit ist eine Tugend, von der alle reden, zu deren Verfechter sie sich alle machen und vorgeben, sie zu verteidigen. Die Wirklichkeit ist eine andere, sehr verschieden vom großen Lärm um sie.

Ich sage dir, mein Sohn: Wenn es eine Tugend gibt, die mißachtet und mit Füßen getreten wird, so ist es die Tugend der Gerechtigkeit. Dies geschieht auch in meiner Kirche, und nicht nur von seiten der Gläubigen, sondern oft von meinen Priestern, und nicht selten auch von Bischöfen...

Wie nur? Weil man, um sie zu üben, oft in hohem Grad der übrigen Tugenden bedarf, der Demut und der Liebe. Ohne diese beiden Tugenden kann es im menschlichen Herzen Gerechtigkeit nicht geben. Wenn du, und dies geschieht häufig, die Gerechtigkeit schwer verletzt und die Ungerechtigkeit triumphieren siehst, kannst du sicher sein, daß das Fehlen von Demut und Liebe die erste Ursache ist...

Lebensgewohnheit

Wie viele Seelen sind es, die unter dieser Krankheit meiner Kirche leiden! Bedarf es dafür Beispiele von Tatsachen, von besonderen Fällen? Nein, mein Sohn, denn sie sind so häufig, daß die Verletzung der Gerechtigkeit zur Lebensgewohnheit geworden ist.

Aber es gibt eine Ungerechtigkeit, die zu Gott um Vergeltung schreit, es ist der fortwährende Verrat durch die Treulosigkeit jener, die in der Kirche grundlegende, persönliche Verantwortung tragen.

Sie werden sich jedoch dem besonderen, persönlichen Gericht Gottes nicht entziehen können. Wenn sie sagen werden, sie wären der Mehrheit gefolgt, werden sie damit ihr Tun nicht rechtfertigen können. In diesem Jahrhundert haben sie Ehrgeiz, Anmaßung und Irrtümer jeglicher Art in eine Lebensgewohnheit verwandelt und nicht gemerkt, daß sie auf einem falschen Weg sind.

Es wurde schon klar gesagt, daß eine Gegenüberstellung meines Lebens mit dem ihrigen einen unverwechselbaren Gegensatz aufzeigen würde. Diesen Vergleich wagen die meisten nicht anzustellen. Aus Angst! Aber wenn sie es jetzt nicht tun, geschieht es unumgänglich beim Gericht, doch dann ohne die Möglichkeit einer Sühne...

Unter dem Boden

Ich habe gesagt, daß selbst die Haare eures Hauptes gezählt sind und ich schon ein Glas Wasser, das ihr einem Armen aus Liebe zu mir reicht, belohnen werde. Doch werde ich auch über ein einziges eitles Wort Rechenschaft fordern.

Alles weiß ich; nichts entgeht mir. Ich wäre nicht die unendliche Barmherzigkeit und die unendliche Gerechtigkeit, wenn dem nicht so wäre.

Aber wer, mein Sohn, denkt daran? Nur die Heiligen! Wer nicht heilig ist, hat keine Zeit, an die wesentlichen Dinge des Lebens zu denken. Wer nicht zur Heiligkeit strebt, ist wie jemand, der das eigene Haus auf Sand baut.

Wer die Heiligkeit sucht, beeilt sich, das Gebäude der eigenen Heiligung auf festem Felsengrund zu errichten.

Mein Sohn, habe ich also nicht recht, wenn ich darauf bestehe, daß ihr betet und sühnt? Gibt es nicht viele Gründe dafür in meiner Kirche?

Ich kenne die Bitternis, die deinen Geist erfüllt. Eines Tages wird diese Bitternis in Freude verwandelt werden. Jetzt wirst du erniedrigt und verkannt. Man versteht dich nicht, mein Sohn. Hat man vielleicht mich verstanden?

Ich segne dich!   *5. Juni 1976*

150. Menschenfurcht

In früheren Botschaften habe ich dir von den Widersprüchen in der modernen Seelsorge gesprochen. Diese sind so offensichtlich, daß sie niemandem entgehen, auch den Seelen nicht, die gegenüber den Problemen des christlichen Lebens weniger feinfühlig sind.

Aber hat denn kein einziger Hirte den Mut, die Schranke der Menschenfurcht zu durchbrechen? Angst, Menschenfurcht, eitle Befürchtungen bilden zusammen eine fast unüberwindliche Mauer.

Um sie zu übersteigen, wäre es nötig, im rechten Glaubensgeist das Evangelium zu betrachten, seinen Inhalt ganz in sich aufzunehmen und vor allem im persönlichen Leben wirksam in die Tat umzusetzen. Als Folge davon würde sich der spontane Wille ergeben zum aktiven Einsatz in meinem mystischen Leib. Da aber die innere Aufnahme nicht erfolgt, kann auch die äußere nicht geschehen...

Gegen die Gerechtigkeit

Gegen die Gerechtigkeit sündigen alle jene, die ihre Herde von Irrtümern und Irrlehren anstecken lassen, die nicht den Mut haben, eine feste Haltung gegen die Wölfe einzunehmen, die im Schafpelz die Seelen ins Verderben führen, besonders in den Seminarien und Schulen.

Gegen die Gerechtigkeit sündigen die Hirten und Priester, die es zulassen, daß sich der Materialismus in jenen Kreisen ausweitet...

Gegen die Gerechtigkeit sündigen die Hirten und Priester, die in ihren Urteilen fast nie sachlich sind, weil ihr Geist durch Einbildung verdunkelt ist. Sie nehmen falsche Standpunkte ein und forschen nicht richtig und gründlich nach, weil sie glauben, immer den Beistand des Heiligen Geistes zu besitzen. Mit einer unglaublichen Selbstsicherheit begehen sie Irrtümer und verursachen Tränen und Leiden bei ihren Opfern.

Ein Vater will nicht das Leiden des Kindes, sondern seine Besserung; deshalb versteht er es, die Züchtigung, wenn sie nötig ist, mit der Liebe zu verbinden. Er macht sein Handeln nie vom äußeren Urteil anderer abhängig.

Dir, mein Sohn, scheint es hart, zu dieser Wahrheit zu stehen, weil du nicht siehst, was ich sehe. Ich durchforsche die menschlichen Herzen in ihren Tiefen, die für euch unergründlich sind.

Wie soll man das Verhalten von Oberhirten, Ordensoberen und anderer meiner Diener erklären, die streng und unnachgiebig gegen die Priester vorgehen, die von Geist und gutem Unternehmungswillen beseelt sind?

Dagegen wirst du sie jenen zulächeln sehen, die es wagen, sich aufzulehnen und Lärm zu schlagen, auch wenn sie wissen, daß sie der ihnen anvertrauten Herde viel Schaden zufügen.

Eine widersprüchliche Seelsorge wird niemals fruchtbar sein. Der Sämann wird seine Saat nicht in eine steinige Wüste säen, in der sie, kaum ausgestreut, stirbt und nicht einmal Zeit hat, aufzukeimen.

Daß man bei der Ergründung der Übel, an denen die Kirche heute leidet, nicht tiefer gehen will, ist ebenfalls ein Widerspruch. Zur Entschuldigung wird gesagt, dies sei nicht wahr, denn es seien so viele Studien gemacht worden. Ja, nur zu viele, aber stets oberflächliche, die nie in die Tiefe vordrangen...

Die Hauptsache für das große Übel meiner Kirche heute sind Ehrsucht und Hochmut, oben und unten, die nur durch Demut überwunden werden. So kehren wir zurück zur Gegenüberstellung, der sich einige Oberhirten und Priester verschließen, zum Vergleich zwischen ihrem und meinem Leben, das stets von Demut, Armut und Gehorsam gekennzeichnet war.

Wer nicht den Mut hat, mir auf dem Weg des eigenen priesterlichen Lebens von Bethlehem bis nach Kalvaria zu folgen, macht sich mitverantwortlich für das, woran heute die Kirche leidet, mehr noch, für den Sturm, der sich bedrohlich nähert und Lämmer, Schafe und Hirten im Blut fortreißen wird, viele in den ewigen Abgrund.

Ich bin am Kreuz gestorben, um Satan und seinen Horden die Seelen zu entreißen und kann nicht dulden, daß sie verlorengehen wegen der Untätigkeit jener, die nach meinem Beispiel mit mir in Demut, Armut und Gehorsam täglich den Kalvarienberg ersteigen müßten.

Mein Sohn, sie glauben nicht und wollen nicht glauben. Deshalb bestehe ich auf dem Opfer und dem Gebet. Ich segne dich. *6. Juni 1976*

151. Ich bin die Wahrheit

Schreibe, mein Sohn! Du siehst wie aufrichtig meine Verheißungen sind. Ich bin die Wahrheit, und ich sage sie dir, damit du sie verbreitest. Frage mich nicht nach dem «Warum»; ich will es so.

Viele glauben nicht, weil sie mich nicht kennen oder sich einbilden, mich zu kennen. Andere denken, daß es klüger wäre, wenn ich mich an sie gewandt hätte anstatt an dich, da sie dafür geeigneter wären als du... Ich hätte mich also in meiner Wahl getäuscht!

So denken sie, ohne sich bewußt zu sein, damit ihr Urteil über Gott gesprochen zu haben! Arme, unheilbare menschliche Natur, wie undurchdringlich bist du dem Licht!

Mein Sohn, ich wiederhole dir: Kümmere dich nicht um das, was die anderen denken. Die Urteile der Menschen werden so rasch verschwinden wie die Wolke, die sich am Horizont auflöst. Weisheit aber ist es, große Weisheit, das zu verstehen suchen, was Gott über dich, über euch, denkt.

Die Synagoge ist nicht tot, sie hat sich nur angepaßt

Ich habe dich sehen lassen, wie Menschen, Völker und Nationen der letzten Generationen der ungeheuren, riesenhaften Umgarnung von universalem Ausmaß verfallen sind. Diese Täuschung führt die ganze Menschheit auf den Weg nie gekannten Ruins.

Aber nicht nur die Völker und die Nationen der Erde, auch meine Kirche, die inmitten der Völker als Lehrmeisterin und Führerin steht, ist vom Bösen angesteckt. Sie hat aber genügend Lebenskraft bewahrt, sich zu behaupten; denn ich bin in ihr... Der Versuch jedoch, sie in einem umfassenden Angriff zu stürzen und zu zerstören, ist wahrhaftig furchtbar!

Wie es dazu kommen konnte, ist für alle, die Augen haben, zu sehen und Ohren, zu hören, klar: Der Feind hat sich sehr begabter Personen bemächtigt, Dienern, Hirten und Theologen..., durch die es ihm gelungen ist, das innere Wesen — die Lehre, den Glauben und die Gebote... — anzugreifen. Durch täuschendes, eindringlichstes Wirken ist es dem Feind geglückt, das Übernatürliche zu verdrängen und die Kirche zu einer einfachen menschlichen Einrichtung herabzumindern... Der Feind hat sich gegenüber meiner Kirche im Grund so verhalten wie die Synagoge mir gegenüber. Die Synagoge ist nicht tot, sie hat sich nur angepaßt!

Judas hat mich für dreißig Silberlinge an die Synagoge verkauft, die neuen Judasse von heute haben meine Kirche an die Synagoge verkauft, um ihren unlöschlichen Durst nach Macht zu stillen!

Ich wurde getötet, aber nach drei Tagen bin ich auferstanden. Die Synagoge mußte davon Kenntnis nehmen. Sie rächt sich nun an meinem mystischen Leib, der aber in solcher Schönheit und solchem Glanz auferstehen wird, wie es noch nie der Fall war.

Die Ehrsucht verwandelt sich in Verrat

Mein Sohn, ein dunkler Punkt muß noch erhellt werden: Daß die hervorragendsten Menschen der verschiedenen Völker einer solchen Täuschung verfallen konnten, weil sie vom Hochmut Satans angesteckt wurden, ist begreiflich. Daß aber die begabtesten Männer meiner Kirche trotz allem, was sie erhalten haben, sich in einer solchen Lage befinden, ist so schwerwiegend, daß es unverständlich ist. Es ist die schwerste Schuld, die man sich auf Erden aufladen kann.

Ihr seid das Licht der Welt... und das «Licht» zieht es vor, ausgelöscht zu werden und sich in Finsternis zu verwandeln!

Geht, verkündet meine Frohbotschaft, die das Leben ist... ihr aber habt es vorgezogen, Worte der Lüge und des Todes zu verbreiten.

Die menschliche Begierlichkeit will sich über Gott erheben, um die Ordnung zu zerstören. Sie verwandelt sich in Auflehnung und, um sich zu befriedigen, macht sie sich zum Verräter, der aus Durst nach Macht nicht zögert, Verschwörung auf Verschwörung anzustiften, um meinen mystischen Leib zu vernichten.

Mein Sohn, bete und opfere mir dein Leiden auf. Ich segne dich und zusammen mit dir segne ich alle, die dir teuer sind. *15. November 1978*

152. Der Wille Gottes

Mein Sohn, schreibe, wie ich meine Bischöfe, Priester und Gläubigen haben will.

Wenn diese Generation die Änderung ihres Lebens, die ich seit geraumer Zeit mit großer Dringlichkeit fordere, nicht vornehmen will, werde ich dafür sorgen. Mir fehlt es nicht an Mitteln dazu..., daß der göttliche Wille erfüllt wird.

Ihr wundert euch in der Bibel über die Hartherzigkeit der Priester und Gelehrten des Volkes Israel, aber ihr seid nicht weniger hartherzig. Was wartet ihr noch? Genügen die Zeichen, die euch gegeben wurden, nicht?

Ich will, daß meine Kirche erneuert wird, gereinigt vom Schmutz, der sie heute befleckt.

Macht euch keine Illusionen! Ich wiederhole, ich bin der Gott der Barmherzigkeit, aber was habt ihr aus ihr gemacht? Warum wollt ihr nicht verstehen, daß Barmherzigkeit und Gerechtigkeit in mir gleich sind?

Ihr besitzt keine Macht gegen meine Gerechtigkeit, wie ihr auch keine besitzt, die Hölle zu zerstören, von der nicht mehr gesprochen wird.

Höre ich etwa auf, die Barmherzigkeit zu sein, wenn ich, durch die Gerechtigkeit gezwungen, die Verworfenen, die Unbußfertigen aus dem Haus meines Vaters ausschließe? Was für eine Gerechtigkeit wäre ich, wenn ich bei den Guten und Bösen den gleichen Maßstab anlegen würde!

Wenn nach eurer sündigen Denkweise die Gerechtigkeit ausgeschaltet würde, wäre auch das Gericht, das persönliche wie das allgemeine, hinfällig und das irdische Leben kein Exil und keine Zeit der Prüfung. Die Dinge könnten so weitergehen wie jetzt. Dann gäbe es keine Trennung von Weizen und Unkraut, der Verworfenen von den Gerechten. Meine Lehre wäre von Irrtümern durchsetzt...

Der Wille Gottes

Nein, mein Sohn, ich kann nicht irren. Ihr habt euch eine Lebensform geschaffen, die im Gegensatz zu meiner Lehre und meinem Beispiel steht.

Ich bin der Weg! Wer mir nachfolgen will, ob Bischof, Priester oder Gläubiger, muß mir gehorchen.

Ich war eins mit dem Willen des Vaters; aber wer gibt sich heute noch Mühe, den Willen Gottes zu erfüllen? Man versucht nicht einmal, ihn zu erkennen.

Wie also sollen meine Hirten, Priester und Gläubigen sein?

Was ist so klar und durchsichtig wie das Evangelium? Und doch sehen sie nicht, weil sie von ihrem Hochmut und von Begierlichkeiten verblendet sind.

Ich trat in das irdische Leben ein; meine Engel verkündeten es nicht den Mächtigen und Reichen dieser Welt, sondern den Hirten, den Demütigen und Reinen, den Gerechten und Rechtschaffenen.

Die Hirten kamen, um mich zu grüßen und mir ihre Liebe zu schenken. Geboren in einem Akt unendlicher Demut, sammelte ich um mich die Einfachen, die Demütigen und die Menschen reinen Herzens.

So will ich meine Bischöfe, Priester und Gläubigen; so werden sie in der geläuterten Kirche sein.

Mein Vater gab mir Joseph als Nährvater, den gerechten und heiligen Mann, der demütig und rein war.

Wenn meine Bischöfe und Priester nachdenken würden, müßten sie klar verstehen, was Gott von ihnen will.

Einfachheit und Reinheit

Ich spreche nicht von meiner Mutter, der Königin aller Tugenden, die... gebenedeit ist unter allen Frauen. Sie ist deshalb das Vorbild jeder Tugend für die Bischöfe und Priester. Wie meine Mutter war, so sollten alle meine Bischöfe und Priester sein...

Unter meinen Aposteln liebte ich besonders Johannes. Er erhielt vertrauliche Mitteilungen meines Herzens. Seine Demut, Einfachheit und Reinheit entzückten mich.

Unter meinen Aposteln war ein anderer mit stolzem Herzen und unreiner Seele. Trotz meiner Barmherzigkeit verzweifelte er und endete in der Hölle. Er wollte die Anregungen meiner Liebe und Barmherzigkeit nicht annehmen, sondern hörte auf die listige Stimme der schändlichsten Leidenschaften.

Und wer waren die Heiligen? Sie waren meine wahren Freunde...

Ich segne dich, mein Sohn. Opfere mir deine Leiden auf, um sie mit den meinigen zu vereinen, damit Licht werde in den Seelen, die in der Finsternis leben.
24. November 1975

153. Die Heilige Schrift ist an das Volk gerichtet, um es zu erleuchten und aus der Finsternis zu befreien

Mein Sohn, ich möchte dir Genaueres erklären über die Heilige Schrift.

Du weißt, daß ich unendlich einfach bin und alles, was ich tue und sage, mein Wesen widerspiegelt wie ein Buch, ein Kunstwerk das Temperament des Autors erkennen läßt. So verhält es sich auch mit der Bibel;

sie ist der Ausdruck der künstlerischen, dichterischen und literarischen Eigenart derer, die ich als Werkzeuge auserwählt habe, um sie zu schreiben. Ihre Bücher lassen in wunderbarer Klarheit die unendliche Einfachheit ihres eigentlichen Verfassers, des Heiligen Geistes, aufscheinen.

Die Heilige Schrift ist darum das von den Drei göttlichen Personen in vollkommenster Einheit des Willens gewollte Buch, das das ewige, unveränderliche Wort Gottes dem auserwählten Volk verkündet, um es auf das bedeutendste Ereignis in der Geschichte des Menschengeschlechtes vorzubereiten, auf meine Ankunft auf dieser Erde für die zweite Schöpfung im Geheimnis der Menschwerdung, des Todes und der Auferstehung, denn ich, das Wort Gottes, bin von Ewigkeit her vom Vater gezeugt und habe von ihm den Auftrag das durch die Erbsünde gestörte Gleichgewicht wieder herzustellen.

Die Heilige Schrift und das Evangelium sind für das Volk Gottes geschrieben, um es zu erleuchten und aus der Finsternis zu befreien, die mit der Erbsünde über das Menschengeschlecht gekommen ist. Ihr Inhalt ist Licht und Weisheit, die allen nicht vom Rauch der Hölle vernebelten und vergifteten Seelen zugänglich sind. Der von Satan über die Menschheit ausgegossene Hochmut verhindert dies. Er glaubt, ihr anstelle des Reiches Gottes, des Lichtes, der Gerechtigkeit, des Friedens und der Liebe seine Herrschaft der Finsternis aufzwingen zu können.

«Wer nicht mit mir ist, ist gegen mich, und wer gegen mich ist,
hat keine Gemeinschaft mit mir»

Niemand anderer hat das Recht, das Wort Gottes, die Offenbarung, auszulegen als die von Gott zu dieser Aufgabe Berufene, die Kirche. Und in der Kirche nur der, dem die Schlüssel des Himmelreiches übergeben wurden: Petrus, meinem Stellvertreter, und den Nachfolgern, meiner Apostel, die in der Einheit mit Petrus stehen.

Willkürlich sind die persönlichen Auslegungen vieler hochmütiger und anmaßender Theologen, die weder die Verherrlichung Gottes noch das Wohl der Seelen veranlaßt hat, sich zu Lehrmeistern des Volkes Gottes zu erheben; denn Lehrer ist nur einer: Ich, das ewige Wort Gottes, sichtbar auf Erden vertreten durch den römischen Oberhirten. Alle Theologen, Hirten oder Priester, die das Lehramt der Kirche nicht anerkennen wollen, sind Irrlehrer und stellen sich außerhalb der Kirche. Ihre Aufgaben, ihr Ansehen und ihre Würde haben keine Bedeutung: «Wer nicht mit mir ist, ist gegen mich»; und wer gegen mich ist, hat keine Gemeinschaft mit mir, mit meinem Reich, sondern mit dem Reich Satans.

Mein Sohn, wie viele befinden sich gegenwärtig außerhalb meiner Kirche, Hohe und Niedere, ja sogar Purpurträger! Ich wiederhole es dir noch einmal: Feierlich tragen sie den Mantel einer salbungsvollen, heuchlerisch sanften Demut. Doch befinden sich viele Bischöfe am Rand des Abgrunds, obwohl sie ihre Treue zur Kirche beteuern. Durch ihre Untätigkeit machen sie sich zu Helfern Satans, des Meisters und Fürsten der Lüge. Sie haben ihm ermöglicht, sich überall einzunisten, vor allem in den Seminarien, in kirchlichen Universitäten, in religiösen Gemeinschaften, wo er zerstört und viele Seelen irreführt, die in meinem göttlichen Plan der Vorsehung als kostbare und fruchtbare Keime künftiger Ernten auserwählt waren.

Wehe dem, der sich am Wort Gottes vergreift, es fälscht und lächerlich macht

Wie kann ich diesen Hirten gegenüber, die für viele tote Seelen verantwortlich sind, barmherzig sein? Für so viele Ruinen? Wissen sie nicht, daß der Hirte für seine Schafe sein Leben geben sollte! Sie aber haben keinen Finger bewegt, um Böses zu verhindern. Mein Sohn, was denken sie? Werden sie je in sich gehen, um eine so ungesunde, törichte Seelsorge zu beklagen und zu beweinen?

In meiner erneuerten Kirche müssen die Nachfolger meiner Apostel unnachgiebig und wachsam sein, damit das kostbare, unschätzbare Erbe meiner Offenbarung vom menschlichen Hochmut nicht mehr so schrecklich verstümmelt wird. Es muß wie ein verschlossener Garten gehütet werden, damit keine giftige Schlange eindringen kann!

Mein Wort bleibt rein und einfach, wie ich es meinen Propheten offenbarte; wehe denen, die es mißbrauchen, verändern und lächerlich machen! Es wäre besser für sie, mit einem Felsblock um den Hals in die Tiefen des Meeres versenkt zu werden.

Mein Sohn, ich segne dich, sühne und bete.   *8. März 1978*

154. Mein Evangelium

Zahlreich sind die Christen und Priester, die aus vergifteten Rinnsalen schöpfen anstatt aus meinem Evangelium und sich an den reinen, lauteren Wassern meines Wortes zu laben, denn mein Wort ist Leben, ewig, wie ich ewig bin; es ändert sich nicht, weil es wahr und die Wahrheit unveränderlich ist, wie ich unveränderlich bin. Weil sie dies tun, verursachen sie in der Tiefe ihres Geistes eine Aufweichung, die sie vom Glauben entfernt und zum inneren Zerfall führt.

Die Gläubigen sind für sich persönlich verantwortlich, die Geweihten aber nicht nur für sich, sondern auch für jene Seelen, die sie nach dem Plan der Vorsehung zur christlichen Vollkommenheit führen sollten.

Diese Berufenen wollen sich nicht überzeugen lassen, daß ihnen ein Schatz von unübersehbarem geistigem Wert, ein unvergleichlicher Schatz an göttlicher Wahrheit zur Verfügung steht: mein Evangelium!

Warum dies? Sie haben der Versuchung des Bösen, dem wiederholten Drängen der alten Schlange nachgegeben und sich in die Falle locken lassen, aus der sie sich kaum befreien können.

Es geht um Seelen

Eine der vielen negativen Seiten der modernen Seelsorge ist die Verseuchung durch Bücher, Zeitungen, Zeitschriften, die vergiften. Viele Priester haben diese verdorbene Nahrung angenommen und sie den Seelen weitergegeben.

Die Verantwortung dafür ist äußerst schwer. Das Übel ist schon sehr fortgeschritten und wird nun chronisch; es ist ein weit verbreiteter und ansteckender Aussatz.

Meine Diener verkennen, daß die Mächte der Hölle wie Wellen im Sturm eines Meeres nicht ruhig bleiben; sie gehen weg und kehren zurück wie die Wellen, die sich an den Riffen brechen.

Meine Priester kennen den Adel ihrer Berufung nicht mehr, das Unterpfand der Liebe und der Auserwählung! Wissen sie um die damit verbundene Verantwortung?

Es geht um Seelen — um ihr ewiges Heil oder ihr ewiges Verderben!

Mein Sohn, du denkst, daß sie mich für hartnäckig halten werden. Sag es meinen Priestern, daß dem nicht so ist.

Es handelt sich nicht um Unnachgiebigkeit meinerseits, sondern um die Verwirrung, die in meiner Kirche herrscht. Was ihr zu normalen Zeiten mit Liebe erfüllen würdet, wird in Zeiten der inneren Krise als unerträgliche Last empfunden.

Im übrigen, wenn meine Diener das Evangelium betrachten würden, hätten sie das bedeutungsvolle Gleichnis von den Talenten besser erkannt.

Wer fünf Talente erhält, sollte zehn zurückgeben; wer zwei bekommt, vier. Wehe denen, die die empfangenen Talente nicht fruchtbringend einsetzen!

Welches Schicksal wird sie treffen? Jene, die den Weinberg nicht pflegen, sondern ihn verwüsten, umfangreiche Schäden anrichten...?

Dies ist eine Frage der Gerechtigkeit, und ich bin die vollkommene Gerechtigkeit.

Viele meiner Priester denken nicht an den unermeßlichen Schaden, den sie den Seelen zufügen — durch die schlechte Verwaltung meiner Sakramente, durch die vergifteten Lehren, die sie in den Schulen verbreiten und durch ihr schlechtes Beispiel, das sie den Seelen geben!

Es ist schrecklich! Sie sinnen nicht nach über mein Wort, das ein Wort des Lebens ist. Mein Sohn, welch irreführende Dunkelheit und welche Schuldhaftigkeit!

Ich segne dich, mein Sohn. Bete und sühne! *16. Juli 1976*

155. Die Tugend der Frömmigkeit

Es ist eine Bestimmung der göttlichen Vorsehung, daß die über die Erde pilgernden Menschen mit ihrem Gott und Schöpfer, ihrem Herrn und Erlöser und dem Heiligmacher durch Zeichen und besondere Mittel in Verbindung stehen.

Diese Mittel sind verschieden, entsprechen aber alle dem gleichen Zweck. Gott dagegen braucht sie nicht, um sich euch zuzuwenden.

Der Gebrauch dieser Mittel, die eure Beziehung zu Gott, dem Schöpfer und Herrn, regelt, nennt sich Frömmigkeit. Sie ist eine Tugend von großer Wichtigkeit, denn sie dient den Seelen, sich zu ihrem Schöpfer zu erheben, ihn zu preisen, ihm gegenüber die eigenen Gefühle auszudrücken, ihn um Verzeihung für die begangenen Sünden zu bitten, sich mit den Stimmen der gesamten Schöpfung zu vereinigen mit dem universalen Chor aller Kreaturen im schuldigen Lobpreis an Gott, den Herrn.

Die Frömmigkeit muß also die Tugend aller Seelen sein. Wehe denen, die sie in sich selber zerstören. Sie löschen jedes göttliche Licht in sich aus, indem sie sich von Gott trennen und so die sehnsüchtig erhoffte Beute Satans werden.

Ein Mensch ohne Frömmigkeit ist gleichsam seiner Glieder beraubt. Er kann niemand etwas geben und von niemand etwas empfangen; er ist unfrei und verurteilt, eine Sklave Satans zu sein. In seinen Händen wird er zum Werkzeug des Verderbens.

Sie beten nicht mehr

Darin liegt die Bedeutung dieser Tugend, die der Atheismus immer auf jede Art und Weise und mit allen Mitteln in Millionen Seelen zu zerstören sucht.

Er kann sich heute mit Recht rühmen, sie in sehr vielen Christen zugrundegerichtet zu haben, sogar in den Seelen vieler Priester und Ordensleute. Sie sind von diesem irrigen, materialistischen Fortschritt gefangen und haben in sich selber die Quelle zum Versiegen gebracht, die ihr Innenleben nährte, das die Seele jeder seelsorgerlichen Tätigkeit ist. Ohne Frömmigkeit trocknen die Seelen aus und verwandeln den Garten der Kirche in eine Wüste.

Wie viele Priester gibt es, die nicht mehr beten! Kein Breviergebet, keinen Rosenkranz und keine Betrachtung mehr! Anstelle dieser Übungen: Radio, Fernsehen, unsinnige Musik, abwegige Lektüre und anderes mehr, über das man besser schweigt.

Das Licht des Glaubens, der Hoffnung und der Liebe ist erloschen. Der Prozeß der Zerstörung des göttlichen Lebens ist nahezu vollendet.

Gott ist in der Seele entthront, und an seine Stelle haben sie einen götzenhaften Fortschritt gestellt. Es ist jedoch klar, daß ohne wahre Freiheit, ohne Hilfe Gottes, kein wahrer Fortschritt und noch weniger soziale Gerechtigkeit verwirklicht werden kann.

Mein Sohn, mein Stellvertreter auf Erden kennt und beobachtet die wachsende Phase der Zerstörung auf moralischem und geistigem Gebiet innerhalb meines mystischen Leibes. Er ist darüber sehr betrübt und leidet, denn seine zahlreichen Aufrufe zum lebendigen Glauben, zur wahren Frömmigkeit, der einzigen Quelle der geistigen Fruchtbarkeit, sind von vielen Priestern und auch von manchen Bischöfen nicht gehört worden.

Wenn man aber auf den Papst nicht hört, hört man auch nicht auf mich. Wenn man ihn übergeht, beachtet man auch mich nicht; wenn man dem Papst nicht gehorcht, gehorcht man auch mir nicht!

Was zögert ihr noch, um aus eurer Vernebelung aufzuwachen und die Augen für die Wirklichkeit zu öffnen?

Wartet ihr untätig, um unter den Trümmern begraben zu werden?

Bete, mein Sohn, und rege zum Beten an!   *12. Dezember 1975*

156. Einladung zum Gebet

Meine Kirche siecht dahin und leidet, weil meine Diener bis ins Mark von der Glaubenskrise angesteckt sind.

Wenn man einen Körper nicht ernährt, nehmen seine Kräfte ab. Der geschwächte Körper reagiert nicht auf die Feinde, die ihn angreifen und ihn mehr oder weniger schnell töten.

Eine Lampe, die nicht gespeist wird, erlischt. Auch das Licht des Glaubens erlischt, wenn es nicht genährt wird; in der Seele wird es dunkel — es wird Nacht.

Auch der kleinste Grashalm und jede Blume verdirbt, wenn die Nahrung fehlt.

Was geschieht mit ihnen?

Gelb gewordene, vertrocknete Blätter, ein dünner, schwacher Stengel brechen, wenn man sie anrührt.

Was ist die Seele des Christen ohne Glauben — was die Seele des Priesters, der nicht betet?

Etwas vom Gebrechlichsten und Verwundbarsten! Ins Dunkel eingetaucht verliert sie sich und wird unweigerlich von der Begierlichkeit des Geistes und der Sinne mitgerissen.

Die Seele des Priesters, der ohne innerliches Leben in einer Glaubenskrise steht, ist die Zielscheibe und der Spielball Satans, der an ihr seine

Wut und seine Eifersucht ausläßt, sie mit allem Schmutz besudelt und aus ihr eine Sklavin macht. Er speit auf seine verzweifelte Beute — die arme, unglückliche Seele —, seinen giftigen Speichel, da sie die ihr zur Verfügung stehenden, äußerst wirksamen Mittel der Verteidigung nicht benützen wollte.

Der Atem der Seele

Das erste Mittel der Verteidigung ist das Gebet:
— das Gebet, das die Seele zu Gott erhebt;
— das Gebet, das der Atem, der Sauerstoff der Seele ist;
— das Gebet, das die Seele auf innigste und tiefste Weise mit Gott verbindet.

Wenn eine Seele mit mir vereinigt ist, was braucht sie zu fürchten? Wenn sie sich fest an mich klammert, wer wird sie von mir, von meinem Herzen, wegreißen können?
Die Seele, die nicht betet, ist wie eine wurmstichige Frucht. Niemand bemerkt die wachsende Fäulnis in ihrem Innern, aber schließlich fällt sie zur Erde und verdirbt.
Wenn einer die Nahrung verweigert, darf er mich nicht anklagen, daß seine physischen Kräfte abnehmen. Und wenn einer nicht beten will, darf er es nicht mir zuschreiben, wenn in ihm jede geistige Wirksamkeit erstirbt. Wer nicht betet, ist wie ein Schiffbrüchiger auf den stürmischen Wellen einer Welt, die Gott nicht gehören will. Schwimmt er nicht, kann er sich nicht retten!
Wie viele Priester ließen meine Aufrufe zum Gebet ins Leere fallen! Wie werden sie sich retten können? Merken sie nicht, daß ihr fieberhaftes Tätigsein unfruchtbar und von Gott nicht gesegnet ist? Sehr oft dient es sogar dem Bösen.
Ich, der Sohn Gottes, habe Tag und Nacht gebetet. Ich wollte meiner Lehre das Beispiel vorausgehen lassen, aber sehr viele Christen und Priester machen sich nichts daraus...
Sie leben außerhalb der lebendigen, geistigen Wirklichkeit und sind vom Bösen wie hypnotisiert.

Mein Sohn, sie glauben nur an sich selbst und geistlosen Schriften und Zeitungen. Aus diesen Quellen trinken sie begierig!

Ein Rückblick in das Leben der Kirche hingegen würde sie überzeugen, daß ohne Gebet niemand heilig wurde. Kein einziger Märtyrer hat mit seinem Blut seine Glaubenstreue zu mir bezeugt, ohne vom Gebet gestützt zu sein.

Darauf schauen sie nicht... So ist das Leben der Gnade in vielen erloschen.

Wieviel Blindheit, welch tiefe Nacht!... Es ist schrecklich! Die Auserwählten weisen das Licht und das Leben zurück und können es den Seelen nicht mehr vermitteln.

Mein Sohn, ich bin die Liebe, die sie zurückweisen, das Leben, das sie auslöschen. Ich bin das Feuer. Was will ich anderes, als daß es brenne in Dörfern und Städten! Wehe den Hirten, die sich meinem Willen widersetzen!...

Ich habe dich für eine große Aufgabe auserwählt: Mein Wort den Nachfolgern der Apostel, den Priestern und Gläubigen zu bringen. Es ist eine letzte Möglichkeit, sich und die Seelen zu retten!

Sie haben mir und meiner Mutter nicht geglaubt. Viele werden in ihrer Blindheit verharren. Aber ich will, daß sie wissen, daß meine Stunde nahe ist.

Ich segne dich, mein Sohn.   *20. November 1975*

157. Das Gebet ist ein Pfeil, der die Finsternis durchbricht

Das Gebet ist eine mächtige Hilfe, mit der ihr von Gott alles erhalten könnt:

— Das Gebet ist eine unübertreffliche Waffe, mit der die Schwächsten sich in Starke verwandeln, so daß sie für alle feindlichen Anschläge unverwundbar werden.

— Das Gebet ist eine Waffe, die, weise angewandt, den Kämpfer immer dem Feind überlegen macht.

— Das Gebet ist die von den Heiligen benützte Waffe, über die ich in meinem Evangelium ausführlich gesprochen habe.

— Das Gebet ist die Waffe, die ich meiner Kirche als Gewähr für ihre Sicherheit und ihren Schutz übergeben habe. Es ist eine unfehlbare Waffe, wenn sie mit Demut, Glauben, Hoffnung und Liebe eingesetzt wird —, im Stand der Gnade Gottes...

In den vielen Schatten und in der dichten Dunkelheit, die meine Kirche einhüllen, ist das Gebet ein Pfeil, der die Finsternis durchdringt wie ein leuchtender Strahl. Das Gebet ist die mächtige Waffe, die der Anmaßung des Feindes Halt gebietet und ihn in die Flucht schlägt.

Betet, sonst werdet ihr alle zugrunde gehen

Mein Sohn, die heutige Lage der Kirche ist äußerst ernst. Sie gleicht einem großen Reich am Vorabend seines Zusammenbruchs. Doch obwohl viele Menschen die Schwere des Augenblicks erahnen, finden sie nicht die Kraft, sich aufzuraffen, gemeinsam zur unfehlbaren Waffe zu greifen, die imstande ist, die sich anbahnende Niederlage aufzuhalten und sich so zu retten.

Erneut siehst du daraus, wieviel mehr meine Kirche die liebevollen, deutlichen Einladungen meiner Mutter in La Salette, Lourdes, Fatima und an vielen anderen Orten hätte annehmen müssen...

Hochmut und Stolz haben die Christen dieses verirrten, den listigen Nachstellungen der höllischen Mächte erlegenen Jahrhunderts nicht dazu gebracht, an sie zu glauben!...

Statt dessen fuhr man fort, Gott den Herzen der Menschen zu entfernen, die Kirche zu entchristlichen, sie stets tiefer in den Materialismus zu führen und ihre große göttliche Sendung vergessen zu lassen.

Wie leicht übergehen die Menschen, daß sie oft nur durch das Gebet von der göttlichen Barmherzigkeit gerettet wurden!

Die Gläubigen werden sich retten wie Noah

Die Christenheit ist voll großartiger Heiligtümer und herrlicher Kirchen, die überall errichtet wurden, um an die Macht des Gebetes, des heiligen Rosenkranzes zu erinnern. Aber Satan hat in hartnäckiger Bosheit durch den Materialismus alle Mittel eingesetzt, um den Menschen die Würde als Kind Gottes vergessen zu lassen. Unter den verschiedensten Verhüllungen hat er stets versucht, den Glauben im Menschen zu ersticken, um ihn gegenüber den Anrufen der Liebe Gottes taub zu machen...

Mein Sohn, die Kirche wird nicht zugrunde gehen; sie wird durch die Macht des Gebetes der wenigen Guten und die demütigen Gebete jener, die sich nicht von den giftigen Nachstellungen der Hölle umgarnen ließen, gerettet werden.

Diese Seelen sind schon bezeichnet und werden sich retten, wie Noah in der Arche mit den Seinen und den Kindern seiner Kinder, obwohl diese Tatsache durch die Unwissenheit und Blindheit jener, die nicht glauben, oft verspottet wird.

Mein himmlischer Vater wird keinen abweisen, der sich in andächtigem Gebet und aufrichtigem, demütigem Herzens an ihn wendet.

Genug jetzt, mein Sohn! Wir werden die Unterweisung bald wieder aufnehmen; jetzt segne ich dich, und zusammen mit dir segne ich alle, die an der Verbreitung meiner Botschaften mitwirken. *24. November 1978*

158. Fiat volúntas tua

Nun sprechen wir über einen Abschnitt des Gebetes, das ich meine Apostel gelehrt habe: über meinen Willen.

— Es gibt einen göttlichen Willen; niemand kann ihn außerachtlassen, auch nicht die Andersgläubigen...

Er gilt allgemein. Denn alle wissen, daß Gott nur das Gute will und nicht das Böse, nie, aus keinem Grund. Das Böse hat keine Berechtigung, und es gibt kein Ziel und keinen Anlaß, der das Böse entschuldigen könnte!

— Ich will die Beachtung der Zehn Gebote.

Alle wissen, daß ich die Ehrfurcht vor dem Leben will, Ehrfurcht vor meinem heiligen Namen, die Heiligung des Sonntags, auch wenn heute die Mehrzahl der Menschen ihn auf skandalöse Weise entheiligt.

Alle wissen, daß ich die gegenseitige Liebe der Eheleute will, Ehrfurcht vor den Eltern und den Kindern, den Gehorsam der rechtmäßigen Obrigkeit gegenüber; dennoch wird mein Wille von den meisten mit Füßen getreten.

— Weniger einsichtig ist mein Wille, der den Menschen den rechten Platz in der Familie, in der Kirche, in der Gesellschaft zuweist. Er kann jedoch im Gebet von euch erkannt werden.

Mein Vater gewährt Licht und besondere Hilfe, daß jedes Geschöpf mit lauterer Absicht den rechten Platz findet, entsprechend seiner Berufung.

— Schließlich äußert sich mein göttlicher Wille in der Zulassung, die im Vertrauen auf meine Güte, Liebe und Weisheit angenommen werden muß.

Ich will das Elend nicht, das die Menschen trifft. Ihr ruft es mit eurer Verkehrtheit und eurer Auflehnung gegen die Gottes- und Naturgesetze selbst hervor. Ich lasse das Elend zu, um meinen Plan der Barmherzigkeit und Gerechtigkeit zu verwirklichen zum geistigen Wohl für die Seelen.

Nicht selten lehnen sich die Menschen, die von Leid und Unglück geprüft werden, gegen Gott auf und klagen ihn der Hartherzigkeit an. Es ist ihre Blindheit, die sie so sprechen läßt, weil sie vergessen, daß die schmerzlichen Ereignisse Folgen ihrer Sünden sind, und sie verkennen das größere Wohl, das ich aus all ihren Leiden entstehen lasse.

Wenn schon die sündhafte Unkenntnis des göttlichen Willens für alle ein Unglück bedeutet, was ergibt sich erst dann, wenn die Zurückweisung des Lichtes durch gottgeweihte Personen geschieht?

Dem Guten zugunsten des Bösen zu entsagen, ist eine schwere Sünde gegen den göttlichen Willen.

Sich an Gottes Stelle setzen und versuchen wollen, anderen den eigenen Willen aufzuzwingen, ist ein maßloses Übel.

Die Abweisung der Anregungen meiner Gnade, eine häufige Sünde, ist gegen den Willen Gottes.

Sich dem Willen Gottes widersetzen, indem man sich der eigenen Berufung oder der anderer entgegenstellt, ist eine Sünde, die mein größtes Mißfallen hervorruft.

Damit in der Familie, in der Kirche, in Staat und Gesellschaft ein geordnetes Leben möglich ist und jeder sein Ziel erreicht, habe ich Gebote und Vorschriften erlassen. Ich habe die Menschen gelehrt, um was sie Gott, ihren Schöpfer, Erlöser und Heiligmacher jeden Tag bitten sollen.

Eine wunderbare Verbindung

Das Vaterunser bildet eine wunderbare, einfache Verbindung, die allen verständlich ist, und kein weltliches Lehramt hätte sie so ausdrücken können.

Doch schaue um dich, mein Sohn! Nicht einmal zu Babylons Zeiten gab es eine solche Verwirrung wie heute. Finsternis bedeckt die Erde. Die Menschen verstehen sich nicht mehr! Der Stolz und die Torheit sind grenzenlos und haben heute einen Stand erreicht, den es in den vergangenen Jahrhunderten nie gegeben hat.

Die Menschen dieser Generation haben in ihrer törichten Anmaßung den Sinn für Gut und Böse verloren. Sie sind daran, sogar Verbrechen gutzuheißen: wie die Abtreibung, widernatürliche Ehen, Polygamie, Scheidung...

Sie versuchen, jede Art des Bösen zu rechtfertigen.

So bewirkt der Mensch seine eigene Zerstörung und bringt die Lawine in Bewegung, die ihn mitreißen wird.

Ich segne dich; liebe mich! *31. Dezember 1975*

159. Die innere Stärke

Die Tugend, von der ich jetzt sprechen will, ist die innere Stärke; jeder Christ braucht sie, weil er sein ganzes Leben lang gegen die Kräfte des Bösen ankämpfen muß. Diese Wahrheit wird vernachlässigt und wie viele Probleme kaum behandelt, während sie Gegenstand einer besonderen Vertiefung sein sollte...

In dem Maß, wie das Kind die geistigen Schwierigkeiten kennenlernt, muß ihm erklärt werden, wie es gut bleiben und Gott die Treue bewahren kann. Man muß ihm helfen, sich in der Tugend der Stärke zu üben und um den Kampf zu sehen, der die Hauptaufgabe des irdischen Lebens ist, um das ewige Leben zu erlangen.

Es muß die Waffen für den Kampf verstehen und wie sie wirksam einzusetzen sind...

Davon hängt die Rettung ab

Die ganze Erziehung und Bildung, die man den Kindern, die sich dem Leben öffnen und die ersten Schwierigkeiten verspüren, muß darüber handeln: Die Erschaffung des Menschen, sein Sündenfall, meine Menschwerdung, mein Leiden und Sterben zur Erlösung der Menschheit, die Kirche, mein mystischer Leib, der aus meinem geöffneten Herzen hervorgegangen ist.

Weshalb bestehe ich so sehr darauf? Weil das Leben aller Menschen mit diesen geschichtlichen Wahrheiten verbunden ist.

Die Menschen können sich diesem Kampf nicht entziehen, denn von seinem Ausgang hängt die ewige Rettung oder die ewige Verdammung ab.

Aber kein Mensch auf Erden darf sich anmaßen, einem Feind gegenüberzutreten, der ihm von Natur aus und von seiner Macht her überlegen ist, ohne meine Hilfe...

Dafür wollte ich die Kirche gründen in der Welt. Ihre Aufgabe besteht darin, mit allen ihr zur Verfügung stehenden Mitteln dafür zu sorgen, ihre Kinder zu ernähren und zu verteidigen.

Weil aber die Kirche nicht nur von der Hierarchie, sondern von allen Getauften gebildet wird, haben Eltern, Erzieher und Priester die sehr ernste Pflicht, sich der gründlichen Hirtenaufgabe zu widmen, die Menschen zu lehren, Satan, der das Böse verkörpert, jeden Augenblick ihres Lebens zu bekämpfen und die richtigen Waffen zu gebrauchen. Dieser Kampf muß für den Christen Vorrang haben. Alle anderen Dinge sind nur in dem Maß wertvoll, als sie zur Erreichung des Lebensziels dienen.

Stark im Glauben, in der Hoffnung und in der Liebe, gut bewaffnet und ausgerüstet, könnten die Christen dem Feind siegessicher entgegentreten wie David, der Goliath besiegt hat.

Falsche Erziehung

Mein Sohn, viele christliche Eltern aber versagen ihren Kindern nichts. Von Anfang an befriedigen sie Launen und Wünsche. So wachsen die Ansprüche Tag für Tag. Sie fordern von ihnen nie einen Verzicht, kein Opfer. Ist es da erstaunlich, wenn schlechte Eigenschaften sie beherrschen, ehe sie sich dem Leben öffnen?

Dabei halten sich die Eltern dieser Kinder oft für gute Christen...

Bete, mein Sohn, und opfere mir deine Leiden auf. Ich segne dich!

13. Dezember 1975

160. Die Gemeinschaft der Heiligen

Mein Sohn, ich bin die unendliche, ewige, unerschaffene Liebe, die in die Welt kam, um die vom Haß befallene Menschheit wieder mit Gott zu versöhnen.

Die Liebe strebt von Natur aus zur Vereinigung, wie der Haß von Natur aus auf Entzweiung ausgerichtet ist.

In der Dreifaltigkeit vereinigt uns die unendliche Liebe in der Einheit und Wesenheit, in einem einzigen Willen.

Die Liebe hat mich, das menschgewordene Wort Gottes, zum Opfertod gedrängt, damit jedem Menschen die Möglichkeit gegeben ist, in mir mit

Gott eins zu werden, wie ich mit meinem Vater eins bin, der mich gesandt hat.

Mein Sohn, seit über hundert Jahren vernebelt der Materialismus wie ein dichter, finsterer Schatten einen großen Teil der Menschheit. Er hat auch in meinem mystischen Leib, bei vielen Gläubigen und Priestern, das Dogma von der Gemeinschaft der Heiligen — diese großartige, lebendige, wahre, geistige Wirklichkeit im Himmel und auf Erden —, verdunkelt.

Es gibt keine Worte, die die Größe, die Macht und die von Liebe und Leben sprühende Wirksamkeit dieser Gemeinschaft ausdrücken, die den unsichtbaren, geheimnisvollen Austausch verständlich machen, dessen Mittelpunkt mein erbarmungsvolles Herz ist.

Im Gegensatz zu der herrschenden Vorstellung bedeutet der Tod nicht das Ende der Tätigkeit der Seelen. Er ist vielmehr ein Übergang, der Schritt aus der Zeit in die Ewigkeit, die dem Wirken der Seele weder im Guten noch im Bösen ein Ende setzt.

Die Familie Gottes

In einer von Liebe erfüllten Familie trägt jedes Glied im Austausch von empfangenen und erwiesenen Wohltaten in harmonischer Gemeinschaft zum gemeinsamen Wohl bei.

In einem weit höheren Grad verhält es sich so in der großen Familie der Kinder Gottes, der Streitenden auf Erden, der Leidenden im Fegfeuer und der Seligen im Himmel.

Um den Glauben an diese göttliche und menschliche Wirklichkeit, die aus meinem Opfertod am Kreuz hervorging, an göttlichen Früchten stets reicher zu gestalten, ist es nötig, innig an das Dogma von der Gemeinschaft der Heiligen zu glauben und daß die Priester, wenn sie über die Familie der Kinder Gottes sprechen, klar zum Ausdruck bringen, daß die Menschen, die auf Erden zum Himmel pilgern, die leidenden Seelen im Fegfeuer und die Gerechten im Himmel, die Heiligen, zu dieser Familie gehören.

Viele Priester vergessen nämlich jene, die sich im Fegfeuer befinden.

Eine so schwere Unterlassung kann nur entstehen, wenn man weder an das Fegfeuer noch an die erschütternden Leiden glaubt, denen die Seelen während der Läuterung unterworfen sind.

Die Hilfe für die Seelen im Fegfeuer ist eine Pflicht der Liebe und Gerechtigkeit besonders jenen gegenüber, deren Leiden ihr mitverursacht habt. Denn mit ihnen zusammen seid ihr schuldig geworden im Bösen, durch die Sünde.

Wenn der Glaube nicht wirksam ist, ist er nicht vorhanden.

Das Leben geht weiter

Mein Sohn, man muß klar zu verstehen geben, daß das Leben über das Grab hinaus weitergeht.

Alle, die euch im Zeichen des Glaubens vorausgegangen sind, ob sie nun im Fegfeuer oder im Himmel sind, lieben euch mit einer reineren, lebendigeren und größeren Liebe. Sie sind von großer Sehnsucht erfüllt, euch zu helfen, die schweren Prüfungen des Lebens zu bestehen, damit ihr wie sie am Ende des Lebens die gewaltige Veränderung glückselig erfahren könnt.

Sie kennen die großen Gefahren, die euren Seelen drohen. Aber ihre Hilfe für euch ist in starkem Maß von eurem Glauben und eurem freien Willen ihnen gegenüber, vom Gebet und Vertrauen in ihre machtvolle Fürbitte bei Gott und der allerseligsten Jungfrau abhängig.

Wenn die Priester und Gläubigen von lebendigem Glauben beseelt und sich bewußt sind, welch unerschöpfliche Schätze an Gnaden, Hilfe und Gaben aus diesem Dogma von der Gemeinschaft der Heiligen zur Verfügung stehen, werden sich ihre Kräfte über das Böse verhundertfachen.

Ich habe meine große Familie mit Reichtümern, unergründlicher Macht und mit der unbesiegbaren Kraft unendlicher, ewiger Liebe ausgestattet.

Unbenützte Hilfsmittel

Meine Priester müssen die Gläubigen mit klaren Worten belehren, daß eure Brüder, die ihr Leben auf Erden vollendet haben, nicht von ihnen getrennt, nicht fern sind.

Sie sind euch gegenüber nicht untätig und uninteressiert und nehmen im Maß ihrer erreichten Vollkommenheit Anteil an allen Angelegenheiten meines mystischen Leibes.

Sie schränken eure Freiheit nicht ein, sind euch aber im Kampf gegen den Bösen nahe, wenn sie durch euren Glauben und eure Anrufe dazu bewegt werden. Mein Sohn, welch ungeheure Schätze hat mein Vater euch zur Verfügung gestellt! Wie viele Hilfsmittel und Möglichkeiten zum Guten laßt ihr unbenützt!

Werdet stark im Glauben! Ihr besitzt so wenig von dem, was er um-faßt!

Ich segne dich; liebe mich! *22. September 1975*

161. Wachen und beten

Bruder Don Ottavio; ich bin der Erzengel Gabriel, dem Gott aufgetragen hat, dich zu beschützen.

Inmitten des Kampfes, von dem du nur einige Ausschnitte siehst, will ich dir noch andere aufdecken. Man muß mit großer Klugheit und Achtsamkeit vorgehen, denn der böse Feind ist schlau und stets auf der Lauer, um deine und die Unerfahrenkeit anderer auszunützen. Ihr kämpft seit einigen Jahren; er seit Jahrtausenden...

Verbindet mit der Tugend der Klugheit große Demut, die euch drängt, euch selbst zu mißtrauen und euer ganzes Vertrauen auf den Herrn zu setzen, der euch in seiner unendlichen Barmherzigkeit mehr als das Notwendige gibt, damit ihr in vollem Vertrauen und in ganzer Hingabe an ihn, der euch liebt, euren Weg gehen könnt...

Er ist der Allmächtige und Ewige. Er hat Zeit und Raum in sich, für ihn ist ein Jahrtausend weniger als eine Stunde. Er schätzt das Werk seiner Hände, den Menschen, und wartet auf seine Entscheidung.

Gebt ihm euer Ja, beständig, hochherzig wie seine Mutter es immer tat. Das allein will er, das allein verlangt er! An alles übrige denkt er. Im völligen Vertrauen auf seinen göttlichen Willen besteht der wahre Herzensfriede... *4. Juni 1978*

162. Der Weg der Liebe

Mein Bruder, ich bin Theresia vom Kinde Jesu. Von den Wegen, die die Seelen zum Himmel führen, ist der Weg der Liebe der kürzeste. Ich habe ihn wieder entdeckt, habe mich wahrhaftig bemüht, ihn bis zu Ende zu gehen und bin sehr glücklich geworden...

Wenn du aus deinem Herzen einen Akt der Liebe an sein Herz richtest, antwortet er dir mit seiner unendlichen Liebe, die dein Herz umhüllt und durchdringt.

Der Weg des Menschen auf Erden ist eine Prüfung, der sich niemand entziehen kann.

Worin besteht diese?

Sie ist eine Prüfung des Glaubens. Es ist unmöglich, ohne Glauben Gott zu gefallen. Wer nicht glaubt, wird nicht gerettet. Glauben, felsenfest an die geoffenbarten Wahrheiten und Geheimnisse!

Glauben auch an die Kirche als Sakrament des Heiles...

Der Mensch muß sich Gott voll und in allem unterordnen und seinen Weisungen gehorchen aus Liebe...

Wo Gott geliebt wird, ist Glaube; wo Glaube ist, ist Liebe zu Gott. In der Taufe haben wir von der Liebe die Fähigkeit erhalten, zu lieben und damit die Fähigkeit, zu dienen und zu gehorchen. Für mich ist der Weg der Liebe der wunderbarste, der kürzeste, der sicherste...

Durch die Gemeinschaft der Heiligen bleiben wir vereint in Ihm, der ewigen, unendlichen Liebe, die uns von Ewigkeit her liebt. *1. Juni 1978*

163. Man muß vorwärtsgehen

Mein Sohn: Ich bin Pater Pio, erinnere dich, daß es eine wichtige Tugend gibt, die Beharrlichkeit im Guten.

Gehe vorwärts, auch wenn es manchmal mühselig wird. Entmutigung kommt von dem, der stets auf der Lauer liegt, um den günstigsten Augenblick für seine zerstörerische Tätigkeit auszunützen...

Leiden, die mir der Böse in den Jahren meines Lebens zufügte, sind zur mächtigen Waffe geworden, ihm Seelen zu entreißen und Christus zurückzugeben.

Das Dogma von der Gemeinschaft der Heiligen ist eine Wirklichkeit, die so oft vergessen wird!...

Ich segne dich. *7. Juni 1976*

164. Das Dogma der Gemeinschaft der Heiligen muß man nicht nur kennen, sondern auch leben

Wir sind Seelen in der Läuterung. Die Liebe vereint die Kinder Gottes.

Das Dogma von der Gemeinschaft der Heiligen bringt für jene, die daran glauben und es leben, stets heilige Früchte. Von euch verlangt es Übung im göttlichen Leben der Gnade...

Eure Möglichkeiten, für uns Gutes zu tun, sind unerschöpflich. Es genügte, alles, was ihr tut, auf die übernatürliche Ebene der Gnade zu erheben mit der Absicht, uns zu helfen... aus Liebe zum Herrn.

Für uns können wir nichts tun, für euch aber sehr viel, in allen euren Anliegen!... Wir sind Seelen, die kein anderes Interesse haben als das eine große, Ihn, den Einen und Dreieinen zu schauen, und warten auf den Trost der brüderlichen Hilfe, die unsere Befreiung beschleunigt...

9. Juni 1978

165. Ich werde mit euch sein bis zur Vollendung der Zeiten

Mein Sohn; ich bin es, Jesus, der kam, um zu sammeln und nicht zu zerstreuen, um die vom Feind tödlich verletzte Herde in Sicherheit zu bringen. Ich tat dies mit der Hingabe meines Lebens für meine Schafe, für meine Lämmer. Vom Kreuz auf Kalvaria ergießt sich ein Strom göttlichen Blutes, in den sich die sündige Menschheit eintauchen kann wie in ein reinigendes Bad. Das habe ich getan und tue es immer noch bis zur Vollendung der Zeiten!

Die glaubenslosen Menschen dieses verirrten Jahrhunderts wollen dieses große Wunder der Liebe nicht sehen, das sich für ihr ewiges Heil immer noch vollzieht.

Wenn sie sich bemühten und daran glaubten, würde sich ihr Lebenswandel auf Erden ändern... Das Böse existiert in der Menschheit und selbst in meiner Kirche. Die göttliche Liebe aber hat vorgesehen, daß niemand sagen kann, er gehe verloren aus Mangel an Rettungsmitteln.

Ich werde mit euch sein bis zur Vollendung der Zeiten. Das ist ein so großes Geschenk, daß kein anderes ihm auch nur schattenhaft gleichkommt. Denn in Wahrheit besitzt ihr in mir, dem ewigen Wort Gottes, das Mensch geworden und unter euch gegenwärtig ist, *alles!* Was kann euch noch fehlen?

Mit mir habt ihr das Leben, den Weg, die Wahrheit, das Licht, die Kraft und die Macht, den Feind niederzuschlagen, das Wasser, um den Durst zu löschen, das Brot des Lebens, um den Hunger zu stillen, die Weisheit, die Gerechtigkeit, den Frieden, die Barmherzigkeit... Mit mir besitzt ihr wahrlich alles!

Aber die Mehrzahl der Menschen scheint es nicht zu wissen

Trotzdem wissen die müden, überforderten, dürstenden, verwirrten Menschen nicht, daß es einen erquickenden Ort gibt, der allen Trost, den sie benötigen, in sich enthält. Ihn könnten sie aufsuchen, dort würden sie ihr Heil finden... Geschieht dies aber wirklich?

Ich, die unversiegliche, göttliche Quelle des Lichtes, des Glaubens und der Liebe, bin mitten unter den Menschen mit meinem nach Seelen dürstenden Herzen. Die Mehrzahl aber scheint es nicht zu wissen und selbst viele meiner Auserwählten nehmen meine Gegenwart gleichgültig zur Kenntnis.

Warum, mein Sohn, gehen sie trotz meiner göttlichen Anwesenheit die Wege des Verderbens statt den Weg des Heils?

Ihre Leiden in der Hölle werden verhundertfacht

In dieser wahrhaft traurigen Situation, in der der Mensch sich oft verzweifelt abquält und von der sein ewiges Heil abhängt, darf man seine Herkunft, seine geistige Natur und die Einheit von Seele und Leib nicht verschweigen.

Du weißt, daß es deine besondere Aufgabe ist, die Gründe und die Verantwortlichen für die Übel, an denen meine Kirche leidet und dahinsiecht, wodurch viele Seelen verlorengehen, aufzuzeigen. Diese Aufgabe mußt du voll und ganz erfüllen! Die Menschen müssen wissen, daß meiner Kirche alles gegeben wurde, was sie zur Verwirklichung ihrer Sendung in der Welt braucht. Ich habe mich ihr gegeben und mit mir fehlt ihr nichts!

Wehe denen, die ihre verantwortungsvolle Stellung verlassen und zum Feind überlaufen! Schlimmer noch wird es jenen ergehen, die ihre Schlüsselstellung äußerlich beibehalten, aber zu Verrätern werden und den Feind in seinem wütenden Werk der Zerstörung unterstützen: Es wäre besser für sie, nicht geboren zu sein!

Denn ihre Leiden in der Hölle werden im Vergleich mit denen anderer Verdammter verhundertfacht!

Wie du siehst, gibt es die Finsternis und für den, der das Licht liebt, belebendes Licht!

Ich segne dich, mein Sohn...   *23. November 1978*

166. Das «Warum» meiner Gegenwart: die Liebe

Mein Sohn, aus meiner göttlichen Gegenwart können unschätzbare Werte geschöpft werden sowohl für das materielle, irdische Leben als auch für das geistige, ewige Leben.

Ich, Jesus, das ewige Wort Gottes, von Ewigkeit her vom Vater ausgegangen, in der Fülle der Zeit Mensch geworden im jungfräulichen Schoß meiner heiligsten Mutter, bin jetzt in der Herrlichkeit des Himmels zur Rechten des Vaters und doch auch wirklich gegenwärtig mit Fleisch und Blut, mit Gottheit und Menschheit in allen konsekrierten Hostien der Welt. Ich bin und werde bis zum Ende der Zeiten unter euch sein.

Warum fragen viele nicht nach dem Grund dieser meiner Gegenwart unter euch?

Warum wollte ich in eurer Mitte sein, obwohl ich im voraus wußte, wie mich die Menschen behandeln würden? Haß, Beleidigungen, Schmähungen, Abweisung fehlen nie. Aber es wird auch immer hochherzige Seelen geben, die mich für das Böse der Gottlosen entschädigen.

Für das «Warum» meiner Gegenwart in der Welt gibt es nur eine Antwort, mein Sohn: die Liebe.

Mein Wort

Wie verwirkliche ich meine Gegenwart in meinem mystischen Leib?

Vor allem mit der Gabe meines Wortes. Ich habe der Kirche mein Erbe anvertraut, das Wort des Lebens und der Wahrheit, geschützt mit dem Beistand des Heiligen Geistes.

Ich bin die Wahrheit, die die Kirche ohne die geringste Abweichung allen zeigen muß.

Angriffe auf mich, das Wort Gottes, sind im Verlauf der Jahrhunderte unaufhörlich und in schrecklicher Weise verübt worden. Vom Teufel verführte Irrlehrer, Pseudo-Lehrer und Lügner haben alles daran gesetzt, um mich, die Wahrheit, den Weg und das Leben, aus dem Antlitz der Erde auszutilgen. Vergeblich!

Auch dieses vermaterialisierte Jahrhundert versucht mit allen Mitteln, mich auszulöschen durch Sekten, atheistische Parteien, vergiftete Strömungen abwegiger Philosophie, durch Zerstörer erhabenster geistiger Werte wahrer Kultur...

Es ist eine außerordentlich schmerzliche Tatsache, daß viele meiner Priester, statt sich demütig dem unfehlbaren Lehramt meiner Kirche zu unterwerfen, sich anmaßend als Lehrmeister aufspielen und sich damit den Feinden der Wahrheit anschließen zum großen Schaden für viele Seelen.

Warum kommen sie soweit? Der Hochmut verblendet, ja, er verblendet wahrhaftig!

Mein Stellvertreter

Mein Sohn, ich bin in der Person meines Stellvertreters mitten unter euch. Ihm ist alle Gewalt übergeben, die Herde zu weiden. Wer ihn liebt, liebt mich, wer auf ihn nicht hört, hört nicht auf mich. Wer ihn bekämpft, bekämpft mich; wer ihn verachtet, verachtet mich.

Tag für Tag steigt er auf sein Kalvaria, aber viele sind sich dessen nicht bewußt. Er weint über die Söhne, die zu reißenden Wölfen für die Herde geworden sind. Gleich mir wird er verspottet und gehaßt. Er steht am Steuer meines Schiffes in dieser traurigen Stunde, in der die Wellen des Meeres einen nahen, wilden Sturm ankündigen.

Mein Sohn, man muß ihm beistehen durch Gebet und die Aufopferung der eigenen Leiden, ihn lieben und die Liebe zu ihm erwecken. Alles ihm erwiesene Gute, aber auch alles ihm angetane Böse trifft mich. Man muß ihn verteidigen gegen alle satanischen Anspielungen seiner Feinde...

Die Eucharistie

Ich bin in meiner Kirche auch gegenwärtig im Geheimnis der Liebe und des Glaubens, im Geheimnis der Eucharistie...

Wenn meine Priester an diese meine Gegenwart glauben und in ihrer erhabenen, wunderbaren Wirklichkeit leben würden, könnten sie das Antlitz der Kirche verwandeln und aus meinem erbarmungsvollen Herzen unvorstellbare Gnaden schöpfen.

Leider aber gibt es nicht viele, die einen solch tiefen Glauben besitzen. Die meisten haben einen schwachen Glauben, und es sind nicht wenige, die überhaupt nicht an meine eucharistische Gegenwart glauben.

Mein Stellvertreter auf Erden hat wiederholt mit Recht von der Glaubenskrise gesprochen, die Ursache und Anfang zahlloser Übel ist.

Wo gelitten wird

Es gibt noch eine vierte Art meiner Gegenwart auf Erden; ich bin wahrhaftig gegenwärtig in meinen Heiligen, die aus meinem göttlichen Leben die Kraft schöpfen, ständig nach den höchsten Gipfeln aller christlichen Tugenden zu streben.

Und ich bin gegenwärtig in den Leidenden. Wo geduldig gelitten wird, da bin auch ich, wie in den Opferseelen, an denen ich mein Wohlgefallen habe. Sie entschädigen mich für die Beleidigungen, die Verhöhnung, die Gotteslästerungen und Sakrilegien jener, die mich nicht lieben. Sie sind die Wonne meines Vaters.

Die Opferseelen sind es, die den Zorn meines Vaters trotz der unerhörten Bosheit dieser verdorbenen Generation gedämpft und aufgehalten haben, dieser Generation, die aus dem faulen Wasser giftiger Sümpfe schöpft anstatt aus den Quellen des Heiles zu trinken!

Mein Sohn, liebe mich, ich segne dich und mit dir die Seelen, für die du täglich betest. *18. September 1975*

167. Mein Herz, das alles umfaßt

Die unendliche Liebesmacht meines heiligsten Herzens durchdringt, belebt und bewegt alle sichtbaren und unsichtbaren Dinge und lenkt sie auf das Ziel hin, für das sie geschaffen wurden. Darum ist mein eucharistisches Herz wirklich die umfassende Ausstrahlung des Lichtes, des Lebens und der Liebe; in ihm, von ihm und aus ihm wird das durch den Aufstand der Engel und Menschen zerstörte Gleichgewicht wieder hergestellt...

Mein Herz begann im Einklang mit dem unbefleckten Herzen meiner Mutter zu schlagen und mit seiner unendlichen Liebe und Macht alles zu erleuchten, zu beleben und zu erwärmen.

Mein Sohn, in dieser machtvollen Schau auf mein allerheiligstes Herz müssen die Worte «Omnia per ipsum facta sunt», aufgefaßt werden. Denn wahrhaftig, alles fließt in einem unaufhörlichen Strom aus ihm und kehrt zu ihm zurück. Aus ihm wird euch das Leben und die Erlösung geschenkt; denn durch mein Herz wird die beleidigte Gerechtigkeit wieder versöhnt und das Heil der Menschen guten Willens gewirkt...

Ich bin mitten unter euch und lasse euch nicht als Weisen zurück. Im Zustand des Opfers mit meinem allumfassenden Herzen, der Kraftquelle des Lichtes, der Liebe und des ewigen Lebens, bleibe ich bis zur Vollendung der Zeiten gegenwärtig...

Die Menschen werden noch die Macht Gottes sehen im Triumph meines erbarmungsvollen Herzens und des unbefleckten Herzens Mariens... in der wunderbaren Wirklichkeit der erneuerten Kirche, die herrlicher sein wird denn je, weil das Wehen des Heiligen Geistes sie umgeben wird...

Das genügt, mein Sohn. Liebe mich, bete und sühne!

29. November 1978

168. Das unbefleckte Herz Mariens

Das unbefleckte Herz meiner und eurer Mutter, in der ewigen Liebe Gottes, des Einen und Dreifaltigen, ist das schönste Werk der Schöpfung, die wundervollste Blume des Himmels und der Erde, die den Wohlgeruch jeglicher Tugend in sich trägt.

Ich habe sie zur Ausführung meines unendlichen Liebesplanes als Miterlöserin, Mutter und Königin mit Macht ausgestattet. Vor ihr verbeugen sich die Engel, und die Menschen preisen sie selig...

Meine Mutter besitzt eine unbegrenzte Liebe zu euch... daher ihr zahlreiches Eingreifen zum Wohl der Menschheit...

Die Liebe will schenken und sich verschenken. Gott liebt seinen Sohn unendlich und gibt ihn für die Rettung der Menschheit hin. Der Sohn liebt den Vater unendlich und will für die Menschheit sterben.

Die Liebe des Sohnes zum himmlischen Vater und zu den Menschen trifft sich in seinem Herzen, wie sich die Liebe meiner und eurer Mutter zum dreifaltigen Gott in ihrem unbefleckten Herzen trifft. Was aber wissen meine glaubensschwachen Priester von diesem Geheimnis der Liebe?

Daher ihre geistige Trockenheit... Durch ihre eigene Schuld, denn sie haben die Anregungen meiner Gnade übergangen und mißachtet. Welch düsteres Bild ergeben diese Priester meiner Kirche!...

Arme Söhne! Sie müssen aufgerüttelt werden aus diesem tödlichen Schlaf, der sie übermannt hat...

Genug jetzt, wer Ohren hat, der höre!

Ich segne dich! Opfere mir deine Leiden auf! Bleibe bei mir! Du hast in dieser Nacht gewacht und mich mit deiner Liebe getröstet.

25. November 1975

169. O allerseligste Jungfrau Maria

O allerseligste Jungfrau, Mutter Jesu und unsere Mutter!

Niemand hat Jesus mehr geliebt als du.
Niemand hat für Jesus mehr gelitten als du.
Niemand hat an Jesus so sehr geglaubt wie du.
Niemand ist Jesus so treu gefolgt wie du.
Niemand hat Jesus so gekannt wie du.
Niemand hat Jesus besser gedient als du.
Niemand ist mit Jesus so vereinigt gewesen wie du.
Niemand hat Jesus so angebetet wie du.
Niemand hat Jesus so verherrlicht wie du.
Niemand hat Jesus so gehorcht wie du.
Niemand hat solchen Anteil an der Allmacht Jesu wie du.

O Mutter, wende deinen Blick nicht ab von uns Pilgern auf Erden; hilf uns, beschütze und verteidige uns gegen die vielen geistigen und materiellen Übel, die uns umgeben.

Mutter Gottes und unsere wahre Mutter, stehe uns bei in allen Nachstellungen des bösen Feindes, schenke uns Beharrlichkeit und geleite uns sicher durch die Schwierigkeiten unseres Lebens. Amen.

Inhaltsverzeichnis

Das Morgenrot einer neuen Zeit
Weissagungen Jesu an Maria Valtorta
Maria Valtorta ist durch die Visionen des Lebens Jesu, die sie im Werk «Der Gottmensch» niederschrieb, bekannt. Hier enthüllt uns Gott seinen Plan: die Reinigung der Menschheit, die Erneuerung der Kirche, den Triumph Mariens und das Reich Jesu in den Herzen der Menschen. Ein Buch, das in den ängstlichen Herzen wie Balsam wirkt.
200 Seiten, 13x20 cm

Maria, Pforte des Himmels
Geistige Ansprachen der Jungfrau Maria
an Consuelo (eine spanische Mutter und Hausfrau)
Dieses Geschenk unserer Himmelsmutter ist in der Tat eine umfangreiche biblische Katechese. Der Leitfaden ist die Erzählung der Lebensgeschichte Marias im Geheimnis und Leben Christi.
Neben den Erzählungen, Lehren und Überlegungen stehen zahlreiche mütterliche Ermahnungen, die uns eindringlich auffordern, unser Leben gemäß unserer Bestimmung als Kinder Gottes zu führen.
520 Seiten, 13x20 cm

Ein Ruf Mariens in Argentinien
San Nicolas: von der Kirche angenommene Erscheinungen.
Eine Wiederkehr, die über die Grenzen Lateinamerikas hinausgeht
Im Herbst 1983 begannen Erscheinungen der Gottesmutter in San Nicolas, Argentinien, nördlich von Buenos Aires. Tausende von Gebetsgruppen wurden in Argentinien gegründet, seit man von diesen Erscheinungen hörte, und ihre Ausstrahlung ging von Land zu Land.
Die Seherin bleibt verborgen. Ihr Bischof leitet und lenkt die Wallfahrt in beispielhafter Art und Weise. Msgr. Castagna führt oft die monatliche Prozession an, an der manchmal über 100 000 Personen teilnehmen. Er predigt, er feiert die heilige Eucharistie. Er baut ein Heiligtum am Ort der Erscheinung, am Ufer des Parana. Die Erscheinungen finden statt, ohne zum Zankapfel zu werden. Was hat sich in San Nicolas ereignet?
von René Laurentin, 200 Seiten, 13x20 cm

Maria, warum weinst Du?
Ereignisse und Botschaften
Auch wenn Maria in so viele Orte gegenwärtig erscheint und Botschaften für die ganze Menschheit anvertraut, genügt dies nicht. Die große Mehrheit ihrer Erdenkinder leben weiter so, als Gott nicht existiere. Deshalb läßt sie ihre Bilder und Statuen weinen, manchmal sogar mit Bluttränen.
Dies geschieht auch seit dem 30. Juni 1985 in Naju (Südkorea). Julia, eine Familienmutter, bekommt dazu wichtige Botschaften. Ihr Seelenführer ist ein belgischer Missionar, Pater Raymond Spies.
Pater R. Spies und L. Couëtte, 128 Seiten, 13x20 cm

365 Tage mit MARIA
Vom 1. Januar bis zum 31. Dezember jeden Tag eine Botschaft
Von der Jungfrau Maria in MEDJUGORJE
Wenn man an den Ereignissen in Medjugorje glaubt muß man auch den Ratschlägen der Mutter Gottes folgen. Dieses Buch bietet für jeden Tag einen kurzen Rat entnommen der Botschaften Marias. Ein ganzes Jahr mit der Mutter Gottes!
vorbereitet von René LEJEUNE, 128 Seiten, 11,5x17,5 cm

FASTEN als Heilung und Feier für Leib und Seele
Fasten, ohne dies als Buße aufzufassen, ist eine der außerordentlichen Wohltaten des Lebens. Das ist Genesung und Festfeier zugleich. Durch das Fasten kann man ohne Arznei viele Krankheiten heilen. Der Körper verliert an Gewicht, die Organe verjüngen sich und funktionieren wieder normal.
von René LEJEUNE, 200 Seiten

Meditationen über das Salve Regina
In 52 Betrachtungen, aufgeteilt auf die 52 Wochen des Jahres, legt Pater Albert-Maria Stocker der Mutter Gottes eine rührende Erklärung des Salve Regina in den Mund.
von A.-M. STOCKER, 240 Seiten

Pater Pio
Freund Gottes – Wohltäter der Menschen
Gott wirkte Großes durch diesen stigmatisierten Kapuziner, der 1968, im Rufe der Heiligkeit, starb. Ein spannendes Buch: Bekehrungen, Heilungen, Wunder, Seelenschau, Bilokation… sind in kurzen Erzählungen vorgestellt.
von Pasquale CATANEO, 176 Seiten, 13x20 cm

Karl Leisner (1915-1945)
Wie Gold geläutert im Feuer
«Ein Vorbild für die Jugend Europas», so stellte ihn Papst Johannes Paul II. vor. Lange zögert er zwischen Priesteramt und Ehe. 1939 wird er Diakon, die Gestapo verhaftet ihn und führt ihn ins KZ Dachau. Ein französischer Bischof spendet ihm die Priesterweihe. Am 12.8.1945 erfüllt sich sein Leben in der Liebe Gottes. Eine spannende Lebensgeschichte!
von René LEJEUNE, 310 Seiten, 16 Abbildungen, 13x20 cm

TAGEBUCH
der Schwester Faustyna Kowalska (1905-1938)
Schwester Faustyna ist vom Heiland zur besonderen Botschafterin seiner Barmherzigkeit berufen worden. Hier erscheint das ganze Tagebuch, ein unerhört wichtiges Buch für unsere Zeit, die sich der Barmherzigkeit Gottes dringend zuwenden soll.
Vorwort von Bischof Josef Stimpfle (Augsburg)
598 Seiten + 16 Seiten Fotos, 14,5x21 cm, gebunden